역사와 서술에서의
오경 메시지

pentateuch:
Towards a Historical and Narrative Message

오경은 전통적으로 마소라 타나크(Masorah Tanakh) 성서의 삼대부문(오경, 예언서, 성문서) 중 첫 번째 묶음인 토라로서 기독교정경에서는 구약 속의 복음서와도 같은 중요한 신학적 위치와 기능을 역할 해왔다. 그 주요 내용은 시내산 언약과 이스라엘 백성 가운데 출현하신 야웨 하나님의 성막 임재라 할 수 있다.

pentateuch:
Towards a Historical and Narrative Message

역사와 서술에서의 오경 메시지

pentateuch:
Towards a Historical
 and Narrative Message

by
Han Young Lee

Copyright ⓒ by *Han Young Lee*, 2008
Christian Publishing House
Seoul, Korea

역사와 서술에서의 **오경 메시지**

이 한 영
hanyleeacts@hotmail.com

본서의 오경연구는
"모든 성경(구약 전체)은
하나님의 감동으로 된 것" (딤후 3:15-17)이라는
계시적 근거로부터 출발한다.
그리고 서론에서 기술할 해석학적 논의들을 기반으로
오경을 해석하는데 있어
크게 두 가지의 원리를 일관되게
적용하고자 한다.

크리스챤출판사

저자 서문

본서의 오경연구는 "모든 성경(구약 전체)은 하나님의 감동으로 된 것"(딤후 3:15-17)이라는 계시적 근거로부터 출발한다. 그리고 서론에서 기술할 해석학적 논의들을 기반으로 오경을 해석하는데 있어 크게 두 가지의 원리를 일관되게 적용하고자 한다.

첫째, "본문의 세계"는 신학소재의 주요 근거가 된다. 이는 전통 개혁주의의 "오직 성서"(Sola Scriptura)를 기반으로 그 연장선에서 포괄적인 신문학적 접근, 즉 최종문학형태(text immanent)에서의 서사적 구조, 수사학적 기교, 담화분석 등을 통한 통전적 분석(inner-textuality: 단어, 절, 단락; inter-textuality: 근접본문, 각권, 구약, 신약)을 의미한다.[1] 이는 총괄적인 서술적 관점에서의 에피소드, 모티프, 혹은 신학 구조를 분석할 수 있으며, 통전적으로 신약의 관점으로도 해석할 수 있음을 의미한다.

둘째, 순수문학이 아닌 역사적 계시에 대한 문학적 구성으로서의 본문세계는 문학의 영역 그 이상의 접근을 요구한다. 그러므로 서사(historical narrative)로서의 본문이 담고 있는 고대 근동 세계와 문학적 서술사이의 간격을 최소화 시키도록 노력할 것이다. 이는 서술적 분석 외에 해석학적 가교를 목적으로 한 고대근동의 문화, 전승과정, 문헌, 고고학, 그리고 고유적인 기호법들을 필요시 부가로 논의해야 함을 의미한다. 필자는 언젠가부터 해석은 정적인 것이 아니라 역동적인 것이며 진행형이라는 것을 인지하게 되었다. 절대적이기보다는 온전한 것을 향하여 최선의 방법들을 선택해야 하는 지혜와 인내가 요구된다. 이는 아마도 오경 안에서의 약속들의 성취가 항상 그 어떠한 미래적 가능성의 여운을 남기는 것처럼, "주께서 나를 아신 것 같이 내가 온전히 알 수 있는 그때"가 오기 전까지는 "거울로 보는 것같이 희미하고, 부분적으로 아는 것"(고전 13:12)임을 겸손히 시인하는 것이라 생각한다.

2007년 여름
독일 튀빙겐 대학에서
이한영

차 례

모세오경
역사에서 내러티브까지: 인식론적 논의

 Ⅰ. 서 론 · 12
Ⅱ. 텍스트 구성 · 15
Ⅲ. 역사에 관한 논쟁 · 19
    1. 오경해석과 16-19세기의 서구철학 · 20
    2. 오경과 역사비평 · 27
    3. 오경 사료편집 · 32
Ⅳ. 오경의 통일성 · 33
    1. 문학-신학적 통일성 · 34
    2. 전승자의 통일성 · 40
    3. 정경적 통일성 · 41
Ⅴ. 내러티브로서의 오경 · 44
    1. 서술적 구성으로서의 역사인식론 · 45
    2. 문학적 회화(繪畵)로서의 역사 · 47
    3. 역사에서 내러티브로의 과제 · 48

창세기

 Ⅰ. 서론 · 64
Ⅱ. 창세기의 서술 구조 · 64
Ⅲ. 태고 내러티브(창 1:1-11:26) · 67
    1. 창세기 1:1-2:3 · 68
        1.1 구조 · 68

1.2 하나님의 보시기에 좋았더라(1:2,10,12, 18, 25, 31) · 73
　　　1.3 하나님의 형상(1:26-27) · 74
　　　1.4 고대근동 문헌에서의 창조 · 75
　2. 창세기 2:4-4:26 · 79
　　　2.1 생명나무와 선악과(2:4-25) · 80
　　　2.2 씨의 약속(창 3:15) · 89
　3. 창세기 5장과 11장 · 91
　4. 창세기 6:9-9:29 · 95
　　　4.1 홍수의 서막(6:1-8) · 95
　　　4.2 홍수의 범위 · 99
　　　4.3 가나안의 저주(창 9:18-27) · 100
　　　4.4 셈의 계보(10:21-11:26) 안에서의 바벨탑 내러티브(11:1-9) · 103
Ⅳ. 족장 내러티브(창 11:27-50:26) · 105
　1. 아브라함의 소명(12:1-9) · 106
　2. 아브라함과의 언약(15:1-21) · 107
　3. 야웨의 나타나심(창18:1-33) · 112
　4. 족장 내러티브의 평행구조 · 113
　5. 아브라함과 고대 근동 · 115
　6. 족장들의 연대 · 116
　7. 이삭의 내러티브(창 21:1-28:9) · 118
　8. 야곱을 위한 이삭의 축복(27:1-45) · 122
　9. 벧엘에서의 야곱(28:10-22) · 124
　10. 유다와 다말(창 38:1-30) · 126
　11. 요셉의 내러티브(37:2-50:26) · 136
　　　11.1 요셉의 옷 · 132
　　　11.2 언약성취에 있어 요셉의 역할 · 135
　12. 요셉과 이집트 · 136

출애굽기

I. 서론 · 146
II. 출애굽기의 서술 구조 · 148
    1. 억압에서 자유로(출 1:1-15:21) · 149
        1.1 하나님의 속성(3:1-15) · 150
        1.2 유월절(12:1-28, 43-49; 13:1-16) · 154
        1.3 홍해도하와 역사적 조망(13:17-15:21) · 158
        1.4 출애굽 연대 · 159
III. 홍해에서 시내산까지(출 15:22-18:27) · 168
IV. 시내산과 광야(출 19:1-40:38) · 165
    1. 시내산과 성막 · 166
    2. 성막의 영적 의미 · 169
    3. 십계명 · 171
    4. 고대근동의 법전과 율법 · 182
        4.1. 고대바빌론 · 184
        4.2 소아시아 · 186
        4.3 새언약서와 종주권조약과의 양식비교 · 187

레위기

I. 서론 · 196
II. 레위기의 서술구조 · 197
    1. 제사(1:1-7:38; 8:1-9:24; 16:1-34) · 199
        1.1 백성에게 고한 제사(1:1-6:7) · 200
        1.2 제사장에게 고한 제사(6:8-10:20) · 203
        1.3 아사셀 제사(16:1-34) · 205

2. 정결과 부정(레11:1-15:33) · 207
   3. 언약백성들의 구별된 삶(레 17:1-27:34) · 209
      3.1 절기(23:1-44) · 211
   3.2 안식년과 희년(25:1-26:2) · 213
   3.3 성결법전 종결(26:1-27:34) · 214

민수기

I. 서론 · 220
II. 민수기의 서술구조 · 222
III. 광야진군 준비(1:1-10:36) · 225
   1. 첫 번째 인구조사(1:1-46; 26:1-65) · 225
   2. 진군과 정결(5:1-10:36) · 233
IV. 광야에서의 반역과 죽음 · 237
   1. 반역(민 11:1-20:29) · 239
      1.1 모세의 중보와 리더십 · 240
      1.2 정탐꾼들의 보고와 구세대의 광야방랑(13:1-14:45) · 246
      1.3 율법(15:1-19:22) · 249
   2. 희망의 예고(21:1-25:18) · 250
      2.1 놋 뱀(21:4-9) · 250
      2.2 발람의 신탁(22:2-24:25) · 252
V. 약속의 땅을 바라보며 · 255
   1. 두 번째 인구조사(26:1-65) · 255
   2. 슬로브핫의 딸들(27:1-11; 36:1-12) · 256

신명기

I. 책명에 관해서 · 266
II. 신명기의 구조 · 267
III. 모세의 담화 · 271
    1. 모세의 첫 번째 담화(1:6-4:43) · 271
        1.1 정복하지 말아야 할 땅(2:1-25) · 273
        1.2 정복해야 하는 땅(2:26-3:11) · 277
        1.3 가나안을 바라보며(3:12-29) · 281
        1.4 율법과 지혜(4:1-43) · 282
    2. 모세의 두 번째 담화(4:44-28:69) · 283
        2.1 십계명과 윤리(5:6-21) · 285
        2.2 쉐마 이스라엘!(6:4-9) · 289
        2.3 새로운 상황에서의 율법 해설(12:1-26:19) · 292
        2.4 축복과 저주(27:1-28:68) · 296
    3. 모세의 세 번째 담화(29:1-30:20) · 297
    4. 모세의 고별(31:1-34:10) · 298

역사와 서술에서의

오경메시지

역사에서 내러티브까지: 인식론적 논의

오경은 전통적으로 마소라 타나크(Masorah Tanakh) 성서의 삼대부문(오경, 예언서, 성문서) 중 첫 번째 묶음인 토라로서 기독교정경에서는 구약속의 복음서와도 같은 중요한 신학적 위치와 기능을 역할 해왔다. 그 주요 내용은 시내산 언약과 이스라엘 백성 가운데 출현하신 야웨 하나님의 성막 임재라 할 수 있다.

역사에서 내러티브까지: 인식론적 논의

I. 서론

오경은 전통적으로 마소라 타나크(Masorah Tanakh)[2] 성서의 삼대부문(오경, 예언서, 성문서)[3] 중 첫 번째 묶음인 토라(תורה)로서 기독교정경에서는 구약속의 복음서와도 같은 중요한 기능을 가지고 있다. 그 주요 내용은 창조, 타락, 족장들의 소명, 출애굽, 시내산 언약, 그리고 이스라엘의 광야생활로 요약될 수 있다. 일부학자들은 오경의 이러한 다양한 주제들을 모세의 자서전(autobiography)이나 신학적 전기(sacred biography)로 소급시켜 설명하기도 한다.[4] 그런가하면 오경의 다양한 주제들을 시내산 언약(출 24:1-11)과 하나님의 임재(출 40:34-38)라는 핵심적인 신학으로 집약시키기도 한다.[5] 이는 신약의 새언약적 문맥(눅 22:20; 렘 31:31)에서 말씀이 육신이 되어 그의 백성 가운데 임재하신 예수 그리스도의 강생복음(요 1:1-18)과 신학적 평행을 이룬다. 세일해머(John H. Sailhamer)는 오경서술은 아브라함의 믿음(창 15:6; 26:5)과 율법에 의해 믿음을 지키지 못한 모세(민 20:1-13)의 대조적 구조를 통해 새언약(겔 36:26; 렘 31:33)의 총괄적 모형을 이미 예시하고 있다고 주장한다.[6]

이렇게 기독교정경으로서 중요한 신학적 기반을 내포하고 있는 오경은 수 세기를 걸쳐 편찬되면서 기원전 약 5세기까지는 하나의 두루마리(단권)로 읽혀지고 있었으나 아마도 성례전의 편의상 후에 오부(창세기, 출애굽기, 레위기, 민수기, 신명기)로 나누어진 것으로 보인다. 반대로 오경은 원래 오부로 나누어져 있었다는 주장도 있다. 포로후기 이전에는 양피지의 사용이 보편화되어있지 않아 성서 두루마리는 보통 견고하거나 유연하지 못한 파피루스로 만들어 졌고 따라서 훨씬 짧게 쓸 수밖에 없었다는 가설이다.[7] 어쨌든 우리는 탈무드에 기록된 "토라의 오부"라는 언급에 의해 서기 4세기에 이르러서는 토라의 오부 구분이 이미 보편화되어 있었음을 알 수 있다. 물론 그 기원은 훨씬 더 이전으로 추측된다. 오경의 헬라명 펜타테우코스(η πεντατευχος, pente teuchos)의 직역은 "다섯 통"이라는 말로서 파피루스 문서를 보관하는 두루마리의 집을 의미하는데 이러한 오경의 통상적인 책명이 처음으로 사용된 것을 기록한 발렌티니안 프토레마이우스(Valentinian Ptolemaeus)서신의 시기는 서기 160년경으로 알려져 있다. 더 나아가 이렇게 다섯 부분으로 구분하는 것은 이미 기원전 2-3세기로 측정되는 오경의 헬라어 번역 칠십인역(LXX, Septuagint)으로 소급되고 이를 바탕으로 오경구분의 기원을 제2성전 시기로까지 확장해 볼 수 있다.8) 이러한 구분은 오직 예전의 편의상 단일의 두루마리를 동등한 분량으로 분할하려는 시도 외에도 다양한 목적에 의해 추진되었다. 예로 오경의 세밀하고도 기획적인 서술적 구성에 의한 구분을 간과할 수 없다. 오경 각권은 그 내용과 문학적 구조에 있어 상당한 부분 상호 연관성과 통일성을 가지고 있으며 동시 단편이나 세밀히 짜인 독립적 문학단위로도 분리될 수 있다.

정통적으로 오경은 히브리 정경에서는 통일된 토라(הרות)로 그리고 신약에서는 헬라어 정관사 호(ὁ)와 함께 호-노모스(ὁ νόμος)로 표기되었다. 이는 칠십인역(수 1:8, 8:31; 왕하 14:6, 느 10:28)과 신약(눅 2:23; 16:29) 모두에서 유사하게 나타난다. 대다수의 학자들은 이러한 오경의 통일된 최종 편집의 시기를 제2성전(c. 520 BC)과 연관시킨다. 물론 그 최종적 구성과 구분의 정확한 시기에 대해서는 다양한 논쟁의 여지가 남아있다.9) 중요한 것은 다음 장들에서 더욱더 세밀히 논의될 것이지만 먼저 우리가 오경을 읽는데 있어 오경 내의 가설적인 여러 문학적 역사적 혹은 신학적 층들을 시대별로 읽고자 하는 비평학자들의 통시적 시도에도 불구하고 구약과 신약은 독자로 하여금 오경을 통일된 서술적 전략에 의한 문학 신학 구조 안에서 공시적으로 이해할 것을 요구한다는 점이다.

토라의 기원에 있어 번역판들의 연구는 간접적이지만 귀중한 정보들을 제공한다. 예로 히브리어 성서(Tanakh)를 랍비들의 주석 형식으로 번역한 아람어 탈굼(Targum)의 기원은 히브리어가 대중어로 상용되지 않았던 바빌론 포로기 이후(기원전 6-5세기)에10) 점차적으로 발달하게 되었다. 탈굼은 구전으로 내려오다 약 서기 2세기 때 성문화 된 것으로 여겨진다. 고대 시리아어로 번역된 페쉬타(Peshita)역은 앗시리아와 바빌론 포로시기까지 소급되어 구전으로 전승된 것으로 추측된다.11) 그러나 본격적으로 번역된 시기는 2세기에서 10세기까지 기독교가 팔레스타인 외부로 전파된 시기이다.12) 또한 사마리아 오경(Samaritan Pentateuch)은 히브리어 성서 마소라 텍스트(MT)와는 다른 사본들을 번역한 것으로서 헬라어판 칠십인역(LXX, c. 기원전 4-3세기)과 유사하며 이는 포로기 이후 사마리아를 중심으로 독자적인 정경으로 전해졌을 가능성을 배재할 수 없다.13)

또한 약 기원전 2세기로부터 서기 1세기 사이에 집필된 것으로 측정되는 사해 쿰란사본들은 약 900여개가 넘는 다양한 문헌으로 구성되어 있으며 창세기 주석(4Q252-4a) 사본과 더불어 에스더서를 제외한 이사야서(1QIs2)와 시편(11QPs) 전체를 포함한 구약의 거의 모든 사본 조각들로 구성되어 있다. 그 중 제4번 굴에서 발견된 오경사본(4Q158, 364-7)은 보전 상태가 좋지는 않고 쿰란공동체의 사상이 편입된 텍스트이지만 기원전 1세기에 편찬되었다는 것에 큰 의미가 있다. 또한 고서체분석(Paleography), C14 방사선의, 혹은 AMS(진량가속 분광강도 측정)을 통해 하박국 주석(1QpHab)의 연대를 약 기원전 2세기에서 5세기로까지 측정하기도 한다.14) 그런가하면 제임스 쿠걸(James L. Kugal)은 히브리 성경의 가장 오래된 부분들은 약 기원전 일천년 이전까지 소급된다고 주장한다.15) 그러므로 본문의 문체나 양식 그리고 그 신학적 내용에 있어 오경이 예언서와 성문서의 작성 시기를 선행할 수 없다는 고전문서가설과 자료비평에 의한 주장들은 재평가되고 있다.

렌토르프(Rolf Rendtorff)는 오경을 최종적으로는 신명기사가(기원전 약 6세기)의 편집물로 간주하면서도 오경을 형성하는 개별적 문서가설(J, E, D, P)에 대해서는 회의적이었다. 대신 전승의 가장 작은 단위의 구성 요소들을 연구함으로써 그러한 것들이 어떻게 단편(예로 벧엘에서의 야곱이야기, 창 28:10-22)에서 단계적으로 하나의 포괄적인 토라로 형성되었는지를 설명한다. 이는 간접적으로 오경의 여러 단편들이 독립적으로 예언서나 성문서의 편집시기를 선행하지 못했음을 의미한다.16) 그러나 오경 형성의 역사적 과정과 그 시기를 객관적으로 측정하는 일에 있어 학자들의 동의는 이루어지지 않고 있다. 이는 오경이 긴 세월동안 복잡한 역사적 상황과 고대근동의 고유적인 여러 서술적 기법에 의해 다양한 구전 자료와 기존 문서 그리고 그 기원을 정확히 판정할 수 없는 수많은 단편들로 편집구성 되었기 때문이다.[17] 더 나아가 알터(Robert Alter), 스턴버르그(Meir Sternberg), 훠켈만(Jan Fokkelman), 그리고 세일해머(John H. Sailhamer)가 주장하는 것과 같이 본문의 최종적 문학 형태에서 통일된 서술적 전략 혹은 신학적 통일성을 포착할 수 있기 때문이다.[18] 그러므로 대체적으로 오경을 형성하고 있는 초기의 작은 단위의 텍스트들은 오경의 최종 형태 본문의 내부적 증언과 통시적인 문서비평 연구 결과들을 종합하여 아마도 구전과 단편의 편집, 그리고 특정한 역사적 상황들이 배경이 되어 초기 모세의 원적 이후 약 기원전 10세기부터 시작하여 5세기에 이르러 점차적으로 완성되었다고 말 할 수 있다.[19] 여호수아는 이미 가나안 정복 직전 모세가 명한 율법(תורה)을 수 1:7에서 언급한다. 이로부터 팔레스타인을 중심으로 우리는 에스더를 제외하고 오경을 포함한 구약 모든 책들의 조각들이나 전권들이 바빌론 포로기 이후 에스라의 개혁과 연관해 제2성전 시대에 이르러서(c. 586-520 BC) 포괄적으로 결합되었다고 추측할 수 있다.

II. 텍스트 구성

오경 텍스트의 형성 과정과 시기 그리고 그 역사적 상황을 논하는 것은 궁극적으로는 최종 본문의 의미를 이해하는데 있어서 간과될 수 없는 중요한 기능을 가진다. 이는 본문의 의미가 문학적 구조 그리고 독자의 상황뿐만 아니라 역사적 배경을 포함한 삼대 영역의 융합을 통해 역동적으로 성립되기 때문이다. 이에 먼저 구약 텍스트가 형성된 배경을 살펴볼 필요가 있다. 오경의 문헌들은 고대 이스라엘 왕실에서 특별한 목적 하에 편찬되었고 분명히 성전이나 성소와 연관하여 예배와 설교 또는 고대법규의 필연성이라는 특정한 삶의 상황들(Sitz im Leben) 속에서 형성되었다고 볼 수 있다. 그러나 그 무엇보다도 오경 텍스트의 성문화는 먼저 글의 발명으로부터 야기되었음을 부정할 수 없을 것이다. 많은 논쟁에도 불구하고 우리는 글이 발명되기 전에는 고대전례는 고대인들에게 주로 구전으로 전승되었을 수밖에 없었음을 추측해 볼 수 있다.

구약의 기록도 예외는 아니다. 오경 텍스트 중 적지 않은 부분이 이러한 구전의 흔적을 남기고 있다.[20] 고대근동에 있어 기록된 글은 초기 메소포타미아와 후기 이집트 문명과 함께 발전되었다. 초기 약 3000-2800BC 동안 수메르에서는 젖은 점토 위에 갈대 바늘(reed stylus)로 새겨진 약 2천개가 넘는 설형문자(쐐기문자, cuneiform)들이 차차 600여개의 음문으로 정립되었고, 수메르 북쪽으로 아카디아 문명에서는 중앙집권 제도와 도시를 형성한 국가들의 활발한 통상, 그리고 조약, 법규, 역사적 기록 등등의 필요를 따라 다양한 기록 문화가 발달되었다. 또한 이집트와 히타이트 제국에서는 상형문자(그림문자, hieroglyph)로부터 음성문자가 발달되었다. 그러나 팔레스타인 지방은 고대근동에서 문학적 활동이 비교적 저조했던 곳이다. 이는 아마도 나일 강과 유프라테스 강의 자연적 환경과 도시국가들의 경제활동으로 인해 필연적으로 발달한 파피루스(papyrus)나 토판(충적토)과도 같은 정보 기록의 매체가 팔레스타인에서는 후기에 도입되었기 때문일 것이며 이에 따라 구전이 더 오래 지속되었다고 볼 수 있다. 그럼에도 불구하고 오경은 히브리 문자의 발전과 더불어 구전과 다양한 기존 문서들의 결합과 편집과정을 통해 기록된 정경의 위치를 확보하게 되었다. 오경의 형성시대는 셈어(Semitics)문자 발전과 평행을 이룬다고 봐야 할 것이다.

고대 우가릿과 페니키아 문자와 더불어 중간청동기(c. 2100-1500 BC) 북서쪽 셈어 설형문자로부터 파생된 고대 히브리 문자는 원래 모음이 없는 자음기호(unpointed text)로 완전한 표음문자가 아니었다. 현재 가장 오래된 히브리어 문자기록은 석회암 조각에 기록된 게제르 달력(Gezer Calendar)으로 알려져 있으며 이는 기원전 일천년경으로 측정되고 있다.[21] 그러므로 고대 히브리 서술의 단편 소재들은 후기청동기(c. 1550-1200BC)까지는 구전으로 내려왔을 가능성이 크고, 그 문자가 통상적으로 상용화 된 후에도 표음문자가 아니므로 기호의 어음과 발음이 구전에 의해 전승될 수밖에 없어 그 정확성이 모호하다고 말 할 수 있다. 자음 기호법이 어느 정도 통일성을 가지고 정착한 것은 기원 1세기에 이르러서였으며 히브리어 성서의 모음 체제가 완성되어 자음에 완전히 부가된 것은 약 서기 9-10세기에 이르러 갈릴리 티베리아스(Tiberias)의 마소라(Massorah) 학파들을 통해서이다. 오늘날 일반적으로 사용되고 있는 비블리아 헤브라이카 슈투트가르텐시아(BHS: Biblia Hebraica Stutt-gartensia, 1977)는 마소라 전승에 근거한 것으로 여겨지는 벤아쉐르(Ben Asher) 가문의 사본으로서 러시아에서 발견된 레닌그라드 코덱스(Leningrad Codex, 1008-1009 AD)를 편찬한 것이다.22)

바빌론	팔레스타인	이집트
아시리아 포로기로부터 바빌론 포로기까지 c. 8-6세기 페쉬타(Peshita)와 탈굼(Targum)의 구전전승?	모세오경의 초기단편들 13-10세기 BC? 사해사본: 2세기 BC - 1세기 AD 하박국 주석(1QpHab): 2-5 BC 에스더 외에 모든 사본조각들. 이사야 사본(1QIs2) 시편사본(11QPs)	
포로기: 586 BC	에스라: 고대 팔레스타인 사본 5세기 제2성전: 타나크(Tanakh)	예레미야: 초기 칠십인역 4세기 BC
초기마소라 사본, BC 4-1세기	초기 사마리아 사본: 4세기 BC	LXX 칠십인역: 4-3세기 BC
AD 1-2세기 훼쉬타(고대시리아어)와 탈굼(아람어) 사본	사마리아 사본: 2세기 BC 마소라: AD 100- Rabbi Akiba 자마이아 총회 (Council of Jamaia) 벤아세르 사본 Ben Asher of Tiberias Codex Leningrad 1008-1009 AD	LXX (2세기 BC)

이렇게 다양한 상황 속에서 글의 발전과 함께 형성되어온 오경텍스트에서 우리는 구전의 성문화과정 혹은 단편이나 문서의 편집흔적을 찾아 볼 수 있다. 오경 텍스트는 구전 과정과 후기편집에서 발생하는 여러 서술적 평행과

반복(대구법)이라든가 관련설명을 통해 후기 교정판의 흔적들을 남기고 있다. 예로 신명기 마지막 장의 모세의 죽음을 기록한 것이나, 창 36:31에 "이스라엘에 왕이 다스리기 전"이라는 문구, 창 12:6에 "그 당시 가나안 족속이 그 땅에 있었다"는 설명, 혹은 창 28:19에 "그곳 이름을 벧엘이라 하였더라 이 성의 본 이름은 루스더라" 하는 도시명의 업그레이드(창 48:7, 에브랏/에브라다와 베들레헴) 등등이다. 또한 민 21:14에 "주의 전쟁기" 인용에 대한 기록은 본문 저자가 기존의 다른 문헌들을 참고하였음을 보여주기도 한다. 창 16-21과 매우 유사한 아브라함과 이삭의 중복구조(doublets)는 특별히 문서가설의 중요한 근거역할을 한다. 그러나 로버트 알터(Robert Alter)는 이러한 불일치한 구성들을 오히려 히브리 구전과 문학구성에서 흔히 볼 수 있는 이야기의 서술학적 전략(story telling technique)으로 설명하기도 한다.[23]

요약하자면 오경 텍스트는 구전과 전승, 기존문서들 그리고 단편들의 복합적인 편찬 과정을 통해 구성되었다고 할 수 있다. 그렇다면 과연 이러한 복합적인 텍스트에서 통일된 문자적 혹은 역사적 의미를 얻을 수 있는가 하는 것이다. 과연 오경을 읽을 때 우리는 무엇을 읽는가? 그렇다면 구약신학은 어디에 기초하는가? 대체로 역사비평학적인 견해에서는 그 형성과 정경 과정의 문서 층들을 본문에서 발굴하여 본문 뒤에 있는 고대근동의 실제 역사적 배경에서 지정학적이며 시대적인 신화 종교적인 메시지를 재구성하고 이로부터 인간의 보편적 윤리나 사상을 추구하려 한다. 그러므로 아이스펠트(Otto Eißfeldt)는 구약신학과 구약역사의 분명한 분리를 주장하기에 이른다.[24]

여기서 그럼 과연 오경은 무슨 책이며 근대주의가 말하는 오경의 역사성이란 무엇인가? 이에 대한 역사비평학적인 논쟁은 이미 여러 책에서 다루어졌다. 와이브레이(R. N. Whybray)는 그의 『오경입문』에서 벨하우젠(Julius Wellhausen) 이후로 최근 불룸(E. Blum)에 이르기까지, 문서가설에 대한 총괄적인 논쟁을 통해 결론적으로는 오경문서의 복잡한 재구성과 전승비평들에 대한 불가지론을 주장한다.[25] 이에 본서는 역사비평학과 같은 방법론적인 초점에서 전환하여 보다 더 근본적인 철학인식론적인 시각에서 이 문제를 한번 재조명해보고자 한다.

III. 역사에 관한 논쟁

전통적으로 유대교와 기독교에서 성서로 여겨지는 오경의 장르에 대해 근대학자들은 다양한 논지를 주장하고 있다. 그중 주요 논쟁은 오경의 역사성에 관한 것이다. 이에 오경이 순수문학(Robert Alter, Meier Sternberg)이라는 주장과 구전과 신화적 소설로 기술된 태고시대와 기원을 다룬 고대이스라엘 국사(T. L. Thompson, T. van Seters)[26]의 첫 부분이라는 주장이 팽팽하게 대립되기도 한다. 그러나 반시터스(van Seters)가 오경을 "이스라엘의 초기국사"로 제시하고 그 유추로 헤로도투스(Herodotus)의 작품을 지목한데 대해 에어하르트 블룸(Erhard Blum)은 사료편찬에 있어 고대 그리스의 방식(Ionische Paradigmata)과 이스라엘의 방식(Israelitische Paradigmata)은 근본적으로 다름을 제시한다.[27] 고대 그리스의 역사는 신화적 작품으로서 주로 그 저자는 시간을 초월한 본문의 일원(Autor als distanziert Urteilender)으로 개인적인 견해(Ich Berichte)를 텍스트에 포함하지만 오경은 기본적으로 비인격적인 익명(keine Ich-Berichte)으로 서술되었고 현저한 저자의 개입은 찾아볼 수 없다. 구약은 저자라기보다는 전승자(Tradent)로서의 기술이라는 특성을 함축하고 있다.

또한 오경본문은 저자의 탁월한 시각이 아닌 신의 관점에서 계시적인 사건들을 기술하고 있다는 점에서 고대 헬라역사나 혹은 순수문학으로 여겨질 그 어떠한 뚜렷한 근거를 뒷받침 하지 않는다. 블룸은 와이브레이(R. N. Whybray)와 더불어 헬라와 히브리 작품들은 고대근동에 그 근원을 두고 있으며 오경도 예외가 아니라는 것을 인정하지만 더 나아가 오경은 고대근동문헌들에 비해 문학-문화적 유사성을 공유하지만 순수한 고대사적인 역사나 문학으로만은 볼 수는 없다고 반박한다.[28] 오경은 그 서술적 전략, 주요 내용, 신학적 해석 그리고 구성에 있어 여러 면에서 근본적으로 독창적이며 고유적인 특성을 가진 히브리인들의 신앙을 전승한 정경이다. 고든 웬함(Gordon J. Wenham)은 함무라비 법전(c. 1750 BC)과 같은 고대근동 문헌이 초기부터 정경으로 여겨진 것과 비교해 주전 5세기든지 그보다 이른 시기든지 간에 "그 시작부터 정경적인 책으로 이해해야 한다는 것을 암시하는 단서들이 오경 그 자체에 들어 있다"

(출 24:3-4; 신 4:2; 31:10-13, 26)고 말한다.[29]

그럼에도 불구하고 오경에 대한 연구는 19세기에 이르러 거의 전적으로 근대적 사관(史觀)으로 집중 조명되었다. 그 결과로 오경의 저자와 통일성에 대한 비평적 논쟁이 심화되었고 이는 임의적인 오경의 해체와 재구성을 야기시켰다. 예로 폰라드(G. von Rad)는 모세의 죽음 이후 땅에 대한 약속이 여호수아의 땅 정복 이야기에서 실현된다는 근거로 여호수아를 오경에 포함해 육경가설(Hexateuch)을 제시했다.[30] 그런가 하면 마틴노트(M. Noth)는 약속의 땅에 이르기 전까지의 역사를 통일된 한 단락으로 보고 사경가설(Tetrateuch, 창, 출, 레, 민)을 주장했다. 그리고 신명기와 여호수아, 사사기, 사무엘, 열왕기를 신명기사가에 의한 독립적인 기술로 보았다.[31] 더 나아가 크라츠(R. G. Kratz)는 이 모두를 포괄하는 구경가설(Enneateuch)을 채택했다.[32] 이러한 시도들은 오경형성을 이해하는데 있어 여러 면에서 긍정적으로 기여한 반면 단독적이며 일관성이 없는 오경의 해체를 가져오기도 했다. 그렇다면 왜 초기 객관적인 접근을 시도한 역사비평의 결과가 끝내는 주관적인 해체의 결과를 가지고 온 것일까? 본서는 이 문제를 보다 더 근본적인 근대유럽의 철학적 패러다임 전환과 연관해 해석학적인 사유로 설명해보고자 한다. 이에 여기서 먼저 역사비평학을 성립한 서구의 16세기부터 19세기까지의 인식론과 세계관의 흐름을 살펴보고 이어 오경비평연구에 끼친 그 영향을 평가하고자 한다.

1. 오경해석과 16-19세기의 서구철학

역사비평은 고대문서를 분석하는 하나의 해석학적 도구(hermeneutical tool)로써 그 자체로서의 문제보다는 독단적이며 주관적인 편협적 응용에 있어 많은 해석학적 논쟁을 일으킨다. 과연 역사비평은 무엇이며 그로 인한 오경텍스트의 비역사화(ahistory) 혹은 비신화화(demythologization)란 무엇인가? 이와 관련해 먼저 일반적인 통신이론(communication theory)의 구조를 이해할 필요가 있다.[33] 의사소통 구조(전달구조)에 있어 본문의 의미란 독자와 텍스트와의 대화를 통해 성립되고 그 대화는 다음과 같은 3부적 지평의 역동적 교류로 요약될 수 있다.

   1) 발신자(Sender)   통시적 접근(diachronic)   역사비평   (저자)
   2) 매체(Medium)   공시적 접근(synchronic)   신문학비평 (본문)
   3) 수신자(Receiver) 실존주의적 접근(existential) 독자비평   (독자)

본문의 의미란 무엇인가? "본문은 전달 행위에 있어서 정보를 품고 있는 기호 체계로서 이해될 수 있다."[34] 이에 근대철학은 보편적 진리를 추구함에 있어 이 기호 체계의 의미가 원저자와 원역사적 배경에 고정되어 있다고 믿었다. 이는 본문과 저자의 동일성을 전제하는 것이다. 그러나 데리다(Jacques Derrida)는 언어를 "대화의 언어"(parole, 파롤)와 "글쓰기 언어"(ecriture, 에크리튀르)로 분류한다. 파롤은 저자가 진정으로 말했다는 자기 동일성의 말이고 에크리튀르는 기록된 말이다. 데리다는 근대의 합리주의적 사유가 파롤에만 중요성을 강조했다고 강하게 비판한다. 그에게 있어 텍스트는 저자로부터 독립된 자율적인 매체로서 그 안에 단어나 문장은 어떠한 고정된 의미를 지니지 않고 새로운 시간 속에서 의미의 확정을 끊임없이 연기(differance)시킨다고 주장한다.[35]

이러한 사유는 발신자와 매체의 동일성뿐만 아니라 고정된 의미를 텍스트 내부에서 완전히 해체시킨다. 데리다의 해체는 본문 뒤에 있는 역사적 저자의 원래의미를 추구했던 근대 역사비평의 전제를 전면 위반하는 행위이다. 과연 그렇다면 의미란 어떤 영역의 소유물인가? 실재 그 자체에 있다는 근대주의의 실증경험주의와 탈근대주의의 실존·해체주의의 갈등간격을 좁히기 위해 리꾀르(Paul Ricoeur)는 근대와 포스트모더니즘의 상반되는 극단적 사유의 수정과 견제 그리고 절충을 통해 발신자와 매체와 수신자의 대화결과로서의 의미를 추구하는 해석학적 가교(hermeneutical arc)를 제시한다.[36]

독자는 텍스트 안으로 들어가 본문의 고유적인 서술과의 대화를 시도함으로 본문의 기호적 세계를 이해하게 되고 그 의미를 자신의 삶의 지평에서 실체화함으로 완성시킨다. 그것은 텍스트와 상황(text and context)의 융합을 시도하는 것이다. 그러나 근대화를 전후해 성경해석학은 절대이성주의를 전제한 통시적 접근에 우선순위를 두었다. 그 이유는 통시적인 역사적 접근만이 보편적인 진리를 밝힐 수 있다는 믿음이 시대적 사유를 지배하고 있었기 때문이다. 그리고 그러한 내면에는 근대유럽의 두 가지 중요한 시대적 현상이 자리 잡고 있었다.37)

첫째는 지중해를 중심으로 성황을 이룬 상업과 새로운 대서양과 아프리카 대륙의 정복으로 인한 전무한 부의 축적이다.38) 이는 사회적으로 성공한 상업인들, 즉 부르주아(bourgeois)라는 새로운 경제적 권력층을 형성했고 그들은 왕족과 귀족층과의 밀접한 정경유착으로 15-16세기 문예부흥, 즉 르네상스(Reinassance)를 일으켰다. 중세에서 벗어나 근대로 나아가는 이 시발점에서 부르주아는 고대그리스 문화와 철학 작가들의 원작품들을 이탈리아로 유입했고 이는 고대문화예술에 대한 관심과 역사적 의식(historical awareness)을39) 고조시켰다. 두 번째는 데카르트의 사유로 대표되는 17세기의 합리주의와 코페르니쿠스(N. Copernicus, 1473-1543)의 천동설과 케플러(J. Kepler, 1571-1630)의 행성궤도의 타원형설로 대표되는 과학혁명이다. 르네상스는 유럽 지성인들에게 의식주를 넘어 이제 고대헬라문화 예술의 부활과 역사의식을 부각시켰으며 합리주의는 이성의 자율성 그리고 객관성과 중립성과 보편성에 대한 믿음을 확립 시켰다. 이는 역사를 사건 그 자체로 간주하는, 즉 역사적 의미는 사건이라는 실재와 동일하다는 17세기 합리주의의 결과이다. 이 시점에서 가톨릭과 개혁주의자들의 분립으로부터 파생된 17세기 지인들은 성경을 해석하는데 있어 기존의 교리나 텍스트의 문자적 해석으로부터 벗어나 보편적 진리란 객관적인 역사와 과학적 탐구에서(역사-비평적 의미) 얻어져야 한다는 전제를 성립시킨다.

오경연구에 있어 부분적으로 연구되어 왔던 JEDP 문서가설을 총괄적으로 결합시킨 벨하우젠(Julius Wellhausen)은 역사비평학을 오경해석에 체계적으로 정착시킨 주요 저자로 소개된다. 그러나 본서는 벨하우젠의 사유를 형성한 시대적 세계관(Zeitgeist)에 초점을 두고자 한다. 우리는 문서가설이 역사의식과 절대 인식준거로서의 이성을 접목시킨 데카르트의 명석판명(明晳判明) 사상을 전제하고 있음을 찾아볼 수 있다. 데카르트(Rene Descarte, 1596-1650)는 17세기

대륙의 합리론(rationalism)을 정착시켰다.⁴⁰⁾ 그는 선천적 이성 활동에 의한 지식의 습득(연역법)을 주장했다. 데카르트에게 있어 감각적 경험에 의한 지식은 개인에 따라 다를 수 있기 때문에 이는 주관성을 극복하지 못하는 인식론이다(단편적 우연적 지식). 그래서 데카르트는 철학적 사유, 이성적 활동을 통한 완전하고도 확실한 지식 추구를 다음과 같이 제안했다. 먼저 (1) 이성에 근거한 보편적 중립적 객관적 지식추구(이성적 진리)이다. 그리고 (2) 진리 탐구의 방법으로서 방법적 회의(methodological doubt), 즉 철저한 의심을 통한 확실한 진리 인식을 주장했다. 확실하고 자명한 진리 연역의 출발점, 즉 의심할 수 없는 기본 명제를 찾는 것인데 이에 있어 사유의 제1원리인 더 이상 의심할 필요 없는 자명한 진리의 발견을 요구한다. 이에 "나는 생각한다. 그러므로 나는 존재한다. *cogito, ergo sum*은 더 이상 의심할 수 없는 사유의 제1원리이며 이로부터 출발한 것을 보편적 진리로 제안했다.⁴¹⁾ 데카르트적 사유의 한 파생적 일환으로 역사비평학은 본문의 의미를 판단하는데 있어 이성을 인식의 절대준거로 전제하게 되었다. 그러나 과연 인간의 이성이라는 것이 자율적이며 객관적이며 중립적이며 보편적일 수 있는가? 또한 실제사건에 고정된 보편적 역사적 진리는 가능한 것일까? 데카르트 이후 그의 사유를 반박하는 논제는 18세기 프랑스 대혁명과 함께 역설적인 해체주의를 성립하기에 이른다.

헤겔(G. W. F. Hegel, 1770-1831)은 데카르트의 합리주의의 범위를 확장시켜 모든 현상학적인 사유를 3부적인 합리구조로 환원시키는 변증법(dialectic)을 제안했다.⁴²⁾ 만물의 생성과 발전을 정립(These)과 반정립(Antithese)의 대립과 지양(Aufheben)에 의한 종합(Synthese)의 과정으로 설명했다. 그러므로 역사적 의미는 이제 객관성, 중립성, 보편성, 그리고 3부적 종합성에 의해 실제와 동일한 고정된 진리와 동일한 것으로 이해하게 되었다. 이에 성경학자들은 오경을 이스라엘종교를 야웨 하나님의 심판으로서의 바빌론 포로기라는 정립(These)과 소망으로서의 포로기 이후의 반정립(Antithese)의 지양(Aufheben)을 통한 유대교의 성립이라는 종합(Synthese)의 이야기로 설명하기 시작했다. 그러나 이러한 방법은 다차원적이며 역동적인 역사의 복합적 본질과 본문의 세계를 외면한 객관-주관의 이원론적인 수학적 구조나 헤겔의 총괄적 보편성을 전제한 변증구조로 환원시키는 접근이라고 말할 수 있다. 이는 역사에 대한 다양한 가능성들, 시공간현상과 경험에 대한 시대적 문학적 구성(literary configuration), 혹은 실제가 아닌 실제사건에 대한 언어학적 해석, 즉 본문의 세계로서의 텍스트이지 단순한 유물론적 거울상(mirror image)이 될 수 없다는 서술학자들의 주장과는 긴장되는 논제이다.[43] 역사기록이란 저자의 수사학적인 관점이 문학적으로 구성된 하나의 텍스트라고 볼 수 있다. 이는 실제의 모든 것을 담은 것이 아니고 실제에 대한 서술적 전략과 의도를 담은 문학적 회화(literary painting)라고 할 수 있다.[44] 역사적 서술(서사)은 분명히 실제를 가리키며 세계에 대한 사실적 묘사(realistic mimesis)를 이야기와 담론을 포함한 산문이나 시문으로 반영하나 실제 그 자체를 거울상으로 재구성(reconstruct)하는 것은 아니다. 그러므로 근본적으로 우리는 오경본문을 통해 그 "본문의 세계"가 담고 있는 그 이상이나 그 이하 외에 그 어떤 다른 것들을 추구하는 것에는 넘지 못할 간격이 있음을 부정할 수 없다.

칸트(Immanuel Kant, 1724-1804)는 그의 『순수이성비판』을 통해 단독적인 합리주의(이성의 절대적 판단)와 경험주의(경험의 절대적 판단) 그 모두를 비판했다. 그의 관념론(Idealism)은 정신적 요소를 강조하며 절대유물론을 반박하고 실존주의와 비합리주의의 기초를 확립해 나갔다. 그는 선험적 종합판단을 통해 타아세계의 경험과 이성의 선험적 판단능력을 결합시킨 형이상학을 제시했다. 이는 근본적으로 합리주의에 대한 반항이었다. 그리고 칸트는 이성의 절대성 자리에 자율적인 이념, 혹은 선의지(good will), 즉 그 자체로 선한 의지(양심)의 윤리가설(deontological ethics)을 주장했다. 이는 외부로부터, 혹은 종교의 교리적 법칙이 아닌 자율적 이성의 도덕성을 의미한다. 이러한 이념, 정신, 이성, 의지는 로맨티시즘의 기본구성요소들이 되었다. 이러한 칸트의 사유는 성경해석의 초점을 역사적 실재나 본문으로부터 독자의 정황으로 전환시키는데 중요한 영향을 끼쳤다. 이제 본문의 의미는 역사에서 본문으로 그리고 더 나아가 독자의 실존이라는 상황에 고정되기 시작했다.[45]

이러한 데카르트로부터 칸트로의 전환은 역사비평으로 하여금 오경을 형성하고 있는 문서들에 대한 가설에 대한 객관적인 합의를 불가능케 했다. 오경은 사경으로 수축되기도 하고(Martin Noth), 혹은 육경(G. von Rad)이나 구경(Reinhard G. Kratz)로 확장되기도 했다. 이는 데카르트의 객관성과 칸트의 주관성의 갈등이었다고 할 수 있다. 이어 하이데거(Martin Heidegger, 1889-1976)와 불트만(Rudolf Bultmann, 1884-1976)은 합리주의의 환원주의를 초월하는 존재의 무한한 내재적 가능성(moglichkeit)을 주장하며 시간 속에서 사람들이 존재하는 자연스러운 방식 그 자체, 즉 현존재(Dasein)를 탐구함으로써 존재(Sein)를 사유하고자 했다. 이는 실재(Reality)를 통한 실체(Essence)의 이해로서 합리주의가 추구한 실체를 통한 실재라는 방향을 역행하는 시도였다. 이는 본문이나 역사 그 자체(실체)와 동일한 의미를 추구했던 역사비평학적 접근에서 실존적인 현존재(Dasein)로서의 독자의 상황으로부터 출발하는 본문해석의 실존주의적 입장을 성립하기에 이르렀다. 이제 진리는 과연 무엇이 정말로 역사적인가(비신화화, demythologizing)를 넘어 무엇이 지금 의미 있는가(비역사, ahistory)라는 실존적 고백(Kerygma)을 추구하게 되었다. 이러한 경향은 에드먼드 허셀(Edmund Husserl)의 현상학주의(Φαινεσται)로 이어지며 진리의 비합리화와 상황화로 발전하게 된다. 결과적으로 객관성을 얻기 위해 시도 된 근대주의는 오히려 그에 상반된 반동현상의 확장으로 포스트모더니즘의 기원이 되었고 데리다가 주장한 저자와 텍스트의 해체, 그리고 화이어레벤드(P. K. Feyerabend)의 모든 방법론의 해체를 야기 시키는데 이르렀다.[46] 아이러니는 근대의 절대적인 보편적 진리의 추구가 궁극적으로는 역설적인 상대주의와 해체주의로 결론지어 졌다는 사실이다.

그렇다면 구약연구와 이러한 역사적 사유와는 어떠한 관계를 가지고 있는 것인가? 역사의 객관성과 주관성에 대한 이원론적(dualistic) 논쟁은 멀게는 플라톤과 아리스토텔레스의 갈등적 담화이었고 이는 2천년동안 지속해 온 서구 철학사유의 주요발판이었다고 말 할 수 있다. 그러나 리꾀르(Paul Ricoeur)는 내러티브의 세계와 해석학적 가교를 제시함으로 이러한 긴장감에 절충을 제시했다. 그는 역사를 실제사건 그 자체에 대한 객관적이고, 중립적이고, 보편적인 표현으로 여겼던 근대의 환원주의를 반박하고 역사의 개념을 실제 사건에 대한 문학적(언어학적) 각색(literary emplotment), 나아가 텍스트를 통한 독자의 자아 이해, 즉 삶의 지평에서 완성되는 역동적인 내러티브로 재해석했다. 이는 역사적 서술은 분명히 본문 밖에 존재하는 사실세계를 가리키나 사실 그 자체라기보다는 그 사실에 대한 저자의 구체적이며 전략적인 문학적 구성이라 할 수 있는 "본문의 세계"임을 제시하고 이를 탐구하는 내러티브적 접근을 제안했다.[47] 오경은 인류와 이스라엘의 과거의 세계 그 자체를 다 담고 있지 않는다. 오경은 서술적 전략과 세밀한 계획이 함축된 문학적 방법으로 하나님의 역사적 계시를 고대근동의 고유적인 문학적 장치들과 장르의 조합을 통해 신학적으로 묘사하고 있다. 필자는 구약신학은 근본적으로 본문 뒤에 있는 실제 그 자체나 혹은 앞에 있는 독자의 상황이 아닌 바로 그 텍스트의 세계를 탐구하는 학문이라 생각한다. 텍스트의 세계가 독자나 저자의 세계와 동일시 될 수는 없는 것이다. 그것은 본문은 항상 실재를 대신하는 것이 아니라 실재에 대한 독특한 기호적 각색이기 때문이다.

토마스 쿤(Thomas Kuhn)과[48] 메리 헷쎄(Mary Hesse)는[49] 과학혁명과 사회적 인식구조에 대한 연구에서 과학의 객관성이란 사회조직과 주관적 힘겨루기의 영향을 받고 있음을 역설한다. 즉, 다양한 사회적 요소들이 사물에 대한 공통적 이해를 실현하기 위해 과학이라는 매체도구를 창조해 사물에 대한 인식론적 준거들을 결정한다는 것이다. 그러므로 과학은 진리가 아니라 사물을 인식하기 위한 하나의 시대적-사회적 도구이며 언어학적 약속인 것이다. 우리는 이 사회가 동의한 십진법(0-9) 언어학적 체제로 사물을 인식한다. 그러나 그 언어는 바뀔 수 있다는 것이다. 즉, 과학은 진리를 탐구하는 렌즈이지 진리 그 자체는 아닌 것이다. 합리적 역사구성 또한 실재의 거울상(mirror image)이라기 보다는 실재에 대한 하나의 문학적 구성(literary configuration)에 불과한 것이다. 역사는 고정된 과거에 대한 재구성(reconstruction)이 아니라 실재에 대한 항상 현재의 구성(construction)인 것이다. 더 나아가 역사의 진리성은 객관성에 있지 않음을 보여준다. 즉, 진리는 정적이기 보다는 주관-객관을 동시에 소유한 역동적인 본질을 가지고 있다는 것이다. 그러나 또한 분명히 역사의 해체나 왜곡과는 차별화 되어야 한다. 오렌지의 맛을 달콤하다, 새큼하다, 짭짤하다고 다양하게 기술할 수 있으나 오렌지를 사과라고 할 수는 없는 것이다.

결론적으로 우리는 오경텍스트를 이해하는데 있어 통신이론상 삼대영역의 적절한 균형을 추구해야 한다. 즉, 발신자-매체-수진자의 역동성이다. 왜냐하면 본문의 의미는 역사, 본문, 상황, 그 어느 한곳에 고정되어 있지 않기 때문이다. 의미는 항상 역사와 텍스트와 독자의 역동적인 교류와 대화선상에서 구성되어가는 진행형이다. 이는 이 삼대영역의 전적인 동일성뿐만 아니라 또한 이에 전적인 해체를 모두 다 반대하는 것이다. 본문은 실제 그 자체는 아니지만 실제에 관한 것이며 독자는 현존재(Dasein)로서 항상 현재라는 상황에 놓여 있지만 텍스트에 내재한 고유적인 기호법과 구성적 분석을 통해 본문의 세계와의 대화를 시도할 수 있다는 것이다. 필자에게 "모든 성경"(구약)은 하나님의 특별 계시로서 영감 되어 기록된 하나님의 말씀(딤후 3:16)이라는 신약의 증언은 성경해석의 기초가 된다. 이는 먼저 성경해석에 있어 초월적인 성령의 내적증거를 바래야 함을 의미한다.[50] 그러나 이 외에도 텍스트의 최종적 문학 형태의 구성적 분석, 교회전통 안에서의 현존재의 상황, 그리고 최대한의 역사적 지식과 열린 대화를 추구하며 겸허한 자세로 본문을 접근하는 것이라고 생각된다. 이는 쉬운 일이 아니며 횡적인 방대한 지식과 종적인 지혜가 요구되나 구약본문을 통한 하나님의 계시에 겸손히 귀를 기울일 수 있는 최선의 역사적이면서도 실존적인 방법이 아닌가 생각된다. 이에 세일해머는 성경이라는 것은 실제에 대한 영감 된 문학적 구성, 즉 텍스트(본문)로서 성경신학자는 바로 그 안(본문)에서 하나님의 계시의 소재를 보아야 하며 하나님께서 자신의 뜻을 알리신 역사는 오직 성경본문 안에 기록된 본문세계의 역사라고 결론을 내린다.[51]

2. 오경과 역사비평

율리우스 벨하우젠(Julius Wellhausen)은 1870년 그의 저서 『이스라엘 역사 개론』에서 오경의 JEDP 문서가설을 총괄적으로 결합시켰다. 그는 성서의 객관적 의미와 보편적 진리를 얻기 위한 해석학적 방법으로서 텍스트의 의미를 역사적 배경, 즉 본문 뒤에 있는(behind the text) 역사적 층들의 재구성을 통해 찾으려 했다. 이는 위에서 논한바 있는 실제 그 자체에서의 의미를 추구하는 일이었다. 그에게 있어 본문은 실제를 이미 왜곡한 복합적인 문학-신학적 구성임으로 보편적 진리의 원천이 될 수 없었다. 그는 오경본문에서 일관 된 서술적 전략(narrative strategy) 혹은 문학-신학적 통일성보다는 다양한 일관성의 결여를 발견했다.

한 예로 출 20:24-25와 출 27:1-8에서 제단과 관련된 상반된 설명을 들 수 있다. 두 본문은 개인적인 단순한 제단과 복잡한 성막의 놋 제단이라는 불일치한 법률을 제정하고 있다. 이는 19세기 서구의 일반적 사유를 따라 진리는 실제와 동일해야 한다는 전제를 위반하는 것이다. 그러므로 일관성이 결여된 본문을 넘어 그 뒤에 있는 실제역사의 재구성이 요구되었다.

이러한 접근은 오경을 연구하는데 있어 다음과 같은 복합적인 시대적 사상(Zeitgeist)을 함축하고 있다.52) (i) 역사진화론: 고대종교는 다신론(polytheism)에서 단일신론(henotheism)을 걸쳐 일신론(monotheism)으로 진화했다; (ii) 구약성서의 후기집필 설: 기적의 불가능성, 하나님의 다양한 명칭(יהוה, אלהים), 오경에 기록된 제도적인 종교의식은 제사장중심의 유대교적 신학사상을 정당화시키기 위한 후기편집의 결과이다; (iii) 역사의 대응일치 설(corresponding theory). 역사란 실재사건과 동일한 단일적 의미를 가져야 한다. 이는 역사를 실제 그 자체로 보고자 했던 사상을 반영한다; (iv) 헤겔의 변증법. 모든 현상과 사물은 정립과 반정립의 지양을 통해 종합을 이룬 결과체이다. 벨하우젠의 논문은 이러한 시대적 사유들을 종합적으로 반영하고 있다. 이를 전제해 그는 오경본문에서의 불일치한 문학(단어, 문장, 어휘, 문법, 구문론)과 신학(상반된 개념)을 근거로 예언서가 율법을 선행한다는 결론을 짓는다.

즉, 율법은 일신론과 제의체제로 진화한 유대교의 규범적 종교로서 보다 더 원시적인 예언서보다 후기작품임을 주장했다. 그 이유로 그는 다음과 같은 연구결과를 제시했다.53) (i) 포로기 전후로 초대유대교는 예루살렘을 중심으로 예배처소의 중앙집권화를 추진했다. 요시야(640-609 BC) 왕정시기에 일어난 종교개혁의 일환으로 토속적이며 자유로웠던 족장들의 개인종교는 규범적 의식을 확립하고 예배를 예루살렘으로 집중시킴으로 인위적인 체계로 변질 되었다

(신 12:2); (ii) 원래 자발적이며 자연스러웠던 고대 이스라엘의 종교는 포로후기 유대교의 성립과 함께 기복적인 체계로 그 본질이 퇴폐되었다; (iii) 원래 가나안의 농경과 관련되었던 추수절기(맥주절)가 후기에 역사적이며 종교적인 의미를 부여받게 되었다. 예로 왕정후기에는 예루살렘 순례가 요구되었고 포로후기 유대교에서는 가나안의 보리추수 절기에 오순절의 신학적 의미가 융합되었다; (iv) 원래 족장시대에는 누구나 제사를 드릴 수 있었으나, 왕정후기에는 레위지파 사람들이 제사장의 직분을 공유하게 되었다. 그러나 후기 유대교에서는 레위지파 중에서도 아론의 후손들이 정권세력을 장악함에 따라 체계적이며 규례적인 제사장직을 독점하게 되었다; (v) 마지막으로, 제사장들의 수입 일환으로 자발적으로 이루어졌던 봉헌이 제도화된 종교집단을 유지하기 위한 엄격한 헌금규정(십일조, 각종 제물)으로 변질되었다.

벨하우젠은 위와 같은 주장을 근거해 JEDP 문서가설을 총괄적으로 확립시켰다. 오경은 J, E, D, P라는 4개의 가설적 문서들의 결합으로 형성되었다. 예배처소의 중앙집권화, 농경 축제로부터 성스러운 축제로의 진화 및 사제의 제도화 연구를 기초로 벨하우젠은 오경이 4개의 기본 문서로 구성되었다고 가정했다. 원시적인 자연종교로부터 J(야웨주의)와 E(엘로힘주의)문서가 형성되었고 선지자들의 사역결과로 결성된 종파에서는 D(신명기주의)문서가 편찬되었다. 그리고 포로후기 유대교로부터 P(사제주의) 문서가 추가로 부가되었다.

J문서는 가장 오래된 문서로서 창 2:4b-3:24와 대체로 홍수이전의 이야기(4:1-26; 5:29; 6:1-8)와 족장들의 이야기(12:1-13:8; 22:15-18; 24:1-25:6)로 대표되고 있다. 가장 오래된 문서이고 기원전 950년에서 850년경 사이에 형성된 것으로 추정된다. J는 신을 야웨(יהוה)로 언급하고(창 4:26) 태고시적 이야기를 포함해 원시적이며 자연적인 종교성을 구상하고 있다. 폰라드는 J 편찬의 기원적 상황을 솔로몬의 계몽기(Solomos Epoche der Aufklärung)와 연관시켰다.[54]

E문서는 J보다 후기에 형성된 것으로서 J와 유사한 서술 형태를 가지고 있고 최근에 와서 이 둘의 구분은 아주 회의적인 것으로 논의되고 있다. E는 신을 엘로힘(אלהים)으로 언급한다(E에 따르면 야웨라는 이름은 출애굽 전승에서 처음으로 출현한다. 출 3:15). E는 초기적인 도덕적 암시들과 언약규범을 담고 있다

(창 15, 아브라함의 언약; 출 20-23, 언약법전). E는 J 자료와 병행이 되어 대개 족장 이야기들을 구성하고 있다(25-50장의 야곱과 요셉이야기). J와 E는 이후로 RJE(편집자)에 의해 단일사본으로 편찬된다.

D문서(신명기의 핵심부분)⁵⁵)는 약 기원 전 621년경 요시야 개혁시대에 발견되어진 것으로 간주된다. 주된 신학적 주제는 유일신 신앙과 예루살렘을 염두에 둔 예배처소의 중앙화이다(신 12). D는 족장 이야기에서는 거의 확인되지 않고 하나님의 특정한 이름을 갖고 있지 않다(여호와 우리/너희 하나님). RD(편집자)는 JE와 D를 결합하여 확장된 단일사본을 편집했다.

P문서는 마지막 단일 문서로서 예로 체계적 문학구성의 형태를 가진 창 1:1-2:4b의 내러티브로 대표된다.⁵⁶) 특별히 출애굽기와 레위기와 민수기에 나오는 법률, 예배, 그리고 제의에 관련된 자료들이 거의 P문서에 속한다. 창세기에서는 계보와 안식일과 할례와 같은 주제들을 다루고 있다(1장, 17장, 23장). 시대는 포로기이후로 추정되고(약 기원전 500-400) 아마도 포로기 전후에 유대교를 확립하려는 노력의 일환으로 에스라 종파에 의해 집필되었을 가능성이 제기되었다. P는 신의 이름 야웨(יהוה)를 출애굽(출 6:3, P의 문서의 한 부분)에서 처음으로 언급된 것으로 간주하기 때문에 E와 같이 신을 엘로힘(אלהים)으로 부르고 있다(출 6:3, P text). P에서의 신학적 관심은 유대교의 확립이다. 바로 이 성취를 위해 많은 복잡한 의례적 율법과 법적 내용이 상세히 집필되었고 예배를 예루살렘 성전에 중앙화 시키는데 영향을 미치게 된다. 요약하자면 P는 이스라엘의 몰락이라는 정립(These)과 유다의 회복이라는 반정립(Antithese)의 지양(Aufheben)으로 사제주의 중심의 유대교라는 종합(Synthese)의 성립이라고 말 할 수 있다. 성전과 예배의 중앙집권화 개념은 순수했던 야웨숭배에서는 생각할 수 없던 일이었다. 이는 P가 창작한 후기 역사적 산물이다. 긴 과정의 편찬을 통해 약기원전 5세기에 민중종교에서 제사장 중심의 종교로의 전환을 반영한 제사장사본이 마침내 완성된다.

벨하우젠은 이렇게 신명기(D)를 독립적인 문서로 제외하더라도 오경의 나머지 부분(사경)은 J, E, P 문서들의 결합적 작품임을 주장하기에 이르렀다. 그리고 이를 통해 일관성이 결여되고 상반된 텍스트(incongruent text) 해석의 문제점들을 해결했고 과학적 역사비평을 통해 객관적이고 일관적인 의미를 상당히 재구성했다고 믿게 되었다. 그리고 이러한 문서가설을 통해 예로 창 2:4b를 전후로 7일 동안의 체계적인 창조이야기(1:1-2:4b, P문서)와 원시적인 창조이야기(2:4b-3:24, J문서)의 반복과 신학적 모순의 문제점들을 해결하려했다.

오경본문 내부에서의 다양한 문학적 스타일, 다양한 신명(엘로힘과 야웨), 평행중복구조(아브라함과 이삭의 이야기), 상반된 진술, 고대 히브리어와 후기어의 공존, 등등, 이에 대한 역사-문학적 비평은 오경을 적어도 J, E, D, P라는 4개의 문서로 결합된 편집물로 설명하게 되었다. 그러나 기본문서 자료의 시기 규명과 그에 따른 역사적 상황(Sitz im Leben)의 재구성은 각 문서가 고정된 문학적 의도나 역사적 의미를 함축하고 있다는 19세기 합리주의의 보편성을 전적으로 신뢰하는 신앙으로부터 출발했다. 로버트 알터는 오경텍스트에서 발견되는 반복적 서술, 상반된 개념상의 긴장, 상호충돌적인 다양한 신학, 그리고 표면적으로 불일치하게 보이는 문학구조들을 단순히 전지적 작가시점이나 JEDP 문서들이 형성된 각층의 단계를 반영하는 것으로 간주하는 것은 고대 근동의 고유적인 기호법이나 문학의 특정성을 무시한 해석학적 오류라고 비평한다.57) 알터는 오히려 근대인들에게 일관성의 결여로 보여 지는 오경텍스트의 문학적 현상들은 많은 경우 고대근동의 고유적이며 세밀히 의도된 문학적 장치(literary device)였음을 역설한다.

그러므로 본문 안에 결합되어 있는 문서자료를 찾아 그 뒤에 있는 전승과 연대를 재구성하려던 시도들은 본문 안에 있는 자료들이 실제로는 서로통일성을 이루고 있으며 불일치하게 보이는 그 배치들은 오히려 독특한 서술적 전략을 반영한다는 최근의 많은 연구결과로 그 정당성의 재검토가 요구되고 있다. 역사비평학과 관련한 이성적 사유는 고유적이고 우발적인 혹은 초역사적이고 교리적인 신학의 가능성을 경험-실증주의로 환원시켰다. 역사란 실제에 대한 한시대의 고유적이며 복합적인 문학적 구성의 단계를 이미 담고 있다는 사실을 깊이 고려하지 못했던 것이다. 역사비평은 하나의 해석학적 도구로서 그 자체로서의 고유적 기능은 여전히 중요하나 이의 독단적이나 편파적인 적용은 텍스트의 의미를 역사적 합리주의로 환원시키는 해석학적 문제를 야기시킨다.

3. 오경 사료편집

위에서 우리는 역사적 서술이란 실제를 전제하나 실제 그 자체이기보다는 실제에 대한 문학적 해석과 구성 혹은 실제를 묘사하는 서술적 각색임을 논했다. 오경의 사료편집도 일반적 역사서술과 마찬가지로 실제에 기반하며 그 실제를 다양한 문학적 장르나 매체를 통해 구성하고 있다. 산문, 시, 역대기, 담화, 이 모든 것이 역사를 기술하는 주요 문학적 장치이다. 이 장치들은 저자의 의도된 관점에 의해 서술 안에서 전략적으로 배치되고 구성된다. 그런 면에서 우리는 사료편집의 문학성을 배제할 수 없다. 그러나 역사편집은 문학적 비유(parable), 우화(fable), 역사적 소설(historical fiction)과 같은 순수문학과는 구별되어야 한다. 구약은 본문 내에서 실제와 설화를 자체적으로 명백히 구분하고 있다. 예로 나단 선지자는 다윗 왕에게 설화를 통해 훈계한다(삼하 12:1-4). 이 외에도 구별된 설화들을 쉽게 찾아 볼 수 있다(사 9:8-15; 왕하 14:9). 역사는 또한 신화(myth)와 사화(saga) 또는 전설(legend)과도 구별되어야 한다.

이러한 문학 장르에서 신들과 영웅들은 문학적인 연기자에 불과하다. 역사는 그 사료편집에 있어 특정한 문학 장르들을 사용하지만 분명 실제에 관한 것이다. 오경은 역사 속에 실제 임재하신 하나님의 계시 사건을 고유적인 고대근동의 다양한 문학적 장르로 구성하고 소개하고 있다. 그러므로 구약을 근대적인 개념에서의 역사라던가 혹은 단순히 순수문학으로 간주하는 것은 구약 본문 자체가 증언하는 계시성이나 역사적이며 다차원적인 본질을 축소시키는 행위라 할 수 있다. 혹은 헬라사가들의 역사적 작품과 유사시하는 것에도 문제가 있음을 우리는 위에서 이미 논했다.[58] 오경은 주로 야웨 하나님의 관점에서 본 이스라엘의 기원과 언약백성으로서의 구속사와 관련해 언약신학과 그 백성들의 미래의 소망을 익명으로 전승한 고유한 장르를 가지고 있다. 여기서 우리는 구약을 구약으로 이해할 수 있는 서술적 접근의 가능성들을 열어놓아야 할 것이다.

구약은 이스라엘의 총체적인 보편적 역사를 서술하고 있지 않다. 구약은 이미 언급했듯이 언약 중심의 구속사적인 신학적 사건을 전승하고 있다. 예로 오경의 다양한 신탁들을 일반적 사료편집과 비교 할 수 없을 것이다. 오경의 증언과 신탁은 일반 역사의 지평을 분명히 초월한다. 특별히 오경은 야웨 하나님과 그의 백성사이에 세워진 시내산 언약과 성막의 임재를 주요 모티프로 삼고 있다.[59] 또한 구약의 역사는 돌연이 아닌 횡적인 신학적 인과원리를 가지고 있다(linear concept). 야웨 하나님의 주권아래 방향과 목적을 전개한다. 이것은 구약에 담겨진 역사적 지평의 특성이다. 헬라인들의 역사인식은 순환적이며 진화론적이다. 거기엔 방향과 목적이 있을 수 없다. 더 나아가 구약은 하나님의 계시적 정경임을 밝히고 있다. 구약은 자연에 속박된 신관을 반박하는 대신 우주만물을 초월적으로 창조하시고 다스리는 유일신(唯一神) 야웨의 계시를 기록하고 있다(창 1:1; 시 19). 결론적으로, 구약의 메시지는 역사와 절개할 수 없는 관계를 가지고 있다. 왜냐하면 이스라엘의 신앙은 하나님의 계시와 구속을 경험한 역사의 상황 속에서 형성되었기 때문이다. 그러나 구약의 역사성을 과학역사주의로(scientific historicism) 환원하며 해체할 때 우리는 구약의 보다 더 핵심적인 구약본문의 세계, 즉 본문이 증언하고 있는 야웨 하나님의 계시의 본질들을 놓치게 될 것이다.

Ⅳ. 오경의 통일성

오경은 여러 구전과 다양한 기존 문서와 단편들의 통합적인 편집을 통해 구성되었다. 그러나 그 최종 문학적 형태에서 우리는 총괄적인 통일성의 가능성을 관찰 할 수 있다. 우리는 이를 오경저자의 최종적 서술적 전략(narrative strategy)이나 구성적 분석(compositional analysis) 혹은 신학적 통일성(theological unity)을 살핌으로 추정해 볼 수 있다. 물론 독자는 오경본문 읽기에서 내용흐름의 단절(창 38), 일관되지 못한 서술의 문학형태(창 1장과 창 2장); 평행구조의 유사한 내러티브의 반복(아브라함과 이삭 내러티브) 등, 통일성을 구사하기 힘든 차이점들을 접하게 된다. 이에 이를 해결하기 위한 전통적인 시도들은 주로 상반된 내용들을 조화시키거나, 문서가설 편집이나 구전을 반영하는 것으로 설명하거나, 혹은 고대근동의 고유적인 역사나 문화적 코드로 그 차이점을 완화시키려는 노력에 중점을 두었다. 그리고 그러한 방법들은 실제 어려운 본문들을 설명하는데 많은 도움이 되었다. 그러나 아직도 일치의 결여를 해결하거나 본문의 최종적 문학형태에서의 통일성이라는 하나의 포괄적인 가능성을 온전히 배제하기에는 많은 논쟁의 여지를 남기고 있다. 최근에는 본문에 나타나는 표면적 차이점을 조화시키기 보다는 오히려 그 차이점이 최종적 문학형태의 통일성을 구성하는데 있어 어떠한 역할을 하는지에 대한 연구가 활발하다. 여기서는 그러한 서술적 전략에 의한 통일성보다는 먼저 본문의 최종적 문학형태에서의 신학적 통일성, 전승자의 통일성, 그리고 정경적 통일성에 대한 가능성들을 살펴보고자 한다.

1. 문학-신학적 통일성

오경을 통일시키는 하나의 주요 신학주제에 대해 학자들은 다양한 생각을 가지고 있다. 그럼에도 불구하고 오경신학의 핵심이 시내산 언약과 연관해 구성된다는 견해에 대해서는 대다수의 학자들이 동의한다.[60] 그러나 여기서 우리는 이 시내산 언약의 좀 더 구체적인 신학요소들을 살펴볼 필요가 있다. 창 1:1-2b는 오경전체의 서론으로서 이미 "땅과 축복"(창 1:28, 9:1, 출 1:7)을 중심으로 한 시내산 언약에 대한 주요 요소들을 함축하고 있다[61] 우주적 창조(1:1)와 혼돈(1:2) 그리고 하나님과 땅과 사람과의 안식(1:3-2:4B)은 이미 우주만물의 주제가 되시는 야웨 하나님께서 인류를 축복하시기 원하시고 혼돈에 빠진 광야백성들에게 영원한 안식을 주시겠다는 시내산 언약의 주요 신학적 틀을 구성하고 있다. 창 2:4b-3:24에서도 창조와 인간의 타락(혼돈) 그리고 "하와의 씨" 약속을 통해 사탄의 권세를 무력화 시키실 것이라는 야웨의 특별한 구속적 언약(창 3:15)을 감지할 수 있다.

이러한 오경의 서술에서 우리는 죄와 심판과 은혜라는 시종일관된 3부적 신학의 맥을 발견하게 된다. 족장들과 모세의 삶을 중심으로 엮어지는 오경 각 책의 이야기들은 죄와 심판과 은혜라는 신학적 모티프로 그 이야기의 맥이

전개된다. 문학 구성적으로 이미 창세기에서 오경저자는 출애굽의 사건을 암시한다(창 15:14). 이어 출애굽기에서는 일 년 기간의 시내 광야 여정을(출 19-40) 다시 창세기의 사건들과 연관시켜 기술하고 이어 레위기와 민수기(1-10)에서는 시내산에서 가데스 바르네아에 이르기까지 백성들이 그 언약의 조건들을 실행하지 못했음을 기술하고 있다. 그리고 민수기 22장부터 그러한 광야에서 요단 강 동편 모압 땅에 이르기까지의 40년 방황을 기술하고 마지막으로 신명기에서 이 모든 사건을 과거와 현재와 미래로 조명하며 이스라엘의 실패에도 불구하고 야웨 하나님께서는 그들과의 언약을 꼭 이루실 것이라는 소망의 메시지를 남긴다, "이스라엘이여 너는 행복자로다 여호와의 구원을 너같이 얻은 백성이 누구뇨, 그는 너를 돕는 방패시오 너의 영광의 칼이시로다, 네 대적이 네게 복종하리니 네가 그들의 높은 곳을 밟으리로다"(신 33:29). 그리고 모세의 죽음과 그가 여호수아를 안수한 사건(신 34:1-12)을 발문에 부가시킴으로서 후에 여호수아를 통해 하나님의 약속이 성취될 것을 암시하며 오경을 마무리한다. 이러한 오경의 총괄적인 메시지는 여러 족장들과 모세의 사역을 서술한 다양한 단편들 그리고 문학적 장치들을 통해 통일적으로 구성된다.[62] 그리고 이러한 구성적 분석과 맥락에서 오경을 하나로 묶어주는 주요 모티프를 우리는 신학적인 것에서 찾아 볼 수 있다. 이는 시내산 언약이 암시하고 있는 죄와 심판과 은혜의 신학이다.

먼저 오경본문의 내용이 하나의 큰 신학적 틀로 구성되었다는 견해들이 있다. 게하르드 하젤(G. Hasel)은 지난 1세기동안 구약성경신학을 형성해 가는 작업에 있어 많은 구약학자들은 하나의 큰 핵심적 신학구성, 혹은 중심적 해석 원리(single center or organizing principle)를 제안해 왔다고 말한다. 그러나 이에 있어 하나의 문제점을 지적하자면 중심적 틀을 강조한 나머지 다양한 구약 각 권의 수평적인 주제들을 놓치게 된다는 것이다.[63] 예를 들어 아히로트(W. Eichrodt), 카이저(W. Kaiser), 팔머 로벗슨(Palmer Robertson)같은 학자들은 구약 각 권들을 언약(covenant)신학의 단일적 틀로 묶어 이해하려 했다. 시내산 언약 개념이 오경의 다양한 이야기들을 하나의 큰 책으로 엮는 모티프, 즉 중심적 신학구조 역할을 한다는 것이다. 효(孝)의 개념이 심청전의 기본 문학-사상적 원칙이 되듯 언약을 오경의 이야기들을 형성하는 중심적 틀로 본 것이다.

같은 범위에서 젤린(E. Selin)은 하나님의 거룩하심, 다이슬러(A. Deissler)는 신인관계, 찜멀리(W. Zimmerli)는 야웨의 출현, 부르스 워키(Bruce Waltkie)는 하나님의 나라를 구약신학을 구성하는 중심적 틀로 보았다. 이에 비해 마켄지(Mackenzie)[64]는 다양한 주제들로(multi-thematic) 그의 구약신학을 구성했다. 그는 구약신학을 제의(cult), 계시(revelation), 역사(history), 자연(nature), 지혜(wisdom), 정치-사회제도(political-social institutions), 그리고 이스라엘의 미래(The future of Israel)라는 7개의 큰 주제로 구성했다. 이러한 방법들은 구약의 다양한 이야기들을 통합적으로 인식하는데 있어 그 중심적 연결점이 무엇인지, 혹은 다양한 이야기들을 다양한 틀(주제)로 엮는데 있어 유리한 접근이라고 할 수 있다. 하지만 단점이 있다면 하나의 중심을 너무 강조한 나머지, 혹은 다양하지만 특정한 주제들을 정해 그 범위를 벗어나는 구약 각 권의 수많은 수평적 내용들을 포용할 수 없게 된다는 것이다. 예로 구약의 윤리, 경제, 토지, 등등, 다양한 주제들을 들 수 있다. 특별히 창조이야기나 지혜서의 내용들을 언약의 개념으로만은 설명할 수 없는 어려움에 부딪치게 된다.

그럼에도 불구하고 구약의 중심적인 신학적 틀을 구성하는데 있어 로벗슨은 언약을 다양한 메시지들을 연결시키는 가장 기본적인 것으로 보았다.[65] 언약이 이야기들 사이에 있는 긴장과 대립적 모순들을 완충시키며 하나의 큰 신학적 틀로서 오경의 메시지를 구성해 나간다는 것이다. 이에 로벗슨은 결합(bond), 피(blood), 주권(sovereignty)이라는 언약의 삼대 본질을 구약신학의 중심적 틀이라고 주장했다. 문제는 물론 노아, 아브라함, 모세, 다윗의 이야기들 속에서는 이 언약의 삼대 요소들을 쉽게 설명할 수 있어도 예로 타락 전의 창조이야기, 지혜서, 혹은 시편에서 동일한 언약의 개념을 설명하기에는 몹시 부자연스럽다. 로벗슨은 이점에 있어 창조언약(The Covenant of Creation)이라는 용어를 사용하지만 실제 논의에 들어가서는 결합, 피, 주권을 말하기보다는 안식(Sabbath), 결혼(marriage), 노동(labor)을 논한다.[66] 이는 언약이 오경의 신학구성에 있어 중요한 중심적 원리임은 분명하나 하나의 신학적 틀로서 오경의 다양한 주제들을 총괄적으로 엮기란 역부족임을 의미한다.

언약을 중심으로 한 신학구성 외에 법정논쟁(ריב) 모티브를 욥기의 문학구조로[67] 논하는 것과 같이 월터 부르게만(Walter Brueggemann)은 그의 구약신학을 증언(testimony), 기소-논쟁(dispute), 변호(advocacy)라는 법정개념의 틀로 엮었다.[68] 이 작업에서 부르게만은 이스라엘 공동체의 고유적인 신앙표현의 매체로써 은유(metaphor)와 구두(verbal)를 설명하고 이스라엘이 이러한 은유적 구두로 증언하고, 논쟁하고, 변호한 야웨(יהוה) 하나님의 메시지를 구약신학을 구성하는 중심적 틀로 사용하고 있다. 예를 들어 이스라엘 공동체는 구두로 "야웨는 창조하시며(creates), 약속하시며(makes promises), 구속하시며(delivers), 명령하시며(commands), 인도하시는(leads) 하나님이시다"를 증언했다는 것이다 (testimony in verbal sentences).[69] 즉, 오경의 저자는 이스라엘의 증언이라는 틀을 기반으로 야웨의 신학적 의미를 구성했다는 것이다. 이러한 접근은 이스라엘의 신앙고백서로서의 구약신학을 분석하는데 있어 유익하겠으나 이는 반면 오경의 부정할 수 없는 역사적 의미를 거의 배제하는 문제점을 극복하지 못하고 또한 오경의 이야기들을 읽어나가며 과연 그 안에서 증언, 기소, 변호라는 법정개념들을 자연스럽게 발굴할 수 있는가 하는 의문을 제기케 한다.

로휜크(Lohfink)[70]는 오경신학을 P문서와 신명기의 시각으로 조명하여 중심적 구성보다는 다양한 주제들을 통시적으로(diachronic) 설명한다. 예를 들어 "나는 여호와, 너의 치료자라"(출 15:26)는 주제[71], P 내러티브에 있어 원죄(original sin)의 주제[72], 신명기에 있어 개인과 공동체의 주제[73], 등등이다. 이는 세일해머의 접근과 비교해 공시적이기 보다는 통시적이라는 점에서 차이가 있다. 예를 들어 세일해머(Sailhamer)[74]는 오경 각 권을 구성하고 있는 최종적 문학형태에서의 단편들과 작은 단위들의 정경적 주제들(canonical themes)을 공시적으로 접근하여 오경전체의 신학적 틀과 연관시키는 방법을 취한다. 이를 위해 세일해머는 단편들과의 구성적 연결고리와 사건을 중심으로 한 모형론을 분석한다. 이러한 오경신학은 오경 각 장에 대한 주석과도 같이 느껴지지만 이는 언약이라는 하나의 신학적 전제로 모든 나머지 본문들을 조명하기보다는 작은 단위의 단편들을 문학적으로 분석하여 시내산 언약 전후로 전개되는 아브라함과 모세의 총괄적인 서술과 연관해 "믿음으로 인한 하나님의 구속"이라는 주요 신학개념에 이르게 한다.

결론적으로 위에 모든 제안들은 각기 유익한 점을 가지고 있으나 하나의 공통적인 단점을 지적하자면 오경의 최종적 문학형태에 기록된 본문의 다양한 이야기들을 자연스럽게 읽고 있지 않다는 것이다. 또한 세일해머와 같이 공시적으로 읽어나갈지라도 서술적 전략에 의한 단편과 단편과의 연결고리가 항상 자연스럽지는 않다는 것이다. 그러므로 본문의 다양한 서술들을 하나의 신학적 틀 속에 국한시키는 것에는 무리가 있음을 알 수 있다. 이에 필자는 절대적인 신학적 통일성을 주장하기 보다는 큰 틀로서의 통일성을 좀 더 보완할 수 있는 오경의 죄와 심판과 은혜라는 3부적 신학구성을 살펴보고자 한다.

오경의 최종문학 형태에서 반영된 공통적인 신학의 틀은 무엇일까? 물론 위에서 논한 것과도 같이 언약, 하나님의 나라, 하나님의 거룩하심, 혹은 신인관계를 들 수 있다. 그러나 먼저 "과연 오경은 신학을 체계적으로 기술하고 있는가?" 하는 질문에 대해 논할 필요가 있다. 오경저자는 산문형태와 시문형태의 전략적인 배치와 계획적인 모형론을 통해 야웨 하나님의 시내산 언약 사건을 체계적인 서술로 구성하고 있다. 그러나 오경은 칼뱅의 기독교강론이나 바울의 로마서신과 같이 교리적이며 조직신학적인 문헌으로서 보다는 문학적 장르에 있어 법률이라 할 수 있는 율법 부문(출 20-40; 레위기)과 전통적으로 모세의 강론으로 알려져 있는 신명기를 제외한 나머지 부분에서는 다양한 이야기들을 고유적인 내러티브 형식으로 나열하고 구성함으로 그 메시지를 전하고 있다.75) 예로 창세기의 톨레도트(תולדות)76) 구성을 들 수 있다. 바이즈멘-헤리슨(Wiseman-Harrison)이론77)에 의하면 창세기는 13개의 톨레도트 단편으로 구성되어 있다(1:1-2:4; 2:5-5:2; 5:3-6:9a; 6:9b-10:1; 10:2-11:10a; 11:10b-11:27a; 11:27b-25:12; 25:13-25:19a; 25:19b-36:1; 36:2-36:9; 36:10-37:2). 그러나 실제 BHS에서 תולדות로 구분된 내러티브는 10편에 이른다. 즉, 2:4a를 P문서의 결론으로 보는 견해가 있으나 창 2:3을 오경의 서론적인 창조이야기의 첫 부분 마감 절로 여기면 그 이후로 2:4b부터는 창세기의 이야기들을 자연스럽게 10개의 톨레도트로 구분할 수 있다. 이러한 톨레도트의 구성양식은 특정한 이야기의 장을 결론짓기보다는 그 장을 요약하는 서론으로 사용되고 있다. 즉, 하나의 새로운 이야기를 여는 "들어가는 말"이다. 그러므로 창세기에는 조직적인 교리보다는 10개의 큰 이야기들이 기술되어 있다고 말 할 수 있다. 차준희는 그의 저서 "창세기 다시 보기"78)에서 창세기의 주 내용을 25개의 이야기로 나열했다. 그러나 이는 창조이야기를 첫 번째(하나님의 형상인 인간) 두 번째(흙에서 온 인간)로 나눈다던가, 홍수 이야기를 3편으로 만들어 세부적으로 설명한다든가, 아브람의 이야기를 "소명과 실수", "언약" 등으로 나누어 설교를 위한 참고도서로써의 기능을 목적한 것 같다. 그보다 창세기의 자연스러운 독서과정에서 독자는 크게 에덴동산의 내러티브(창 1:1-3:24), 가인과 아벨의 내러티브(창 4:1-26), 홍수의 내러티브(창 6:1-9:29), 바벨탑의 내러티브(창 11:1-32), 그리고 아브라함과 족장들의 내러티브(창 12:1-50:26)로 구분할 수 있다. 이는 바이즈멘-헤리슨의 13개의 이야기와 위의 10개의 톨레도트를 요약하는 것이다. 이제 이러한 창세기 속의 이야기들을 포함해 오경의 나머지 이야기들을 큰 주제별로 정립하자면 출애굽의 내러티브(출애굽기)와 가나안을 향한 광야의 내러티브(출, 레, 민, 신)를 더해 총 7가지의 이야기들로 요약할 수 있을 것이다. 중요한 것은 이 7가지 이야기들의 내용들이 어떠한 공통적인 신학을 함축하고 있는지를 밝히는 것이다.

    골드워디(G. Goldworthy)79)는 신구약을 통해 모든 이야기들의 신학적 틀을 "하나님의 백성-하나님이 거하시는 곳-하나님의 통치" 라는 3부적 구조로 설명한다. 에덴동산의 이야기에서는 아담과 하와(백성), 에덴동산(장소), 하나님의 말씀(통치)에서 3부적 구조를, 또한 홍수의 이야기에서는 노아와 그의 가족(백성), 방주(장소), 언약(통치)의 3부적 구조를 지적한다. 그러나 이는 당장 창세기에서 중요한 위치를 차지하고 있는 가인과 아벨의 이야기, 바벨탑의 이야기, 더 나아가 구약의 지혜서와 시가서를 설명하기에는 역부족이다. 이에 기원과 태고시대(Origin)에 대한 이야기들을 전술하고 있는 창세기 1-11장에서 마르크 스트롬(Mark Strom)80)은 반복되는 하나의 3부적 신학구조를 제시하고 있다. 이는 "죄, 심판, 은혜"이다. 에덴동산의 이야기에는 아담과 하와의 죄가 있고 그들을 쫓아내시는 하나님의 심판이 있고 그러나 그들이 살 수 있도록 배려하시는 하나님의 은혜가 있다. 이러한 3부적 구조는 가인과 아벨의 이야기, 홍수이야기, 바벨탑이야기를 자연스럽게 엮어간다. 스트롬은 "창세기 1-11장은 이스라엘 백성들에게 그들의 기원이 어디서부터 시작되었는지를 알려 주는 것인 만큼, 이는 또한 성경 전체 이야기의 출발점을 제시해 준다"[81]라고 말한다. 즉, 죄와 심판과 은혜의 3부적 신학구조를 구약의 다양한 이야기들을 엮는 중심적 신학구조로 제시한 것이다. 클라인스(D. J. A. Clines)도 창세기의 기본 신학을 폰라드(von Rad)와 함께 인간의 죄, 하나님의 심판, 그리고 하나님의 용서로 보았다.[82] 이러한 죄, 심판, 은혜의 3부적 주제는 오경의 7대 내러티브를 엮어주고 오경의 신학적 통일성을 구성해주는 주요 틀이 된다고 말할 수 있다. 창조로부터 요단강 동편 모압에 이르기까지 우리는 오경에서 죄와 심판과 은혜의 이야기를 모형론적으로 또한 총괄적으로 읽을 수 있는 것이다.

2. 전승자의 통일성

최근까지의 연구는 원저자와 최종편집자와의 분별이 거의 불가능함을 보여주고 있다.[83] 이스라엘 왕정기 말까지 오경은 많은 편집자들의 손을 걸쳐갔다. 그러나 문서비평을 통해 본문을 형성하고 있는 각층문서의 저자나 원저자를 발굴한다는 것은 무모한 시도임을 알게 되었다. 이제 정통적인 벨하우젠의 JEDP 문서가설은 더 이상 그 진상을 주장하기 어렵게 되었다. 예로 반시터스(van Seters)는 오경의 역사적 서술을 그리스사와 유추해 J는 오경의 최종편집자로서 포로후기 신명기 역사서(신명기, 여호수아, 사사기, 열왕기서)의 서론을 기술한 것이라고 주장한다.[84] 그런가하면 렌토르프(R. Rendtorf)는 오경에서 전통적인 문서보다는 초기단편들을 구분하여 그것이 여러 단계를 통해 보충되면서 최종적으로는 D를 통해 편찬되었다고 주장한다.[85] 이에 블룸(E. Blum)은 렌토르프가 제의한 단편들이 후에 족장사로 확대되었고 약 기원전 530-500년에 신명기 사가가 이를 오경의 나머지 부분들과 연결시켰으며 이러한 작업은 바사제국의 특명에 의해 이루어졌다는 가설을 주장했다.[86]

이렇게 본문의 형성과 저작권에 대해 동의가 없는 다양한 오경문서의 복잡한 재구성과 상반된 전승비평에 대한 주장들은 본문저자에 대한 우리의 견문이 그 얼마나 불가지론적인가를 잘 보여준다. 여기서 우리는 최종적 문학형태로서의 본문의 통일성을 통해 본문은 최종적인 하나의 전승자를 가지고 있다는 것 외에 그 어떠한 다른 결론을 내릴 수 없을 것이다. 그러나 오경본문의 여러 가지 통일된 문학적 특성은 최종편집자나 주요 저자의 일관된 통일성을 반영한다. 예로 오경의 저자는 책 전체에서 히브리어 3인칭 여성대명사 히 (היא she)를 통일된 휘(הוא) 형태로 일관되게 기술하고 있다. 이는 토라가 좀 더 고대에 속한 문헌임을 암시할 뿐만 아니라 한 저자의 시대적이며 시종 일관된 문학적 관례가 반영된 것이라고 할 수 있다. 이뿐 아니라 오경의 내부적 외부적 증언에 의해 우리는 그 주요 원저자가 모세였음을 절대 배재할 수 없다. 내부적으로 오경은 모세가 저자임을 여러 본문에서 암시하고 있다(출 17:14; 신 31:30; 민 33:2). 외부적으로도 구약(수1:7-8)과 신약(막 12:26; 눅 16:29-31, 24:27; 롬 10:5)에서 모세의 저작권이 증언되고 있으며 이러한 견문은 전통적으로 히브리인들을 통해 전승되어왔다. 물론 오경은 익명으로 전승되어 다양한 구전, 단편, 문서들로 형성된 하나의 복합체로서 최종문학 형태로서의 오경의 주요 저자를 결정짓는 것은 그렇게 큰 의미가 없다고 본다. 그러나 본문의 구성분석과 신학-문학적 구조의 통일성에 의해 한명의 최종적 전승자가 있었다는 명제와 정경의 증언에 기하여 그 주요 원저자가 모세였다는 제안을 현재로서는 반박하기 어려울 것이다.

3. 정경적 통일성

마지막으로 오경은 신약과의 여러 불연속적인 특성을 가지고 있음에도 불구하고 여러 면에서는 연속적인 관계를 구성하고 있음을 볼 수 있다. 그러므로 우리는 과연 오경을 신약과 무관하게 독립적으로 해석할 수 있는가를 질문해 볼 필요가 있다.[87] 물론 유대교 랍비들은 그러하다고 할 것이다. 그러나 오늘날 신약이 존재하는 이상 이에 대해 우리는 신약의 기원과 출발점이 어디에 있는가를 상기할 필요가 있다. 먼저 신약은 그 신학의 중심이라 할 수 있는 기독론을 구약에 근거하고 있다. 그리스도는 성육신 하신 말씀(λογος)이며 그 말씀은 곧 태초에 우주 만물을 창조하신 야웨 하나님이심을(요 1:1-3) 신약은 증언한다. 또한 구약에서의 하나님의 창조는 일관적으로 그리스도의 원형으로도 설명된다. "어두운 데서 빛이 비취리라 하시던 그 하나님께서(창 1:3) 예수 그리스도의 얼굴에 있는 하나님의 영광을 아는 빛을 우리 마음에 비춰셨느니라"(고후 4:6). 바울사도는 구약성경을 통괄한 선생으로서 그의 신학적 논쟁들을 오경에 기초하고 있음을 알 수 있다. 그가 로마서에서 다루고 있는 죄와 심판과 은혜의 메시지들은 오경신학의 기본적 틀과 연관되어 있음을 부정할 수 없다.

먼저 구약과 신약의 신학적 연관성은 언약신학에서 가장 일관성 있게 나타난다. 구약의 기록된 아담과의 언약(창 1:28-30; 3:14-15), 노아와의 언약(창 6:18), 아브라함과의 언약(창 15:18), 이스라엘과의 언약(출 24:8), 그리고 다윗과의 언약은(시 89:3), 예레미야서의 새언약(הָשָׁהְת בְּרִית, 렘 31:31)과 신약의 새 언약(διαθηκην καινην, 눅 22:20; 고후 3:6; 히 8:8; 9:15; 10:15-18)으로 이어진다.[88] 보스는(Gerhardus Vos)이러한 구약의 새언약(ברת, 렘 31:31)과 신약의 새 언약(διαθηκη, 눅 22:20)은 구약의 종말론적이며 메시아적인(eschatological and Messianic) 신학구조 안에서 연속성을 가지고 있다고 주장한다.[89]

두 번째로 신약의 사건들은 구약의 사건들과 독립된 것들이 아니라 연속적이며 모형론적인 서술학적 연결고리를 가지고 있다. 복음서는 "아브라함과 다윗의 자손 예수그리스도의 세계"(마 1:1)를 기술하고 있다. 바리세인들과 사두게인들, 안식일과 성전의 문제들, 복음서에 등장하는 사도들과 그 시대의 풍습, 그 모두가 구약의 역사적 배경과 무관한 것이라 할 수 없을 것이다. 신약은 새로운 역사적 서술이 아니라 구약을 전제한, 또한 구약과 밀접한 연관성을 가진 구약서술의 기독론적 해석이라 할 수 있다. 그러므로 구약과 신약을 절대 동일한 것으로 여기는 것에도 문제가 제기될 수 있지만 반대로 전적으로 독립된 것으로 보는 것은 더욱더 심각한 해석학적 오류일 것이다. 구약과 신약, 율법과 은혜, 창조주 하나님과 십자가의 예수, 이스라엘과 그리스도인들은 대조적인 것이 아닌 계시의 점진적 완성, 혹은 성취적 관계를 가지고 있다. "이것은 주께서 예로부터 거룩한 선지자의 입으로 말씀하신 바와 같이"(눅 1:70) 산발적인 것이 아닌 구약에서 설계된 창조주 하나님의 구속사인 것이다. 월터 카이저(W. C. Kaiser, Jr.)는 헬라 역 신약은 구약 본문을 Nestle역에서는 950번 그리고 USB역에선 1800번(UBS 판) 인용하고 있음을 지적한다.[90]

그리고 그 인용의 유형을 다섯 종류로 분류했다: 변증적 용법(apologetic use); 예언 성취적 용법(prophetical use); 예표론적 용법(typological use); 신학적 용법(theological use); 그리고 실천적 용법(practical use)이다. 이러한 인용의 형태는 구약과 신약이 물론 여러 면에서 각기 독특한 특성들을 가지고 있으나 또한 분명히 절단할 수 없는 밀접한 연관성을 형성하고 있음을 잘 보여준다. 그동안 성경해석학에 있어 구약과 신약의 관계성은 다양한 신학적 견해들로 설명되어 왔다. 하젤(G. Hasel)은 그 논쟁들을 네 그룹으로 요약한다.[91]

첫째는 이분법적인 관계이다. 즉, 구약과 신약은 두개의 독립적인 문서라는 것이다. 이것은 2세기 마르시온과 영지주의 자들의 견해와 유사하며 근대에 와 하르낙(Adolf von Harnack), 델리치(Friedrich Delitzsch), 불트만(R. Bultmann), 그리고 훼르호프(P. A. Verhoef)의 제안들을 반영한다.

둘째, 구약과 신약의 관계를 유대교적인 시각에서 설명하려는 경향이 최근 부각되고 있다. 이에 구약의 영문약자 OT를 Only Testament(유일한 성경책)로 이해한다. 룰러(A. van Ruler)는 "오직 구약만이 진짜 성경이다…신약은 해설을 담은 소사전에 불과하다"[92]라고 역설하고 있다.

셋째, 구약과 신약의 관계를 동일하게 보는 시각이 있다. 이는 절대 통일성과 연속성을 의미한다. 이에 휘셔(W. Vischer)는 기독론을 구약에 적용함에 있어 명백히 드러나는 차이점들마저 부정해버리는 오류를 범한다. 예로 휘셔는 모압 왕의 배를 찌른 에훗의 칼날(삿 3:12-30) 사건을 신약에 기록된 "좌우가 날선 하나님의 말씀"(히 4:12)으로 해석한다.[93]

마지막 네 번째로 하젤은 신구약의 연관성을 그 어떠한 하나의 유일한 범주나 개념, 혹은 신학적 구조로 정립하고자 하는 것은 신구약의 복합적인 관계의 본질을 무시하는 것이라고 주장한다. 이에 하젤은 신구약의 연속성은 다음과 같은 다양한 범주에서 이해되어야 한다고 말한다: 하나님의 백성, 신약에서의 구약본문 인용, 공통적 신학용어(예로 언약과 새언약), 주요 주제(예로 하나님의 나라), 예표론과 모형론, 예언과 성취, 그리고 창조로부터 종말에 이르기까지의 구속사적인 연속성이다.

위와 같은 신구약의 복합적 연관성은 성경해석학에 있어 텍스트의 현전성과 정경성의 중요성을 대변한다. 이는 개혁주의가 주장해온 "성경에 의한 성경해석"(The Bible interprets the Bible)의 원리를 반영한다. 즉, 성경은 본문의 내부적 관계 (inner-textuality: 단어, 절, 단락, 장)와 함께 정경적(inter-textuality: 근접본문, 각권, 구약, 신약) 상호 관계 속에서 해석되어야 한다는 것이다. 이러한 구약본문 해석에 있어 필자는 구약의 내러티브를 에피소드와 모티프와 신학구조로 분석할 것과 정경적 상호관계(inter-textuality) 속에서 분석할 것을 제안한다.94) 이는 구약을 신약과의 연속적인 관계 선상에서 해석해야함을 의미한다.

V. 내러티브로서의 오경

근대는 역사를 실제의 그 자체로 여겼던 철학사유적 전제하에 구약은 문학-신학적 일관성이 결여 된 일치하지 않는 본문을 가지고 있다는 표면적인 관찰에 도달했고 이어 비평학자들은 텍스트를 구성하고 있는 가설적인 문서들이나 혹은 구전의 역사적 재구성을 통해 오경의 메시지를 본문 뒤에서 찾으려 했다. 구약본문의 일관되지 못한 상반된 설명들의 문제를 본래의 문서모습대로 보존된 다양한 문서들(J, E, D, P)의 결합이라고 가정한 벨하우젠(Julius Wellhausen)의 문서비평이나, 본문양식의 구체적인 분석을 통해 오히려 본문의 일관되지 못한 양식들은 그 뒤에 있는 다양한 구전들의 전승을 반영하는 것이라고 주장한 헤르만 궁켈(Herman Gunkel)의 양식비평과 종교사적-전승비평(Überlieferungsgeschichte), 그리고 끝내는 본문 뒤의 그 어떠한 일관된 문서나 구전을 구분할 수 없다는 반문서가설 논쟁 가운데 마지막 편집자에 의한 본문의 통일성을 찾고자 했던 편집비평은 그동안의 역사비평학적 방법들의 문제점들과 어려움을 반영하고 있다. 이에 키니에림(Rolf Knierim)은 결론적으로 과연 본문의 최종적 편집자와 원저자를 본문에서 구별할 수 있는지에 대해 회의적임을 피력했다.[95] 이는 실재 세계에서의 저자의 의도와 본문세계에서의 서술적 의미와의 갈등이며 최근 오경본문 해석에 있어 복잡한 논쟁의 여지가 무엇인지를 보여주고 있다.

이에 관련해 우리는 오경의 두 가지 중요한 특성을 피력해 볼 수 있다. 첫째는 오경이 익명으로 구성된 서술이라는 것이다. 고대 헬라서사시와는 달리 오경의 화자는 자신을 밝히지 않고 있다. 불름의 연구가 밝힌 것과 같이 오경본문은 저자(Autor)로서 보다는 야웨 하나님의 계시에 대한 전승자(Tradent)로서의 서술을 묘사하고 있다.[96] 여기서 단일한 한 저자의 의도를 찾는다는 것은 무의미할 것이다. 두 번째로 오경은 역사적 서술로서 사건 그 자체를 반영하지 않고 있다. 세일해머는 "서술 뒤에 있는 세계에 대하여 어떻게 말하건 간에 우리는 그 세계를 본문 자체에서 묘사되고 있는 것과 동일시해서는 안된다. 본문은 그것이 묘사하고 있는 사건에 대한 각색이다. 그러므로 그것은 사건을 대신하고 있는 것으로 받아 들여져서는 안된다"[97]라고 주장한다. 즉, 오경은 실제세계에 대한 오경본문만의 세계를 구성하고 있다는 것이다. 오경의 의미는 근본적으로 본문 뒤에 있는 역사적 사실이나 앞에 있는 독자의 상황이 아닌 오경본문의 문학적 구성 즉 오경본문 안에 있는 것이다. 왜냐하면 역사는 이미 서술된 전략적 내러티브이기 때문이다.

1. 서술적 구성으로서의 역사인식론

반후져(Kevin J. Vanhoozer)는 다음과 같이 말한다, "인간만이 역사를 인식할 수 있는 종(種)이다. 오직 인간만이 과거와 미래, 기억과 희망을 의식할 수 있다. 이러한 역사적인 인식이 없다면, 아마도 인간이란 존재는 존재하지 않았을 것이다."[98] 이러한 존재적 역사에 이르는 통로, 즉 과거와 현재와 미래의 지평으로의 접근을 이론적인 수단으로 규명하기 위해 학자들은 언어와 실재사이의 관계성을 연구하고 있다. 과연 언어는 시공간의 실재를 대체할 수 있는

가? 이는 성경해석자들의 역사적인 인식(역사적 양상측면)과 문학으로서의 성경을 이해하는 새로운 개념(즉, 문학적 의미론적인 양상측면) 사이의 논쟁을 부각시킨다. 만약 성경이 순수한 문학에 그친다면, 그러면 성경본문에서 발생하는 역사적 차원을 어떻게 수용할 수 있겠는가, 또는 그 이야기가 역사와 어떻게 결부될 수 있는가하는 문제가 제기된다.[99]

마르틴 하이데거의 존재와 시간(Sein und Zeit)에서 논의된 현존재(Dasein)의 실체화 가능성은 리꾀르의 시간과 내러티브(Time and Narrative)에서 그 성립의 초석이 마련된다.[100] 그는 시간 안에 존재한다는 인식, 즉 인간의 실존이란 역사의 창출을 통해서 실체화되며, 이러한 사실은 시간적 지평의 구체적인 사건들에 대한 경험과 지성적 인식에 대한 내러티브적 구성, 즉 문학적 서술적 양식의 구성을 통해서 가능함을 논한다. 즉, 존재나 역사란 그 자체가 아닌 그 자체에 대한 문학적 묘사로서의 내러티브 형식 안에서 그 정체성을 규정·확증하며 실체화 된다는 것이다. 그러므로 인간의 실존은 역사적 서술 안에서 비로소 이해 가능하게 되며, 그를 통해서 우리는 우리 자아를 확립하게 된다.[101] 이렇게 볼 때에, 시간적 경험이나 존재라는 개념은 역사를 떠나서는 인식될 수 없으며(aporia), 내러티브 구조가 결여된 상태에서는 이 개념이 이해될 수 없다는 것이다. 리꾀르는 "이스라엘은 자신의 역사적 사건을 논하는 서술적 방법을 통해 자신의 존재와 정체성을 확립하였다" 라고 주장한다.[102] 이에 본문의 독자도 스스로의 정체성 인식을 자신의 이야기를 텍스트에 연결시킴으로 가능케 한다.

이런 의미에서 역사적 해석학이란 현존재(Dasein)의 본질이 아닌 현존재에 대한 서술학적 구성에 대한 분석을 의미하며 이는 인간의 실존을 반영하는 기본적인 수단으로서 역할을 수행한다. 성경연구의 역사적인 탐구를 한다는 것은 인간 속성의 자연적인 반영이자, 시간적 지평 안에서의 실존의 인식, 다시 말해서 자아정체와 자아발견의 주요 수단이 된다. 이러한 인간의 역사적 인식의 결과로 구약성서에 대한 역사적 해석은 성경학자들의 피할 수 없는 활동이 되었다. 우리의 실존을 인식한다는 것은 역사적인 해석을 요구함을 의미한다. 내재적인 구조를 수단으로 해서, 구약자체는 독특한 고대 이스라엘의 역사적

인식의 정신적인 측면을 반영할 뿐만 아니라 우리로 하여금 역사적으로 이것에 접근할 것도 요구한다. 그런데 '역사적으로'가 구체적으로 뜻하는 것이 무엇인가? 이것이 문학적인 접근인가? 아니면 자세히 읽는 독서법, 또는 정경적 접근, 또는 역사비평적 접근 중 어느 것을 의미하는가? 여기서 우리는 적어도 다음과 같은 한가지의 결론을 내릴 수 있다. 현존재와 연관된 역사는 실제 그 자체로는 존재할 수 없다는 것. 즉, 역사는 사건의 재구성이 아니라 문학적 묘사로서의 서술적 구성이라는 결론이다.

2. 문학적 회화(繪畵)로서의 역사

역사는 명백히, 일반적인 의미에서 어떤 사건이 실제로 발생했는가 하는 것이다. 그리고 문학과 우리가 말하는 언어는 우리가 그러한 실제를 어떻게 이해하는가에 대한 방법을 결정한다.[103] 이런 의미에서 볼 때, 오경의 실제를 인식할 수 있는 유일한 방법은 근본적으로 본문의 문학을 통해서이다. 우리는 이를 하나의 문학적 회화로 유추할 수 있다. 「*Art and Illusion*」이라는 저서에서 곰브리츠(E. H. Gombrich)는 회화란 시각에 의해서 얻어지는 실재에 대한 묘사(mimesis)인데, 이 회화는 거울상(mirror-image)이라기보다는 실재에 대한 예술적인 표현이라고 주장한다.[104]

이러한 시각적인 모사는 다른 각도와 관점 그리고 그림을 그리는 자가 채택하는 그림의 기법에 따라서 다양한 양식으로 표현된다. 이 화가는 시각의 모사를 그의 구상안으로 배열하며, 사실의 다양한 측면들을 가지고 실재에 대한 예술적인 표현을 창출한다. 회화행위는 따라서 성경의 사료편집 안에서 문학적인 대응물을 갖고 있을 어떤 실재에 대한 창조적 모방행위일 것이다. 사료편집의 이러한 행위는 사실에 대한 정적인 복제가 아니라, 실재에 대한 창조적 모방행위, 또는 내러티브 형식으로 표현되는 문학적인 회화적 묘사이다. 회화적 묘사와 같은 성경의 사료편집에서 이러한 내러티브의 성격은 서술적 전략, 관점, 그리고 기록 작업에서 사용된 문학적인 장치들에 의존한다. 내러티브란 사실의 다양한 단계를 갖는 실재에 대한 문학적인 모사이다. 물론, 시각을 통한 사실주의가 렘브란트(Rembrandt)에서 모네(Monet)의 시기로 넘어가면서 퇴조했듯이, 단순한 이야기들은 역사로부터 구분되어야만 한다. 그러나 사료편집에 있어서 실제에 대한 문학적인 모사는 회화적 행위에서의 상이한 예술적인 관점들과 원칙을 같이 하고 있다고 말 할 수 있다.

구약성서의 광범위한 역사적 차원은 이러한 미학적인 배경, 즉 구체적인 시간과 공간 안에서 이루어진 하나님의 행동을 목격한 공동체의 관점 하에서 아마도 더 잘 이해될 수 있을 것이다. 이 경우에 독특한 고대 근동의 문학적 장치들이 이용되었다. 즉, 페인트 대신에 문화적 단어와 저술을 통해서 채색을 하고 그렇게 함으로써, 인간 언어로 역사 속에서 이루어진 하나님의 행동들을 회화적 묘사로 표현 했다는 것이다. 이런 방법을 통해서 고대이스라엘의 역사 속에서 하나님의 구속적인 중재하심에 대한 영감 된 구문, 즉 역사에 대한 회화적인 묘사가 가능해진다. 그러므로 구약은 현대의 경험주의적인 역사적 실재의 범위를 초월한 것으로 역사 속에서 이루어진 하나님의 행동하심, 곧 이에 대한 영감 된 문학적인 회화적 묘사를 반영하고 있는 것이다. 그러므로 우리는 구약해석학 과정 안에서 그동안 제안되었던 경험-실증주의적 접근방법에서 서술학적 접근방법으로의 발전과정을 도나텔로(Donatello)의 역사사실 적 기법(historicism)에서 모네(Monet)의 인상주의적 표현(impressionism)에 이르기까지의 전환과 유사한 것이라고 말 할 수 있을 것이다. 결론적으로, 만약 역사가 문학, 즉 문학적인 회화적인 묘사에 의해서 구성된 것이라면, 성경해석학에 관한 한 문학 그 자체는 역사적 해석학의 한 수단이 될 것이며, 이는 문학이라는 매개체에 의하지 않고는 역사에 직접 접근할 수 없다는 결론에 도달할 것이다.

3. 역사에서 내러티브로의 과제

구약해석에 있어 본문의 문학적 구성에 대한 학자들의 견해는 다양하다. 이에 알터(Robert Alter)는 "역사적 산문형 소설"(historicized prose fiction), 스텐버그(Meir Sternberg)는 "역사적 사실에 관한 문학적 담론"(literary discourse about the historical facts), 라이켄(Leland Ryken)은 "사실적 이야기"(realistic story), 콜린스(J. J. Collins)는 "역사와 같은"(history-like) 장르적 개념들을 제시한다.[105] 이러한 관점들은 현대 성경해석학에 있어서 전례의 역사비평에 의해 야기된 이론상의 자체모순에 대응하여 역사와 문학을 화해시키려는 대체적 시도들로 보인다. 이러한 "문학으로서의 성경"이라는 또 다른 단독적인 사유에 의해 우리는 다음과 같은 과제들 앞에 놓이게 된다.

① 절대적인 역사비평 접근은 구약텍스트의 다차원적인 구성에 대한 연구 입장에서 볼 때 더 이상 지지를 받을 수 없다. 그러나 반면에 구약본문 안에 내재한 분명한 역사적 지평을 문학적 접근방법으로만 설명하려는 것은 전자의 문제점과 다를 것이 없다. 이에 리꾀르는 해석학적 가교(hermeneutical arc), 즉 역사적 사실에 관한 문학적 통일성(literary coherence about historical fact)을 제안했다. 그러나 이러한 제안이 실제적인 해석과정에서 어떻게 가능한지는 아직도 많은 논쟁의 여지를 남기고 있다.

② 해석학적 가교라는 발상은 단순히 문학적이라는 것보다는 내러티브로서의 역사(history as narrative)라는 철학적 개념과 밀접한 관계를 가짐으로 순수문학적 접근의 문제점들을 보완한다. 헥스터(J. H. Hexter)와 맥클로스키(J. S. McCloskey)는 역사를 시간과 공간의 수사학으로 보다 더 복합적인 문학-철학적인 사유로 이해하려 했다.[106] 이것은 역사는 단순히 사건을 객관적으로 기술하거나 혹은 반사된 거울상(mirror-image)이 아니라 "글을 쓰는 행위"(an act of writing)라는 것이다. 즉 사실에 대한 사료편찬(historiography)이라는 것을 의미한다. 다시 강조하자면 역사는 곧 사료편찬이며 이는 근본적으로 "사실에 대한 글쓰기 행위"라는 것이다. 그것은 구성이전의 사건(pre-configured events)을 서술적으로 구성하는 것(narrative configuration), 혹은 문학적 각색(emplotment)이라고 할 수 있다.

③ 내러티브로서의 역사라는 개념은 구약본문을 단순히 하나님의 이야기(God's story)로 환원시킬 수 있다. 이에 가장 큰 잠재적인 함정은 쉽게 역사와 문학 간의 총체적인 이분법을 만들어 내는 것이다. 그러므로 이 둘(역사와 문학)의 단절에 대한 가능성은 해석학적 가교에 대한 가능성보다 훨씬 더 크다. 오

경을 서술로 보는 학자들은 성경 해석학에 대한 역사적 문학적 접근법의 역할이 상호보완적이라고 주장하지만 그러나 과연 역사적 의미와 문학적 의미의 차이점, 그리고 이를 어떻게 융합시킬 것인가는 끊임없는 논쟁의 여지를 남기고 있다.

④ 마지막으로, 일반적으로 내러티브주의로 알려진 내러티브적 접근법의 도래는 경험 실증주의적 합리주의에서 비합리주의로의 전이로 특징 지워지는 기본적인 패러다임 전환을 반영한다. 이는 하이데거, 가다머, 그리고 리꾀르와 같은 철학자들의 후기 실증주의적 사상을 전제하고 있다. 이러한 전환은 근대주의의 문제점들을 상당히 보완하였으나 포스트모더니즘의 해체주의적 경향을 지니고 있다. 이는 실재에서 본문으로 그리고 본문에서 독자로의 전환이 시도됨에 따라 역사의 비역사화 그리고 의미의 무의미화라는 존재적 공허함과 해체를 야기시킬 수 있다.

역사적 내러티브로서의 구약. 이는 두 마리의 토끼를 놓치지 말아야 하는 어려운 과제를 우리에게 던져준다. 이에 독자의 상황을 더하면 해석학의 전략은 더욱더 복잡해진다. 그럼에도 불구하고 우리는 이러한 메시지 전달의 삼대 영역을(실재-본문-독자) 독립적이면서도 유기적인 하나의 역동적인 체제로 인식하고 본문을 접근해야 할 것이다. 이에 필자는 오경을 해석하는데 있어 다음과 같은 실용적인 제안을 구상해 본다.

첫째, 성경신학의 주요 출처를 결정해야 한다. 오경은 분명히 역사적 실재로서의 야웨 하나님의 계시에 대한 서술적 구성이며 이는 고대근동의 고유적인 문학적 기호로 구성되었다. 여기서 신학의 주요 출처는 근본적으로 "실재의 세계"가 아니라 특정한 문학적 전략으로 구성된 문학적 최종형태로서의 "본문의 세계"이다. 이러한 본문의 세계는 근본적으로 역사적 서술의 문학 형식을 통해 접근할 수 있다. 이에 구조의 양식(서론, 결론, 연속성, 불연속성, 반복, 삭제, 묘사, 대화), 산문과 시문의 배열, 주제의 흐름 등등, 구약본문에 내재한 서술의 기법을 분석할 수 있어야 한다. 예로 창세기 1:1-2:4a는 본문 뒤에 있는 P의 실재를 반영하기보다는 본문의 서술적 전략을 통해 그 자체로 완성된 작은 문학적 단위를 가지고 가까이는 2:4b-3:24 그리고 더 나아가서는 오경과 구약전체본문을 통괄하고 있는 하나님의 언약을 서론적으로 열고 있음을 볼 수 있다.

둘째, 오경본문의 다차원적 본질을 간과해서는 아니 될 것이다. 영감 된 하나님의 말씀으로서의 오경은 또한 복잡한 역사적 흐름 속에서 다양한 구전, 단편, 문서, 그리고 실제적인 삶의 상황(Sitz im Leben)의 결합으로 편찬되었다. 이는 본문의 세계를 이해하는데 있어 순수문학서적을 다루듯 단독적인 문학적 접근으로는 역부족임을 의미한다. 성경신학의 주요 대상은 분명히 본문의 세계이나 이를 좀 더 총괄적으로 이해하기 위해서는 다학제간(multidisciplinary)적인 접근이 요구된다. 예로 고대근동사, 고고학, 고대언어학, 고대수사학, 철학, 과학, 등등을 들 수 있다. 여기서 중요한 것은, 이러한 다학제간적 접근은 그 최종적 목적을 본문 뒤에 있는 그 어떠한 역사적 실재의 의미를 발굴하는데 두지 않고 본문의 서술적 세계를 구성하고 있는 문학적 기호를 해석하는데 두어야 한다는 것이다. 이는 성경신학의 주요대상은 분명히 "본문의 세계"임을 다시 한 번 상기시키는 것이다.

셋째, 독자의 상황을 최대로 분석해야 한다. 여기서 독자란 두 가지를 의미한다. 하나는 텍스트 안에 내재되어 있는 수신자이며 다른 하나는 텍스트를 해석하고 있는 현재의 독자이다. 본문은 기록되었을 당시 특정한 역사적 상황에서 그 어떠한 목적과 수신자를 의식한 작업이다. 역사는 과거뿐만 아니라 항상 현재와 미래를 다루며 이는 허공을 향한 외침이 아니라 수신자를 향한 구체적이고도 전략적인 문학적 구성이다. 세일해머는 이를 "저자와 청중 사이의 대화의 한 형태이다"라고 말한다.[107] 그러므로 오경본문에는 동시대의 수신자가 자연스럽게 이해했던 혹은 기대했던 언어-문화적 혹은 사상-신학적 테마(Thema)와 본문에서 저자가 문장을 통해 수신자를 이해시키려고 노력하는 레마(Rhema)가 있다. 세일해머는 우리가 본문을 이해하는데 있어 이러한 테마와 레마를 놓쳐서는 아니 됨을 강조한다. 예로 창세기 1:1-2:4a를 오늘의 독자는 단순히 우주만물의 창조를 기술한 서술로 이해할 수 있다. 그러나 안식일(שבת)을 절정으로 마무리되는 이 단편을 그 시대 수신자들은 창조를 통한 하나님의 언약을 상기시키는 말씀으로 자연스럽게 이해했을 것이다. 이렇게 우리는 본문에 내재된 수신자에 초점을 둘 뿐만 아니라 더 나아가 오늘의 독자 혹은 해석자의 상황을 분석해야한다. 의미는 독자와 본문간의 역동적인 대화를 떠나서는 그 이해가 불가능하기 때문이다. 본문 앞에서의 독자는 후설(Edmund Husserl, 1859-1938)이 주장한 현상학적 판단중지(phaenomenologische epoche)의 중립적인 주체가 아니라 하이데거의 현존재(Dasein)로서 특정한 상황 속에서의 "세계-내-존재"이다. 이는 독자의 세계와 본문의 세계의 갈등 혹은 대화를 발상시킨다. 그러나 여기서 성경신학이 하이데거와 다른 것은 세계-내-존재로부터 상실된 본래의 나를 찾는 방법이다. 하이데거는 죽음이라는 불안(Angst)을 통해 무의 현존을 깨닫게 되고 비로소 "나"를 찾게 된다고 주장한다.108) 그러나 우리는 본문의 세계를 나의 정황에서 실체화함으로 하나님의 형상으로서의 나를 찾게 되는 것이다. 본문의 의미는 삶의 지평에서 완성되는 것이다. 리꾀르는 이를 삶의 해석학(life hermeneutics)이라고 역설했다.109) 나의 세계와 본문의 세계와의 대화 속에서 신학적 의미를 찾는 다는 것은 단순한 이성적 이해를 넘어 전인적인 삶의 변화를 의미한다. 이는 포이트레스(Vern S. Poythress)가 말하는 하나님의 은혜를 통한, 본문과 머리와 가슴과 삶이 일치된 신학적 의미를 가리킨다.110)

　구약은 단순히 서술적인 기술을 통한 이성적 이해를 위해 기록되지 않았다. 웬함(Gordon Wenham)은 오경의 히브리적인 용어 토라(תורה)를 계속 사용하는 데 이점이 있다고 말한다. 그리고 그것을 율법(Law)으로 번역하기보다는 교훈(instruction)으로 번역할 것을 제시한다. 왜냐하면 오경은 청중을 설득하기 위해 교훈하기 때문이다.111) "오늘 내가 네게 명하는 여호와의 규례와 명령을 지키라, 너와 네 후손이 복을 받아 네 하나님 여호와께서 네게 주시는 땅에서 한 없이 오래 살리라"(신 4:40). 이러한 토라 안에는 타락으로 말미암아 벗어날 수 없는 심판과 고난의 현실이 기록되어 있다(창 3:16-19). 그리고 그 죄를 인간스스로는 그 누구도 해결할 수 없음을 율법을 통해 분명히 조명한다. 더 나아가 본문의 궁극적인 목적은 죄와 심판이 아니요 메시아를 통한 하나님의 은혜요 구원이다(창 3:16). 즉 좋은 소식을 선포하는 자들의 아름다운 발걸음과 (사 52:7) 그의 나라가 실재적으로 도래하는(사 65:25) 복음의 핵심을 이미 함축하고 있다. 이러한 구원의 선포는 선지자들을 통해 전파되기 전 먼저 그 선지자들에게 체험되었다. 이사야는 하나님의 계시를 접할 때 "화로다 나여 망하게 되었도다"(사 6:5)하며 깊은 참회를 경험한다. 하나님의 나라는 이스라엘이라는 공동체에 임한 것이 아니요 한 개인 개인을 통하여 이 땅에 임하고 있음을 밝히고 있다. 복음주의 해석학은 바로 이러한 말씀의 체험적인 의미가 이 말씀을 해석하며 가르치는 신학자 자신에게 먼저 있어야 함을 강조하는 것이다. 부르게만(Walter Brueggemann)은 "히브리 성서"가 아닌 "구약"을 고집한다. 그리고 그러한 구약본문의 세계는 현대사회를 가로지르고 있는 모든 지평과의 균형과 일관성(order and coherence)을 위한 것이 아니라 대체적 비전으로써(alternative act of vision) 오히려 비평과 변화를 불러일으키는 도전적 항의(subversive protest)에 있다고 주장한다.[112] 본문의 세계는 지적이해를 위한 것이 아니라 나의 세계를 변화시키기 위해 있다는 것이다.

네 번째, 마지막으로 필자는 구약을 해석함에 있어 "성령의 내적증거"를 중요한 해석학적 도구로 간주해야 함을 제시한다.[113] 구약을 포함한 모든 성경의 궁극적인 저자는 하나님이심을 성경본문은 증언하고 있다(딤후 3:16). 하나님의 신은 태초로부터 수면에 운행하셨다(창 1:2). 오경 안에서 야웨 하나님의 말씀에 순종함과 그 사역을 이루는 것은 야웨의 영이 임함으로 가능하였다. 요셉(창 41:38), 모세와 장로들(민 1:17), 성막을 짓는 자들(출 31:3), 여호수아(신 34:9), 그리고 발람 선지자(민 24:2)까지 하나님의 말씀을 이해하고 실행하기 위해 영의 부으심이 선행되었던 것을 알 수 있다. "이에 저희 마음을 열어 성경을 깨닫게 하시고"(24:45). 성령의 여심이 없이는 하나님의 말씀을 깨달을 자가 없음을 성경은 증언하고 있다. 그러므로 우리는 성령의 내적 조명을 위해 기도해야 한다. 탈 근대화를 주장함에도 불구하고 포스트모더니즘은 우리 신학자들을 환원적 이성주의의 틀에서 해방시키지 못했다. 영감 된 구약의 세계와 대화 할 수 있는 가장 중요한 학적인 가교는 바로 그 영감의 주인공 되시는 성령이신 것이다.

주(註)

1) Cf. R. Jacobson. Metalanguage as a linguistic problem: The framework of language. (Michigan: Univ. of Michigan, 1980); M. Sterngerg. The Poetics of Biblical narrative: Ideological literature and the drama of reading. (Bloomington, Ind.: Indiana Univ. Press, 1985).

2) 히브리인들은 구약성경을 타나크(תנך, Tanakh)로 칭한다. Tanakh는 토라(Torah, תורה: 창세기, 출애굽기, 레위기, 민수기, 신명기), 네비임(Nebiim, נביאים: 전기 예언서: 여호수아, 사사기, 사무엘서, 열왕기; 후기 예언서: 이사야, 예레미야, 에스겔, 12 소 예언서), 케투빔(Kathubim, כתובים: 성문서들, 시편, 욥기...)의 약자이다. Masorah(אסר 아사르, 묶다 혹은 מסר 전승하다)는 티베리아를 중심으로 활동한 랍비들의 구약설명서를 의미한다. 4세기에서 9세기에 이르기까지 자음에 모음을 부가했고 그 외 본문을 보존하기 위한 다양한 설명들을 각주나 여백에 기록했다. Page H. Kelley, The Masorah of BHS (Grand Rapids, Mich.: Eerdmans, 1998)을 참고하라.

3) 예수님께서는 눅 24:44에서 타나크를 "모세와 율법과 선지자의 글과 시편"으로 가리키신다.

4) S. A. Nigosian, "Moses as they saw him," *Vetus Testamentum* XLIII, 3 (1993), 339-350.

5) O. Palmer Robertson, *The Christ of the Covenants* (Phillipsburg, NJ: Presbyterian and Reformed Publishing Co., 1980).

6) John H. Sailhamer는 이에 대한 자세한 논의를 "서술로서의 모세오경"(상권) (김동진 역) (서울: 새순출판사, 1994) 서론에서 기술하고 있다.

7) Cf. Gordon J. Wenham, 28.

8) John H. Sailhamer, 서술로서의 모세모경(상권) (김동진 역) (서울: 새순출판사, 1994), 28; Herbert Wolf, *An Introduction to the Old Testament Pentateuch* (Chicago, IL: Moody Press, 1991), 17-18.

9) R. K. Harrison, *Introduction to the Old Testament* (Grand Rapids: Eerdmans, 1969), 495.

10) Pierre Grelot, *What are the Targums? Selected Texts* (Old Testament Studies) (Collegeville: The Liturgical Press, 1992). 탈굼이란 아람어 "해석하다"

(interpret) 동사의 명사화다. 탈굼은 히브리 성서 타나크를 랍비들의 미드라쉬 (midrash: 랍비들의 히브리구약 주석)식으로 번역 및 주석한 것을 담고 있다.

11) Peshita는 고대시리아어를 가리키기도 하고 그 어근에 있어서는 "간략하다" (simple)는 의미를 가지고 있다. E. Barnes, An apparatus critical to Chronicles in the Peshita Version (Cambridge, 1897); Bernstein and Rahlfe, *ZDMG*, iii, 1849, 387 – 396.

12) Cf. Merrill F. Unger, *Introductory Guide to the Old Testament* (Grand Rapids: Zondervan, 1974).

13) Mark Shoulson, *The Torah: Jewish and Samaritan Versions* (2006).

14) 사해사본은 1947년에서 1956년 사이 사해북서쪽에 위치한 Wadi Qumran의 11개의 동굴에서 발견된 약 900여개의 문서로 구성되어있다. 현재로서는 기원 100년 전의 구약사본으로서는 유일한 자료다. James Vanderkam and Peter Flint, *The Meaning of the Dead Sea Scrolls* (New York: Harper Collins Pub., 2004). 연대와 관련해 Geza Vermes, *The Complete Dead Sea Scrolls in English* (London: Penguin Books, 2004), 12-15를 참고하라.

15) James L. Kugal, *The Bible as it was* (Boston: Harvard University Press, 1997).

16) Rolf Rendtorff, Das Überlieferungsgeschichtliche Problem des Pentateuch, *BZAW* 147, Berlin, 1977. 블룸(Erhard Blum)은 남유다에서 포로기 이전에 형성된 "아브라함의 단편"과 북 이스라엘에서 포로기 이후 곧 형성된 "야곱의 단편"이 신명기사가의 편집 이전에 이미 완성된 상태로 존재했었다고 가정한다. 또한 그러한 문헌적 전승들이 왕정시대 이전에 형성되었을 가능성에 대해서는 부정적이다. 블룸은 P 자료를 신명기사가적 신학을 수정하기 위한 시도로 보았고 오경은 포로기 이후 페르시아의 요구로 최종 편찬되었다고 주장한다. Erhard Blum, *Studien zur Komposition des Pentateuch* (Berlin: Walter de Gruyter, 1990).

17) 예로 구약 내에 기록된 외부 자료들을 보라(민 21:14; 수 10:12; 삼하1:18; 대상 29:29; 대하 9:29; 12:15; 26:22; 32:32; 33:19 등등).

18) 본문의 서술적 전략에 의한 문학적 혹은 신학적 통일성에 대한 주장은 Robert Alter, *The Art of Biblical Narrative* (CA: Basic Books, 1981); Meier Sternberg, *The Poetics of Biblical Narrative* (Bloomington, IN: Indiana University Press, 1985); J. P. Fokkelman, *Reading Biblical Narrative* (Louisville: Westminster John Knox Press, 1999), 그리고 John H. Sailhamer, *The*

Pentateuch as Narrative (Grand Rapids: Zondervan, 1992)에서 볼 수 있다.

19) 대다수의 비평학자들은 10-5세기로 본다. 그러나 저자는 고대 히브리어의 기원시기 그리고 구약본문의 내부증언에 의해 13세기로 추측한다. 이에 대해 앞으로 본문에서 더욱 자세히 논할 것이다.

20) Robert Alter는 히브리대구법을 구전의 결과로 본다. 같은 이야기의 반복과 팽창은 성문화 과정에 있어 구전의 흔적이라 할 수 있다. *The Art of Biblical Narrative* (New York: Basic Books, 1981) 참고.

21) P. Kyle McCarter, Jr., *Ancient Inscriptions* (Washington: Biblical Archaeology Society: 1996), 102-103.

22) 마소라 판 히브리어 성서로서 가장 완전하다고 믿어졌던 고대 시리아의 Aleppo Codex는 1947년 화전으로 인해 4분지 1이 해손 되었다. 문헌들의 두루마리 형태가 책자(codice)형으로 전환되기 시작한 시기는 1세기이나 구약은 성서라는 신앙에 의해 그 형태를 변화시키는데 저항이 심했다. 4-5세기에 와서야 본문 각주나 양 여백에 마소라의 설명을 부가하기 위해 부분적으로 codex 형식을 취하게 되었다. McCarter, *ibid*., 174.

23) Robert Alter, *ibid*.

24) 벤 올렌버거, 엘머 마르텐스, 하젤,「20세기 구약신학의 주요 인물들」강성열 역 (서울: 크리스챤 다이제스트, 2000), 42-56 참고.

25) R. N. 와이브레이, 오경입문(차준희 역) (서울: 대한기독교서회, 2005).

26) T. L. Thompson, *Early History of the Israelite People* (Leiden: Brill., 1992); J. Van Seters, In search of history (New Haven: Yale Univ.Press, 1983)

27) Erhard Blum, *Das Alte Testament - Ein Gesntateuch* (Beitr_ge des Szmposiums O as Alte Testament und die Kultur der Moderneß, Heidelberg, 18-21. Oktober 2001) (Lit Verlag M_nster, 2005).

28) R. N. Whybray. *Introduction to the Pentateuch* (Grand Rapids: Eerdmans, 1995).

29) Gordon J. Wenham, 모세오경 (박대영 역) (서울: 성서유니온, 2007), 29.

30) G. von Rad, "Das formgeschichtliche Problem des Hexateuch." *BWANT*, 4, 26 (1938): 9-86.

31) Martin Noth, *Überlieferungsgeschichte des Pentateuch* (Sttutgartö W. Kohlhammer Verlag, 1948).

32) Reinhard G. Kratz, *Die Komposition der Erzahlenden Bucher des Alten Testaments* (Gottingen: Vandenhoeck und Ruprecht, 2000).

33) Louis C. Jonker, "Exclusivity and Variety. Perspectives on Multidimensional Exegesis." *CBET* 19 (Kampen: Kok Pharos, 1996). Jonker는 "책임감 있는 해석"은 본문을 다차원적(multidimensional)으로 접근하고 이해해야하는데서 가능하다고 주장한다. 이는 통신구조에 있어 발신자와 매체와 수신자의 다차원적인 대화와 이해를 의미한다.

34) 세일해머(상권), 44.

35) Jacques Derrida, *Writing and Difference* (Chicago: The University of Chicago Press, 1978).

36) Paul Ricoeur, *Time and Narrative* Vol. 1 and 2 (Chicago: The University of Chicago Press, 1983, 1984).

37) 본문의 전체적인 철학사와 관련해 다음을 참고하라. Frederick Copleston, S. J., *A History of Philosophy*, Vol. 1-3 (Garden City, NJ: Image Books, 1985).

38) 필자는 대륙의 "발견"이라는 용어는 유럽인들의 잘못된 인식에서 유래되었다고 생각한다. 아메리카 대륙은 "발견"된 것이 아니라 "정복"된 것이다.

39) 후에 역사의식(historical awareness)란 철학적 사유로서 Martin Heidegger의 현존재(Dasein)로서의 존재와 Paul Ricoeur의 내러티브(Narrative)로서의 존재로 표현된다. 즉, 존재란 시공간의 흐름 속에서 문학적으로 구성된 타자와 자아의 끊임없는 대화이다.

40) Cf. Copleston, 63-152.

41) Rene Descartes, *A discourse on method*. Trans. by John Veitch (London: Dent & Sons LTD, 1912).

42) Cf. Copleton, 159-247.

43) Rocoeur와 Sailhamer를 참고하라.

44) 이한영, 구약해석학.

45) 데카르트에서 칸트까지의 논의는 필자가 Han Young Lee, *From History to Narrative* (New York: Peter Lang Pub., 2004)에서 다룬 것들을 요약한 것이다.

46) Feyerabend, P. K., "Against method" (London: New Left Bookstore, 1979).

47) Cf. Paul Ricoeur, *Time and Narrative*.

48) T. Kuhn, *The structure of Scientific Revolutions* (Chicago: The University of Chicago Press, 1970). Kuhn은 인식의 과학적 준거의 전환이 객관적인 수학방식이 아닌 사회적이며 문화적인 다양한 요소들로 진행됨을 상세히 논한다.

49) Mary B. Hesse, *Revolutions and reconstruction in the Philosophy of Science* (Brighton, Sussex Harvester, 1980).

50) 칼빈, 기독교 강론, 7장 4절 참고. 해석학적 도구로서의 성령의 내적 증거.

51) 세일해머(상권), 56.

52) 이한영,『패러다임 맥락에서 본 성경해석학』 124-143 참고.

53) Julius Wellhausen, *Prologomena zur Geschichte Israels* (Berlin: Reimer, 1886).

54) G. von Rad, *Der Anfang der Geschichtsschreibung im Alten Israel* (1944), Gesammelte Studien zum AT, TB 8, M_nchen 1958, 149.

55) 벨하우젠이 D문서를 분리한 것에 대한 가장 강력한 설명 중에 하나는 P문서가 단지 아론 지파만을 진정한 성직자로 명명한 것에 반하여 D문서는 모든 레위인을 성직자로서 지명하고 있다는 가설이다.

56) 본래 Q문서는 아담과 노아, 아브라함과 모세와 맺은 네 가지(quattuor) 언약이라고 불렸기 때문에 Q라고 불리었다. Q는 중요 사본을 만들기 위해 넓어졌고 그리고 넓혀진 Q는 모세육경으로부터 JE+D까지 통합되었다. J. C. O'Neil. *The Bible's authority: A portrait gallery of Thinkers from Lessing to Bultmann* (Edinburgh: T & T Clark, 1991), 198-213.

57) R. Alter, *The Art of Biblical Narrative*. 비록 몇몇의 대구적인 반복과 내용의 불일치, 그리고 후렴구가 이차적인 후기 편집이나 삽입의 반영이라고 설명되어질 수 있지만 또한 그러한 "불일치"는 인위적인 히브리인들의 고유적인 문학 장치나 혹은 단일한 작가에 의한 특별한 히브리 관습의 작문임을 배제할 수 없다.

58) E. Blum, *ibid*.

59) Gordon J. Wenham (2007: 22)은 50장 1534절에 달하는 창세기는 2300년간의 역사를 망라하고 있으나 민수기로 신명기까지 총 115장이 광야의 40년에 초점을 맞추고 있으며 이는 오경의 주요 주제가 광야와 시내산 언약임을 보여주는 것이라고 주장한다.

60) 예로 R. N. Whybray, Herbert Wolf, Gordon J. Wenham, John H. Sailhamer, G. von Rad 등등.

61) 땅과 축복의 주제는 창 1:28에서 노아(9:1), 아브라함(17:6), 야곱(28:3, 35:11), 고센 땅의 정착(출1:7), 순종의 결과로서의 땅에 대한 축복(레26:9), 약속의 땅 (신 30:16), 등등, 오경구성에 있어 주요 신학적 틀의 기능을 한다.

62) Martin Noth는 사경(Tetrateuch)을 구성하는 주제를 애급에서의 인도(Guidance out of Egypt), 경작지로의 인도(Guidance in the Arable Land), 족장들의 약속(Promise to the Patriarchs), 광야에서의 인도(Guidance in the Wilderness), 그리고 시내산에서의 계시(Revelation at Sinai)로 보았다. 이에 G. von Rad는 육경을 구성하는 주제들은 초기 원시텍스트(Urtext)인 신26:5-9로부터 확장되어 J가 최종적으로 족장들의 이야기와 시내산 전승과 제사장 자료에 태고 이야기(창 1-11)를 결합시킴으로 형성되었다고 주장한다.

63) G. Hasel, *Old Testament Theology: Basic Issues in the Current Debate* (Grand Rapids: Eerdmans, 1972), 180-181.

64) John L. Mackenzie, "The Task of Biblical Theology," *The Voice of St. Mary's Seminary*, 36(1959), 26-27.

65) O. Palmer Robertson, *The Christ of the Covenants* (Phillipsburg, NJ: Presbyterian and Reformed Pub. Co, 1980), 4. "주권 아래 집행된 피로 인한 결합" (저자 번역).

66) *Ibid.*, 68.

67) J. M. Roberts, "Job's Summons to Yahweh: The Exploitation of a Legal Metaphor," *Restoration Quarterly* 16 (1973).

68) Walter Brueggemann, *Theology of the Old Testament: Testimony, Dispute, Advocacy* (Minneapolis: Fortress Press, 1997).

69) *Ibid.*, 145-211.

70) Norbert Lohfink, *Theology of the Pentateuch: Themes of the Priestly Narrative and Deuteronomy* (Edinburgh: T&T Clark, 1994).

71) *Ibid.*, 35.

72) *Ibid.*, 96.

73) *Ibid.*, 227.

74) John H. Sailhamer, *Introduction to Old Testament Theology* (Grand Rapids: Zondervan, 1995); 정충하 역, 『서술로서의 모세오경』 (서울: 새순출판사, 1995).

75) 물론 율법과 모세의 설교집도 "광야의 내러티브"라는 큰 이야기 속에 포함시킬 수 있다.

76) BHS에서 תּוֹלְדוֹת(창 2:4) / הוֹלְיִדוֹ(창 5:19) / תֹּלְדוֹת(창 36:1)의 형태로 기록된 톨레도트는 이야기/사적/대략/ 즉 내러티브(account) 혹은 계보(genealogy)로 번역된다. 이는 고대 히브리 문헌들이 다수 인물중심(계보) 이야기로 엮어졌음을 의미한다. 창세기는 이러한 여러 톨레도트 문서들로 구성되었다는 학자들의 주장이 있다. 보다 더 자세한 내용은 다음을 참고하라: "The Toledoth and Narrative Sources of Genesis" In Duane Garrett, *Rethinking Genesis* (Grand Rapids: Baker, 1991), 91-106.

77) R. K. Harrison, *Introduction to the Old Testament* (Grand Rapids: Eerdmans, 1969), 548.

78) 차준희, 『창세기 다시보기』 (서울: 대한기독교서회, 1998).

79) Graeme Goldsworthy, *Gospel and Kingdom: A Christian Interpretation of the Old Testament* (Exeter: Paternoster Press, 1987).

80) 마르크 스트롬, 오광만 역, 『성경 교향곡』(서울: 한국기독학생회 출판부, 1993).

81) *Ibid.*, 27.

82) D. J. A. Clines, "Theme in Genesis 1-11," *Catholic Biblical Quarterly* 38-04 (Oct 1976), 487.

83) 이에 대한 세밀한 논의는 필자의 From History to Narrative 2장을 참고하라.

84) J. Van Seters, *In search of History* (New Haven: Yale Univ.Press, 1983)

85) Cf. Rolf Rendtorff, "Das _berlieferungsgeschichtliche Problem des Pentateuch," *BZAW* 147, Berlin, 1977.

86) Erhard Blum, *Studien zur Komposition des Pentateuch* (Berlin: Walter de Gruyter, 1990).

87) Walter Kaiser는 신약을 배제한 구약 안에서 만의 해석으로도 우리는 자연스럽게 신약으로 인도된다는 선행적 방법(Antecedent Scriptura)을 주장한다. Walter Kaiser Jr., *Toward an Old Testament Theology*. Grand Rapids, Mich.: Zondervan, 1978.

88) Cf. O. Palmer Robertson. *The Christ of the Covenants* (Philipsburg, NJ: Presbyterian and Reformed Publishing Co.: 1980).

89) G. Vos. *Biblical Theology: Old and New Testaments* (Grand Rapids, Mich.: Eerdmans Pub. Company: 1948), 299.

90) Walter C. Kaiser, Jr., *The Use of the Old Testament in the New* (Chicago, IL: Moody Press, 1985), 2.

91) 자세한 논의는 G. Hasel, *Old Testament Theology: Basic Issues in the Current Debate* (Grand Rapids, Mich.: Eerdmans Publishing Company, 1972), 145-167을 참고.

92) A. A. van Ruler. *The Christian Church and the Old Testament* (Grand Rapids, Mich., 1971), 72.

93) Cf. Hasel, 150.

94) Cf. R. Jacobson. *Metalanguage as a linguistic problem: The framework of language.* (Michigan: Univ. of Michigan, 1980); M. Sterngerg. *The Poetics of Biblical narrative: Ideological literature and the drama of reading.* (Bloomington, Ind.: Indiana Univ. Press, 1985).

95) Rolf Knierim, "Redaction Criticism." In Knight, D.A., & Tucker G.M., eds. *The Hebrew Bible and Its Modern Interpreters.* Chico, Calif.: Scholars Press, 1985: 150-187 참고.

96) Erhard Blum, *Das Alte Testament - Ein Geschichtsbuch?* 참고.

97) 세일해머(상권), 50.

98) Kevin J. Vanhoozer, *Is there a meaning in this text?* (Grand Rapids: Zoncervan, 1998), 100.

99) 이러한 논의를 필자는 이미 이한영, 패러다임 맥락에서 본 성경해석학 (서울: 나눔사, 2003) 2장에 세밀히 논하였으며 이 부분에서는 그 내용을 주로 요약하고 있다.

100) Paul Ricoeur, *Time and Narrative.* 3 vols. (Chicago: University of Chicago Press, 1991).

101) Paul Ricoeur, "Life in quest of narrative." *In* Wood, D., ed. On Paul Ricoeur. (London: Routledge, 1991), 20-25.

102) Paul Ricoeur "An interview with Peter Kemp" *in* Peter Kemp, "History as narrative and practice." *Phil Tod*, 29 (1985): 213.

103) Cf. R. Waswo, "The history that literature makes." *NLH*, 19, 3 (Spring, 1988): 541-564.

104) E. H. Gombrich, *Art and illusion: A study in the Psychology of pictorial representation* (London: Phaidon, 1977).

105) R. Alter, ibid.; Meir Sternberg, *ibid.*; Cf. Leland Ryken, "A Christian Approach to Literature." *Chr Tod*, 14, 5 (1969): 218-220; *How to read the Bible as Literature* (Grand Rapids, Mich.: Zondervan, 1984); "Man's search for truth." *Chr Tod*, 13 (1968): 160-161; J. J. Collins, "The historical character of the Old Testament in recent Biblical Theology." *Cath BibQ*, 41 (1979): 185-204; "The rediscovery of biblical Narrative." *Chicago Studies*, 21, 1 (1982): 45-58.

106) J. H. Hexter, *Doing History* (London: George A. & Unwin, 1971); D. N. McCloskey & J. S. Nelson, eds., *The Rhetoric of History* (Madison: University of Wisconsin Press, 1987).

107) 세일해머, 서술로서의 모세오경(상권) (김동진 역) (서울: 새순출판사, 1994), 77.

108) Cf. Martin Heidegger, *Being and Time*. Ttranslated by John Macquarrie & Edward Robinson (Oxford: Blackwell, 1962).

109) Paul Ricoeur는 내러티브의 의미가 궁극적으로는 본문의 지평을 넘어 삶의 지평까지 확장됨을 역설한다. Cf. Paul Ricouer, *Life in Quest of Narrative*. In Wood, D., ed. *On Paul Ricoeur* (London: Routledge, 1991), pp 20-33.

110) Cf. Vern S. Poythress, *God Centered Biblical Interpretation* (Phillipsburg, NJ: P&R, 1999).

111) Gordon J. Wenham, 모세오경(박대영 역) (서울: 성서유니온, 2007), 26.

112) Walter Brueggemann, *Theology of Old Testament* (Minneapolis: Fortress Press, 1997), 713.

113) Calvin, *Institutes* VII, 4.

역사와 서술에서의
오경메시지

창 세 기

오경은 전통적으로 마소라 타나크(Masorah Tanakh) 성서의 삼대부문(오경, 예언서, 성문서) 중 첫 번째 묶음인 토라로서 기독교정경에서는 구약속의 복음서와도 같은 중요한 신학적 위치와 기능을 역할 해왔다. 그 주요 내용은 시내산 언약과 이스라엘 백성 가운데 출현하신 야웨 하나님의 성막 임재라 할 수 있다.

창 세 기

I. 서론

창세기라는 한국어 표제는 칠십인역(LXX)의 게네세오스(γενεσεος, 태초 혹은 계보)에서 유래하며 이는 창세기 본문에서 열한 번 등장하는 히브리어 톨레도트(תולדת, 계보)를 헬라어로 번역한 것이다. 마소라 오부 각 권의 첫 장 첫 단어를 각 책명으로 삼고 있다. 고로 창세기의 마소라 책명은 "태초"를 의미하는 창세기 1장 1절의 첫 단어인 브레쉬트(בראשית)이다. 이러한 이름들은 창세기의 총괄적인 문학적 구조나 이를 통해 전하고자 하는 내용들을 부분적으로나마 암시해준다. 창세기는 우주와 인간, 문화, 그리고 고대 이스라엘의 기원을 서술하고 있다. 그리고 이를 고대근동에서 보편적으로 사용되었던 계보역사의 양식을 통해 기술하고 있다. 즉 계보의 구성과 인물선택을 전략적으로 배열하여 사료를 편집하는 형식이다.

II. 창세기의 서술 구조

듀안 게렛(Duane Garrett)은 창세기 텍스트의 역사성과 문학성의 양면, 그리고 더 나아가 본문의 계시적 본질을 고려한 다음과 같은 오경의 4단계 구성을 제시한다. (1) 초기 구전들의 모집과 전달과정 (2) 모세 이전에 구전으로 내려오던 전승들의 초기 문자화 과정과 단편적 구전자료들을 기반으로 한 문학적 구성 (3) 모세의 편찬, 그리고 마지막으로 (4) 모세 이후시대의 편집과정이다. 게렛은 이러한 가정은 실제 역사적 상황을 온전히 재생하지는 못하겠지만 모세저작권을 창세기원시서(Urgenesis)에 연관시키는 가설로 제시한다.[1] 그리고 이 창세기원시서를 형성한 가장 작은 단위의 문헌은 고대근동에서 발견되는 계보-토판(genealogical tablets) 양식의 이야기들로 구성되었을 것이라고 주장한다.[2]

구약에서 '톨레도트'라는 용어는 흔히 계보(generations), 이야기 혹은 대략(account)으로 번역되며 주로 "…의 계보는 이러하니라," 혹은 "이는…의 이야기니라"라는 문구로 관용된다. 이는 창세기가 계보문서(toledoth sources)를 중심으로 성문화 되는 과정에서 그 문서의 표제라 할 수 있는 톨레도트를 서문으로 남겼음을 추측해 볼 수 있다. 창세기 서술을 기술하는 과정에서 여러 최소단위의 문서들을 결합하여 하나의 통일성 있는 신학적 문서로 구성하는데 있어 톨레도트의 틀을 사용했다는 것이다.[3] 이러한 창세기의 계보구조와 관련해 이미 바이즈멘과 헤리슨(Wiseman & Harrison)은 창세기에는 13개의 톨레도트로 구성된 단편적인 이야기들이 있음을 지적했다.[4] 그러나 실제 BHS에서 톨레도트(תולדת)를 서두로 하고 있는 내러티브는 10편에 이른다. 창 2:4a를 P 문서의 결론으로 보는 견해가 있으나 창 2:3을 오경서론(창 1:1-2:3)의 마감절로 본다면 창 2:4부터 창세기는 톨레도트를 서두로 한 10개의 이야기로 구성된다. 이러한 구성에 있어 계보 서두에 등장하는 인물이 항상 이어지는 이야기의 주인공은 아님을 볼 수 있다.

예로 이삭의 톨레도트(25:19-35:29)는 야곱과 에서의 이야기로 전개되고 야곱의 톨레도트(37:2-50:26)는 요셉과 그 형제들의 이야기를 담고 있다. 중요한 것은 그러한 이야기들이 계보 서두에 나타나는 인물과 관련하여 그들의 생존시에 일어나며 창세기의 전체 서술은 그들의 전기 그 자체보다는 그 전기를 통해 야웨 하나님의 시내산 언약을 총괄적으로 소개하고 있다는 것이다. 이러한 톨레도트의 배열은 또한 크게 두 개의 내러티브로 묶어 질 수 있다. 첫 부분은 창 1:1-11:26의 태고사(Primeval History)다. 우주를 포함한 인류에 있어 모든 것의 기원과 미래의 시내산 언약에 관한 중요한 예표들을 암시하고 있다. 두 번째 부분은 창 11:27-50:26의 족장사(Patriarchal History)다. 고대이스라엘의 선조인 아브라함과 이삭과 야곱의 이야기로 전개되며 시내산 언약백성의 기원을 거슬러 올라간다.

구조	장절	서두	마소라(BHS)	내러티브의 주요 내용
서론으로서의 태고사 Primeval Narrative	1:1-2:3	태초의 창조		창조서술을 통한 오경서론
	2:4-4:26	천지의 톨레도트	אֵלֶּה תוֹלְדוֹת הַשָּׁמַיִם וְהָאָרֶץ	인간의 창조와 타락한 후손들
	5:1-6:8	아담의 톨레도트	זֶה סֵפֶר תּוֹלְדֹת אָדָם	아담의 족보
	6:9-9:29	노아의 톨레도트	אֵלֶּה תּוֹלְדֹת נֹחַ	대홍수
	10:1-11:9	노아의 아들들의 톨레도트	וְאֵלֶּה תּוֹלְדֹת בְּנֵי־נֹחַ	민족들의 목록
	11:10-26	셈의 톨레도트	אֵלֶּה תּוֹלְדֹת שֵׁם	셈의 족보
족장사 Patriarchal Narrative	11:27-25:11	데라의 톨레도트	וְאֵלֶּה תּוֹלְדֹת תֶּרַח	아브라함의 이야기
	25:12-18	이스마엘의 톨레도트	וְאֵלֶּה תֹּלְדֹת יִשְׁמָעֵאל	이스마엘의 족보
	25:19-35:29	이삭의 톨레도트	וְאֵלֶּה תּוֹלְדֹת יִצְחָק	이삭 생존에 야곱과 에서 이야기
	36:1-43	에서의 톨레도트	וְאֵלֶּה תֹּלְדוֹת עֵשָׂו	에서의 족보
	37:2-50:26	야곱의 톨레도트	אֵלֶּה תֹּלְדוֹת יַעֲקֹב	야곱 생존에 요셉과 그 형제들의 이야기

III. 태고 내러티브(창 1:1-11:26)

세일해머는 태고사는 족장사에 대한 배경을 형성할 뿐 아니라 오경의 중심 주제인 시내산 언약(출애굽기-신명기)의 예표들을 암시하고 있다고 말한다.[5] 마르크 스트롬(Mark Strom)도 "창세기 1-11장은 이스라엘 백성들에게 그들의 기원이 어디서부터 시작되었는지를 알려 주는 것인 만큼, 이는 또한 성경 전체 이야기의 출발점을 제시해 준다."고 말한다.[6] 이에 창 1:1은 족장들의 하나님과 시내산 언약의 하나님이 곧 우주만물을 창조하신 하나님이심을 밝힌다. 이러한 신학적 통일성 외에 이 둘은 그 주요 문학적 형식에 있어서도 하나의 큰 서술형 산문으로 기술되었다.[7] 월프(Herbert Wolf)는 이 두 부분은 둘 다 산문으로 구성되었으며 동일한 64개의 지명, 88개의 인명, 48개의 일반적 명칭들, 그리고 적어도 21개의 문화적 품목들(목재, 금속, 건물, 악기)을 공유하고 있다고 지적한다.[8] 또한 그 이야기를 전개하는 방식에 있어서도 연속성을 가지고 있다. 예로 주요 인물 이야기를 서술 마지막 부분에 등장시키는 기법을 볼 수 있다.

그러므로 가인의 내러티브(4:17, 25)는 셋 전에 기술되었고, 셈의 내러티브는 야벳과 함(10:2, 6, 21) 이후에 소개된다. 이삭은 이스마엘의 이야기(25:12, 19) 이후, 그리고 야곱은 에서의 내러티브(38:1, 31:2)를 이어 전개된다. 이 외에 축복과 저주로 구성된 6개의 신탁이 태고사(3:15; 9:24-27)와 족장사(12:2-7; 24:60; 27:21-29, 39-40; 40:12, 19)에 삽입되었다.[9] 에피소드를 엮어나가는데 있어 중심 인물들의 대립형태도 이 두 부분에서 일관되게 묘사된다. 예로 가인과 아벨, 아브라함과 롯, 이삭과 이스마엘, 에서와 야곱, 요셉과 유다, 베레스와 세라, 에브라임과 므낫세의 대립이다. 또한 창세기 안에서뿐만 아니라 오경 전체에서 언약에 따른 복으로서 일관되게 제시되는 땅과 번성의 약속을 볼 수 있다(창 1:28; 9:1; 17:6; 28:3; 35:11; 48:4; 49:22; 출 1:7; 레 26:9). 마지막으로 태고사 안에서 아담의 언약(1:28-30; 3:14-15)과 노아의 언약(6:18)은 족장사 안에서의 아브라함의 언약(15:18)을 암시함으로 나아가 미래 다윗의 언약(시 89:3)과 새언약(렘 31:31; 눅 22:20)을 일관되게 예표하고 있다.

1. 창세기 1:1-2:3

1.1 구조

1:1	서두	"태초에 하나님이 천지를 창조하셨다"
1:2-31	본론	창조 내러티브
2:1-3	결론	"안식하셨음이라"

본문은 창조이야기를 총괄적으로 요약하고 있으나 이를 통해 근접문맥에서는 인간의 타락(3:1:-24)과 아브라함의 언약(15:1-21)을 미리 예표하고 더 나아가 오경 전체 문맥에서는 시내산 언약(출 19-24)의 관점을 예기 반영하고 있다. 여기서 서두(1:1)로 기술된 문단은 다음 이어질 이야기를 요약한다. 그러므로 1절 이후 잠시 단절이 있고 2절은 새로운 단락으로 시작한다. 모든 사물이 존재하기 전 바로 그 태초에 하나님께서는 천지(אֵת הַשָּׁמַיִם וְאֵת הָאָרֶץ)로 묘사된 우주만물과 그 안에 존재하는 모든 피조물들을 무(無)로부터(*ex-nihilo*, יֵשׁ מֵאַיִן) 그의 말씀으로 창조하셨다.10) 이는 이스라엘과 언약을 맺으신 하나님은 지역적이며 피조물과 신의 혼합체인 고대근동 도시국가들의 수호신과는 차별된 천지의 주재(14:19, 22)이시며 태초뿐만 아니라 미래의 새 하늘과 새 땅(사 65:17; 계 21:1)을 재창조하실 우주적인 하나님이심을 암시한다.

2절은 새로운 단락으로서 본론에 앞서 창조 내러티브의 배경을 소개한다. 그것은 땅의 혼돈(תֹהוּ)과 그 수면을 운행하시는 하나님의 신(רוּחַ אֱלֹהִים)으로 요약된다. 혼돈의 히브리어 토후(תֹהוּ)는 헛된 우상숭배(삼상 12:21)와 유다의 폐허(렘 4:23)를 묘사할 때도 사용된다. 실제로 예레미야 선지자는 이스라엘의 영적 혼탁을 지적하는데 있어 1:2와 병행된 신탁을 선포한다, "내가 땅을 본즉 혼돈하고 공허하며 하늘들을 우러른즉 거기 빛이 없으며"(렘 4:23). 하나님의 창조는 혼돈에서 질서, 공허함에서 채워짐, 어둠에서 빛, 타락에서 구속, 운행에서 안식을 예기 한다. 이러한 변화가 가능한 것은 하나님의 신의 창조적 사역이 있기 때문이다. 그러므로 앞으로 하나님의 일을 중보 하게 될 모든 사역자들 역시 하나님의 신이 함께하셔야 된다(출 31:3, 고전 6:19).

하나님의 창조행위는 6일째 끝난다(1:3-2:1). 그러나 창조의 의미는 7일째 안식일을 맞이함으로 완성된다(2:2-3). 이는 창조기사의 궁극적인 모티프가 안식일에 있음을 보여준다. 창조는 [혼돈-운행]과 [거룩함-안식]으로 포괄된 (Inclusio) 신학적 모티프로 구성된다.

       A 혼돈-운행 (1:2)
       B 창조행위 (1:3-2:1)
       A' 거룩함 – 안식 (2:3)

창조기사 본문은 창조의 연대(κρονος)가 아닌 창조의 사건(καιρος)을 통해 안식의 신학적 의미를 부각시키고 있다. 우주만물이 언제 어떻게 만들어졌는가에 관한 것 보다는 창조의 기술을 통해 그 궁극적 의미를 전하는 것이 본문의 목적이라고 할 수 있다(사 40:21; 롬 1:19). 여기서 우리는 하나님과 백성과 땅과의 온전한 안식을 기대하는 말씀을 발견하게 된다. 오경은 야웨 하나님과 그의 언약백성, 그리고 땅과의 밀접한 삼각관계의 내러티브로 구성되어 있다고 볼 수 있다. 라이트(Christopher Wright)는 이를 구약윤리의 삼각 구조라 했으며 이는 신학적(하나님), 사회적(백성), 그리고 경제적(땅) 지평을 의미한다.[11] 이는 곧 시내산 언약의 삼대 핵심 주제이다. 광야의 혼돈은 약속의 땅의 안식을 바라보고 유다의 폐허는 종말론적인 안식을 기다린다. 그러므로 우리는 창조행위 서술을 실제 그 자체보다는 실제에 대한 신학적 구성으로 이해할 수 있다. 이는 본문에서 7일이라는 상징적 숫자의 용법을 분석함으로 추측해 볼 수 있다. 본문에서 "날"로 번역된 히브리어 욤(יוֹם)의 구약용법을 살펴보면 다음과 같다.

첫째, 역사적 시간 혹은 개인의 삶의 한때(particular time)를 가리킨다. 예로 "엘리의 눈이 점점 어두워가서 잘 보지 못하는 그 때에(בַּיּוֹם וַיְהִי) 그가 자기 처소에 누웠고"(삼상 3:2); 유월절을 지키라는 명령에 있어 "너의 평생(יְמֵי)"(신 16:3); 다윗이 사울의 누워 자는 모습을 보고 "또 가로되 여호와께서 사시거니와 여호와께서 그를 치시리니 혹 죽을 날이 이르거나 혹 전장에 들어가서 망하리라"(삼상 26:10) 했을 때 "죽을 날"은 24시간을 뜻하는 것이 아니다.

둘째, 환한 시간과 캄캄한 시간을 구별할 때 사용한다. "빛을 낮(יוֹם)이라 칭하시고 어두움을 밤이라 칭하시니라"(창 1:5); "주의 손이 주야(יוֹם)로 나를 누르시오니 내 진액이 화하여 여름 가물에 마름같이 되었나이다"(시 32:4).

셋째, 양력의 하루(빛과 어두움)를 가리킨다. "내가 토설치 아니할 때에 종일 (כָּל־הַיּוֹם) 신음하므로 내 뼈가 쇠하였도다"(시 32:3).

넷째, 그 어떠한 사건이 종결된 한 때를 가리킨다. "여호와 하나님이 천지를 창조하신 때에(בְּיוֹם) 천지의 창조된 대략이 이러하니라"(창 2:4); "여호와께서 모세에게 일러 가라사대 문둥 환자의 정결케 되는 날의(때에, at the time, 문둥 환자를 정결케 하는 기간은 8일이었다) 규례는 이러하니 곧 그 사람을 제사장에게로 데려갈 것이요"(레 14:1-2); "그런(날)에는 집을 지키는 자들이 떨 것이며"(전 12:3).

이렇게 문맥에 따라 다양한 의미를 묘사하는 히브리어 욤(יוֹם)은 창조기사에서는 상징적인 미정의 시간을 가리킨다고 말할 수 있다. 베노이(J. Robert Vannoy)는 이에 대해 다음과 같은 주장을 한다.[12] 먼저, 그 용법의 다양성에 대해 구약 다른 책들에서 욤은 특별히 명기하지 않은 한 때를 가리키기도 한다. 또한 창세기 1장에서 낮과 밤을 주관하는 광명(אוֹר)은 넷째 날에 창조되었다(1:14-19). 그러므로 셋째 날까지 사용된 욤은 시간적(24시) 의미를 담고 있지 않다. 만약 욤(יוֹם)을 24시간(시 32:3)이 아닌 하나님의 창조의 시간으로 이해한다면 "저녁이 되며 아침이 되니 이는 셋째 날이라"는 문구는 상징적으로 하나님의 창조의 시작과 끝을 가리키는 서술적 기법이라고 말 할 수 있다. 이렇게 동일한 문구를 나열하고 반복하여 그 안에서 구조를 구성하는 문학형식과 여러 어휘난 문단을 합성하여 전체 혹은 전부를 가리키는 어법을 히브리 문법에서는 포괄법(Inclusio) 그리고 제유법(Merism)이라고 한다.[13] 또 창 1:26-31은 제6일의 창조내용을 담고 있는데 특별히 27절에 "남자와 여자를 창조하시고"는 다음 장인 창 2:7에 이에 대한 세밀한 설명을 기술하고 있다. 창 2:8에 그 남자는 에덴동산에 있고 그 동산을 얼마동안 다스리며 지키고 있다

(2:15). 그리고 동물들의 이름을 짓는다(2:19). 또한 창 2:21-23에서는 이어 여자가 창조된다. 이 모든 일이 제6일째 일어난 일로 기술되었으며 이는 그 날이 24시간이 아니었음을 명백히 보여준다. 마지막으로 하나님께서는 제7일에 그 창조하시는 일을 쉬셨다 했는데(2:2) 그 안식의 칠일은 오늘날까지 이어지고 있다. 이 외에도 구약에서 7이라는(3+31=7) 숫자는 상징적 숫자로 자주 사용된다. 요셉의 꿈을 풀이해준 바로의 술 관원장과 떡 관원장의 꿈에서 그들은 포도가지 3개와 떡 광주리 3개를 보게 된다(창 40-41). 바로의 꿈에서도 역시 7마리의 암소와 7단의 이삭이 나타난다(창 41). 욥기에서는 7명의 아들과 3명의 딸, 7천 마리의 양과 3천 마리의 낙타, 3친구가 7일 동안 대화하는 양식이 나온다. 민 14:27-29에서는 3년마다 특별 십일조를 헌납하며 제7년째는 (3+3+1=7) 안식년으로 들어가게 된다(민 15:1이후). 노아의 아들들의 후예로부터 파생된 열국백성은 70나라로 대표되고(창 10:1-32) 애굽에 이른 야곱의 집 사람도 도합으로 70인이다(창 46:27). 이러한 숫자는 수학적 용량 그 이상으로서의 서술적 구성과 신학적 의미를 함축하고 있다고 말 할 수 있다. 결론적으로 창조기사 문맥에서 욤(יוֹם)은 미정된 한 때, 하나님의 창조에 있어 완전한 단계(7단계)를 가리킨다고 말 할 수 있다. 이는 창조의 시간보다는 그 창조의 순서와 완성도를 통해 하나님의 창조적 질서와 능력을 피력하고 있는 것이다. 그러므로 창조 내러티브는 창조연대보다는 창조행위를 통해 안식일 신학의 기원이 창조에 있음을 보여준다. 이는 위에서 이미 논한 [혼돈-운행]과 [거룩함-안식]의 포괄이나 혹은 [형태]와 [채우기]와 같은 비연대 구조론(non-chronological framework theory)에서 설명될 수 있다.

[두개의 비연대 구조]

① 포괄형

A	혼돈-운행 (1:2)
B	창조행위 (1:3-2:1)
A'	거룩함-안식일 (2:3)

② **형태와 채우기**

형태(Forming)		채우기(Filling)	
혼돈(תהו)			
1 יום	빛	4 יום	태양, 달, 별
2 יום	하늘과 물 (바다)	5 יום	새, 물고기
3 יום	땅과 식물	6 יום	동물, 사람, 식물
7 יום 안식일			

위의 비연대 구조 외에 다른 견해들도 있다. 창조의 날은 하나님께서 모세에게 6일 동안 계시 한 날들을 반영한다는 계시론(The Revelatory-Day Theory), 혹은 바알서사시에 바알이 그의 궁정을 7일 동안 지었다는 문헌에서 유래했다는 신화론 등이다. 그러나 그 어떠한 이론도 본문에 내재하고 있는 문학적 구성 안에서의 명백한 설명을 소급할 수 없다. 창조 내러티브는 하나님의 창조행위를 안식일이라는 신학적 모티프로 구성한 서술임을 볼 수 있다.

하나님의 창조는 안식일 표적으로 거룩해진다. 에덴동산에서의 안식일은 하나님과 그의 피조물이 함께하는 장소에서의 온전한 신인 관계의 상태를 반영한다. 이는 이후 이스라엘 백성이 성막에서 하나님의 임재를 경험하게 되는 모티프를 예기하고 더 나아가 성전(사두개인)과 안식일(바리새인) 사상에 근거한 유대교 신학의 기반을 미리 성립한다. 세일해머는 성막 건축 역시 "여호와께서 가라사대"라는 말씀으로 시작되는 일곱 가지 행동들로 나누어졌음을 지적한다(출 25:1; 30:11, 17, 22, 34; 31:1, 12).[14] 이러한 창조와 성막의 유비는 일곱 번째 말씀에 안식일이 언급되는데서 확실해진다(출 31:12-17). 창조와 성막 건축의 궁극적인 목적은 하나님과 그의 백성과의 안식인 것이다. 예수 그리스도께서는 바로 그분 자신이 참된 성전이요 안식일임을 선포하신다(막 2:23). 그러므로 창조의 이야기는 하나님의 창조행위를 통해 서술되는 혼돈에서의 안식으로의 전환 이야기이다. 이는 훗날 창조의 절정이 예수 그리스도를 통한 하나님과 그의 언약백성들의 영원한 안식임을 미리 예고한다.

1.2 하나님의 보시기에 좋았더라(1:2, 10, 12, 18, 25, 31).

창조행위 구조에 있어 이 문구는 우주만물의 창조가 하나님의 형상으로서의 인간창조에서 절정을 이루기까지 평행구조로 반복된다. 창조의 제6일은 하나님이 그 지으신 "모든 것"을 보시니 보시기에 심히 좋았다는 결론으로 마무리 된다(1:31). 여기서 히브리어 동사 라아(רָאָה, 보다)와 명사 토브(טוֹב, 좋은, 선한)는 오경내러티브에서 중요한 신학적 기능을 함축한다. 하나님은 창조를 통해 인간에게 하나님이 보시기에 좋은 혹은 선한 것을 복으로 주셨다. 그러나 타락한 인간은 그 선한 것으로부터 시선을 돌려 선악과(טוֹב וָרַע 2:9)를 보았다(רָאָה)(3:6).[15] 그리고 그 후손들로부터 야웨 하나님은 사람의 죄악이 세상에 관영함과 그 마음의 생각의 모든 계획이 항상 악함(רָעָה)을 보시(רָאָה)게 되었다(6:5). 악함(רָעָה)과 보다(רָאָה)의 히브리어 발음은 모두 "라아"로서 그 악함의 조망을 억양을 통해 강화시키고 있다. 화자는 창조행위에서의 "선을 보다"와 하와의 "선악을 보다" 그리고 홍수이야기에서의 "악을 보다"의 점진적 대구를 통해 하나님께서 주신 창조의 선한 것을 저버린 인간의 타락성을 명백히 피력한다.

이제 오경에서 그 무엇을 본다는 것은 중요한 신학적 모티프를 함축하게 된다. 아담과 하와는 타락 이후 서로의 벌거벗음을 보게 된다(3:7). 함도 노아의 벌거벗음을 보게 된다(9:22). 이는 단순히 눈으로 본다는 행위를 넘어 타락한 인간의 시야를 의미한다. 죄악된 마음의 눈은 모든 사물을 그릇되게 본다. 그 눈은 이제 하나님을 멀리하는 눈이 되었고 서로를 부끄러워하는 눈이 되었고, 근시적인 눈이 되어버렸다. 아브라함의 조카 롯이 "눈을 들어" 요단의 들을 바라보았을 때 그의 눈은 타락으로 인한 소돔과 고모라의 임박한 멸망보다는 그곳에 잠시적인 영광을 근시적으로 보게 되었다(13:10). 그런가 하면 하나님의 선민인 이스라엘이 바로의 눈에는 미운 물건으로 보였다(출 5:21). 발람 선지자는 눈을 뜨고도 칼을 들고 앞에 서 있는 천사의 모습을 보지 못했으며 (민 22:24), 사람들의 눈은 뇌물로 어두워졌다(출 23:8). 인류는 선한 것을 보기보다는 악한 것을 보며, 긍정적인 것보다는 부정적인 것을, 성공보다는 실패를, 성의 존엄성보다는 음란성을, 사랑보다는 미움을, 건전한 노동의 대가보다는 착취를, 영원한 것보다는 잠시 있다 살아지는 허무한 현실을 바라보며 하나님의 창조적 선을 반항하여 죽음을 바라며 살아간다.16) 그러나 하나님께서는 모세에게 모압평지 느보산에서 다시 한 번 에덴동산을 상기시키는 약속의 땅을 보여주신다(신 34:1-3). 이는 훗날 사도 요한이 바라본 "새 하늘과 새 땅"(계 21:1)을 미리 바라보게 한다.

1.3 하나님의 형상(1:26-27)

인간 창조는 다른 모든 생물과의 창조와는 차별화되는 중요한 특징을 가지고 있다. 먼저 일상적인 "하나님이 가라사대"(3인칭)에 이어 "우리의 형상을 따라 우리의 모양대로 우리가 사람을 만들고"라는 보다 더 인격적인(1인칭) 하나님의 창조행위를 보여준다. 여기서 26절에 복수로 묘사된 [우리]는 곧 27절에서 단수[자기]로 표현된다.

26절
하나님(אלהים)이 가라사대 우리(נו)의 형상을 따라 우리(נו)의 모양대로 우리(נו)가 사람(אדם)을 만들고

27절
하나님(אלהים)이 자기형상(בצלמו) 곧 하나님(אלהים)의 형상대로 사람(אדם)을 창조하시되 남자(זכר)와 여자(נקבה)를 창조하시고

창조행위 속에서 창조주 하나님을 가리키는 히브리어 단어 엘로힘(אלהים)은17) 엘(אל)18)의 남성복수형이지만 3인칭 남성 단수 완료동사인 "창조했다"(ברא)를 취함으로 단수주어로 표현된다. 물론 엘로힘이 복수 동사를 취할 때도 있으며(삼하 7:23) 또 하나님을 나타내는 이 명사가 단수인 엘(אל)로만 표명될 때도 있다, "나는 전능한 엘이다"(אני־אל שדי). 그러나 엘로힘의 이러한 복수형은 문맥상 우주만물을 창조하시는 야웨의 신격 위엄성과 위대함을

나타내기 위한 복수사법으로 설명될 수 있다.19) 이는 창조주 하나님을 가리키는 대명사들이 자주 복수 형태를 가지는 것에서도 볼 수 있다. "너의 창조주"(전 12:1), "거룩한 자"(호 11:12), "만드신 자"(사 54:5)가 모두 복수형을 가진다. 이는 야웨 하나님의 전지전능하심을 나타내며 그는 우주에 속한 자가 아니요 그 우주 만물을 창조하신 절대 위엄자임을 피력하는 것이라 하겠다.20) 그러나 26절과 27절의 구조 속에서 우리는 복수형인 엘로힘(אלהים)과 그의 소유격 복수 대명사접미사인 우리(נו)가 곧 3인칭 단수 소유격 대명사 접미사(ו)로 표현되는 것을 보게 된다. 그리고 이는 "자기형상"(단수) 곧 "하나님의 형상"(복수)대로 지음 받은 "사람"(단수)을 "남자와 여자"(복수)로 창조하셨다는 서술로 나타난다. 복수와 단수로 계시된 하나님은 그의 형상인 사람도 단수와 복수로 창조하신다. 그러므로 남자는 여자와 연합하여 둘이 한 몸을 이루게 되었다(2:25).

1.4 고대근동 문헌에서의 창조

고대근동 메소포타미아 지역에 널리 알려진 창조와 홍수 이야기들은 자주 창세기와 비교된다. 이는 고대문헌에서 부분적으로 기술하고 있는 홍수 이야기가 그 내용에 있어 여러 면에서 흡사하기 때문이다. 그러나 좀 더 구체적인 분석은 그것이 창세기 기사와는 근본적으로 다르다는 결과를 보여준다.

① 에누마 엘리시(Enuma Elish)21)
약 기원전 1792-1750년, 함무라비(Hammurabi) 왕은 메소포타미아 지역에서 주요 도시국가로 발전한 바빌론의 수호신 마르둑(Marduk)을 숭배하기 위해 고대로부터 전승되어온(약 3000년 BCE) 에누마 엘리시 신화를 최종 편찬한 것으로 알려져 있다. 앗수르(Ashur)에서 발견된 에누마 엘리시의 아카디아어 버전은 토판에 쐐기문자로 기록되어 있으며 아슈르바니팔(Ashurbanipal, 668-626 BCE) 왕조 시대의 것임으로 추정되었다.

대영박물관의 큐레이터였던 조지 스미스(George Smith, 1875)는 그의 저서

「창세기에 관한 바빌론의 서술」(*Chaldean Account of Genesis*)에서 창세기의 기원을 바빌론으로 주장했다. 그 이후 1902, 프리드리히 델리츠(Friedrich Delitzch)는 그의 [바빌론과 창세기]라는 강의를 기반으로 "범-바빌론 구약해석학회"(Pan-Babylonian School of OT Interpretations)를 발족시켰다. 이 학회는 구약성경의 신학사상과 문학양식을 바빌론 문화와 비교해 그 기원을 설명했고 에누마 엘리시는 구약의 창조이야기와 유추되었다. 에누마 엘리시의 가장 오래된 사본조각들은 약 기원전 1000년까지도 소급된다. 비평학자들은 모세오경의 연대를 기원전 5-6세기로 주장하며 오경의 창조 내러티브가 에누마 엘리시를 도입했다는 가능성을 제시했다. 그러나 그 내용을 분석해 보면 근거가 비약하고 창세기의 이야기와는 현저하게 다름을 알 수 있다.

에누마 엘리시는 만신전의 신들 가운데 바빌론을 창설한 마르둑(Marduk)의 신권과 우수성을 부각시키기 위해 서술된 이야기다. 압수(Apsu, 생수의 신)와 티아맛(Tiamat, 소금물의 신)의 결합에서 태어난 에아(Ea) 신이 창조의 질서를 파괴하려는 그의 아버지 압수를 살해하고 우주의 질서를 다시 세운다. 그리고 에아 신과 담키나(Damkina) 여신 사이에서 태어난 아들 마르둑은 능력이 대단한 신으로 나타난다. 세월이 흐른 후 킹구(Kingu)라는 신이 티아맛과 결합하여 압수를 죽인 에아와 그의 아들 마르둑에게 복수를 시도한다. 그러나 용으로 변한 티아맛을 이김으로 마르둑은 만신전의 최고신이 되며 티아맛의 머리를 부셔 하늘과 땅을 창조하고 그의 목구멍을 찢어 그 피로 원시인들을 창조하여 만신전의 신들을 섬기게 한다. 그리고 모든 신들의 왕이 되는 기념으로 에사길라(Esagila, 바빌론) 도시를 세운다.

이러한 신화와 구약창조 내러티브와의 유추해 대해 하이델(A. Heidel)은 다음과 같이 논평한다.[22] (1) 에누마 엘리시는 근본적으로 창조에 대한 기록이 아니다. 이는 바빌론의 수호신인 마르둑이 그의 대적 티아맛 신인(神人)을 물리치고 만신전의 최고신이 되었다는 것을 주장하기 위한 신화이다. 이를 기록한 일곱 토판 중 간접적으로 창조에 대한 언급은 두 판에 불과하다; (2) 기록된 동기는 바빌론의 수호신이 이웃 도시들의 수호신보다 위대하다는 것을 강조하기 위한 정치적 목적에 있다; (3) 이 기록은 만신(Pantheon)론에 근거하고 있으나 창세기는 유일한 일신론에 대해 서술하고 있다; (4) 에누마 엘리시에는 6일 동안의 창조역사가 기록되어 있지 않다; (5) 문학양식에 있어 에누마 엘리시는 창세기와 같은 체계적인 문학구조를 가지고 있지 않다. 예로 창조 내러티브는 "보기에 좋았더라," "저녁이 되며 아침이 되니"와 같은 포괄법이나 제유법을 사용 한다; (6) 에누마 엘리시의 창조는 유에서 유를 변형하는 작업이나 창세기에서는 예로 무로부터 창조되는(creatio ex-nihilo) 빛에 창조가 있다.

② 길가메시 서사시(Epic of Gilgamesh)

아슈르바니팔(Ashurbanipal, 668-626 BCE) 왕의 도서관에서 발견된 길가메시는 그 기원이 약 기원전 2000년까지로 소급된다. 길가메시의 개정판들로 추정되는 토판들이 고대 헷제국(ca 1500 BCE) 지역 보가스코이(Bogazkoy)에서 출토되기도 했다. 이러한 길가메시에 등장하는 홍수이야기는 기존의 아트라하지스 서사시(Atrahasis Epics)를 후기에 편집한 것으로 추정된다.[23] 이 서사시의 주요 내용은 길가메시(1/3 인성과 2/3 신성을 가진 전설적 인물)라는 왕이 그의 친구 엔키두(Enkidu)의 죽음을 애도하며 불멸의 신비를 풀기 위해 떠난 영행 중 그가 경험한 사건들로 구성되어 있다. 니네베(Nineveh, Iraq)에서 발견된 12토판들 중 11번째 토판에서 영생을 얻은 우트나피쉬팀(Utnapishtim)이 그의 아내와 어떻게 영원히 살게 되었는지를 길가메시에게 설명하는 중 그들이 "큰 홍수"를 모면하게 된 상황들을 설명한다. 하늘의 신들이 대홍수 중 방주를 타고 살아남은 우트나피쉬팀을 불멸(immortal)의 존재로 성화시키는데 그 이유는 죽을 수밖에 없는 운명의 존재들은 그 홍수에서 살아남을 수 없었다는 그들의 원래 주장을 정당화하기 위해서였다. 이러한 이야기는 노아의 홍수(창 6-8)와 자주 비교된다.

③ 수메르 홍수이야기[24]

날로 늘어나는 인구로 말미암아 생존의 경쟁상대가 되어버린 인간들을 억제하기 위해 신들은 그들을 홍수로 파괴하는 이야기를 담고 있다. 고든 웬함(Gordon Wenham)은 수메르 홍수이야기를 노아의 홍수와 비교해 다음과 같은 공통점들을 지적했다.25) (창 1-3과 토판 1-36행) 인간과 동물 창조, 인간들의 곤경, 용수로의 부재, 의류의 부재, 동물과 뱀을 무서워하지 않는 인간들의 모습; (창 4:1-16과 토판 37-50행) 여신 닌투르(Nintur)가 인간들의 유목생활을 종결하기로 계획한다; (토판 51-58행) 여신 닌투르 계획의 실패; (창 4:17-18, 26과 토판 86-100행) 왕권제도 설립; 초기도시 건설(Eridu), 제의 설립; (창 5; 6:1-8과 토판 101-103) 홍수 전 왕들의 계보; 인간들의 소란; (창 6:9-9:29과 토판 135-260행) 홍수이다.

위와 같이 고대근동의 창조와 초기 계보문헌들은 창세기 내러티브와 여러 면에서 유사한 점들이 있다. 그러나 근본적으로 고대근동 서사시는 전설과 신화로 구성되어 있다는 점에서 창세기와 차별된다. 이는 분명 역사적 실제 혹은 역사적 서술(historical narrative)과는 구별되어야 한다. 물론 고대근동의 신화들 속에서 우리는 실제 역사적 인물들을 찾아 볼 수 있다. 예로 길가메시나 아트라하시스는 실제 왕이었고 수메리아 왕족계보에도 실제 왕들의 이름이 기록되어 있다. 이는 고대근동의 역사편찬이 실제세계에 대한 인과적 모티프를 신화라는 장르로 이해하려 했다고 볼 수 있다. 야곱젠(T. Jacobsen)은 이러한 특성을 신화적 역사서술(mytho-historical account)이라고 명칭 했다.26) 이를 역사의 신화적 묘사라고 할 수 있다. 이는 신화를 온전히 허구로 이해하는 근대적 이해와는 차이가 있다. 고대근동의 신화적 역사 이야기들은 나름대로 그 시대의 현상들을 그 시대의 신화적 기법을 통해 기술한 것이다. 그러나 우주만물과 인간의 존재 그리고 안식일의 기원을 설명하고 있는 창세기의 창조 내러티브를 신화적 역사로 이해하는 것은 본문에서 명백히 드러나는 특성과 의도에 합당치 않음을 알 수 있다.

폰라드(G. von Rad)는 창세기 1장은 "본질적으로 신화나 서사시가 아닌 사제들의 교리"라는 P문서가설을 말했다.27) 그러나 그러한 문서가설은 최근 창세기의 서술적 통일성에 의해 도전받고 있다. 창세기는 실제에 대한 서술적 구성으로서 신인(神人)적인 여러 신들과 인간들의 갈등구조를 기반으로 존재의 인과적 설명을 피력하는 신화와는 다음과 같이 다름을 볼 수 있다. 먼저 신론에 있어 신화에서는 다신론적 환경에서 신들은 서로뿐 아니라 인간들과 끊임없는 권력 갈등관계 속에 있다. 또한 그 신들은 신인(神人) 속성을 지니고 있다. 그래서 인간들은 또한 신이 되고자 한다. 그러나 창세기의 하나님은 절대 타자성을 가지고 계신 분으로 우주만물을 무에서 유로 창조하신 유일신이시며 피조물을 구속하시는 분이시다(1:1, 3:15). 그러므로 사람은 신이 되어 행복할 수 없고 하나님과 함께 함으로 행복할 수 있다(3:5). 둘째, 인간론에 있어서도 신화는 신들이 인간을 지속적으로 파괴하고자 하나(신들의 경쟁자이므로) 창세기에서 인간들은 하나님의 형상을 입은 피조물로서 하나님의 대언자로서 땅에서 번성하며 다스리는 복을 부여받은 존재이다(1:28). 셋째로, 역사관에 있어 신화에는 이 땅에서의 점진적 유토피아를 말하지만 창세기에서는 인류의 타락과 함께 하나님의 심판에 의한 종말론적인 역사관을 말한다(3:15-24). 마지막으로 윤리에 있어 고대근동 신화와 서사시에서 우리는 도덕적인 패러다임을 찾아볼 수 없으나 창세기는 선악과를 따먹지 말라는 하나님의 계시적 윤리를 인간에게 요구한다(2:16-17).

수메르 홍수 이야기를 담고 있는 토판은 고대 수메르 지역이었던 유프라테스 근처에 위치한 니푸르에서 발견되었다. 이에 니푸르가 창세기의 열방 목록(창 10:10)에 나오는 시날 땅(메소포타미아)의 갈레(Calneh)라는 주장이 있다.[28] 창세기 내러티브는 갈레를 포함한 고대근동의 모든 후예들이 홍수를 경험한 함의 아들들 중 하나였던 구스로부터 발생하였음을 밝히고 있다(창 10:6-14). 그러므로 오경의 창조서술이 고대근동 서사시에서 유래되었다고 보는 것보다는 오히려 홍수에 대한 다양한 버전이 구스로부터 파생된 메소포타미아 열방에서 발견되는 것은 당연한 것이라고 말 할 수 있다.

2. 창세기 2:4-4:26

창세기 2장에서 4장은 1장의 총체적인 서문을 이어 그 중 인간창조를 배경으로 한 타락사건을 집약적으로 기술하고 있다. 본문은 특별히 선악과의 사건을 기반으로 점진적으로 강도가 높아져가는 인간의 타락 상태를 전개하면서 노아의 홍수를 예고함으로 그 절정을 이룬다(6:5). 그러나 가인과 라멕의 살인 사건으로 조망되는 죄의 전염 가운데서도 씨의 약속(여자의 후손 - 3:15; 셋 4:25-26)은 하나님의 주권적이며 종말론적인 구속사를 미리 암시한다. 이는 혼돈 가운데서도 안식을 향한 하나님의 신의 운행(1:2), 동산 나무 사이에 숨어있는 인간을 찾아가신 하나님(3:8), 그리고 뱀의 심판과 메시아적 후손을 약속하신 (3:15) 하나님의 구속적 섭리를 상기시킨다.

타락	본문	중심 주제	서술 요약
타락의 배경	2:4-25	생명나무와 선악과	타락의 배경으로서 남자와 여자 창조에 대한 구체적인 재서술
타락	3:1-6	선악과를 따먹음	뱀의 역할
타락의 결과	3:7-13	선악과를 먹은 후 하나님과의 안식이 깨짐	그릇된 시각, 은폐, 저항, 원망, 죽음
타락 이후 심판과 은혜	3:15-21	씨의 약속	뱀과 여자의 후손
	3:22-24	생명나무	하나님께서 그룹들과 화염검으로 생명나무의 길을 지키심
타락의 확대	4:1-24	가인과 라멕의 살인 사건	아벨의 제사
타락 중에 소망	4:25-26	씨의 약속	셋을 통해 약속의 성취를 예고함

2.1 생명나무와 선악과(2:4-25)

창세기 1장의 하나님의 창조 내러티브의 연장선에서 이제 남자와 여자의 창조에 대한 구체적인 재 서술은 이어 전개될 타락의 중심 인물들로서의 재조명이라 볼 수 있다. 본문은 창세기 1장에서의 남자와 여자(1:27) 그리고 땅의 축복과 식물들(1:28-29)에 대한 서술을 기반으로 한 몸이 되어 벌거벗었으나 부끄러워하지 않는 남자와 여자(2:24-25) 그리고 그 땅 동편 에덴동산 가운데 있는 생명나무와 선악과(2:9)를 소개한다. 이어서 벌거벗음을 부끄러워하는 남자와 여자(3:7) 그리고 가시덤불과 엉겅퀴를 내는 땅(3:18)의 타락 배경을 기술하고 있다. 하나님께서는 에덴동산에 두 그룹의 나무들을 두셨다(창 2:9,17). 첫째는 식물로서의 나무들이고(창 1:11, 12, 29) 둘째는 특별히 선별 된 것들로서 동산 한 가운데 있는 생명나무와 선악과이다(창 2:9, 16, 17). 본문은 이 두 번째 나무들이 동산 중앙에 있음을 특별히 강조하고(창 2:9, 3:3) 이 나무들이 위치한 공간적 특성과 더불어 이 나무들의 상징적 수식어, 생명(חיים)과 선악(טוב ורע)을 밝힘으로 이 두 그룹은 인간과 하나님의 영역을 명백히 구분하고 있다. 그럼에도 불구하고 그 두 영역이 함께 공존하는 구조로 에덴동산에서의 하나님과 그의 백성과의 안식을 반영한다.29) 베스테르만(Claus Westermann)은 본문의 화자(話者)가 선악과를 하나의 서술적 전략으로 사용하여 그 과실의 위험성을 경고하고 금함으로 인간에 대한 하나님의 보호를 의도적으로 표현하고 있으며 하나님의 명령을 통하여 하나님께서는 인간에게 뭔가를 바라고 계시다는 것을 피력함이라고 말한다.30) 그러나 이러한 설명은 생명나무를 배제한 선악과에 대한 단편적인 문학적 해석이라 할 수 있다. 본문은 이 나무들이 문학적 장치가 아닌 실제 나무임을 명백히 간주하고 있으며 더 나아가 생명나무는 선악과와 함께 분명 그 무엇인가를 공통적으로 상징하고 있음을 간과해서는 아니됨을 본문 끝 부분에서 생명나무를 다시 언급함으로(3:22-24) 암시하고 있다. 먼저 생명나무와 선악과는 식물로써 주어진 것이 아니고 에덴동산 한 가운데 있는 하나의 표징으로서 에덴동산에서의 하나님의 영역을 상징하고 있음을 살펴볼 수 있다.

즉, 첫째 종류의 각종 나무들은 사람이 임의대로 먹을 수 있으나(창 1:16) 생명나무와 선악과는 인간이 침범할 수 없는 하나님의 영역으로써 인간이 먹을 수 없는 것이었다. 이는 하나님의 시내산 임재(출 19:1-24:18)와 성막 임재(출 35:1-40:38) 서술과 병행을 이룬다. 시내산과 지성소는 모두 분명히 구분된 하나님의 영역을 상징한다. 하나님은 그의 백성 한 가운데 임재하심에도 불구하고 그는 동시 절대타자성을 가지신 분으로서 그분과 사람의 영역이 명백히 구분된다. 성막 건축을 안식일 성수로 거룩하게 하신 것(31:12-17)처럼 에덴동산의 이 두 영역은 하나님과 인간의 관계가 안식을 이루고 있다는 이미지를 투영시킨다. 그러므로 선악과를 먹는 것은 하나님의 영역을 침범하는 것이고 하나님과 같이 되려고 하는 것이며 하나님과 인간의 창조적인 안식을 범하는 행위인 것이다.

그러므로 하나님께서는 "선악을 알게 하는 나무의 실과는 먹지 말라, 네가 먹는 날에는 정녕 죽으리라"(창 1:17) 밝히신다. 여기서의 죽음은 육체적인 죽음이 아니라 관계의 단절을 의미할 것이다. 인간의 영혼불멸 교설은 희랍적인 사유에서 유래했다. 창세기 3:19은 인간은 원래부터 먼지로 돌아갈 죽을 인생(mortal being)으로 창조되었음을 암시한다. "네가 얼굴에 땀이 흘러야 식물을 먹고 필경은 흙으로 돌아가리니"(한글 NIV). 그러나 본문의 BHS MT의 다음과 같은 히브리어 번역은 다른 가능성을 남기기도 한다.

"בְּזֵעַת אַפֶּיךָ תֹּאכַל לֶחֶם עַד שׁוּבְךָ אֶל־הָאֲדָמָה"

"너는 네가 땅으로 돌아갈 때까지(עַד שׁוּבְךָ) 네 얼굴에 땀을 흘려야 먹게 될 것이다."

이는 결과적으로 꼭 육체적인 죽음을 의미하는 것이 아니라 이 세상에 살아 있을 동안에는 고난의 땀을 흘릴 것이라는 것을 강조하는데 초점을 맞춘 것으로 해석할 수 있다(전 2:16, 22-23).[31] 그러므로 사후에 관해 고대근동 사람들은 죽음은 육체와 영혼의 분리를 의미하며 육체가 땅 속에 누워 있다면 영혼은 지하세계로 내려가 거주한다는 이분법적 사유를 보편적으로 가지고 있었다. 또한 고대 이집트에서는 사람이 죽은 후에도 죽기 전의 삶을 그대로 연장하여 산다는 신앙이 보편적이었다.

그러므로 죽은 후에 육체와 영혼이 분리된다는 이원론적 사고가 없었고 이는 주검을 미라로 보관하며 사후의 삶을 위해 필요한 물건들을 무덤에 보관하는 풍습을 유래케 했다.[32] 절대적인 이분법적 영혼불멸 교설은 후기 희랍적인 사유에서 정착됐다. 이러한 주변국의 복합적인 영향으로 고대히브리인들도 사후에 대해 "위와 아래"의 세계(잠 15:24; 전 3:19-21; 사 7:11; 암 9:2)로 나누어진다는 이분법적 사고를 공유하기도 했으나 구약에서는 일반적으로 죽음은 일상적인 운명으로서 "흙이니 흙으로" 돌아가는(창 3:19) 사후를 죽은 자들과 함께 잠을 자는 것으로 이해했다(삼하 12:23). 그리고 그 죽은 자들의 세계를 스올 (שְׁאוֹל)이라고 밝히고 있다. 그곳은 죽은 자들이 머무는 곳(창 37:35; 42:38; 44:29, 31), 불가지론의 상태(전 3:19-21, 9:10), 하나님과 단절되고 돌아오지 못하는 곳(시 6:5; 욥 7:9), 그리고 대체로 악인들이 영원히 머무는 곳(민 16:30-33; 신 32:22; 시 9:17; 잠 7:27; 겔 31:16-17)으로 묘사되고 있다. 결론적으로 구약은 생사화복의 근원이 야웨 하나님께 있고 죽음은 그분과의 단절임을 해명한다. 창세기 6:3은 그러한 죽음의 대한 진상을 밝히는데 있어 중요한 힌트를 제공한다.

וַיֹּאמֶר יְהוָה 야웨께서 말하셨다

לֹא־יָדוֹן רוּחִי בָאָדָם לְעֹלָם 나의 영이 사람과 영원히 다투지 않을 것이다

בְּשַׁגַּם הוּא בָשָׂר 왜냐하면 그는 [원래부터] 육체[죽는 존재]이기 때문이다

וְהָיוּ יָמָיו מֵאָה וְעֶשְׂרִים שָׁנָה 그리고 그의 년도는 일백 이십이다[33)

야웨 하나님은 사람의 죄악이 관영하고 항상 악한 것을 보셨다(6:5). 그러므로 그들을 심판하실 것이다(6:7). 물론 그것은 하나님의 마음을 고통스럽게 하는 것이었다(וַיִּתְעַצֵּב, 6:6). 그러나 인간은 원래부터 죽는 존재이며 그리고 그의 년도는 일백 이십이다. 그러므로 인간이 야웨 하나님과 영원히 다툴 수는 없는 것이다. 여기서 심판의 본질은 단순히 육체의 죽음이 아니라 생명의 근원되시는 하나님과의 단절인 것이다. 그러므로 구약은 스올에서 그 죽은 자들을 다시 생명으로 돌이키실 수 있는 분은 오직 야웨 하나님이심을 명백히 선포한다(암 9:2; 욘 9:2), "내가 저희를 음부(스올, שְׁאוֹל)의 권세에서 속량하며 사망에서 구속하리니 사망아 네 재앙이 어디 있느냐, 음부(스올, שְׁאוֹל)야 네 멸망이 어디 있느냐!"(호 13:14). 스올은 사후 인간의 몸은 흙으로 돌아가지만 그 모사가 하나님의 속량이 있을 그 최후의 때까지 머무는 곳이다. 이를 신약은

"잠자는 상태"라고 설명하고 예수 그리스도의 부활을 통해 그 속량이 성취됨을 밝힌다(마 27:52; 고전 15:6, 20). 그러므로 성도들의 부활은 영의 부활이 아니라 곧 몸의 부활인 것이다(고전 15).

선악과 사건 이후 하나님께서는 이렇게 죽을 수밖에 없는 존재(mortal), 즉 "…손을 들어 생명나무 실과도 따먹고 영생할까"(창 3:22)하여 사람을 에덴동산에서 쫓아내시고 그 동산 동편에 그룹들과 두루 도는 화염검을 두어 생명나무의 길을 지키게 하셨다(창 3:23-24). 이는 관계적 존재인 인간의 가장 근본적인 본분은 선악과를 따먹고 영존하시는 하나님과 같이 되는 것이 아니라 그 하나님을 경외하고 그 명령을 지키며(전 12:13) 그분의 임재와 함께 있는 것임을 의미한다. 인간의 원죄는 바로 이 두 번째 종류의 나무들인 생명나무와 선악과 중 선악과를 따먹은 데 있다. 그렇다면 과연 이 나무들이 무엇을 상징하기에 그 단순한 행위가 인류에게 그렇게도 치명적인 고난과 저주를 도래케 했는지, 에덴동산에서의 하나님의 영역은 무엇을 의미하는 것인지, 이에 대한 해석은 신인관계의 신학을 이해하는데 있어 가장 기본적인 것이라 할 수 있다.

먼저 에덴 동산에서 생명나무는 무엇을 상징하고 있었는지를 살펴볼 필요가 있다. 데렉 키드너(Derek Kidner)는 이 생명나무를 실제로 볼 것인가 아니면 문학적 은유로 이해할 것인가에 대해서 그 어느 선택도 본문이 의도하는 바는 아니라고 말한다. 그러나 분명한 것은 본문의 강조는 나무의 특질에 있는 것이 아니고 그 과실을 따먹지 말라는 하나님의 명령에 있다는 것이다. 하나님께서는 "먹으라"(창 2:16, thou mayest)와 "먹지 마라"(창 2:17, thou shalt not)하는 그의 말씀을 통해 하나님의 형상(imago Dei)을 입은 인간의 책임성을 부각시키고 계시다는 것이다.[34] 이에 칼빈은 그 생명나무가 실재 나무였으나 그 효과에 있어서는 오늘날 교회의 성례전과 같은 상징적 의미를 가지고 있었다고 주장한다. 이는 "외적인 그 어떠한 상징을 통해 내적인 은혜를 증거하는 것"[35]이며 키드너가 말하는 것과 같이 "영적인 것들을 물리적 매체로"[36] 표현한 것이다.

예로 오늘날 교회가 떡과 포도주를 먹고 마심으로 예수 그리스도의 대속의 은혜를 기억하는 것과 같이 그 생명나무를 바라볼 때 피조물인 인간은 창조주 하나님이 생명의 근원되심을 확인하게 되며 하나님께서는 인간이 하나님의 말씀에 순종하며 신뢰하고 그와 교제함으로 그 생명이 존재할 수 있음을 상기시키셨다는 것이다. 물론 그 과일 자체가 생명을 준 것은 아니다. 그 과일은 하나님과의 관계 속에서만 참된 생명이 가능함을 상징할 뿐이다. "사람이…손을 들어 생명나무 실과도 따먹고 영생할까 하노라"(창 3:22)함은 그 생명나무 실과를 먹으면 영생한다는 암시가 아니다. 하나님께서는 사람을 흙으로 지으시고 생기를 그 코에 불어넣어 그 사람을 이미 생령(living being), 즉 생명이 있는 존재로 창조하셨다(2:7).

생명나무는 그 자체가 생명을 주는 것이 아니라 생명의 근원이신 하나님의 영역과 주권을 상징하는 것이다. 인간은 따먹어서는 아니 되는 그 실과를 따먹고 하나님을 떠나 스스로 하나님과 같이 영생하려고 했다는 뜻으로 해석해야 할 것이다. 생명나무는 생명의 초월적 근원이며 그 생명을 주권적으로 좌우하시는 하나님의 영역, 즉, 생사화복(生死禍福)에 대한 하나님의 주권을 상징한다고 볼 수 있다. 이는 하나님께서 흙으로 사람을 지으시고 "생기를 그 코에 불어넣으시니 사람이 생령이 된지라"(창 2:7) 하심으로 하나님은 그 생기의 근원이 되시며 생명을 주관하시는 자임을 분명히 암시한다. 잠언에는 생명나무를 지혜(3:18), 의인의 열매(11:30), 소망의 성취(13:12), 온량한 혀(15:4)로 상징하고 있는데 참된 지혜와 의와 소망과 말씀이 모두 생명과 관련된 것이고 하나님께 속한 것임을 알 수 있다. 칼빈은 "생명이 하나님으로부터 비롯되었다는 사실을 기억하여 단순히 자기 힘으로 사는 것이 아니라 하나님의 사랑과 자비에 의해 살아가는 것이며 생명이 하나님께로부터 유래한 것을 인정하게 하려는 의도였다"라고 말하고 있다.37) 시내산 언약에서 죄 사함은 생명의 속죄(출 30:16)로 피력되고 있다.

또한 그 언약을 준수하는 것만이 곧 생명을 얻게 되는 것임을 선포한다, "보라 내가 오늘날 생명과 복과 사망과 화를 네 앞에 두었나니 곧 내가 오늘날 너를 명하여 네 하나님 여호와를 사랑하고 그 모든 길로 행하며 그 명령과 규례와 법도를 지키라…"(신 30:15-16). 이는 생사의 궁극적인 주권이 하나님께 있음을 명백히 밝힌다. 그러므로 하나님은 "모든 육체의 생명의 하나님"(민

16:22, 시 42:8)이시며 그 생명을 또한 보존하시고(신 4:42; 시 64:1), 구원하시는 (시 55:18; 103:4) 분이시다. 하나님은 모든 것을 창조하신 모든 생명의 주재이시다(창 1:1). 그러므로 그 생명을 인간은 침범할 수 없고 그 범죄는 단도직입적인 동해복수법(*Lex Talionis*)으로 처형된다(출 21:23). 이렇게 생명나무는 생사에 있어 하나님의 절대 주권을 상징하고 있음을 구약은 여러 모양으로 밝히고 있다.

예레미야도 "여호와께서 가라사대 너는 또 백성에게 여호와께서 이같이 말씀하신다 하라 보라 내가 너희 앞에 생명의 길과 사망의 길을 두었노라"(렘 21:8)고 선포한다. 대저 생명과 사망의 절대주권이 하나님께 있으며(시 36:9) 하나님의 허락 없이는 그 생명을 건드릴 수 없음을(욥 2:6) 구약은 분명히 밝히고 있는 것이다. 그러므로 생명을 근본적으로 조작하는 모든 행위는 죄의 가장 주요 근원이 된다. 이는 살인, 낙태, 자살행위 그리고 최근 시도되고 있는 배아줄기세포 복제 같은 생명의 존엄성을 침해하는 행위는 하나님의 영역을 전면으로 도전하는 타락의 모습을 반영한다. 인간의 생명 조작은 죄의 악순환을 더할 뿐 흙으로 돌아갈 인간의 생명에 대해서 아무 영향력을 미치지 못한다. 왜냐하면 타락과 함께 에덴동산에서 인간은 쫓겨났고 그 생명나무 또한 사람의 임의적인 방법으로는 아무도 접근할 수 없도록 봉쇄되었기 때문이다(2:24).

신약은 단절된 하나님과의 관계(죽음)를 생명으로 회복할 수 있는 유일한 방법은 생명나무 되시는 그리스도 안에서만 가능함을 제시한다. 그는 생명 그 자체이시다(요1:4; 5:26). 포도나무 되신 그분의 가지가 되어(요 15:1-8) 그를 믿는 자마다 멸망치 않고 영생을 얻는다(요 3:16). 레위기는 "육체의 생명은 피에 있음이라 내가 이 피를 너희에게 주어 단에 뿌려 너희의 생명을 위하여 속하게 하였나니 생명이 피에 있으므로 피가 죄를 속하느니라"(레 17:11) 말함으로 생명의 상징인 양의 피를 흘려 생명의 속죄(출 30:16)를 공급한다. 구약의 대형인 예수 그리스도의 피는 유월절 어린양의 피로서 죄로 인해 생명나무를 잃어버린 죽음에서 대속을 통해 생명을 다시 부여한다(히 9:11-28). 예수 그리스도는 부활하심으로 바로 그 참된 생명나무의 본체이심을 보여주셨다(고전 15; 계 7:14; 22:14).

선악과는 생명나무와도 같이 그 과일 자체에 그 어떤 초자연적인 성분이 있는 것이 아니다. 그것보다는 그 과일을 먹음이 하나님께 대한 불순종과 더 나아가 선과 악을 판단하시는 진리에 대한 하나님의 절대주권에 도전하는 죄의 상징적 의미를 암시한다. 그러므로 사단은 그 과일에 대한 그릇된 설을 통하여(창 3:3-5) 인간을 유혹한다. 칼빈은 인간이 스스로 자신의 지각을 신뢰하여 지나친 지혜로 하나님을 의지하지 아니하고 더 나아가 선과 악을 스스로 중재하여 판단하는 존재로 자처하는 것을 금하기 위해 선악과를 만드시고 또한 금지하셨다고 말한다.38) 이는 선악과도 생명나무와 같이 표징적 본질을 가지고 있음을 의미한다. 신화가설을 주장하는 학자들은 창세기 1-2장을 신들과 인간들의 대결을 주제로 한 고대근동의 전설이라고 말한다.39) 신은 인간에게 그의 주권을 빼앗기지 않기 위해 신의 고유적 속성인 선과 악을 구별하는 능력을 빼앗기지 않으려 인간과 대결한다. 이러한 신화가설(神話假說)에서는 선악과의 실체는 있을 수 없으며 이는 다만 신화의 문학적 장치일 뿐이다. 그런가 하면 선악과를 검정기간(Probation)의 상징으로 보는 해석이 있다. 보스(G. Vos)는 창세기에 기록된 여호와 하나님은 인간들에게 그 무엇인가를 빼앗기지 않기 위해 애쓰고 있지 아니하며 또한 선악과란 도덕적인 것을 상징하고 있지 생리적이나 이성적인 진화를 말하고 있지 않다고 주장한다. 그는 선악과는 하나님의 말씀으로써 인간의 종교성과 도덕적 성숙을 위한 검정기간 동안 유익한 것이었다고 말한다.

즉, 선악과는 시험을 통과할 수 있는 하나의 중요한 문제집이었다. 그러므로 생명나무는 생명의 최대 잠재력을 상징하고, 선악과는 그 생명의 검증을 상징한다.40) 이러한 견해들은 본문의 다양한 해석들을 반영하나 동시에 이들 모두 하나의 공통적인 전제를 가지고 있음을 보여준다. 그것은 이 과일들이 실제이건 아니건 분명히 하나의 신학적 상징성을 가지고 있다는 것이다. 특별히 선악과는 하나님의 진리에 대한 주권을 상징하고 있음을 말할 수 있다. 진리는 여호와께 있고 그의 모든 계명은 곧 진리이다(시 119:151). "하나님께서 가라사대"(1:3) "보시기에 좋았더라"(1:10). 하나님은 말씀하시고 그 말씀으로 지어진 모든 것은 선한 것(טוב)이다. 그러므로 솔로몬은 자신을 스스로 선과 악을 중재하고 판단할 수 있는 존재로 자처하지 아니하고 선악을 분별하여 백성을 다스릴 수 있는 지혜를 하나님께로부터 구한다(왕상 3:9). 이는 오직 하나님만이 모든 행위와 모든 은밀한 일을 선악 간에 심판하시는 분이시기 때문이다(전 12:14). 또한 그 하나님의 진리는 생명나무와 같이 그의 백성을 구속하시며 생명을 공급하신다(시 31:5). 하나님의 진리를 묘사하는 이러한 선악과는 십계명(출 20:1-17, 신 5:6-21), 언약서(출 20:22-23:33), 성결법전(레 17-20), 그리고 신명기 법전(신 12-25)으로 대표되는 시내산 언약의 율법을 분명히 예표하고 있다고 말 할 수 있다.

결론적으로, 생명나무와 선악과는 하나님의 제일 근본적이며 본질적인 영역을 상징한다. 이는 생명과 선악에 대한 그의 절대주권이다. 이를 침범하고자 했던 인간은 끝내 타락했으며 그 타락의 결과로 하나님과 절단된 죽음과 선악의 끊임없는 갈등의 아픔을 겪어야 하는 불행한 존재로 몰락했다. 이러한 이해는 본문의 서술구조에서 드러난다.

A	2:4-25	생명나무와 선악과
B	3:1-6	선악과를 따먹음
C	3:7-13	선악과를 먹은 후 하나님과의 안식이 깨짐
B'	3:15-21	씨의 약속
A'	3:22-24	생명나무의 길을 막으심

동산 가운데 생명나무와 선악과는 하나님의 영역과 인간의 영역이 명백히 구분되는 동시 그 둘의 안식을 상징한다(a). 그러나 인간은 선악과를 따먹음으로 하나님의 영역을 침범하고 스스로 신이 되려한다(b). 그 결과로 사람은 타락한다(c). 대조적으로 하나님께서는 선악과를 따먹은 죄(b)에도 불구하고 씨의 약속을 통해 구속을 시작하신다(b'). 그리고 생명나무의 길을 막으신다(3:22-24). 이는 인간의 임의적인 방법은 생명을 얻을 수 있는 길이 될 수 없음을 의미한다. 그러므로 시내산에서 모세는 하나님께로 나아가는 길의 중재자의 역할을 담당한다. 또한 대제사장은 지성소로 나아가는 길의 중재자가 된다. 이는

모두 "길이요 진리[선악]요 생명[나무]" 되시는 예수 그리스도의 예표인 것이다(요 14:6).

2.2 씨의 약속(창 3:15)

창 2:4-4:26은 선악과 내러티브(2:4-25)와 가인과 라멕의 살인 내러티브(4:1-24)를 통해 인류의 죄에 대한 범위와 강도의 상승을 보여준다. 그러나 그러한 본문 안에서 우리는 하나님의 은혜를 포착할 수 있는 중요한 암시들을 발견하게 된다. 예로 씨의 약속(3:15), 아벨의 제사(4:4) 그리고 아벨 대신에 다른 씨로 주신 셋이다(4:25-26). 이 모두는 가깝게는 아브라함의 소명을 예고하고(창 12) 더 나아가 그들의 씨를 통해 도래할 메시아적 출현을 예고한다. 여기서 창세기 3:15은 개혁자들이 원초복음(proto-evangelium)이라고 부를 만큼 중요한 신학적 해석의 대상이 되고 있다.

본문(3:15)은 뱀과 여자의 갈등구조로 구성된다. 이 갈등은 생명 아니면 죽음을 유발하는 원수(איבה) 혹은 '머리를 뭉개다'(ראש ישופך)라는 치명적이며 전투적인 히브리어로 표현되었다.[41] 상반 절에서는 "뱀과 여자" 그리고 "뱀의 후손과 여자의 후손" 간의 대결이고 하반 절에서는 서로 시간적으로 떨어져 있는 "뱀과 여자의 후손"의 대결이다. 이러한 양식과 구조는 여기서 "뱀과 여자의 후손 모두"가 치명적인 대결을 벌이며 또한 그들은 대표적인 역할을 가지고 있음을 보여준다.[42] 먼저 뱀의 정체에 있어 본문은 그가 여호와 하나님이 지으신 "들짐승 중"에 가장 간교했던 것으로 이것이 실제 뱀이었다는 가능성 외에 다른 가능성들을 암시하고 있지 않다(3:1).

그러나 반면에 말을 하며 인간을 유혹하는 이 뱀이 오늘날 자연에서 볼 수 있는 것과 동일한 것은 아니었음을 분명히 밝히고 있다. 신약은 이 뱀을 통해 역사하고 있던 실체가 사단이었음을 밝힌다(요 8:44; 고후 11:3; 딤전 2:13-14), "큰 용이 내어 쫓기니 옛 뱀 곧 마귀라고도 하고 사단이라고도 하는 온 천하를 꾀는 자라, 땅으로 내어 쫓기니 그의 사자들도 저와 함께 내어 쫓기니라"(계 12:9). 사단은 영이므로 사람이나 짐승을 영매로 삼고 이는 천사가 당나귀를 통해 발람 선지자의 길을 막았던 것과도 유사하다(민 22).

여기서 사단에게 후손(זרע)이 있다는 것을 문자적으로 해석하는 데는 무리가 있다. 구약에서 사단에게 후손이 있다는 기록은 부재하다. 이것은 사단의 영역 아래 있는, 그래서 그의 윤리적인 속성을 지닌 자들 혹은 그의 사자들을 은유적으로 표현한 것이다. 여자의 후손과 사단의 영역 아래 있는 자들과의 원수됨을 암시한다(마 13:38). "너희는 너희 아비 마귀에게서 났으니 너희 아비의 욕심을 너희도 행하고자 하나라, 저는 처음부터 살인한 자요 진리가 그 속에 없으므로 진리에 서지 못하고 거짓을 말할 때마다 제 것으로 말하나니 이는 저가 거짓말쟁이요 거짓의 아비가 되었음이니라"(요 8:44). 요한은 "죄를 짓는 자는 마귀에게 속하나니 마귀는 처음부터 범죄 함이니라"(요일 3:8)고 함으로써 이 "사단의 후손"의 정체를 밝히는데 도움을 준다. 이제 사단의 후손과 대결하는 여자의 후손의 정체에 있어서 우리는 이 여자의 후손이 3인칭 남성단수 대명사(הוא)로 표현되고 있음에 주목할 필요가 있다. MT의 번역은 다음과 같다.

A 15절 상반 절 첫 부분
   내가 **너**(뱀)로 **여자의** 원수가 되게 하고

B 15절 상반 절 둘째 부분
   그리고 **너의 후손**(뱀의 후손)과 **그녀의 후손**과 원수가 되게 하리라

B' 15절 하반 절 첫 부분
   그(?)는 **너**(뱀)의 머리를 상하게 할 것이다

C' 15절 하반 절 둘째 부분
   그리고 **너**(뱀)는 그(?)의 발꿈치를 상하게 할 것이라.

MT 본문의 구조를 성(gender)의 관점에서 관찰해 볼 때, (a) 남성(뱀)과 여성의 대결과 교차대구법 관계에 있는 A'의 너(뱀)는 남성이고 그(?)는 여성이어야 한다. 그러나 원어에는 3인칭 남성대명사(הוא)로 기술되었다. 또한 한국

성경에는 B'의 그(?)를 "여자의 후손"으로 번역했으나 MT는 다시 단순히 3인칭 남성대명사인 그(הוא)로 기술하고 있다. LXX의 헬라어 번역도 이를 그대로 반영하고 있다(αὐτος).

B' הוּא יְשׁוּפְךָ רֹאשׁ
A' וְאַתָּה תְּשׁוּפֶנּוּ עָקֵב

B' αὐτός σου τηρήσει κεφαλήν
A' καὶ σὺ τηρήσεις αὐτοῦ πτέρναν

이러한 역설적인 구성은 분명히 의도된 것이며 또한 이는 그 본문의 의미가 문맥을 초월하고 있음을 암시한다. 3인칭 남성대명사로 묘사된 그(?)는 씨의 약속(3:15)의 주요 인물로 아벨을 대체한 씨 셋(4:25), 아브라함의 씨(15:1-5), 야곱과 이스라엘에서 나온 별과 홀(민 24:17)로 예표되는 메시아의 도래를 예고한다.

3. 창세기 5장과 11장

창세기에서 계보는 홍수 이전(4-5)과 홍수(6:9-9:29) 그리고 홍수 이후(10-11)로 나누어진다. 계보는 고대근동에서 역사를 서술하는데 있어 서문으로서 뿐만 아니라 그 내용을 구성하는데 있어 중요한 기반으로 사용되었다. 이는 구약에서도 대체적으로 유사함을 볼 수 있다. 예로 2:4-4:25 내러티브 안에 결합되어 있는 셋(4:25)의 짤막한 계보는 3:15에서 예고된 씨의 약속을 다시 한 번 상기시키는 중요한 역할을 담당한다. 이렇게 서술과 계보의 결합은 창세기 전체 내러티브를 통해 소개되는 다양한 에피소드들을 총괄되게 서로 묶어준다. 다른 예로 5장 1-3절은 아담의 계보를 통해 전개될 서술에 앞서 1장의 창조기사와의 연속성을 형성케 한다. 하나님이 남자와 여자를 창조하신 것, 그리고 하나님이 자기의 형상대로 사람을 지으시고 그 이름을 아담과 하와라고 지어

주신 것과 같이 이제 아담의 계보는 "아담이 일백삼십 세에 자기 모양 곧 자기 형상과 같은 아들을 낳아 이름을 셋이라 하였고"(5:3)라고 함으로 언약백성의 기원이 하나님께로부터 시작되었음을 생각나게 한다. 이러한 언약으로 세워진 계보의 계열은 홍수(6:9-9:29)와 바벨탑 사건(11:1-9)으로 인하여 위협받는 것 같으나 이어지는 노아의 아들들(10:1-32)과 셈의 후예(11:10-32)들의 목록은 씨의 약속(3:15)과 아브라함의 씨(12:3) 그리고 유다 지파의 씨(49:8-12)를 상기시킴으로 그 성취에 있어서의 하나님의 절대주권을 피력한다. 이러한 신학적 모티프로 구성된 선택적 계보의 형태는 신약에서도 찾아 볼 수 있다.

마태복음 1장 1-17에 서술된 예수님의 계보는 씨의 약속(3:15)의 가장 현저한 성취의 시작이라고 볼 수 있는 아브라함의 목록으로부터 시작한다, "아브라함과 다윗의 자손 예수 그리스도의 세계라"(1:1). 이러한 목록은 또한 14(7×2)명씩 3그룹으로 배열됨으로 그 구성이 상징성을 내포한 서술적 전략에 의해 선택된 것임을 알 수 있다. 예로 1:8에 "여호람의 아들 우시야"는 실제 요람(왕상 22:43), 아하시야(왕하 18:25), 아달랴(왕하 1:1-2), 요아스(왕하 12:2-3), 아마샤(왕하 12:18), 우시야(왕하 15:3-6)로 이어지는 유다 왕들의 목록을 수축한 것이다. 이는 야벳의 자손들(10:2-5)의 목록이 14명(7명의 아들들과 7명의 손자들)으로 구성된 것, 노아의 아들들(10:1-11:9)로부터 파생된 열방의 숫자가 70인 것, 그리고 이스라엘의 자손들(출 1:5)이 70인 것에서 암시된 것과 유사하다. 따라서 오경 계보를 구성함에 있어 대표성과 서술적 선택이라는 원리를 적용하고 있음을 알 수 있다. 그러므로 5장과 11장의 계보를 구성한 주요모티프는 연대에 있지 않다고 말 할 수 있다. 목적은 언약백성의 혈통 계열(line of descent)을 보여주기 위한 것이다. 또한 셈, 함, 야벳이 아닌 함, 야벳, 셈으로 계보를 배열함으로 셈의 중요성을 부각시키는 것도 의도적임을 알 수 있다. 실제로 오경에서 씨를 이어갈 인물은 반복적으로 이야기 결론부분에서 등장한다, 예로 가인 다음에 셋(4:17, 25), 이스마엘 다음에 이삭(25:12, 19), 에서 다음에 야곱(31:2; 38:1)이다. 총괄적으로는 하나님의 언약으로 구분되는 두 계열을 서술 속에 적절히 배열함으로 씨의 약속(3:15)을 점진적으로 성취해간다.

이러한 구약의 연대기는 아직은 다 설명될 수 없는 그 어떠한 축소의 원리

계보를 통한 언약의 계열		
언약	1:26-27	하나님의 형상으로서의 아담
언약	3:15	여자의 후손
언약	4:25-26	셋
언약	5:22	에녹
언약	6:9	노아
언약	11:10-26	셈의 계보
언약	11:27-25:11	아브라함
반항	25:12-18	이스마엘
언약	25:19-35:29	이삭
반항	36:1-43	에서
언약	37:2-50:26	야곱

와 신학적 모티프를 분명히 적용하고 있다. 히브리어 용법에 있어 이 계보들에서 보통 아들로 번역되는 히브리어 단어 벤(בֵּן)은 꼭 인접한 다음 세대의 자손을 뜻하는 것뿐만 아니라 문맥에 따라 후손(descendent)이라는 대표적인 의미를 가지기도 한다. 아비(אָב)라는 단어도 아버지가 아닌 조상(ancestor) 혹은 조부(grand-father)로 번역될 수 있다. 낳다(יָלַד)라는 히브리어도 "그 누구의 조상이 되다"로 변용된다. 창 46:16-18에서 16절의 브니(בְנֵי)는 아들(sons)로 번역되었고 18절의 브니(בָּנֶיהָ)는 자손(children)으로 번역되었다. 그러므로 창세기 가계에 나오는 숫자는 연대기를 위한 것 보다는 선조의 수명과 아이를 낳았을 때의 나이를 가리키는 기능을 가지고 있다. 그러나 그 나이가 문자적인지 아니면 수메르 왕족계보에 기록된 몇 만 년의 나이처럼 상징적인 것인지, 혹은 십진법이 아닌 고대근동의 다른 고유적인 숫자 단위에 의한 것인지에 대한 논쟁은 계속되고 있다.

창세기 11장에 나오는 계열(셈에서 아브라함까지)의 년도수를 합치면 총 292년이 된다. 여기서 셈은 백세에 아르박삿을 낳고 그 후에도 오백년을 더 지내며 자녀를 낳았다(11:10-11). 그렇다면, 292년 후에 아브라함이 태어났다고 가정할 때 홍수시대에 살았던 셈이 아직도 아브라함과 같이 있었다는 비수학적인 결론이 나올 뿐이다. 만약 창세기의 계보를 현대수학의 십진법에 의한 연대로 해석하여 계산한다면 인류의 역사는 약 기원전 4천년 경에 이루어졌다고 말해야 된다. 그러나 분명한 것은 인류의 역사적 자국은 메소포타미아를 중심으로 훨씬 이전으로 추적될 수 있다. 이미 잘 알려진 고대문명은 기원전 5천년까지 소급된다. 창세기 5장을 연대기로 사용한다면 노아의 홍수는 약 기원전 2344년에 일어났다. 그러나 그 때는 고대 문명이 꽃을 피우고 있었던 시기였고 애굽의 피라미드 건축이 한참이었던 시대다.

창세기 10장은 노아 후손들의 지리적 분포를 기록하고 있다, "이들로부터 여러 나라 백성으로 나뉘어서 각기 방언과 종족과 나라대로 바닷가의 땅에 머물렀더라"(10:5). 10:21-22에는 셈의 후손으로 종족의 명칭들이 나열된다(엘람, 앗수르 등등). 이 족속들은 아브라함 시대보다 훨씬 전에 존재했던 족속들임을 우리는 다양한 자료들을 통해 알 수 있다. 즉, 창세기 5장과 11장의 계보를 현대적인 십진법 단위로 접근한다면 간접적으로 고대열방의 기원을 설명할 수 없다는 것이다. 키네트 키첸(Kenneth A. Kitchen)은 이집트 왕족(Abydos King List of Egypt)과 수메르 왕족계보의 연구를 통해 고대에는 계보를 역사편찬의 주요 구조로 사용했으며 거기에 기록된 나이는 상징적인 의미를 가지고 있었음을 보여주었다.[43]

특별히 수메르 왕족계보는 그 양식에 있어 창세기 5장과 매우 유사함을 지적했다. 예로 열 명으로 나열된 것, 신과 특별한 관계에 있는 조상(예로 Enmeduranki 왕)을 일곱 번째 배열한 것(에녹도 일곱 번째임), 혹은 홍수전 왕들의 긴 통치기간(예로 Eridu Alulim은 28,800년을 다스렸다고, Alalgar는 36,000년을 다스렸다. 그러나 홍수 후 왕들은 평균 1200-900년을 다스렸다)이다. 이러한 수메르 왕족계보(Summerian King List)에 대해 고든 웬함은 그 양식이 창세기 5장과 11장의 톨레도트(תולדת)와 네 가지 점에서 유사함을 요약했다.[44] (1) 계보 중심으로 구성된 역사편찬; (2) 인류역사의 3부적 구분: 홍수이전, 홍수기간, 홍수이후; (3) 홍수이전 왕들의 나이가 홍수이후의 나이보다 월등히 많은 점; (4) 홍수이전 왕들의 계보가 창 5장 계보처럼 열 명으로 나열된 점이다. 결론적으로 계보는 고대근동의 사료편찬을 위한 서술기법으로 쓰였다. 이는 꼭 연대를 정확히 제공하기보다는 계보를 통해 역사의 신학적 의미를 전하고자 했던 것이다. 창세기는 하나님의 은혜를 입은 계보와 은혜를 입지 못한 계보를 구분하여 언약의 계열을 피력하고 있는 것이다.

4. 창세기 6:9-9:29

창조 내러티브(1-2), 홍수 내러티브(6-9)와 바벨 내러티브(11:1-9), 그리고 아브라함의 내러티브(11:27-25:11)는 창세기 1장에서 11장까지의 문맥 속에서 창조(creation), 창조의 파괴(decreation), 그리고 재창조/새창조(recreation/new creation)의 신학적 구조를 구성한다. 이와 유사한 평행구조는 오경 전체에서 반복되고 순환됨을 볼 수 있다. 더 나아가 이러한 3부적 구조는 예로 홍수 내러티브 안에서도 포착된다. 홍수는 피조물의 파괴를 가지고 오고(7:21) 이는 창세기 1장 2절의 혼돈 상태를 상기시킨다. 그리고 그로부터 새로운 창조가 전개된다. 홍수에서 살아남은 노아에게 하나님은 아담에게 약속하신 복의 내용을 반복하신다, "생육하고 번성하여 땅에 충만하라"(1:28; 9:1). 또한 아담이 선악과를 먹고 범죄한 것 같이 노아는 포도주를 마시고 범죄한다. 그러나 하나님께서는 이제 더 이상 땅을 저주하지 아니할 것을 약속하신다(8:21). 그 이유는 홍수이후에도 타락의 상태는 지속되었지만(9:18-27) "여호와께서 그 향기를 흠향하시고" 의인인 노아의 제사를 받으셨기 때문이다(8:20-21). 이는 한 의인의 제사가 다른 사람들의 죄를 속죄하는 칭의적 구속의 예표라 할 수 있다.

4.1 홍수의 서막(6:1-8)

노아의 계보(6:9-9:29)로 서문을 열고 있는 홍수이야기에 앞서 6:1-8은 그러한 엄청난 심판의 배경을 설명하고 있다.

첫 번째 이유는 하나님의 아들들(בְנֵי־הָאֱלֹהִים)이 사람들의 딸들과 결혼(6:2)한 것이다. 이에 대해 그동안 다양한 해석들이 시도되어 왔다. 예로 고대 근동에서 하나님의 아들(신의 아들)은 사회 상류층을 가리키는 명칭이기도 했다. 특히 왕은 신과 사람의 결합으로 잉태된 것으로 피력되었다. 본문은 그러한 권력자들이 사람들의 딸들을 마음대로 농락하는 서술을 통해 그 시대의 죄악을 묘사한 것이라고 볼 수 있다. 그런가 하면 본문은 셋의 자손과 가인의 자손들의 혼합결혼을 의미한다는 견해가 있다. 세일해머는 창조 계보에서 하나님이 사람을 자기 형상대로 지으신 것과 아담 계보에서 아담이 셋을 자기 형상대로 지었다는 평행구조(5:1-3)에 의해 6:2의 "하나님의 아들들"은 거룩한 셋의 계통을 의미하는 것이라고 주장한다.45)

또 다른 견해는 고대근동 신화에 근거해 실제 천사들이 내려와 인간들과 결혼했다는 주장이다. 그러나 본문의 문맥 속에서 그러한 신화적 묘사는 발견되지 않는다. 여기서 우리는 해결책을 창세기가 전략적으로 서술하고 있는 계보의 배열에서 찾아볼 수 있다. 로벗슨(Palmer Robertson)은 창세기 4-11장에 서술된 계보들에서 인류의 두 계통을 지적한다. "한 계열은 사단의 씨에 속한 것이며 다른 계열은 여인의 씨에 속한 것이다."46) 그러한 이분법적인 계보는 하나님의 은혜를 입은 아벨, 에녹, 노아, 셈, 벨렉 그리고 대조적으로 언약에서 제외되는 가인, 노아시대 사람들, 함, 그리고 욕단의 계보에서 일관되게 피력된다(4:4-5; 5:21-22; 6:7-8; 9:25-26; 10:25; 11:16). 고로 창세기 4장의 가인의 계보는 창세기 5장의 셋의 계보를 미리 예고한다. 이러한 계보학적 패턴의 연속선에서 6:1-4는 "신의 아들들"(בְּנֵי־הָאֱלֹהִים)과 "사람의 딸"(בְּנוֹת הָאָדָם)들의 관계를 묘사하고 있다.

이에 대해 베스터만은 6:1-4 본문은 원래 기원이 다른 두 개의 설화로 구성된 것이라고 주장한다.47) 하나는 거인들(네피림)의 기원과 관련된 계보학적 기록이고 또 하나는 신의 아들들과 인간이 관련된 타락에 관한 신화적 서술이다. 그러나 6:1-4는 그 어떠한 계보의 형식이나 명칭을 가지고 있지 않다. 또한 신화적인 요소들, 예로 신과 사람과의 성적 교제는 오경 전체 문맥에서 상반되는 개념이다. 이에 올브라이트는 히브리어 용어 בְּנֵי־הָאֱלֹהִים은 우가릿어 *bn il(m)* (바누 일리[일리미])에서 유래된 것으로서 천사나 이스라엘을 시적으로 표현한 것이라고 주장한다.48) 이는 예로 우가릿의 신화적 용어들이 구약의 히브리 일신론 신학사상에 흡수되어 그 의미가 재해석된 경우들과 유사하다.49)

결론적으로 이 본문을 창세기의 최종적 문학형태와 서술적 구성에서 분석해 볼 때 먼저 이 용어는 더 이상 신화적 의미를 가지고 있지 않고 두 번째로 이 본문은 전장계보들의 대조구조라기 보다는 작은 문맥에서는 3절의 불멸성의 박탈을 이해시키기 위한 목적을 가지고 있고 그리고 더 큰 문맥에서는 이어지는 홍수서술에 앞서 언약에서 제외된 인류의 타락성을 설명하기 위한 하나의 예로 보는 것이 더 타당하다고 볼 수 있다. 그러므로 클라인(M. Kline)은 이 본문이 그 시대에 평민(사람의 딸)에 대한 기득권자들(신의 아들들)의 학대를 보여주는 것이라고 주장한다.50) 그보다 좀 더 종교문화적인 설명으로서, 고대 근동의 다산종교 의식에는 번식의 여신을 숭배하여 농경의 풍요를 기리는 제의적 매춘이 있었으며 이를 신과의 결혼으로 보는 종교관이 있었다. 실제 신전의 종교적 매춘여성들은 여신들로 여겨졌으며 이들과의 성교를 통해 농경의 풍요로움을 기대했다.

그러므로 창세기 6:2는 이러한 바빌론의 타락상을 미리 암시하고 있다고 볼 수 있다. 왜냐하면 홍수 내러티브는 이어지는 바벨탑 내러티브(11:1-9)와 함께 바빌론의 세계관을 전면으로 반박하고 있기 때문이다. 창세기 6:5는 이러한 6:2의 타락상을 더욱 더 뚜렷하게 설명하고 있다, "여호와께서 사람의 죄악이 세상에 관영함과 그 마음의 생각의 모든 계획이 항상 악할 뿐임을 보시고." 보스(G. Vos)는 이를 인류의 절대타락을 가리키는 것으로 설명한다. 본 절에서 "관영함"은 죄의 강도(intensity)를, "그 마음의 생각"은 죄의 내면화(inwardness), "모든 계획이 악함"은 죄의 절대화(absoluteness), 그리고 "항상 악할 뿐"이란 죄의 지속성(continuous)을 가리키는 것이라고 말한다.51) 즉, "하나님이 보신즉 땅이 패괴하였으니 이는 땅에서 모든 혈육 있는 자의 행위가 패괴함이었더라"(6:12).

사도 바울은 이러한 "모든 혈육 있는 자"를 근거로 "의인은 없나니 단 하나도 없다"(롬 3:10)라고 증언 단정한다. 이제 왜 홍수의 심판이 있어야 하는지 독자는 충분한 설명을 들었다. 하지만 더 중요한 메시지를 놓쳐서는 안 된다. 그것은 "그러나 노아는 여호와께 은혜를 입었더라"(6:8)는 본문 저자의 설명이다.

창세기 6:1-8은 홍수의 이유를 설명하는데 있어 인류의 타락상을 통해 노아의 의로움을 부각시키는 서술적 대조를 서두로 구성하고 있다. 이는 아담의 계보(5:1-6:8)에서 모든 조상들이 "향수하고 죽었더라"는 기술을 통해 에녹이 죽지 아니한 것을 부각시킨 것과 유사하다. 에녹이 "하나님과 동행했다"한 것 같이(5:22) 노아도 "하나님과 동행했다"(6:9).

여기서 우리는 6:8을 포함하고 있는 6:1-8을 좀 더 포괄적으로 조명해 볼 필요가 있다.52) 먼저 창세기 4장과 5장의 계보는 표면상 서로 단절된 단위로 보일 수 있으나 5장과 6장을 비교분석해 볼 때 그것은 잘못된 추측임을 알 수 있다. 웬함(G. J. Wenham)은 5장과 6장의 양식, 구조, 그리고 배경을 비교분석 했다.53) 그는 이 두 장에서 예로 "사람," "야웨," "하나님," "아들들," "딸들," "만들다," "창조하다," 등 여러 공통적인 평행 용어들을 발견했다. 그리고 그 주요 줄거리를 비교분석해 창세기 6:1-8은 명백히 5장을 배경으로 삼고 있음을 결론지었다.54)

그렇다면 6:8은 4-6장 안에서 가인의 계통과 셋의 계통, 언약의 계통과 심판의 계통을 구분하는 중요한 설명이 될 수 있다. 그것은 바로 야웨 하나님의 은혜(חֵן, the favor of Yahweh)이다.55)인 것이다. 창세기 6:7까지 본문의 저자는 계보의 구조들을 통해 죄의 극적인 보편성과 그 죄가 인류를 온전히 장악했음을 밝힌다.56)

그러나 더 나아가 오히려 그것은 창세기 6:8에서 명백해지는 하나님의 은혜를 부각시키기 위한 서론에 불과하다는 것이다. 죄와 심판의 보편성에도 불구하고 씨의 약속(3:15)은 "노아는 은혜를 입었더라"(וְנֹחַ מָצָא חֵן בְּעֵינֵי יְהוָה)는 설명으로 하나님의 주권 아래 성취되어 가는 것이다. 이제 가인의 계통은 홍수의 심판을 받은 라멕의 계통에서 끊어지고, 은혜를 입은 셋의 계통은 노아(5:28-29), 아브라함(11:26), 그리고 훗날 예수 그리스도의 초림으로(마 1:2-16; 눅 3:23-38) 그 계보가 완성된다. 그러므로 창세기 6:8에서 은혜(חֵן)라는 용어는 언약 모티프를 가진 창세기 1-11장의 이분법적인 구조를 통해 심판과 구원(6:7-8) 그리고 죄의 보편성과 은혜의 특별성(6:5, 8)을 묘사하게 된다.

4.2 홍수의 범위

창세기와 유사한 홍수 이야기는 에누마 엘리시나 길가메시 서사시 같은 고대근동 토판에서 발견되었다. 고고학자들은 그러한 서술이 실제 메소포타미아에서 일어난 대홍수를 배경으로 기술되었을 것이라고 추측한다.57) 그러나 창세기 본문은 과연 그 홍수의 범위를 어떻게 묘사하고 있는가? 전통적으로 그 홍수가 범세계적이었다는 주장은 논쟁의 여지를 남기고 있다.

창세기 7:19-22에서 우리는 중요한 몇 가지 진상을 규명할 수 있다. 먼저 "물이 땅에 더욱 더 강력해졌다. 그리고 모든 하늘(כָּל־הֶהָרִים) 아래 모든 높은 산들이(כָּל־הֶהָרִים הַגְּבֹהִים) 덮였다"(7:19). "물이 위쪽으로 십오 규빗[6.9m]58) 강력해졌다[불었다]. 그리고 산들은 덮였다"(7:20). 그렇다면 모든(כל) 하늘 아래 모든(כל) 높은 산들이 덮였다는 말은 온 지구가 다 물에 덮였다는 말인가? 또한 물이 6.9m 불어서 산들이 덮인 것인가 아니면 산들 위로 물이 6.9m 불은 것인가? 물론 본문은 지구의 모든 산들이 물로 다 덮였음을 의미할 수 있다. 그것은 지면의 모든 생물이 다 죽을 만큼 엄청난 홍수였기 때문이다(6:17; 7:23). 그러나 지역적이었을 가능성도 배재할 수 없다. 먼저, 일 년 동안 지속된 홍수의 긴 시간 이후에도 노아의 방주는 아직까지 메소포타미아 지역인 아라랏 산에 머물러 있었다는 점이다(8:4).59) 이는 이 홍수가 고대근동지역에 국한 되었음을 암시할 수 있다. 또한 구약에서 히브리어 에렛츠(ארץ)는 "세계"나 "지구"보다는 "땅"이나 "나라"를 가리키는데 더 많이 사용된다. 히브리어로 "세계"를 가리키는 테벨(תבל)은 홍수 내러티브에는 부재하다. 요셉의 내러티브에서 볼 수 있듯이 "모든 땅"(כל־הארץ, 창 41:57)이라는 용어는 온 세계가 아닌 광범위한 고대근동의 많은 나라들을 하나의 서술적 은유로 표현한 것이다.

그러므로 구약에서 히브리어 콜(כל, 모든, 온)은 문맥에 따라 다양한 용법을 가지고 있다. "온 지면(כל פני הארץ)에 기근이 있으매 요셉이 모든 창고를 열고 애굽 백성에게 팔세 애굽 땅에 기근이 심하며"(창 41:56). 여기서 온 지면이란 전 세계가 아닌 고대근동의 모든 지역을 의미한다. 느브갓네살의 꿈을 해석하는 과정에서 다니엘은 다음과 같이 말한다. "인생들과 들짐승과 공중의 새들, 어느 곳에 있는 것을 무론하고 그것들을 왕의 손에 붙이사 다 다스리게 하셨으니 왕은 곧 그 금머리니이다. 왕의 후에 왕만 못한 다른 나라가 일어날 것이요 셋째로 또 놋 같은 나라가 일어나서 온 세계(בכל־ארעא)를 다스릴 것이며"(단 2:38-39). "온 세계"로 번역된 히브리어 콜-에렛츠(כל־ארץ)의 아람어인 콜-아라(כל־ארע) 역시 여기서도 문맥상 전 세계가 아닌 고대근동제국을 다스릴 것이라는 해몽임을 알 수 있다.

또한 홍수 이후 비둘기가 물고 온 것이 올리브 나무 가지였다는 것(8:11)에서 이 홍수가 지역적이었다는 가능성을 추측해 볼 수 있다. 결론적으로 천하의 모든 산, 온 지면, 온 세계는 아주 광범위한 고대근동 지역을 뜻할 수 있다. 물의 높이를 고려해 볼 때(6.9m) 홍수가 지구의 모든 산들을 다 덮었다기보다는 이와 함께 일어난 지구의 대 지각격변(7:11, 19, 20, 24)으로 인해 모든 생물이 죽었다고 말 할 수 있다(6:17; 7:22-23). 물론 온 지면을 다 덮었을 가능성도 있다. 이것은 분명 자연계의 대 이변이었다. 그러나 중요한 것은 본문은 홍수 사건에 대한 과학적 서술이 아니라는 것이다. 물론 창세기뿐만 아니라 신약(마 24:37; 벧후 2:5; 3:6; 히 11:7)도 이 홍수가 분명히 역사적이었음을 밝히고 있다. 그러나 창조의 내러티브와도 같이 이는 신학적 모티프(창조, 파괴, 재창조)를 기반으로 한 실재에 대한 서술적 구성이라는 것을 간과해서는 아니될 것이다.

4.3 가나안의 저주(창 9:18-27)

노아의 언약(9:1-7)은 뒤로는 아담의 언약(1:28, 3:15) 그리고 앞으로는 아브라함의 언약(12:2)과 평행을 이룬다. 이는 홍수로 인한 인류의 파멸에도 불구하고 언약의 갱신을 통해 속량에 대한 야웨 하나님의 일관된 주권을 재확인시킨다. 그러나 인류는 노아 이후에도 계속 타락 상태에서 벗어나지 못한다. 노아의 번제로 인한 인류의 회복(8:20-22)에도 불구하고 곧이어 노아의 술취함과 함의 "그의 아비의 벌거벗음을 보았다"(9:22)는 사건은 오경 내러티브에서 일관되게 반영되고 있는 인간의 죄와 하나님의 은혜의 대구평행을 다시 한 번 보여준다. 이러한 총괄적인 구조 속에서 창세기 9:18-27은 우리에게 간과해서는 아니될 아주 중요한 하나의 정보를 밝히고 있다. 이는 가나안이 함의 아들들(구스, 미스라임, 붓, 가나안) 중 하나라는 것이다(10:6). 그리고 함이 노아의 "벌거벗음을 보았다"(9:22)는 것에 비해 노아의 저주는 함이 아닌 함의 후손인 가나안이었다는 사실이다(9:25).

먼저 함의 범죄는 눈이 밝아져 서로의 벌거벗음을 알게 된 아담과 하와의 상태를 상기시킨다(3:7). 그리고 이제 함의 "벌거벗음을 보았다"(ראה ערוה)는 용어는 뒤이어 나오는 서술에서 가나안의 종교적 음행을 암시한 법률에서 그릇된 성행위를 묘사하는 표기법으로 사용된다. 레위기 18장에서 금지된 가증한 성적행위들(18:1-23)은 가나안의 음행을 멀리해야 하는 조치로서 주어진 것이다(18:24-30). 특별히 레위기 18장에서 반복되고 있는 "하체를 범치 말라"는 용어는 문자적으로는 "벌거벗음을 벗기지 말라"(do not uncover nakedness, לא גלה ערוה)로 이는 셈과 야벳이 그의 아비의 "벌거벗음을 덮었다"(cover nakedness, כסה ערוה, 9:23)는 묘사와 상반된 것임을 볼 수 있다. 그러므로 "벌거벗음을 보았다"는 용어는 이제 신학적인 의미를 함축하게 된다. 이는 단순히 본 것을 넘어 음행과 가나안의 우상숭배를 암시하게 된 것이다.

레위기 20:17은 이 용어에 대한 의미를 명백히 밝혀준다, "누구든지 그 자매 곧 아비의 딸이나 어미의 딸을 취하여 그 여자의 **벌거벗음을 보고**(עֶרְוָתָהּ) 여자는 그 남자의 **벌거벗음을 보면**(וְהִיא־תִרְאֶה אֶת־עֶרְוָתוֹ) 부끄러운 일이라, 그 민족 앞에서 그들이 끊어질지니 그가 그 자매의 **벌거벗음을 벗겼으니**(עֶרְוַת אֲחֹתוֹ גִּלָּה) 그 죄를 당하리라." 우리는 오경 내러티브 속에서 인류의 타락상을 최대로 묘사하는 지점에서는 거의 반복적으로 음행사건들이 보고되는 것을 볼 수 있다. 예로 소돔과 고모라의 멸망 과정에서 그리고 이후 롯과 그의 딸들의 이야기에서 볼 수 있다(창 19:1-11, 32-36). 그러나 더 중요한 것은 그러한 신체적 음행이 미래의 영적인 타락과 이방나라들의 우상숭배를 미리 선고하고 있다는 사실이다. 노아의 서술에서는 가나안이고 롯의 서술에서는 모압과 암몬이다(창 19:37-38).

노아의 신탁(9:20-29)에서 우리는 그의 저주가 함에 대한 저주가 아니라 가나안에 대한 것임을 명백히 볼 수 있다(9:25), "가나안은 저주를 받아 그 형제의 종들의 종이 되기를 원하노라." 더 나아가 이 신탁에서 우리는 우상숭배를 대표하는 가나안의 멸망과 야웨 하나님의 언약을 이어갈 셈의 계통을 통한 씨의 약속이 성취될 것이라는 재확인을 얻게 된다(9:27).

창 9:27
יַפְתְּ אֱלֹהִים לְיֶפֶת
엘로힘은 야벳에게 창대케 할 것이다

וְיִשְׁכֹּן בְּאָהֳלֵי־שֵׁם
그리고 그(야벳? 엘로힘?)는 셈의 장막에 거할 것이다

וִיהִי כְנַעַן עֶבֶד לָמוֹ
그리고 가나안은 그(셈)에게 종이 될 것이다

위의 본문을 번역하는데 있어 히브리어 칼미완료 3인칭 남성 단수(QI3ms) 바브 간접명령(vav jussive)동사 브이쉬콘(וְיִשְׁכֹּן, 거하다)과 전치사 르(לְ, ...에게)에 접미사로 부가된 3인칭 남성대명사의 주어(subject)와 목적(object)어가 누구인가를 결정하는 것은 아주 중요한 문제이다. 첫 번째 가능성은 야벳과 셈이다. 그렇다면 "엘로힘은 야벳을 창대케 할 것이며 야벳은 셈의 장막에 거할 것이고 가나안은 셈에게 종이 될 것이다." 두 번째 가능성은 엘로힘과 셈이다. 그렇다면 위의 번역이 가능하다. 우리는 본문의 히브리어 구문에서 첫 번째 동사의 주어는 선행된 문단의 주어와 일치함을 쉽게 볼 수 있다.

월터 카이저(Walter C. Kaiser, Jr.)는 3가지 이유로 이러한 두 번째 가능성을 지지했다. (1) 본문의 두 번째 부분에 등장하는 3인칭 동사는 자연스럽게 첫 번째 부분의 주어인 엘로힘과 연결된다. (2) 첫 번째 부분에 등장한 "야벳"에는 간접목적어(indirect object)를 표시하는 르(לְ)가 접두되어 있다. 그러므로 "야벳에게"로 번역되어야 하는 주어(엘로힘)의 간접목적어로서 두 번째 부분에서 주어가 될 가능성은 희박하다. (3) 구약 전체 문맥에서 볼 때 이 본문은

셈의 중요성을 부각시키는 지점에 놓여있다.60) 이러한 번역은 27절이 전절인 26절과 교차대구법을 형성하는 구조에서도 지지를 받을 수 있다.

    A 26절   (셈)   [또 가로되] 셈의 엘로힘 야웨는 경배를 받으시리라
    B   (가나안)   그리고 가나안은 그(셈)에게 종이 될 것이다
    C 27절   (야벳)   엘로힘은 야벳에게 창대케 할 것이다
    A´   (셈)   그리고 그(엘로힘)는 셈의 장막에 거할 것이다
    B´   (가나안)   그리고 가나안은 그(셈)에게 종이 될 것이다

이러한 본문과 관련하여 뒤이어 나오는 구약서술에서 우리는 셈의 계통을 이은 메시아의 약속(사 11:1-9)과 메소포타미아와 이집트의 빈번한 침략으로 종이 되어가는 가나안의 모습을 볼 수 있다. 더 나아가 이는 이스라엘의 가나안 정복시대를 암시하고 있다고 말 할 수 있다. 실제로 솔로몬 왕조 아래 가나안은 이스라엘의 노예가 된 적도 있다(왕상 9:20).

4.4 셈의 계보(10:21-11:26) 안에서의 바벨탑 내러티브(11:1-9)

셈(שֵׁם)은 "에벨 온 자손의 조상이다"(10:21). 본문은 그가 두 아들(벨렉과 욕단)을 낳았는데 "그 때에 세상이 나뉘었다"(10:25)고 강조한다. 이에 바벨탑 내러티브는 욕단 계보의 목록(10:26-29) 끝에 이어지고, 바벨탑 내러티브를 이어서는 셈으로부터 시작하는 벨렉 계보의 목록(11:10-26)이 아브라함의 출현과 더불어 마무리된다(11:26). 여기서도 우리는 언약 안과 밖에 있는 두 종류의 계보가 갈등구조로 형성하고 있음을 볼 수 있다. 씨의 약속(3:15)은 셈, 에벨, 벨렉, 아브라함의 계통을 따라 성취되어간다. 이러한 두 계보 사이에 삽입된 바벨탑 내러티브는 언약 밖에 있는 계통의 모습을 보여주고자 하는데 그 목적이 있다고 말 할 수 있다.

그들은 셈(שֵׁם)과 에벨과 욕단의 후손들로서 동방으로 옮기다가 시날(메소포

타미아) 평지에 정착한 민족들이다(11:2). 본문은 이들의 행위가 에덴동산에서의 타락과 평행을 이루고 있음을 보여준다. "성과 대를 쌓아 대 꼭대기를 하늘에 닿게 하여 우리 이름을 내고"(11:4). 그들은 하늘을 도전하여 스스로의 이름을 내려고 했다. 이것은 선악과를 따 먹고 스스로 하나님처럼 되기를 원했던 아담과 하와의 모습을 떠오르게 한다. 여기서 히브리어로 이름(name)을 셈(שם)이라고 부르는 점에 주목할 필요가 있다. 동방으로 간 셈(שם)의 후손들이 하나님의 셈(שם, 이름)이 아닌 자신들의 셈(שם, 이름)을 높이려 했다. 이에 "우리가 올라간다!"와는 대조적으로 하나님께서는 "우리가 내려가서!"(11:7)라고 말씀하신다. 여기서 이들이 쌓고자 했던 건축물을 "바벨탑"으로 번역하고 이를 옛 바빌로니아나 앗시리아의 신전인 지구라트(Ziggurat) 유비로 연관시키는 것은 본문의 문맥이 의도하는 주요 내용을 벗어난다고 말 할 수 있다. 먼저 바벨 "탑"으로 번역된 히브리어 미그돌(מגדל)은 자주 함무라비의 지구라트와 같은 신전으로 여겨지나 구약에서 미그돌(מגדל)은 군사적용어로 사용되며 파수꾼의 탑이나 요새 혹은 망대를 의미한다(대하 26:9-10). 본문에서도 욕단의 후손들은 "성과 망대"(עיר ומגדל, 11:4)를 쌓았다. 그러므로 여기서 미그돌(מגדל)을 쌓았다는 것은 그들의 권력과시를 묘사하는 것이라고 생각해 볼 수 있다. 이어 11:7-9는 이제 성과 망대를 쌓고 대제국을 이루어 천하를 통일시키려는 욕단에 후손들에 대한 하나님의 심판을 기술하고 있다. 그것은 그들을 흩으시는 것이며 그 결과로 성 건축은 완성되지 못했다(11:8). 이는 선악과를 따 먹었지만 생명나무로까지는 이어지지 못한 에덴동산의 실패를 떠오르게 한다.

결론적으로, 불순종으로 인해 인류는 하나님과의 의사소통이 절단되었을 뿐만 아니라 하나님을 떠나서는 서로와의 관계도 불가능하게 되었음을 보게 된다. 그러므로 이제 하나님께서는 셈(שם)의 후손들임에도 불구하고 자신들의 셈(שם, 이름)을 높이려고 하던 그 장소의 셈(שם, 이름)을 바벨(בבל)이라고 부르셨다. 이는 결과적으로 언어의 발랄(בלל), 즉 "혼돈"을 유기시켰다(11:9). 언어학자들은 어원의 다각화가 지리적 고립에서 유래되었을 가능성을 제시한다. 이에 대해 7절과 8절에서의 인과적 관계는 논쟁의 여지를 남긴다. MT의 문자적 번역은 다음과 같다, "자 우리가 내려가자! 그리고 사람이 그의 동료의 발음을 알아듣지 못하도록 그들의 언어를 혼란시키자"(11:7). "그리고 야웨는 그들을 그곳으로부터 온 땅으로 흩으셨다. 그리고 그들은 성 짓기를 멈추었다"(11:8). 본문의 구조는 과연 인류가 흩어짐으로 언어가 혼잡해진 것인지 아니면 언어가 혼잡해짐으로 흩어진 것인지에 대해 불분명하다. 그러나 본문의 주요 주제는 이러한 논쟁에 초점을 두고 있지 않다. 창세기의 전체적인 구조 속에서 바벨탑 내러티브의 중요성은 이러한 논쟁이나 혹은 단순히 바빌론을 비하하는데 있지 않고, 욕단의 계보를 통해 언약밖에 있는 민족의 자만하고 처참한 모습을 미리 진술함으로 이어질 데라의 계보(11:27-25:11)를 통한 아브라함의 소명을 대조적으로 부각시키는 데 있다고 볼 수 있다.

IV. 족장 내러티브(창 11:27-50:26)

오경에서의 족장 내러티브는 씨의 약속(3:15)에 대한 가장 구체적인 사건들을 진술하고 있다. 그것은 아브라함과 이삭과 야곱의 이야기이다. 그리고 창세기의 이 두 번째 부분에서도 본문의 화자는 계보양식을 그 구성의 주요 틀로 사용하고 있다. 다섯 개의 계보(תולדת)는 데라(11:27-25:11), 이스마엘(25:12-18), 이삭(25:19-35:29), 에서(36:1-43), 그리고 야곱(37:2-50:26)의 계통목록이지만 그 안에서의 내용은 주로 아브라함과 이삭과 야곱 이 세 인물을 중심으로 전개된다. 이는 이어지는 서술에서 그들과의 언약이 씨의 약속(3:15)을 성취하는 데 있어 중요한 근거가 됨을 암시한다. "하나님이 그 고통 소리를 들으시고 아브라함과 이삭과 야곱에게 세운 그 언약을 기억하사 이스라엘 자손을 권념하셨더라"(출 2:24-25).

그러므로 본문은 이스라엘의 기원이 아브라함의 언약(15:18)에 있음을 조명한다. 이는 선행된 아담의 언약(1:28-30; 3:14-15)과 노아의 언약(6:18), 그리고 이어서 갱신되는 이스라엘과의 언약(출 24:8), 다윗과의 언약(시 89:3), 그리고 새언약(렘 31:31; 눅 22:20)의 중추적인 역할을 감당한다.

본문은 먼저 계보 내러티브를 통해 아브라함의 언약을 이어 열두 지파로 성장한 이스라엘의 기원을 서술하고 마지막으로 요셉의 내러티브를 통해 이야기의 배경을 메소포타미아에서 이집트로 옮겨간다. 이는 총괄적으로 문학적 통일성 안에서 출애굽기로 연속되는 배경을 제공한다.

1. 아브라함의 소명(12:1-9)

아브라함의 소명에 앞서 나열되는 셈의 계보는 창세기에서 통상적인 열 명의 목록이 아닌 여덟 번째인 아브라함에서 멈춘다. 세일해머는 그 이유를 본문이 앞으로 소개될 이스마엘(16:15)과 이삭(21:3)을 이 지점에서 보류한 것으로 설명한다.[61] 중요한 것은 이 계보에서 마지막으로 조명을 받는 인물이 아브라함이며 이어지는 서술은 그에 관한 것이라는 것이다. 또한 데라의 자손들(11:27-32)을 미리 소개함으로 아브라함의 내러티브를 이해하는데 있어 데라에게 세 아들이 있었다는 것(11:27), 하란은 데라보다 먼저 본토 갈대아 우르에서 죽었다는 것(11:28), 그리고 사래는 잉태하지 못하므로 자식이 없었다(11:30)는 중요한 배경을 밝혀준다.

이어지는 서술에서 이제 하나님께서는 아브라함을 부르신다. 이에 대해 아브라함이 갈대아 우르에서 부르심을 입었다는 서술(창 11:31; 15:7; 느 9:7; 행 7:2-3)과 하란이라는 서술(12:1-4)은 일관성이 결여된 오경의 문제점을 다시 제기한다. 그리고 이러한 갈등은 다시 문서가설로 설명된다. 하지만 우리는 이러한 차이를 보다 더 총체적인 서술 안에서 전략적으로 의도된 것이라고 말 할 수 있다. 본 내러티브의 화자는 데라로 끝나는 셈의 계보(11:10-26)를 이어 다시 짧은 데라의 계보(11:27-32)를 소개한다. 이 계보는 12:1-20의 배경으로 이 지점에 삽입되었다고 말 할 수 있다.

그리고 그 안에 데라가 그의 아들 아브라함을 데리고 "갈대아 우르에서 떠나 가나안 땅으로 가는 길에 하란에 이르러 거기 거하였다"(11:31)라는 중요한 정보를 제공한다. 이는 첫째로 아브라함의 본토, 즉 "너의 땅과 네 형제와 아버지의 집"(מֵאַרְצְךָ וּמִמּוֹלַדְתְּךָ וּמִבֵּית אָבִיךָ, 12:1)은 분명히 갈대아 우르였고, 둘째로 아브라함도 하란에 머물렀음을 의미한다. 아브라함이 하란을 떠났을 때 그의 나이는 75세였다(12:4). 그리고 175세에 가나안에서 죽었다(25:7-10). 데라는 70세에 아브라함을 낳고(11:26) 205세를 향수하고 하란에서 죽었다(11:32). 그렇다면 데라가 145세(70+75) 때 아브라함은 하란을 떠났고 데라는 하란에서 60년(205-145)을 더 살다 그곳에서 죽었다고 말할 수 있다. 그러므로 본문은 데라가 145세로 아직 하란에 머물고 있을 때 아브라함이 그곳을 떠났음을 분명히 암시하고 있다.

그렇다면 아브라함이 하란을 거쳐 세겜에 이르렀다(12:4-6)는 정보는 아브라함의 여정이 하란에서부터 시작하고 있음을 전제하고 있지만 본문의 화자는 11:31(우르)을 12:4-6(하란)의 배경으로 서술함으로 아브라함의 소명은 원래 우르(11:31)에서 이루어졌으나 가나안으로 향하던 도중 하란에 머물렀고 이제 다시 12:1-9에서 아버지 데라와 하란에 머물고 있는 아브라함에게 하나님께서 그에 대한 소명을 재확인 시켜주심을 기술했다고 볼 수 있다. 하란에서의 부름은 우르에서의 부름의 갱신인 것이다. 이제 가나안으로 들어가기 전 하나님께서는 아브라함과 구두로 언약(verbal covenant)을 세우신다. 큰 민족을 이룰 것, 복을 받을 것, 복의 근원이 될 것, 그리고 그의 자손이 땅을 얻게 될 것이라는 약속이다(12:2-4, 7). 이러한 언약은 아담과의 언약(1:28-30; 3:14-15), 노아와의 언약(6:18), 그리고 앞으로 갱신될 구약에 다른 모든 언약들(이스라엘과의 언약, 출 24:8; 다윗과의 언약, 시 89:3; 새언약 31:31)과 평행구조를 이룬다. 이러한 언약에 대해 아브라함은 벧엘과 아이 사이에서 야웨 하나님의 이름을 부르며 단을 쌓아 예배로 응답한다(12:9).

2. 아브라함과의 언약(15:1-21)

아브라함의 언약은 하나님의 약속의 성취를 기다리는 모든 성도들의 믿음의 예표로 피력되고 있다(히 11:13). 구두로 체결된 이러한 중요한 첫 언약(12:2-7) 이후 아브라함은 신약에서 그리스도의 예표로 설명된 멜기세덱을 만나게 된다(14:17-24; 히 7:1-3). 그리고 본문은 15장과 17장에서 두 번에 걸친 언약갱신 이후 다시 한 번 18장과 19장에서 현현(18:22)을 서술하고 있다. 이러한 두 개의 출현(14:17-24; 18:1-33)이 아브라함과의 언약 서술을 포괄하고 있다는 것은 매우 흥미로운 구조이다. 멜기세덱은 살렘 왕(מֶלֶךְ שָׁלֵם), 즉 평강의 왕(사 9:6)이며 그의 이름 멜렉키-쩨덱크(מַלְכִּי־צֶדֶק)는 의의 왕이라는 의미를 지녔다(히 7:1-3). 그가 떡과 포도주를 가지고 나왔으며 지극히 높으신 하나님의 제사장이라는 것(14:18), 그리고 아브라함이 그에게 십분 일을 드렸다는 행위(14:20)는 소돔 왕을 만난 문맥에서 영원한 제사장과의 만남을 통해 원수를 아브라함의 손에 붙이신 이는 소돔 왕이 아닌 천지의 주재이신 야웨 하나님이심을(11:21-24) 암시한다. 창세기 15장은 "이러한 일 후에"(הַדְּבָרִים הָאֵלֶּה אַחַר, 15:1) 하나님께서 이상 중에 아브라함에게 임하였다는 서두로 시작된다. 이는 아브라함의 언약이 전적으로 천지의 주재되시는 야웨 하나님의 주도 아래 전개되고 있다는 오경의 일관된 서술을 중복하는 것이다.

아브라함과의 언약체결은 "야웨의 말씀이 이상 중에" 임했다는 짧은 설명으로 시작된다(15:1). 여기서 "이상 중에"로 번역된 히브리어 바마하제(במחזה)는 구약에서 오직 본문에서만 한번 나타난다. 그러나 "이상"(vision)을 의미하는 이와 유사한 하존(חזון)은 예언서 안에서 특별히 하나님의 말씀을 대변하는 선지자들과 관련해 23번 이상 등장한다. 이는 아브라함이 미래 선지자들의 전형으로 소개되고 있음을 볼 수 있다. 15장에 기술된 사건들은 모두 "이상 중에" 밝혀진 하나님의 계시인 것이다. 그리고 본문은 언약의식을 통해 이미 12장에서 약속된 것들을 다시 갱신한다. 그 주요 내용은 이미 12장에서 언급되었다. 첫째 그 이름이 복될 것이다(12:2). 셈(שֵׁם)의 후손들이 바벨탑을 쌓고 스스로 자신들의 이름(שֵׁם))을 높이려 할 때 하나님께서 그들을 패하신 것(11:4)과는 대조적으로 아브라함의 이름(שֵׁם)은 하나님께서 복되게 할 것이다. 둘째, 모든 족속이 그로 인하여 복을 얻게 될 것이다(12:3). 이는 씨의 약속(3:15)이 성취될 것이라는 재확인이다(창 22:17; 26:4; 출 32:13; 신 28:62; 갈 3:8-9; 12:3). 셋째로 땅의 약속(12:7; 17:8)이다. 15장에서 이러한 제의적 언약(ritual covenant)은 이제 구두가 아닌 의식을 통해 체결되고 이는 앞으로 도래할 시내산 언약과 연관된다. 언약 중심에 있는 씨의 약속과 땅의 약속은 뭇별과 같은 자손(15:2-5)과 에덴동산의 경계와 유사한 땅의 약속(15:18-21)으로 묘사된다. 그러나 12장과 다른 점은 언약에 있어 아브라함의 믿음이 더욱더 부각되었다는 것, "아브람이 여호와를 믿으니 여호와께서 이를 그의 의로 여기시고" (15:6), 아벨의 제사(4:4)와 노아의 제사(8:20-22)와 평행을 이루고 있는 제사의식(15:9-11)이 첨가 되었다는 것,[62] 그리고 그의 자손이 이방에서 객이 되어 사백년 동안 괴롭힘을 받을 것이라는 암시(15:13-14)로 이 언약은 출애굽의 에피소드와 시내산 언약을 바라보는 중요한 가교가 된다. 특별히 본문에 나오는 제사는 동물을 둘로 쪼개는 것으로 이는 언약을 "세우다"의 히브리어 동사 카라트(כרת)가 "자르다"라는 의미를 가지고 있는 것과 연관성이 있어 보인다. 아브라함은 제물을 취하여 "그 중간을 쪼개고"(15:10) 하나님은 그날에 아브라함으로 더불어 "언약을 자르셨다"(כרת ברית 15:18). 선지자들은 훗날 행함이 없는 언약 제의주의에 빠진 이스라엘을 책망하는데 있어 백성들에게 아브라함의 언약의식을 상기시킨다. "송아지를 둘에 쪼개고 그 두 사이로 지나서 내 앞에 언약을 세우고 그 말을 실행치 아니하여 내 언약을 범한 너희를…"(렘 34:18). 이 본문은 아브라함이 "이상 중에" 하나님의 음성을 듣고 언약제의를 집행함으로 그에게 선지자와 제사장의 직분이 부여되었음을 암시한다.

창세기 12장과 15장에 이어 17:1-8은 아브라함과의 언약을 세 번째 마지막으로 기록하고 있다. 이는 이스마엘이 태어난 지 13세가 되었을 때(17:25)이고 아브라함의 나이는 99세였을 때이다(12:4; 16:6; 17:1). 아브라함과의 언약을 기술하고 있는 15장과 17장 사이에 삽입된 하갈과 이스마엘의 내러티브는 17장과 18장 그리고 21장에서 확인되는 이삭의 계통과 대조적으로 이스마엘은 언약에 속하지 않았음을 미리 예고한다(21:8-21). 17장의 마지막 언약갱신에서 새로워진 것은 첫째는 아브람과 사래의 이름이다. 아브람(אברם)은 아브라함 (אברהם)으로 "여럿의 아버지"(father of many)라는 뜻에서 "여러 민족의 아버지"(father of many people)로 바뀌었고 사래(שרי)는 사라(שרה)로 바뀌었다. 17:16은 사라를 "열국의 어미"가 되게 하겠다는 하나님의 약속을 기술함으로 사라의 의미를 간접적으로 설명하고 있다.

두 번째는 이 언약이 영원한 것이라는 것을 강조한 것이다. "내가 내 언약을 나와 너와 네 대대 후손의 사이에 세워서 영원한 언약을 삼고 너와 네 후손의 하나님이 되리라"(17:7). 이는 언약이 아브라함 자신과 더 나아가 시내산의 언약을 넘어 새언약(렘 31:31, 눅 22:20)까지를 예표한다고 볼 수 있다.

셋째로 언약비준의 표징으로서의 할례(17:9-14)이다. 할례는 원래 고대문명에서 보편적으로 행해졌던 의식으로서 아브라함으로 인하여 할례의식이 제도화된 것은 아니나 아브라함으로 인하여 할례에 언약의 의미가 도입된 것이라고 말 할 수 있다. 할례의 중요성은 할례를 받지 아니한 자들은 그 백성 중에서 끊어지는 중벌에서 잘 나타난다(17:14; 출 4:24). 양피를 배는 것은 아담과의 언약의 표징인 가죽을 떠오르게 한다. 그러나 여기서 보다 더 상징적인 것은 피 흘림이다. 아브라함은 번제물을 쪼개고, 하나님께서는 언약을 자르고(כרת) 이제 그 표징으로 양피를 베지 아니한 자를 언약백성으로부터 자르게 된다 (כרת).

팔머 로벗슨(P. Robertson)은 구약의 언약을 "하나님의 주권으로 이행된 피로 맺은 관계"(bond in blood sovereignly administered)라고 정의한다.63)

히브리 기자는 이를 "피 흘림이 없으면 사함이 없다"(히 9:22; 레 17:11)라고 설명한다. 이어지는 구약의 서술은 이러한 의식의 참된 의미는 마음과 행위가 일치될 때 온전해짐을 강조한다. 그것은 곧 마음의 할례이다. "그러므로 너희는 마음에 할례를 행하고 다시는 목을 곧게 하지 말라"(신 10:16; 30:6). "여호와께서 말씀하시되 날이 이르면 할례 받은 자와 할례 받지 못한 자를 내가 다 벌하리니, 곧 애굽과 유다와 에돔과 암몬 자손과 모압과 및 광야에 거하여 그 머리털을 모지게 깎은 자들에게라 대저 열방은 할례를 받지 못하였고 이스라엘은 마음에 할례를 받지 못하였느니라 하셨느니라"(렘 9:25-26). 이러한 아브라함과의 언약은 번제(15:9-11)와 할례(17:9-14)와 이제 마지막으로 이삭을 받치는 믿음의 행위(22:16-18)로서 완성된다. 이삭을 결박하는 것(22:1-14)은 분명히 "하나님이 아브라함을 시험하시려고"(22:1) 명하신 것이었다. 시험은 그 무엇을 보여주는 것, 혹은 그 무엇을 가리키는데 목적이 있다.

여기서 우리는 하나님의 언약이 점진적으로 구두(12:2-7)에서 제의(15:1-21)로, 그리고 이름의 변화(17:1-8)에서 아들을 희생 제물로 드리는 것(22:1-18)으로 가시화되어 가는 것을 볼 수 있다. 이는 이 언약이 지니고 있는 대속의 본질을 잘 묘사해 준다. 아브라함의 복을 받고 복의 근원이 되고 땅과 자손의 약속을 받는 그 복은 궁극적으로는 언약백성의 대속을 위한 하나의 방법이지 목적은 아니었음을 알 수 있다. 아브라함의 헌신의 절정을 보여주는 이삭의 희생에서 우리는 훗날 독생자를 내어주신 하나님의 모습을 흐리게나마 바라볼 수 있다. 중요한 것은 이 모든 과정이 믿음의 모티프를 가지고 있다는 점이다. 아브라함이 야웨 하나님을 믿었고 하나님은 그것을 의로 여기셨다(15:6). 본문은 이러한 아브라함의 믿음이 실체화되어 가는 것을 서술하고 있다. 그는 이삭을 바침에 있어 하나님께서 번제물을 미리 준비하셨음을 믿음으로 바라보았다(22:8; 14).

그리고 그 믿음대로 하나님께서는 제사에 필요한 양을 미리 준비해주셨다. 아브라함은 "그 땅 이름을 여호와 이레(יְהוָה יִרְאֶה)라 하였고 오늘까지 사람들은 여호와의 산에서 준비되리라"고 말한다(22:14). 여기서 "여호와 이레"의 히브리어 어언은 "야웨께서 보시다"(יְהוָה יִרְאֶה)로 이는 시공을 초월하여 그의 백성을 주시하고 계신 하나님의 전지전능하심과 무소부재하심을 반영한다. 아브라함과의 언약은 오경에 계시된 언약의 삼대 본질을 명백히 암시한다. 언약은 피로 맺어지는 것이며(출 24:7-8; 레 17:11; 히 9:22), 하나님의 절대주권으로 세워지는 것이며(창 15:6; 22:14), 믿음으로 응답되는 것이다(22:8, 14). 이러한 언약의 온전한 성취는 미래에 도래하실 그리스도를 바라보게 한다(렘 31:31; 겔 37:26; 눅 22:20; 고후 3:6; 히 8:8; 9:15; 10:15-18).

	아브라함과의 언약 체결	아브라함의 응답
12장	구두로 체결된 언약(Verbal Covenant)	단을 쌓아 예배를 드림
14장	현현(멜기세덱)	십의 일을 드림
15장	제의로 체결된 언약(Ritual Covenant)	속제를 드림
17장	언약의 마지막 갱신(Renewal of the Covenant)	할례
18장	현현(세 사람)	대접함
22장	언약의 시험(Covenantal Test)	이삭을 받침(여호와 이레)

3. 야웨의 나타나심(창 18:1-33)

아브라함과의 언약갱신(17:1-8)은 야웨 하나님의 출현(18:1-33)으로 그 절정을 이룬다. 이는 초기 아브라함과의 구두 언약(12:2-3) 이후 멜기세덱의 출현(14:17-20; 히 7:1-3)과 평행대구를 이룬다. 본문은 아들에 대한 약속(18:1-15)과 아브라함의 소돔에 대한 중보(18:16-33)를 기술하고 있다. 첫 부분은 씨의 약속에 대한 믿음과 신뢰를 피력하고 두 번째 부분은 아브라함의 중보를 통해 시내산 언약에 있어 모세와 아론의 중보를 미리 예고하고 하나님의 신실하심과 전지전능하심을 조명한다.

볼두윈(Joyce G. Baldwin)은 사라의 불신에 대해 "나 야웨가 할 수 없는 일이 있느냐?"(18:14)라는 하나님의 질문은 그 질문 자체로 천지를 창조하신 하나님의 능력을 제한하는 것이 그 얼마나 터무니없는 것임을 보여주는 것이라고 말한다. 씨의 약속은 사라의 불신앙에도 불구하고 하나님의 초월적인 개입으로 성사될 것이다(18:10, 14). 사라의 마지막 반응은 이삭이라는 히브리어 어휘의 특별한 구성으로 표현된다.

וַתְּכַחֵשׁ שָׂרָה לֵאמֹר
사라는 이렇게 말하며 거짓말을 했다.
לֹא צָחַקְתִּי כִּי יָרֵאָה
"나는 안 웃었습니다!" 이는 그녀가 두려웠기 때문이다.
וַיֹּאמֶר לֹא כִּי צָחָקְתְּ
그러나 그(야웨)는 말하셨다, "아니다! 너는 웃었다."

위에서 히브리어 싸학크(צחק, 웃다)는 나중에 태어난 이쓰학크(יצחק, 이삭)이라는 이름의 어원이 된다(21:3-6). 이는 사라는 웃지 않았다고 했지만 웃게 된 것을 묘사한 것이다. "아브라함은 사라가 낳아 준 아들에게 이삭(יצחק)이라는 이름을 지어 주었다."(21:3) "사라가 혼자서 말하였다, 하나님이 나에게 웃음(צחק)을 주셨구나, 나와 같은 늙은이가 아들을 낳았다고 하면 듣는 사람마다 나처럼 웃지(יִצְחָק) 않을 수 없겠지!"(21:6). 이렇게 웃음의 아이러니를 통해 씨의 약속이 확인 된 후 본문의 두 번째 부분은 아브라함의 중보사역을 부각시킨다. 여기서 아브라함은 하나님과 논쟁을 벌인다. "세상을 심판하시는 분께서 공정하게 판단하셔야 하지 않겠습니까?"(18:25). 결과는 분명했다. 소돔과 고모라에는 의인이 없었다(18:22-32).

그러므로 롯이 소돔과 고모라의 멸망으로부터 구원받게 되는 것은 전적으로 아브라함의 중재였음을 암시한다. 이러한 두 이야기 속에서 하나님의 현현은 시내산 출현(출 19:18-20)과 성막의 출현(출 40:34-38)을 내다보게 한다. 먼저 본문에 등장하는 "세 사람"의 정체는 물리적인 설명을 분명히 초월하고 있음을 볼 수 있다. 본문은 "야웨(יהוה, 아도나이, 주)께서 그(아브라함)에게 나타나셨다"(וַיֵּרָא אֵלָיו יְהוָה, 18:1)는 사전정보로 시작하여 "야웨(יהוה, 아도나이, 주)께서 떠나셨다"(וַיֵּלֶךְ יְהוָה, 18:33)는 보고로 일단락된다.

또한 세 사람이 왔으나 "두 천사"(שְׁנֵי הַמַּלְאָכִים)만이 소돔으로 떠났다(19:1). 더 나아가 본문은 아브라함과 "야웨"(יהוה)의 담화를 일관적으로 기술하고 있다(18:3, 13, 17). 아브라함이 세 사람을 맞이하여 그(들)를 부를 때 쓴 아도나이(אֲדֹנָי, 나의 주, 18:3)는 18:13에 "야웨"를 미리 예고한 것으로 보인다. 이는 보통 사람들을 존중하여 부를 때 사용하는 아도니(אֲדֹנִי, 나의 주, 24:12)와 문맥상 구분될 수 있다. 마지막으로 "그 사람들"(두 천사?)은 거기에서 떠나서 소돔으로 갔으나, 아브라함은 야웨(יהוה) 앞에 그대로 서 있었다"(18:22). 그러므로 본문은 이러한 복합적인 서술구조를 통해 그 안에 포괄된 세 사람의 정체에 있어 한 사람은 야웨 하나님의 불가사의한 현현(顯現)이었음을 암시하고 있다.

4. 족장 내러티브의 평행구조

창세기 안에서 아브라함과 이삭과 야곱의 내러티브는 여러 면으로 평행구조의 유사한 서술로 반복된다. 이는 저자가 그들을 둘러싼 많은 사건들을 선택하고 서술적으로 구성하는 과정에 있어 일관된 신학적 관점을 반영시킨 것이라고 볼 수 있다. 그것은 땅과 씨의 약속(1:28; 3:15)을 내포한 언약성취의 신학이다. 신약은 아브라함이 "믿음으로 저가 외방에 있는 것같이 약속하신 땅에 우거하여 동일한 약속을 유업으로 함께 받은 이삭과 야곱으로 더불어 장막에 거하였다"(히 11:7)고 진술한다. 이들은 모두 약속의 실현을 바라보며 흡사한 장막의 삶을 살았던 것이다. 아브라함은 하란에서 세겜으로 들어갔고(12:4-6) 벧엘과 아이 사이에서 제단을 쌓았다(12:8). 이어 땅의 기근으로 인해 애굽으로 내려갔다 남방으로 올라와(13:1) 벧엘과 아이 사이 지방으로 다시 돌아와 제단을 쌓았다(13:3). 이에 장막을 옮겨 헤브론에 있는 마므레 상수리 수풀 근처에 거하며 거기서 야웨 하나님을 위해 단을 쌓았다(13:18). 그의 여정은 그가 막벨라굴에 장례됨으로 마감된다(25:9-10).

이러한 여정은 이삭과 야곱과 요셉의 것과도 유사하다. 야곱은 브엘세바(남방)에서 벧엘을 거쳐 하란으로 올라갔다(28:10-22) 다시 세겜에 장막을 치고(33:18-20) 단을 쌓기 위해 벧엘로 발행한다(35:3). 그리고 그도 마지막으로 막벨라굴에 장례된다(50:13). 창세기 35:27-29는 이삭도 막벨라굴이 있는 마므레(25:9)에서 죽어 야곱이 그를 거기서 장사하였다고 밝히고 있다. 이러한 족장들의 유사한 여정과 막벨라굴의 소유권은 약속에 있어 장차 그 땅의 경계와 권리를 미리 암시해준다.

아브라함의 내러티브	데라의 톨레도트 **막벨라굴에 장례됨** 이스마엘의 톨레도트	11:27-25:11 25:9-10 25:12-18
이삭의 내러티브	이삭의 톨레도트 **막벨라굴이 있는 마므레에서 장례됨**	25:19-35:29 35:27-29
야곱의 내러티브	에서의 톨레도트 야곱의 톨레도트(요셉의 내러티브) **막벨라굴에 장례됨**	36:1-37:1 37:2-50:26 50:13-14

또한 아브라함은 기근으로 인해 애굽으로 내려갔고(12:10), 이삭은 기근으로 인해 그랄로 갔다(26:1). 야곱도 기근으로 인해 아들들을 애굽으로 보냈고 (42:1-3) 요셉은 기근으로 인해 형제들을 만났다(42:5-7). 아브라함의 아내 사라 (11:30)와 이삭의 아내 리브가(25:21)와 야곱의 아내 라헬(30:1) 그 모두가 잉태하지 못했고 하나님의 특별한 개입으로 자식을 갖게 되었다. 이러한 평행구조는 하나님께서는 족장들의 생존을 보존하시고 씨의 약속을 성취하시는 분이심을 명백히 밝혀준다.

5. 아브라함과 고대 근동

족장들의 내러티브에 관련하여 역사성에 대한 많은 논쟁이 제기되어 왔다. 전통적인 19세기 역사비평에서는 이 시대에 대한 고고학적 증거물의 부재로 문서가설이나 고대전설이라는 가설 외에 특별한 설명이 없었다. 물론 증거의 부재가 부재의 증거는 아니다. 그러나 올브라이트(W. F. Albright)의 성서고고학 연구 이후 우리는 전에는 상상할 수 없었던 구약의 족장시대, 모세와 출애굽, 가나안 점령, 사사시대, 왕족시대, 포로시대 또 포로 이후 시대의 부분적이나마 역사적인 배경을 연구할 수 있게 되었다.[64] 브라이트(John Bright)는 그의 저서 「이스라엘 역사」에서 현대고고학의 지속적인 연구는 족장들의 역사적인 상황을 뒷받침할만한 많은 자료들을 제공하고 있다고 주장한다.[65] 이에 대해 쉐퍼(F. A. Schaffer)는 역사적 실제는 성경에 대한 높은 신뢰도의 근거가 된다고[66] 말하는 반면 프리젠(Th. C. Vriezen)은 성서의 권위와 진리성은 역사적 정확성에 있지 않다고 반박한다.[67]

또한 반시터스(J. van Seters)는 족장들의 내러티브를 설화로 보고 이를 역사적으로 접근하는 그 자체를 전면 부인한다.[68] 그러나 근대연구는 우리로 하여금 실제에 대한 서술로서의 족장 내러티브가 역사적 사실에 근거할 수 있다는 가능성들을 배재할 수 없게 한다. 그동안 발견된 다양한 고대근동 문헌에서 우리는 창세기에 서술 된 아브라함의 역사문화적인 배경을 생각해 볼 수 있다. 예로 2만개가 넘는 마리 토판(Mari Texts)은 족장들의 시대와 유사한(기원전 약 2000-1800년) 짐리림(Zimri-lim, c. 1730-1700 BC) 왕과 고대 바빌론의 함무라비(기원전 약 1792-1750년) 왕과 관련된 여러 정치적이며 법률적인 조항들을 기록하고 있다. 가파도끼아토판(Cappadocian Texts)은 약 기원전 19세기 소아시아 동남부 지방의 상인들에 의해 작성된 것으로 보이고 그 시대의 상법에 대한 정보를 제공한다. 누지토판(Nuzi Texts)은 기원전 19-15세기 메소포타미아의 노예제도, 결혼증서, 상속법, 등등을 담고 있고 이 외에도 우가릿토판(Ras Shamra Texts)의 기원전 14-15세기 쐐기문자는 구약 히브리어를 이해하는데 많은 도움을 주었다.[69] 특별히 누지에서 발견된 서판(토판)들에서는 오경과 유사한 고대평민들의 풍습들(사회적, 경제적, 법적인 관례들)을 찾아볼 수 있다. 예로 종을 양자로 삼는 것(창 15:2-3), 여종을 대리모로 삼는 것(창 16; 21:1-21), 아내를 누이라고 속였던 풍습(창 12:11-20; 20), 수혼법(창 38) 등등이다.[70]

오경텍스트는 고대근동 문화권에서 형성되었다. 그러므로 고대근동의 문헌들과 비교해 유사한 문학양식과 형태, 그리고 공통적인 역사 문화적 배경을 지니고 있다. 그러나 구약의 기록을 단순히 고대문헌들의 모방이나 혹은 창조적 편집의 산물로 여기는 것은 구약의 고유한 계시적 본질과 본문자체 내의 일관적인 독창력과 자율성을 충분히 고려하지 못한데서 오는 해석학적 오류라고 말 할 수 있다. 고대근동문헌들의 연구는 오경텍스트를 이해하는데 있어 획기적인 계기가 되었으나 이를 절대 근거로 삼아 오경텍스트의 독창성과 고유성을 폐기할 수는 없다. 그러나 고고학은 오경텍스트 안에서 고대어와 문학양식의 연구, 역사적 배경, 이스라엘 종교와 타종교에 대한 비교, 그리고 고대근동 사람들의(히브리인들을 포함한) 보편적 종교성과 그들이 소유했던 창조와 관련된 다양한 구전들을 고찰하고 이해하는데 있어 중요한 역할을 담당한다.

6. 족장들의 연대

족장들의 연대기에 대해서는 기원전 21세기에서 15세기에 이르기까지 다양한 견해들이 있다. 그러나 이 모든 견해들의 출발점과 가능성은 적어도 두 가지 전제로부터 시작한다. 첫째는 구약이 족장들의 연대를 재구성할 수 있는 연대적 힌트를 남기고 있다는 것과 두 번째는 이미 잘 알려진 솔로몬 왕정의 기원년도이다(c. 1000 BCE). 물론 족장들의 내러티브를 전설적 허구나 전지적 작가시점의 후기편찬으로 보는 학자들에게는 이러한 연대를 측정하는 자체가 무의미할 것이다. 그러나 구약은 우리에게 족장들의 연대를 어느 정도 측정해 볼 수 있는 몇 개의 시간대들을 제공하고 있다. 먼저 열왕기상 6:1은 솔로몬 왕정 4년은 출애굽한 지 480년이 지난해라고 기록하고 있다. 이는 출애굽 년도를 기원전 1446년으로 올라가게 한다. 출애굽기 12:40은 이스라엘이 애굽에서 430년 동안 머물었다고 밝힌다. 이는 그들이 애굽에 들어온 년도가 기원전 1876년이었음을 의미한다.

창세기 47:9는 야곱이 애굽에 갔을 때 그의 나이가 130세였다고 말한다. 그렇다면 그는 기원전 2006년에 태어난 것이다. 그리고 창세기 25:26은 이삭이 60세에 야곱과 에서를 낳았다고 기록한다. 그러므로 이삭은 기원전 2066년에 태어났다. 아브라함은 이삭을 낳을 때 100세였다(창21:15). 그렇다면 그는 기원전 2166년에 태어난 것이다. 창세기 12:4는 아브라함이 하란에서 가나안으로 들어갈 때 그의 나이는 75세였다. 그러므로 결론적으로 가나안의 족장시대는 기원전 2091년에서 1876년까지 지속되었다고 추측해 볼 수 있다.

왕상 6:1	솔로몬 왕정 4년, 출애굽한지 480년(966 BC)	출애굽	c. 1446 BC
출 12:40	애굽에 430년 머물렀다.	야곱의 이집트 행	c. 1876 BC
창 47:9	야곱이 애굽에 갔을 때 그의 나이는 130세	야곱의 출생년도	c. 2006 BC
창 25:26	이삭이 60세에 야곱과 에서를 낳았다	이삭의 출생년도	c. 2066 BC
창 21:15	아브라함이 이삭을 낳을 때 100세	아브라함의 출생년도	c. 2166 BC
창 12:4	아브라함이 하란에서 가나안으로 갈 때 75세	가나안 이주 원년	c. 2091 BC
족장시대 - 기원전 약 2091년에서 1876년 애굽시대 - 기원전 약 1876년에서 1446년			

이러한 위의 초기연대가설은 여러 가지 논쟁의 여지를 남기고 있다. 예로 왕상 6:1과 출 12:40에 의하면 이스라엘은 기원전 1446년에 출애굽 했다. 그러나 출애굽기 1:11에 기술된 람세스 도시는 기원전 약 1290-1260년에 세워진 도시이다. 물론 이러한 도시명칭에 대한 업그레이드는 후기편집의 결과로 볼 수 있다. 그런가 하면 왕상 6:1의 480년을 상징적 숫자로 보는 견해도 있다(12 x 40년). 더 나아가 칠십인역(LXX)은 이스라엘이 "애굽 땅과 가나안 땅에 430년"을 머물렀다고 말한다(ἐν γῇ Αἰγύπτῳ καὶ ἐν γῇ Χαναὰν ἔτη τετρακόσια τριάκοντα, 출 12:40). 즉 그들이 애굽과 가나안에 머문 총 기간이 430년이라는 것이다. 그러나 마소라 텍스트(MT)는 도시명칭의 업그레이드 편집을 고려한다면 족장들의 연대에 관해 일관적인 정보를 제공하고 있다고 볼 수 있다.

그럼에도 불구하고 이러한 초기연대가설을 반박하는 또 하나의 논지는 아브라함과 블레셋의 상충된 연대에 있다. 창세기 21:22-34는 아비멜렉의 종들이 아브라함의 우물을 늑탈한 사건을 근거로 그 둘이 브엘세바에서 언약을 세운 사건을 기록하고 있다. 문제는 그 땅이 "블레셋 족속의 땅"(21:34)이었다는 데 있다. 학자들은 블레셋 민족의 기원을 약 기원전 1200년으로 측정한다. 그 이유로는 가나안에서 기원전 1200년 이전 층에서는 블레셋의 존재를 증거할 만한 유적을 발견할 수 없기 때문이다. 더 나아가 간접증거로서 이집트의 람세스 3세(Rameses III)가 기원전 1200년경 "바닷사람"(블레셋?)들을 점령했다는 기록이 있고 약 1200년경 이후로는 가나안에 블레셋 사람들이 거주했던 증거물들이 발견되기 때문이다. 그러나 부재에 근거한 비평엔 문제가 있다. 증거의 부재는 부재의 증거가 될 수 없기 때문이다. 블레셋 사람들은 족장시대 때 벌써 가나안 땅에 거주하고 있었으나 아브라함과 같이 초기에는 소수였기에 고고학적인 유물을 남길 만큼 번성하지는 않았다는 가능성을 배재할 수 없다.

7. 이삭의 내러티브(창 21:1-28:9)

오경에서 가장 유사한 평행구조를 가지고 있는 서술은 상대적으로 짧고 그 단락이 불분명한 이삭의 내러티브와 대조적으로 장편인 아브라함의 내러티브라고 말 할 수 있다. 먼저 계보의 배열을 보면 함의 계보(10:6-31) 다음에 아브라함의 계보(11:10-26)가 기술된 것 같이 이스마엘의 계보(25:12-18) 다음에 이삭의 계보(25:19-35:29)가 등장한다. 이는 이어지는 이스마엘 계보(25:12-18) 다음에 야곱의 계보(37:2)가 서술되는 창세기의 일관된 패턴처럼, 씨의 약속계보를 후반에 등장시켜 그 중요성을 부각시키는 배열방식이 반복 된 것이라고 볼 수 있다. 그러나 아브라함과 이삭의 내러티브는 이러한 보편적인 구조뿐만 아니라 그 내용에 있어서도 아래와 같이 상당히 유사한 점들을 중첩하고 있다.

서술 내용	아브라함	이삭
아내가 잉태하지 못했다	11:30; 18:11	25:21a
하나님께서 자녀를 주셨다	18:14; 21:1-7	25:21b
그랄(גרר)에 머물렀다	20:1	26:6
그 땅에 기근이 들었다	12:10	26:1
이집트로…	내려갔다(12:11-20)	안내려갔다(26:1-3)
아내를 누이라 속였다	20:2	26:7
누이라 속임으로 인한 아비멜렉과의 문제	20:9	26:10
아내가 보호를 받았다	하나님의 개입(20:7)	아비멜렉의 개입(26:11)
우물로 인한 블레셋 사람들과의 마찰	21:25	25:12-25
아비멜렉과의 언약	21:22-34	26:26-33
그곳을 "브엘세바"라고 했다	언약(21:31)	일곱 개의 우물(26:33)
땅과 자손의 약속	12:1-3; 15:5-20; 17:1-8	26:3-4

이러한 이삭의 이야기는 여러 가지 문제점을 산출한다. 첫째, 대체적으로 세 부분으로 나누어질 수 있는 족장들의 이야기(아브라함, 12:1-25:11; 야곱, 25:21-35:29; 요셉, 37-50)와는 달리 그 속에서 모호하게 부속되어 있다는 점이고, 둘째는 위에서 지적한 것과 같은 중첩의 문제이다. 이에 대한 설명은 다

양하다. 고전적인 문서가설을 지지하는 학자들은 대체적으로 족장들의 불일치한 이야기는 J, E, D, P 문서들의 결합이 반영된 것으로 본다. 그런가 하면 족장들의 이야기는 독립적인 단편들로 구성된 결과물로 보는 견해가 있다. 예로 렌토르프(Rolf Rendtorff)는 "벧엘에서의 야곱이야기"를 벧엘에서의 제의와 관련해 편찬된 하나의 단편으로 제시했고,71) 블룸(Ehard Blum)은 왕정기간동안 북이스라엘에서는 야곱의 단편 그리고 유다에서는 아브라함의 단편이 구성되었다고 주장한다.72) 그리고 이삭의 이야기를 하나의 독립적인 단편으로 구분해내는 것은 거의 불가능한 것으로 여겨진다. 이러한 문서가설이나 단편가설들은 모두 족장의 내러티브는 최종적으로 기원전 6세기 포로기 이후로 신명기사가나 최종 역사소설가에 의해 전승되거나 창작되었다고 주장한다.73) 그 과정에서 주제의 중복, 중첩, 혹은 배열의 불일치가 발생됐다고 본다.

그러나 로버트 알터(Robert Alter)나 스턴버르그(Meir Sternberg)와도 같은 문학비평가들 사이에 이러한 불일치는 오히려 고대작가들의 고유적인 문학적 각색이 반영된 것으로 비추어진다.74) 세일해머는 이러한 차이점을 조화시키기보다는 본문저자의 의도된 서술적 전략으로 설명한다.75) 본문의 저자는 아브라함과 이삭의 서술의 유사점을 충분히 인식할 뿐만 아니라 아브라함과의 언약을 이삭의 이야기 속에서 의도적으로 반복함으로 하나님의 신실하심을 재확인시킨다는 것이다. "그러므로 여기에서의 하나님의 신실하심은 현재와 미래에 있어서도 유효하다는 것이다. 하나님께서 조상들을 위하여 행하셨던 것을 또한 그 자손들을 위해서도 행하실 것이다."76) 물론 이삭의 이야기가 족장들과의 언약에 대한 하나님의 신실하심을 반복적으로 피력하고 있는데 중요한 역할을 한다는 것은 분명하다. 그러나 단순히 서술적인 기법뿐만 아니라 이 이야기는 이삭과 관련된 새로운 실제상황이 아브라함의 언약모티프로 각색되었다는 가능성을 배재할 수 없다.

본문은 이에 대한 몇 가지 중요한 힌트를 함축하고 있다.

첫째, 이삭의 이야기는 아브라함이 죽은 후에 전개된다(25:11; 26:1, 15, 18).

둘째, 두 이야기에서의 지리적 이동노선이다. 아브라함은 벧엘과 아이 사이에서 남방으로 옮겨가다 기근으로 인해 애굽으로 내려갔다가(12:8-13:10) 다시 올라와 헤브론에 머물렀다(13:18). 거기서 다시 남방으로 이사해 그랄에 머물 게 되었다(20:1). 그러나 아브라함이 죽기 전에 그와 이삭은 가데스와 베렛 사이에 있는 브엘라해로이(בְּאֵר לַחַי רֹאִי, 16:14, 24:62)에서 살았고 그가 죽은 후에 이삭은 계속 브엘라해로이 근처에 거하였다(25:11). 저자는 이삭이 살던 땅(브엘라해로이)에 아브라함 때와 같이 흉년이 들어 이삭도 아브라함과 같이 애굽으로 내려가려 했으나 하나님의 명령으로 인해 그랄에 머물었음을 밝히고 있다(26:1-2). 이는 이 둘의 연속성과 동시 불연속성을 통해 이 둘이 독립적인 두개의 사건이지만 아브라함과 약속하신 땅에 대한 성취가 이삭을 통해 계속 유효하다는 것을 암시한다(26:1-6). 그리고 애굽으로 떠났다 애굽에서 돌아올 출애굽을 예고한다.

셋째, 아비멜렉(אֲבִימֶלֶךְ, 26:26)은 아비(father)나 장(長, chief)을 뜻하는 아브(אָב)와 왕을 뜻하는 말라크(מֶלֶךְ)의 복합어로 사람의 이름일 수도 있으나 (대상 18:16) 이집트의 바로(Pharaoh)와 같이 그 지방의 최고 족장의 직함(삼상 21:10-15; 시 34)을 의미할 수 도 있다는 견해이다.77)

넷째, 브엘세바에 관한 것이다. 우물은 땅의 소유를 상징하는 가장 중요한 마크였다. 그러므로 고대근동에서 우물을 흙으로 매우고 이름을 변경하는 것은 땅의 경계 때문에 다투는 그 시대의 보편적인 관습이었다. 저자는 25:18에서 "그 아비 아브라함 때에 팠던 우물들을 다시 팠으니 이는 아브라함 죽은 후에 블레셋 사람이 그 우물들을 매웠음이라, 이삭이 그 우물들의 이름을 그 아비의 부르던 이름으로 불렀더라" 는 정보를 미리 제공함으로 후에 "그 성읍 이름이 오늘까지 브엘세바더라"(26:33b)고 한 것은 중복이 아니라 아브라함의 브엘세바를 재확인해 주었음을 암시하는 것이다. 이러한 암시들은 본문이 독립적인 문서들이나 단편들의 불일치한 결합의 산물이라기보다는 아브라함과 이삭의 사건을 공통적인 어휘, 주제, 그리고 언약 모티프로 연결시켜 하나님의 신실하심과 미래의 성취를 예고하는 세밀히 의도된 저자의 최종구성이라고 말할 수 있다.

8. 야곱을 위한 이삭의 축복(27:1-45)

야곱의 내러티브는 이스마엘의 계보(25:12-18)를 이삭의 계보(25:19-26)와 대조시키면서 에서와 야곱의 출생이야기로 전개된다. 이는 이스마엘이 "열두 방백"을 낳아 "큰 나라"를 이룰 것이라는 17:20의 약속이 성취되었음을 보여주는 동시 이삭의 계보를 통한 야곱의 복은 하나님의 언약에 속한 것임을 비교케 한다. 야곱과 에서의 출생 서술을 통해 우리는 그 둘의 갈등구조와 궁극적으로는 야곱의 승리를 미리 예측할 수 있다. "여호와께서 그 리브개에게 이르시되, 두 국민이 네 태중에 있구나, 두 민족이 네 복중에서부터 나누이리라, 이 족속이 저 족속보다 강하겠고 큰 자는 어린 자를 섬기리라 하셨더라"(25:23).

이러한 에서와 야곱의 긴장구조는 야곱이 에서를 속여 장자권리를 빼앗는 것(25:27-34)과 리브가와 야곱이 이삭을 속이는 사건(27:1-45)으로 확대된다. 그리고 이어지는 서술은 이러한 야곱의 죄악을 분명히 규탄하고 있다. 그는 이로 인해 자신을 죽이려 하는 형 에서에게 쫓겨 타향살이를 하게 되고(28:10-30:43) 그가 자신의 형과 아버지를 속인 것과 같이 외삼촌 라반(29:21-30)과 자식들에게 속임을 당하는(37:31-36) 뼈저린 고통과 불행을 겪게 된다. 그럼에도 불구하고 야곱을 향하신 하나님의 궁극적인 섭리(25:23)는 야곱을 향한 이삭의 축복을 통해 다시 한 번 재확인 된다. 그리고 그 축복은 에서에게 내린 축복과 교차대구법적인 대조를 이루고 있다.

이삭이 야곱에게 축복하다(27:28-29)

A   28a   하나님이 네게 주시기를 원하노라
               וְיִתֶּן־לְךָ הָאֱלֹהִים

B   28b   하늘의 이슬과 땅의 기름진 것과 풍성한 곡식과 새 포도주로
               מִטַּל הַשָּׁמַיִם וּמִשְׁמַנֵּי הָאָרֶץ וְרֹב דָּגָן וְתִירֹשׁ

C   29a   그리고 만민이 너를 섬기고 열국이 네게 굴복할 것이다

יַעַבְדוּךָ עַמִּים וְיִשְׁתַּחֲוּוּ לְךָ לְאֻמִּים

D   29b   네가 형제들의 주가 되고 네 어미의 아들들이 네게 굴복할 것이다
הֱוֵה גְבִיר לְאַחֶיךָ וְיִשְׁתַּחֲווּ לְךָ בְּנֵי אִמֶּךָ

E   29c   너를 저주하는 자는 저주를 받고 너를 축복하는 자는 축복받으리라
אֹרְרֶיךָ אָרוּר וּמְבָרֲכֶיךָ בָּרוּךְ

이삭이 에서에게 축복하다(27:39-40)

A′   39a   그러므로 그[에서]의 아비 야곱이 그에게 말하였다
וַיַּעַן יִצְחָק אָבִיו וַיֹּאמֶר אֵלָיו

B′   39b   보라 너의 거하는 곳은 땅의 기름진 것으로부터 [뜨고] 그리고 하늘의 이슬로부터 [끊어질 것이다].
הִנֵּה מִשְׁמַנֵּי הָאָרֶץ יִהְיֶה מוֹשָׁבֶךָ וּמִטַּל הַשָּׁמַיִם מֵעָל

C′   40a   너는 너의 칼로 생활할 것이다
וְעַל־חַרְבְּךָ תִחְיֶה

D′   40b   그리고 너는 네 아우를 섬길 것이다
וְאֶת־אָחִיךָ תַּעֲבֹד

E′   40c   그리고 네가 거닐어야만[싸워서 이겨야만] 그 멍에를 네 목에서 풀 수 있을 것이다
וְהָיָה כַּאֲשֶׁר תָּרִיד וּפָרַקְתָּ עֻלּוֹ מֵעַל צַוָּארֶךָ

위의 단락은 야곱과 에서의 대조적인 축복을 통해 계보를 통한 씨의 약속 (3:15)의 방향을 예고한다. 본문은 야곱에게는 "하늘의 이슬로…땅의 기름진 것으로"(of the dew of heaven…of the fatness of the earth) 축복하나 에서에게는 "땅의 기름진 것으로부터…하늘의 이슬로부터"(away from the fatness of the earth… away from the dew of heaven) 떨어질 것을 예고한다. 이는 에돔(에서)이

메마른 광야에 정착한 것과 가나안을 향해 북진하는 이스라엘의 길을 막았고 왕정기와 제2성전 기간 동안 마카비스(Maccabees)에게 종속당한 사건들을 예고해준다(민 24:18; 삼하 8:14).

9. 벧엘에서의 야곱(28:10-22)

이미 전장에서 논의한바와 같이 렌토르프(Rolf Rendtorff)는 벧엘에서의 야곱(28:10-22) 이야기를 벧엘 성소와 연관된 제의에서 유래된 독립적인 하나의 단편으로 보았다.[78] 그리고 블룸(E. Blum)은 이 단편이 북이스라엘에서 시작된 아브라함의 이야기와는 달리 왕정시기에 남 유다에서 편찬된 단편으로 보았다.[79] 폰라드(G. von Rad)는 본문이 J문서(28:13-16, 19)와 E문서(28:10-12, 17-22)가 결합된 교정판이라고 주장한다.[80]

그러나 본문은 족장들의 내러티브구조 안에서 야곱과의 언약이 아브라함과 이삭과의 언약의 갱신임을 보여주는 중요한 사건을 기술하고 있다. 먼저 야곱과의 언약은 그 내용에 있어 그의 선조들과 평행을 이루고 있다, "또 본즉 여호와께서 그 위에 서서 가라사대 나는 여호와니 너의 조부 아브라함의 하나님이요 이삭의 하나님이라 너 누운 땅을 내가 너와 네 자손에게 주리니"(28:13). 특별히 아브라함의 여정과 비교되는 야곱의 여정은 우리에게 중요한 신학적 교훈을 남긴다. 야곱은 "브엘세바에서 떠나 하란으로 향했다"(28:10). 이는 믿음으로 하란을 떠나 브엘세바로 향한(12:4-9) 아브라함의 여정과는 상반된 방향이다. 하란은 우르에서 가나안으로 향하는 믿음의 모티프를 멈추게 했던 곳이다. 이는 야곱이 형과 아비를 속이고 자신의 의지로 성공하려는 삶의 여정이 무엇인지를 나타낸다. 그러나 벧엘에서의 사건은 이보다 더 중요한 것을 암시하고 있다. 그것은 하란에 도착하기 전 다시 브엘세바로 돌아올 믿음의 여정을 예고하고 있다는 것이다. 이는 벧엘에서의 사닥다리 사건이다. 뒤로는 형의 쫓음이 있고 앞으로는 가보지 못한 타향이 있다.

이러한 야곱의 진퇴난항한 상황은 11절에서 잘 반영되고 있다. "한 곳에 이르르는 해가 진지라 거기서 유숙하려고 그곳의 한 돌을 취하여 베개하고 거기 누워 자더니." 저자는 그 누운 곳이 벧엘(28:19)이라고 상기시키고 있다. 그곳은 아브라함이 하란에서 브엘세바를 향해 가 던 중 돌을 취해 단을 쌓고 예배를 드린 지점이다(12:8; 13:3-4). 야곱의 절망은 그 돌을 취하여 예배하지 못하고 베개하고 누웠다는 사실에서 볼 수 있다. 그러나 쓰러진 야곱에게 하나님께서 꿈으로 알게 하신 것은 그의 선조 아브라함과 이삭에게 약속하신 것과 같이 하나님이 그와 함께 하실 것이라는 언약에 대한 하나님의 신실하심이다. 신약은 이 벧엘의 사닥다리 비전이 예수 그리스도를 가리키는 예표임을 기록하고 있다(요 1:51). 앞뒤가 막힌 벧엘에서 야곱은 언약 안에서 뚫려있는 종적인 길을 볼 수 있게 될 것이다. 이 사건은 야곱의 여정을 이제 아브라함의 여정과 같은 노선으로 전환시킨다. 먼저 벧엘에서의 예배이다. 야곱은 베고 있던 돌을 가져 기둥으로 세우고 그 위에 기름을 붓고 아브라함과 같이 예배를 드린다(28:18). 그리고 그는 후에 아브라함과 같이 하란에서 벧엘을 걸쳐 브엘세바로 돌아온다. 이 사건으로 인해 하나님은 야곱에게 자신을 "벧엘의 하나님"(הָאֵל בֵּית־אֵל, 하엘 벧트-엘, 31:13)으로 계시하신다.

그리고 벧엘은 야곱이 어려운 일을 당했을 때 가장 중요한 피난처가 된다. 시므온과 레위가 히위 족속 하몰의 아들 세겜이 디나를 강간한 것에 대해 복수를 함으로 야곱이 위험에 처하였을 때 하나님께서는 그를 벧엘로 가도록 명하신다(34:1-35:1). 그런데 창세기 35:1-15에 기록된 벧엘의 내러티브는 28:10-22에 서술된 벧엘에서의 야곱 이야기와 32:13-32에 서술된 브니엘에서의 야곱 이야기와 몇 가지 중첩된 사건들을 구성하고 있다. 먼저 그곳에서 단을 쌓고 그곳 이름을 벧엘이라고 불렀던 것(28:19; 35:7, 15), 둘째 하나님께서 야곱에게 복을 내리신 것(28:13-14; 32:28-29; 35:11-12), 그리고 브니엘과 마지막 벧엘에서 하나님께서 두 번 야곱의 이름을 이스라엘로 부르신 것이다(32:28; 35:10). 학자들은 이러한 평행구조를 거의 다양한 전승이나 문서가설로 설명하나 본문을 족장내러티브의 총괄적인 관점으로 조명할 때 마지막 벧엘 내러티브(35:9-15)는 첫 번째 벧엘 내러티브(28:10-22)와 두 번째 얍복 강가에 브니엘 내러티브(32:13-32)의 종합적인 결론을 묘사하고 있음을 볼 수 있다. 하나님께서는 첫 번째 벧엘 사건에서 야곱이 그곳으로 다시 돌아올 것이라는 약속을 하신다, "내가 너와 함께 있어 네가 어디로 가든지 너를 지키며 너를 이끌어 이 땅으로 돌아오게 할지라"(28:15a).

마지막 벧엘 내러티브는 "야곱이 밧단아람[하란]에서 돌아오매 하나님이 다시 야곱에게 나타나 그에게 복을 주셨다"(35:9)라고 기술하고 있다. 또한 "하나님과 싸웠다"로서의 의미를 지닌 브니엘에서의 "이스라엘"(32:28)은 이제 마지막 벧엘 내러티브에서는 순종하는 자로서의 "이스라엘"(35:10)로 묘사된다. 이러한 평행구조를 통해 독자는 하나님의 신실하심과 점차적으로 성화되어 가는 야곱의 모습을 발견하게 된다. 얍복 강가에서 씨름하는 야곱의 모습은 아직까지도 자신의 강한 의지와 계략을 내세우는 옛 모습이다, "그 사람이 가로되 네 이름을 다시는 야곱[거짓말하는 자]이라 부를 것이 아니요 이스라엘이라 부를 것이니 이는 네가 하나님과 사람으로 더불어 겨루어 이기었음이니라"(32:28).

그러나 마지막 벧엘의 내러티브(35:9-15)의 배경으로서 35:1-8은 야곱이 하나님께 순종하여 벧엘로 갔으며 집안 가족들이 소유하고 있던 모든 우상들을 파괴시킨 사건을 기록하고 있다. 이는 성숙해진 야곱의 믿음을 명백히 보여준다. 이제 그의 이름 이스라엘은 하나님의 언약백성으로서의 모습을 갖추게 되는 것이다. 호세아 선지자는 "여호와께서… 야곱의 소행대로 벌주시며 그 소위대로 보은할 것이다"(호 12:2)라고 말한다. 야곱은 형과 아버지를 속인대로 속임을 당했으나 그는 벧엘과 브니엘에서 회심하며 끝내 다시 벧엘에서 이스라엘로 성화된 모습을 보여주었다. 그러므로 호세아 선지자는 야곱이 "천사와 힘을 겨루어 이기고 울며 그에게 간구하였으며 하나님은 벧엘에서 저를 만나셨고 거기서 우리에게 말씀하셨다"(호 12:4)를 선포하며 야곱이 벧엘에서 회개하고 벧엘에서 성화된 것 같이 이스라엘이 회개할 것을 독촉하는 것이다(호 12:6).

10. 유다와 다말(창 38:1-30)

요셉의 내러티브로 구성된 야곱의 계보(37:2-50:26) 안에 유다와 다말의 내러티브(38:1-30)가 삽입된 것에 대해 다양한 견해들이 있다. 와이브레이(R. N. Whybray)는 유다와 다말의 이야기는 "가장 일관성 없는 부분으로서 비교적 잘 구성된 요셉 이야기(37-50장)의 맥락을 방해한다"고 말한다.[81] 이러한 불일치를 학자들은 거의 문서가설(J문서)이나 신명기사가의 후기편집으로 이해한다.[82] 월프(Herbert Wolf)는 이 본문은 요셉의 이야기 속에서 유다의 도덕적 회의를 묘사함으로 왜 유다가 아닌 요셉이 장자의 명분을 가지게 되었는지를 설명하고(대상 5:1-2) 이어지는 서술에서 보디발의 아내의 유혹을 물리치는 요셉의 도덕성을 대조시키는 서술적 전략을 반영한 것이라고 말한다(창 39:1-23).[83]

세일해머는 38장이 요셉 이야기와는 연결시킬 근거가 거의 없다고 인정한다. 그러나 창세기의 중심 주제의 발전에 있어 유다와 다말의 이야기는 씨의 약속에 대한 성취 과정을 재확인 시켜준다고 주장한다.[84] 로스(Allen P. Ross)도 이 본문을 크게는 야곱의 계보(תולדות)에 속한 자체적으로 완성된 하나의 가족 내러티브로 보았다. 그는 "그러나 요셉이 자기 가족을 애굽으로 인도했을 때(46:12), 그 안에는 다말의 아들들이 포함되어 있었다. 이 이야기가 알맞게 들어갈 자리는 이곳 외에는 없다. 더구나 이장은 요셉 이야기와 일반적인 유사점을 보이는데, 야곱과 유다가 속임을 당하고, 이어서 증거물을 인정하게 되며, 요셉 이야기와 일정한 어휘들을 공유한다"고 말한다.[85]

그 어떠한 견해든지 분명한 것은 본문이 유다의 중요성을 이 지점에서 강조하고 있다는 사실이다. 야곱은 레아보다 라헬을 더 사랑했다(29:30). 이는 라헬의 두 아들인 요셉과 베냐민을 특별히 사랑하고 요셉의 두 아들인 므낫세와 에브라임을 야곱의 아들로 삼아 그의 지분을 준 행위에서 명백히 나타난다(48:5-7). 또한 야곱에게는 열두 명의 아들이 있었고 그의 장자는 레아를 통해 난 루벤이었다(아래 도표). 그럼에도 불구하고 씨의 약속은 그의 넷째 아들인 유다를 통해 성취된다. 이는 신약에서 설명된 "혈과 육으로는 하나님의 나라를 유업으로 받을 수 없습니다."(고전 15:50)라는 오경의 핵심 메시지를 암시해 준다. 족장내러티브는 독자의 모든 보편적인 상식과 예상을 깨고 언약의 전개를 주관하시는 분은 오직 야웨 하나님이심을 일관되게 피력하고 있다.

레아	라헬	빌하(라헬의 시녀)	실바(레아의 시녀)
1) 루벤 29:32 2) 시므온 29:33 3) 레위 29:34 4) 유다 29:35 9) 잇사갈 30:18 10) 스블론 30:20 딸(11): 디나 30:21	11) 요셉 30:23 12) 베냐민 35:18	5) 단 30:6 6) 납달리 30:8	7) 갓 30:11 8) 아셀 30:13

이러한 유다를 통한 씨의 약속의 성취예고는 족장 내러티브 전반에 있어 점차적인 형식으로 삽입되어 있다. 레아는 그가 마지막으로 난 네 번째 아들의 이름을 유다라고 하였고 이는 "여호와를 찬송하리라"는 뜻을 가지고 있다. 본문의 화자는 이에 "그[레아]의 생산이 멈추었다"(29:35)라고 기록하고 있는데 이는 나중에 하나님께서 레아의 기도를 들으시고 두 아들을 더 주셨으나(잇사갈과 스블론, 30:18) 유다의 출생과 그의 이름은 그 어떠한 절정을 이룬 것으로 묘사되고 있다. 요셉의 이야기가 시작되면서 유다는 요셉의 생명을 건지고자 하는 사람으로 등장한다(37:27).

그리고 이제 38장에서 요셉의 이야기를 전폭적으로 전개하기 직전, 요셉이 보디발에게 팔렸을 "그 때에"(בָּעֵת הַהִוא, 38:1) 유다에게 일어난 다말과의 사건을 언급한다. 이러한 삽입은 분명 자연스럽지 않지만 평행적이며 점차적으로 피력되는 유다에 대한 관심을 놓치지 못하게 한다. 유다는 아들들의 합법적인 수혼법(신 25:5-10, Levirate Law) 관례 밖에서 며느리 다말과의 음행을 통해 씨를 연장하게 된다. 이는 레위기 18:15에서 금하고 있는 "너는 자부의 하체를 금하지 말라, 그는 네 아들의 아내니 그 하체를 범치 말지니라"를 범한 것이다. 또한 다말의 두 아들 중 베레스는 형인 세라와 겨루어 장자의 권한을 획득한다(38:27-30; 민 26:20).

그럼에도 불구하고 씨의 약속은 유다와 베레스 그리고 다윗을 통해 예수 그리스도 안에서 성취된다(마 1:1-17). 유다는 계속 요셉의 이야기 속에서 중요한 역할을 담당한다. 자기의 몸을 담보로 베냐민을 애굽으로 데리고 갈 수 있는 허락을 야곱으로부터 받아낸다(43:8-10). 그리고 44장에서는 이제 루벤이 아닌 유다가 형제들의 리더역할을 한다, "유다와 그 형제들이 요셉의 집에 이르니"(44:14a). 그리고 베냐민 되신 자신을 종으로 잡아 둘 것을 간청한다(44:33). 이 일 후에 야곱이 애굽으로 이전하는 과정에서도 유다는 계속 중보자의 역할을 담당하고 야곱의 신임을 얻는다, "야곱이 유다를 요셉에게 미리 보내어 자기를 고센으로 인도하게 하고 다 고센 땅에 이르렀다"(46:28). 요셉 이야기 속에서 유다의 편입은 49:8-12에서 그 절정을 이룬다. 유다를 향한 야곱의 유언은 독자의 모든 상식과 기대를 깨고 유다가 씨의 약속을 성취할 중요한 인물이 될 것을 예고한다.

> [49:10]
> "홀(שֵׁבֶט)이 유다를 떠나지 아니하며 치리자의 지팡이가 그 발 사이에서 떠나지 아니하시기를 실로(שִׁילֹה)가 오시기까지 미치리니 그에게 모든 백성이 복종하리로다."

왕권을 상징하는 홀(שֵׁבֶט)이 유다의 계통을 떠나지 않을 것이나 그것은 실로(שִׁילֹה)가 오기까지만이다. 실로(שִׁילֹה)라는 용어의 의미에 대해 델리취(Keil & Delitzch)는 온켈로스 탈굼역(Targum of Onkelos)을 따라 기독론적인 관점에서 이를 메시아로 해석했다.[86] 대명사적 접미사(ה)가 이 용어를 한 인물로 생각하게 하기 때문이다. 문제는 앞부분에 실(שִׁי)이라는 용어의 의미가 불분명한데 있다. 그럼에도 불구하고 대체로 이 단어는 "그에게 속한" 혹은 "그것이 속한" 것으로 번역된다. 그 주요근거는 칠십인 역을 참조한데 있다, "그것이 속한 자가 올 때까지"(until that which belongs to him comes).[87]

히브리어 사전 BDB는 "실로가 오시기까지"(עַד כִּי־יָבֹא שִׁילֹה)를 "마땅히 그러한 자"(he who it is)라는 명사로 번역하기도 한다. US NIV는 "마땅히 그것[홀]이 속한 자가 이르면"(to whom it belongs)이라고 번역하고 있다. 그러나 여기서 가장 중요한 것은 전체적인 문맥이다. 유다는 이미 형제의 찬송이 될 것이며(49:8) 왕권을 상징하는 사자가 될 것이다(49:9). 그러므로 "실로가 오기까지"에서 실로(שִׁילוֹ)는 다윗의 통치권 시기를 넘어선 그 누구인 것이다. 이는 궁극적으로 그 홀을 가지고 계신 분이 오시기까지 통치권이 유다를 떠나지 않을 것이라는 메시아적인 해석을 가능케 한다, "마땅히 얻을 자가 이르면 그에게 주리라"(겔 21:27). 유다와 다말의 내러티브는 이러한 유다의 미래적 통치권을 예고하는데 있어 그의 후손을 보장하는 중요한 메시지를 담고 있다. 그럼에도 불구하고 요셉의 내러티브 초기에 삽입된 이유는 아직도 많은 논쟁의 여지를 남기고 있다.

11. 요셉의 내러티브(37:2-50:26)

고전적 문서가설에 의하면 요셉의 내러티브는 J문서를 중심으로 구성되었다. 그 특징으로서는 열두 아들의 아버지를 야곱으로 부르기보다는 이스라엘로 부른다는데 있다. 그럼에도 불구하고 대 다수의 비평학자들도 요셉의 내러티브는 37장에서 50장까지 38장과 48-49장을 제외하고는 하나의 큰 통일성을 이루고 있다고 본다. 공시적인 관점에서 볼 때 요셉의 내러티브는 오경전체 이야기 속에서 아주 중요한 전환점이 되고 있다. 먼저 지리적 배경이 가나안에서 애굽으로 전환된다. 호프마이어(J. K. Hoffmeier)는 이러한 지리적인 전환에 있어 요셉 내러티브에는 메소포타미아와 가나안이 아닌 애굽과 관련된 관습들과 용어들이 등장한다는 것을 지적했다.[88] 더 나아가 요셉의 내러티브는 출애굽기의 애굽에서 광야로의 전환을 또한 예고한다. 두 번째는 주요인물의 전환이다. 요셉의 내러티브는 개인 야곱을 공동체로서의 이스라엘로 전환시키고 족장들이 중심이 된 서술의 구성을 모세중심으로 전환시키는데 중요한 배경이 된다. 마지막으로 언약의 성취가 한 개인에서(아브라함, 이삭, 야곱) 민족(이스라엘)로 확장 전환되는 과정을 서술하고 있다. 요셉의 내러티브가 독자에게 전하고자 하는 가장 중요한 메시지는 다음과 같은 두 구절을 통해 밝혀진다고 볼 수 있다.

첫 번째는 요셉이 감옥에 갇혀있을 때 상황을 설명한 것이고, "여호와께서 요셉과 함께 하시고 그에게 인자를 더 하사 전옥에게 은혜를 받게 하셨다"

(39:21). 이는 요셉이 보디발의 가정총무가 되었을 때도 설명된 것이다, "여호와께서 요셉과 함께하시므로 그가 형통한 자가 되어 그 주인 애굽 사람의 집에 있으니, 그 주인이 여호와께서 그와 함께 하심을 보며 또 여호와께서 그의 범사에 형통케 하심을 보았더라"(39:2-3).

두 번째는 요셉이 그 형제들에게 화해를 다시 서약하며 그동안의 일어난 모든 일을 요약한 말이다, "당신들은 나를 해하려 하였으나 하나님은 그것을 선으로 바꾸어 오늘과 같이 만민의 생명을 구원하게 하시려 하셨습니다"(50:20). 이 두 에피소드는 족장 내러티브의 가장 핵심적인 주요 신학메시지를 집약적으로 함축시키고 있다. 요셉이 고통스러운 전옥 한 가운데 있음에도 불구하고 여호와께서 함께하셨다는 사건과 요셉을 해치려던 형제들의 행위가 오히려 하나님의 선을 이루었다는 요셉의 고백은 족장들의 내러티브 속에서 언약 대상의 그 어떠한 상황에서도 변함없이 함께 하셨던 야웨 하나님의 신실하심과 그의 절대주권을 다시 한 번 재확인시켜준다. 또한 출애굽기 서술에서 시내산과 성막에 임하심으로 메마른 광야로 나아간 이스라엘에게 때를 따라 도우시는 하나님의 함께하심을 미리 예상케 한다. 이러한 요셉의 내러티브는 다음과 같은 구조로 구분될 수 있다.

주요인물	주요 에피소드	요셉의 옷과 관련된 에피소드	장절
요셉	요셉의 꿈 요셉이 애굽으로 팔려가다	채색 옷 노예의 옷	37:2-11 37:12-36
유다	유다와 다말		38:1-30
요셉	요셉과 보디발의 아내 감옥에서의 꿈 해석 바로의 꿈 해석 애굽의 총리가 된 요셉	가정총무의 옷 죄수의 옷 갈아입은 옷	39:1-20 39:21-40:23 41:1-36 41:37-57
요셉의 형제들	형제들의 첫 번째 애굽방문 형제들의 두 번째 애굽방문	바로의 세마포	42:1-38 43:1-45:28
야곱과 유다	야곱가족의 애굽정착 야곱의 말년		46:1-47:31 48:1-50:14
요셉	요셉의 말년	미이라 장례예복	50:15-26

11.1 요셉의 옷

창세기에서 요셉의 내러티브는 하나의 통일된 이야기로서 가장 장편인 것으로 특정지어진다. 그러한 긴 이야기를 구성하고 있는 여러 사건에 관한 삽화들(episode) 속에서 일관되게 순환되고 있는 옷과 관련된 장면들(scene)을 주목해볼 필요가 있다.[89] 요셉이 입은 다양한 옷들을 집중하여 그의 이야기를 따라가면 우리는 요셉의 신분의 변화와 그가 입게 되는 다양한 옷들과 관련해 일어나는 사건들에 암시된 본문에서 중요한 메시지들을 포착하게 된다. 야곱은 요셉을 노년에 얻은 아들이므로 "여러 아들보다 그를 깊이 사랑하여 위하여 채색 옷(כְּתֹנֶת פַּסִּים)을 지었다"(37:3). "채색 옷"으로 번역된 히브리어 크토네트 파씸(כְּתֹנֶת פַּסִּים)의 문자적 의미는 "곧은 튜닉/두루마기"(flat tunic)로서 오늘날 통상적인 용어로는 "잘 빠진 옷"이라 말 할 수 있겠다. 킹제임스(KJV)의 "coat of many colors"(채색 옷)는 아마도 칠십인 역(LXX, χιτῶνα ποικίλον)을 따른 것 같다.

중요한 것은 이 옷이 야곱의 특별한 사랑을 반영하고 형제들의 시기를 사기에 충분한 아주 귀한 것이었음을 알 수 있다. 이러한 야곱의 행동은 에덴동산에서 아담과 하와에게 "가죽 옷"(כָּתְנוֹת עוֹר, 카트노트 오르)을 입히신 하나님의 특별하신 사랑을 상기시킨다(3:21). 사도요한은 이상 중에 하나님께서 성도들에게 "흰 두루마기"를 입히시는 것을 보게 된다(계 6:11; 7:9, 13). 성경에서 옷을 입히는 행위는 중요한 상징성을 가지고 있다. 그러므로 요셉의 파란만장한 삶을 결정적으로 좌우한 것이 바로 이 채색 옷이었다는 사실로부터 이 옷에 함축된 의미들을 조명해 볼 수 있다. 먼저 본문은 이 옷이 야곱의 일방적인 사랑으로 요셉에게 입혀졌음을 말하고 있다(37:3). 이는 에서가 아닌 야곱을 일방적으로 사랑하신 하나님(시 47:4; 말 1:2-3; 롬 9:13)과 에서가 아닌 야곱을 사랑한 리브가(25:28)의 행위에서 사랑은 선택과 직결된다. 그리고 이러한 선택의 이유는 거의 불가사의로 남게 된다.

독자는 오경에서 왜 야곱이 레아가 아닌 레베카를 사랑했는지, 왜 하나님께서는 에서가 아닌 야곱을 사랑하셨는지, 왜 야곱이 요셉을 사랑했는지, 그 이유를 정확히 알 수 없다. 요셉은 노년에 얻은 아들이었지만 실제로 더 노년에 얻은 아들은 베냐민이었다. 사랑은 불가사의적인 선택을 전제하는 것이다. 이러한 요셉의 옷을 벗긴 사람들은 요셉의 형제들이다(37:23, 31-33). 그리고 요셉의 고난은 이 옷이 벗겨진 이후로 시작된다. 야곱은 피가 묻은 요셉의 옷을 보고 "자기 옷을 찢고" 애통한다(37:34). 그의 애통함은 남은 모든 자녀들의 위로로도 누그러질 수 없는 비극적인 것이었다(37:36).

오경내러티브 안에서 이러한 입힘과 벗김의 대조는 행복과 비극의 일관적인 표기로 묘사된다(2:25; 3:21; 9:21, 23). 이어 요셉은 미디안 상고들에게 노예로 팔린다, 그러므로 이제 요셉은 아마도 노예가 걸치는 그 무엇을 입었을 것이다. 그리고 바로의 시위대장 보디발에게 팔린다(37:36). 그러나 요셉은 곧바로 그 보디발의 가정총무로 신임을 얻게 된다. 그의 옷은 이제 총무의 옷으로 바뀐 것이다. 그 이유는 "여호와께서 요셉과 함께 하셨다" 때문이다(39:2-3). 그러나 요셉은 보디발의 아내의 유혹을 물리치기 위해 그 총무의 옷을 보디발의 아내의 손에 버리고 억울한 누명으로 감옥에 갇힌다(39:12-20).

여기서 중요한 것은 이제 그 명예로운 총무의 옷을 벗어버리고 감옥에 갇혀 죄수의 옷을 입은 것도 "여호와께서 요셉과 함께 하셨다"(39:21)는 설명이다. 이는 요셉의 옷이 입히고 벗기는 것이 하나님의 선하신 주권 아래 행해졌음을 암시한다. 또한 요셉은 자신이 그동안 입었던 채색 옷, 노예의 옷, 총무의 옷, 그리고 죄수의 옷에 의해 좌우되지 않았음을 볼 수 있다. 그는 어려서 하나님께서 그에게 주신 꿈을 마음에 간직했고 훗날 그 성취를 보게 된다(42:6). 이는 그가 세상의 권력과 흥망을 상징하는 외부적인 옷에 집착하기보다는 궁극적인 준거를 하나님께 두었음을 보여준다. 보디발의 아내에게 "이 큰 악을 행하여 하나님께 득죄 하리이까?"(39:9b)라고 말한 후 과감하게 총무의 명예로운 옷을 벗어 버리고 수치스러운 죄수의 의복을 입은 그의 행동은 이를 잘 검증해준다.

후에 형제들이 애굽의 총무가 요셉임을 알게 되어 두려워할 때도 요셉은 그를 애굽에 보낸 자는 그의 형제들이 아니라 하나님이셨음을 고백한다(46:8). 이는 그가 "만민의 생명을 구원하시기 위해 악을 끝내 선으로 바꾸시는 하나님"(50:20)의 주권을 최종적으로 신뢰했음을 보여준다. 감옥에 갇혀 있던 요셉에게 만전을 기하는 상황이 왔다. 그것은 바로의 꿈을 해석하는 기회였다. 여기서 저자는 요셉이 한 구덩이(הבור)에 갇혀 있음을 암시한다(41:14). 이는 그의 형제들이 전에 그의 옷을 벗기고 그를 한 구덩이(הבור)에 가두었던 사건을 상기시킨다(37:23-24). 그러나 이제 바로의 종들은 그 구덩이((הבור)에서 요셉을 이끌어내고 그에게 옷을 갈아입힌다(41:14).

그리고 바로는 요셉에게 꿈을 해석할 수 있는 유일한 사람이라고 신뢰를 표현한다(41:15) 이에 대한 요셉의 대답은 다시 한 번 그의 초점이 하나님께로부터 떠나 있지 않음을 보여준다, "요셉이 바로에게 대답하여 가로되 이는 내게 있는 것이 아니라 하나님이 바로에게 평안한 대답을 하실 것입니다"(41:16). 요셉을 구덩이에 집어넣고 또한 거기서 끌어낸 것은 요셉의 형제들도 혹은 바로의 종들도 아닌 야웨 하나님이신 것이다(45:8; 50:20). 요셉은 끝내 애굽의 총리가 되었고 그리고 바로가 준 인장반지와 세마포 옷(בגדי־שש)을 입게 되었다(41:42). 바로의 인장과 세마포는 천하의 최대 권력과 성공을 상징한다. 그러나 우리는 요셉의 총리가 된 모습에서 그 어떠한 자만함과 그릇된 행위를 찾아볼 수 없다. 그의 어렸을 때의 꿈(37:5-11)은 총리가 된 요셉의 삶 속에서 성취되지만(42:2) 요셉은 그 모든 공로를 하나님께로 돌린다(50:20).

더 중요한 것은 요셉의 옷에 대한 이야기가 여기서 끝나지 않는다는 것이다. 만약 총리의 옷이 요셉 내러티브의 절정이었다면 그동안 본문이 일관적으로 조명했던 하나님의 인도하심은 한 사람의 성공이야기로 마감되었을 것이다. 요셉의 마지막 옷에 대한 암시는 그가 "몸에 향 재료를 넣고 애굽에서 입관되었다"(50:26b)라는 언급에서 찾아볼 수 있다. 이는 이집트의 관습상 요셉이 마지막으로 입었을 애굽의 미라 장례예복을 상상케 한다. 채색 옷을 입는 것으로 시작한 요셉 내러티브는 장례예복으로 마무리된다. 그러나 여기서도 요셉은 이집트의 장례예복과는 상관없는 먼 미래를 바라본다, "하나님이 정녕 너희를 권고하시리니 너희는 여기서 내 해골을 메고 올라가겠다 하라"(50:25b). 이는 그가 현재 다스리고 있는 땅과 입고 있는 옷이 반영하는 현실세계를 넘어 하나님의 시각으로 미래를 바라보는 그의 신앙심을 반영한다. 본문은 이를 통해 앞으로 성취 될 땅과 씨의 약속을 독자들로 하여금 바라보게 한다. 훗날 모세는 애굽에서 요셉의 해골을 취하여 출애굽하고(13:19) 이스라엘 자손은 가나안에 정착하여 요셉의 뼈를 세겜에 장사한다(창 33:19; 수 24:32).

11.2 언약성취에 있어 요셉의 역할

요셉의 내러티브는 하나님의 언약이 야곱의 후손들을 통해 이스라엘 민족으로 확대되는 전환 기사를 서술하고 있다. 그리고 그 안에서 불가결의 한 요셉의 역할을 피력하고 있다. 이는 요셉의 거의 완전함에 가까운 온유하고 신실한 인격 그리고 신앙의 모습으로 묘사된다. 물론 고센 땅에서의 이스라엘의 고립을 통한 열두지파의 집합은 이스라엘 민족을 형성하는데 있어 가장 중요한 역할을 했다. 그러나 더 중요한 것은 그들이 고센에 정착할 수 있도록 하나님의 섭리를 따라 그 형제들을 용서한 요셉의 인격적인 역할이다(45:5-8; 50:20-21).

그럼에도 불구하고 씨의 약속은 그의 긍정적인 삶과는 정반대로 대조되는 유다의 후손으로 이어진다. 유다의 세 아들(엘, 오난, 셀라)과 다말의 사건이야기(38장)는 율법으로 판결되는 그의 도덕적 회의를 잘 보여준다(레 18:15). 그리고 유다는 가나안 여인이 아닌 그의 자부 다말을 통해 베레스와 세라를 낳고 베레스는 다윗의 조상이 된다(룻 4:18). 이는 훗날 새언약(렘 31:31; 눅 22:20)이 유다와 다윗의 계통을 통해 예수 그리스도 안에서 성취되는 중요한 근거가 된다.

요셉의 내러티브는 아브라함과 야곱의 내러티브에서와도 같이[90] 하나님의 언약성취는 궁극적으로는 인간의 그 어떠한 의로움이나 고귀함을 통함이 아니라 온전히 생사화복을 주관하시는 야웨 하나님의 자비하심과 그의 절대주권으로 이루어짐을 다시 한 번 강조하고 있다. 그러나 요셉의 성화된 삶을 묘사한 본문은 명백히 하나님께서 언약백성들에게 요구하시는 삶의 지평은 어떠해야 하는가의 깊은 신학적 여운을 독자들에게 남기고 있다.

12. 요셉과 이집트

본문에서 묘사된 요셉의 이집트 행에 대한 역사적인 가능성에 있어 대다수의 학자들은 회의적이다. 초기구전과 편찬시기에 대해서도 많은 논쟁의 여지를 남기고 있다.91) 또한 본문에서 결정적으로 연대를 측정할 수 있는 이집트 바로의 이름은 밝혀지지 않는다(39:1). 더 나아가 고고학적으로 재구성된 이집트 연대에 대해서도 학자들의 동의는 아직도 결론적이지 못하다. 그러나 이미 아브라함의 연대를 소개할 때 논의한 것과도 같이 마소라 텍스트(MT)는 족장들의 출생년도를 중심으로 요셉의 애굽 행 원년에 대해 다음과 같은 몇 가지 힌트를 남기고 있다.92)

왕상 6:1	솔로몬 왕정 4년, 출애굽한지 480년(966 BC)	출애굽	c. 1446 BC
출 12:40	애굽에 430년 머물렀다.	야곱의 이집트 행	c. 1876 BC
창 47:9	야곱이 애굽에 갔을 때 그의 나이는 130세	야곱의 출생년도	c. 2006 BC
창 25:26	이삭이 60세에 야곱과 에서를 낳았다	이삭의 출생년도	c. 2066 BC
창 21:15	아브라함이 이삭을 낳을 때 100세	아브라함의 출생년도	c. 2166 BC

위에 도표에서와도 같이 야곱이 애굽에 들어간 년도가 약 1876 BC라면 요셉이 애굽으로 팔려간 해는 약 십여 년 전이었을 가능성이 크다. 요셉은 17세 때 애굽으로 가게 되었다(37:2). 보디발의 집과 감옥에서의 기간은 알 수 없으나 서술의 템포는 빠르게 흐르고 41:1은 그 이후 만 이년이 되었음을 알린다. 요셉이 바로를 섬길 때 그의 나이는 30세였다(41:46). 애굽으로 간지 13년이 지난 것이다. 7년의 풍년(41:47)을 이어 흉년이 시작했을 무렵 요셉의 형제들이 애굽으로 갔다(42:1-6). 형제들의 몇 번 반복된 애굽 행 이후 야곱은 온 가족을 데리고 고센 땅에 정착하게 된다(46:1-7). 왕상 6:1과 출 12:40에 의하면 그 때는 약 기원전 1876년이었다.

그러므로 MT에 의하면 요셉이 30세(41:46)에 애굽의 총리가 된 해는 야곱이 애굽으로 들어가기 약 십여 년 전인 1886년(1876 plus 10)이었고, 요셉이 37세(7년 풍년)에 아버지 야곱을 만나고 약73년 장수하다 110세에 죽은 해는 약 기원전 1803년(1876 minus 73)이었다고 말 할 수 있다(50:26). 이는 이집트 고등연대기(W. C. Hayes, *High Chronology*)를 근거로 할 때 이집트 중기왕국(Middle Kingdom, c. 2050-1800 BC)에 속한다.[93] 이러한 중기왕국시기 때 이집트의 바로 센워스레트 II세(Senwosret III, 기원전 19세기 중반)의 시위를 맡고 가나안 종군에서 공로를 세워 신임을 얻게 된 쿠세벡(Khu-Sebek)은 이집트 아비도스(Abydos)에 있는 오시리스 신전(Osiris shrine)에 자신의 업적에 관한 하나의 비문(Khu-Sebek Inscription)을 남겼다.

그 비문에는 요셉과 관련 될 수 있는 중요한 두 가지 정보가 기록되었다. 첫째, 한 사람이 탁월한 업적으로 인해 바로의 눈에 띄어 이집트의 고위관리직을 얻게 되었다는 것. 두 번째, 어떤 사람이 바로의 은혜를 입어 특별한 장례절차를 밝게 되었다는 언급이다. 이는 요셉의 총리위임과 창세기 50장의 야곱이나 요셉의 장례를 암시하는 것일 수 있다.[94] 물론 이 비문의 주인공이 요셉이 아닌 다른 사람일 수 도 있다. 그러나 호프마이어(J. K. Hoffmeier)는 요셉 이야기 속에 기술된 공직과 관한 풍습(41:41-44), 명칭(41:45), 미라 의식(50:26) 등등이 적어도 본문의 저자가 애굽을 잘 알고 있으며 그곳에서 일어난 일을 서술하고 있을 가능성을 제시했다.[95] 우드(Bryant G. Wood)는 요셉 내러티브 안에 있는 이집트 문화와 관련해 수염을 깎는 것(41:14), 왕의 인장반지를 부여하는 것(42:42), "바로의 생명으로 맹세 한다"는 용어(42:15), 죽음을 70일 동안 애도하는 것(50:3) 등등을 지적했다.[96]

주(註)

1) Duane Garret, *Rethinking Genesis* (Grand Rapids, Mich: Baker Book House, 1991), 91.

2) *Ibid*., 95.

3) Sailhamer, 206.

4) R. K. Harrison, *Introduction to the Old Testament* (Grand Rapids: Eerdmans, 1969), 548. 1:1-2:4; 2:5-5:2; 5:3-6:9a; 6:9b-10:1; 10:2-11:10a; 11:10b-11:27a; 11:27b-25:12; 25:13-25:19a; 25:19b-36:1; 36:2-36:9; 36:10-37:2이다.

5) 세일해머(상권), 163.

6) 마르크 스트롬, 오광만 역, 『성경교향곡』(서울: 한국기독학생회 출판부, 1993). 27.

7) 세일해머는 모세오경의 문학양식이 서술형-시형-끝 맺음말의 구조를 가지고 있다고 주장한다. 창세기는 크게 창1:1-48:22 서술을 설명하는 시형(49:1-27)과 끝 맺음말(50)로 결론지어진다. 세일해머(상권), 87.

8) Herbert Wolf (1991), 81.

9) 뱀에 대한 저주(3:15), 가나안의 저주(9:24-27), 아브라함에 대한 축복(12:2-7), 리브가에 대한 축복(24:60), 야곱과 에서에 대한 축복(27:21-29, 39-40), 바로의 술 관원과 떡 관원에 대한 신탁(40:13, 19).

10) Michael L. Munk는 창세기 1장을 해석하는데 있어 실제가 존재하기 전에 하나님의 의지가 존재했고 그 의지는 그의 말씀으로 실체화 되었다고 말한다. *The Wisdom in the Hebrew Alphabet* (New York: Mesorah Pub., 2002), 17. 또한 이한영, 구약 어떻게 읽을 것인가? (서울: 성서유니온, 2004), 40을 참고 하라.

11) 크리스토퍼 라이트, 『현대를 위한 구약윤리』(서울: 한국기독학생회, 1989), 21-76 참고.

12) J. Robert Vannoy의 출판되지 않은 1990년 Biblical Theological Seminary의 강의노트 참고.

13) 제유법의 예로 "남녀노소"와 같이 상반된 두 의미의 어휘 합성되어 "모두"라는 전체를 의미하는 것을 들 수 있다. 창세기 기사에서는 6일의 각기 다른 하나님의 창조를 통해 하나님과 그의 백성의 안식이라는 전체적 의미가 전달된다.

14) 세일해머(상권), 141.

15) 선악과에 대한 보다 더 자세한 논의는 이한영, 구약 어떻게 읽을 것인가? (서울: 성서유니온선교회, 2004), 58-60을 참고하라.

16) Cf. *ibid.*, 66-67.

17) 벨하우젠 (J. Wellhausen)은 JEDP 문서가설에 의해 하나님을 엘로힘(אלהים)으로 표현한 창1장을 주전 5세기 유대교의 후기집필문서(P문서)로 보았고 야웨(יהוה)로 표현한 2장은 주전 10세기 고대문서(J문서)로 보았다. Cf. Wellhausen, J. *Prolegomena to the history of Ancient Israel*. Translation by Black & Menzies (Edinburgh: Adam & Charles Black, 1885).

18) אל은 우가릿 문헌에서 바알종교의 최고신으로 등장한다. 이스라엘은 천지를 창조하신 야웨(יהוה) 하나님을 그들의 최고이며 유일한 엘(אל)로 섬겼다(신 6:4). 그러므로 야웨 신봉자들과 바알 신봉자들의 관계는 대립적인 것이었다. F. E. Kakin, *The Religion and Culture of Israel* (Boston, M.A.: Allyn and Bacon, 1971), 198.

19) 엘로힘(אלהים)의 복수형에 대한 기독론적 설명은, 하나님의 삼위일체 속성이 명사의 복수형을 가지게 되었다고 한다. 하나님의 1인칭 대명사가 복수형으로 표현된 것과 (창 1:26, 우리의 형상을 따라 우리의 모양대로 우리가 사람을 만들고) 그리스도의 삼위일체출현 (마 3:16-17; 요 1:1-3; 히 1:3)은 엘로힘의 복수형이 삼위일체의 속성을 반영한다는 기독론적 주장을 뒷받침한다. Cf. *Institutes,* Book One, Chapter XIII.

20) 이한영, 구약 어떻게 읽을 것인가? 41-42 참고.

21) 아카디어 "에누마 엘리시"는 "높은 곳에 있을 때"라는 의미를 가지고 있다 (When on High). 본문에서 소개되는 고대근동 문헌들은 모두 ANET와 Pritchard, J. B., *The Ancient Near East*, vol. I, II (Princeton, NJ: Princeton University Press)를 참고한 것이다.

22) A. Heidel, *The Gilgamesh Epic and Old Testament Parallels* (Chicago: University of Chicago Press, 1963) 참고.

23) Gilgamesh Tablet II에서는 Atrahasis를 Ut-Napishtim ('He found life')로 명하고 있다.

24) Pritchard, J. B., *The Ancient Near East*, vol. I (Princeton, NJ: Princeton University Press, 1958), 28-30.

25) Wenham, Gordon, *Exploring the Old Testament: A Guide to the Pentateuch* (Downers Grove, IL: InterVarsity Press, 2003), 11.

26) T. Jacobsen, "The Eridu Genesis," *JBL* 100, 1981, 513-29.

27) G. von Rad, *Genesis*, Old Testament Library (London: SCM Press, 1972), 63.

28) *Easton's Bible Dictionary* (1897) 참고. 창 10:11의 갈라(Calah)는 아시리아 니네베 남쪽에 위치한 님루드(Nimrud)로 확인되고 있다.

29) 본서의 생명나무와 선악과에 대한 논의는 이미 필자의 "구약 어떻게 읽을 것인가"에 출판된 부분(54-60쪽)을 재편집한 것임을 밝힌다.

30) Clause Westermann. *Genesis: Text and Interpretation* (Grand Rapids, Mich.: Eerdmans, 1987), 22 참고.

31) 김이곤의 강연논문 monograph "삶, 죽음 그리고 죽음 이후" 참고.

32) 존 빔슨, 구약의 배경(유종석 역) (서울:성서유니온 선교회, 2000); 존 월튼, 빅터 매튜스, 성경배경주석(정옥배 역) (서울: IVP, 2000) 참고.

33) 필자의 번역은 YLT(Young's Literal Translation)과 유사하다. NIV-US는 בשר를 mortal(죽는 존재)로 번역했다, "왜냐하면 그는 [원래부터] 죽는 존재이기 때문이다."

34) Derek Kidner. *Genesis in Tyndale OT Commentaries* (Downers Grove, IL: Inter Varsity, 1967), 63.

35) 칼빈성경주석, 창세기 I권 (서울: 성서교재간행사, 1992), 89.

36) "Physical means of a spiritual transaction." Derek Kidner. *Genesis*, 62.

37) 칼빈성경주석, 89.

38) 칼빈성경주석, 90.

39) Cf. H. Gunkel. *The Legends of Genesis* (New York: Shocken Books, 1964).

40) G. Vos. *Biblical Theology: Old and New Testaments* (Grand Rapids, Mich.: Eerdmans, 1948), 27.

41) Kenneth A. Mathews는 이러한 용어는 국가들 간의 전쟁(겔 25:15; 35:5) 혹은 살인(민 35:21)에서 인용되는 것이라고 말한다. Genesis 1-4:26, *TNAC* (Broadman & Holman Pub., 1996), 245.

42) 세일해머(상권), 207-208.

43) K. A. Kitchen, *Ancient Orient and Old Testament* (London: Tyndale Press, 1966), 38.

44) Gordon Wenham, 12.

45) 세일해머(상권), 232-233. 세일해머는 창세기 1장에 결혼 이야기와 6:2의 결혼 이야기를 서술로서의 평행구조로 이해한다.

46) O. Palmer Robertson, *The Christ of the Covenants* (Phillipsburg, NJ: Presbyterian and Reformed Publishing Co., 1980), 109.

47) C. Westermann, *Genesis: A Commentary*. Vol. 1 (Minneapolis: Augsburg, 1984), 367-369.

48) W. F. Albright, *From the Stone Age to Christianity: Monotheism and the Historical Process* (Baltimore: Johns Hopkins Press, 1957), 262.

49) 예로 우가릿 신화의 혼돈을 의미하는 '바다'를 모티프로 한 시편들을 들 수 있다(시 65:4; 68:22).

50) M. Kline, "Divine Kingship and Genesis 6:1-4", *Westminster Journal of Theology*, May (1962).

51) G. Vos, *Biblical Theology* (Grand Rapids, Mich.: Eerdmans, 1948), 50-51.

52) 이 부분은 필자의 "구약 어떻게 읽을 것인가?" 94-97쪽을 재편집한 것임을 밝힌다.

53) Gordon J. Wenham, *Genesis 1-15, Word Biblical Commentary 1* (Waco, TX: Word Books Pub, 1987), 135-147.

54) Ibid, 136.

55) 레오폴드에 의하면 이 단어는 주로 '호의' 라는 의미를 가지고 있으나 하나님과 관련될 때에는 공이 없는 은혜의 의미를 가지고 있다. H. C. Leupold, *Genesis, Barnes on the OT*, vol. I (Grand Rapids, Mich.: Baker Book House, 1942), 262.

56) G. von Rad, *Genesis* (London: SCM Press LTD, 1961), 117.

57) 웬함은 고고학자들이 이에 대한 지질학적 가능성을 제시하고 있음을 설명한다. 예로 기원전 1만년 경 빙하가 녹으며 쏟아진 엄청난 비와 홍수를 제시하기도 한다. Gordon Wenham (2003), 30.

58) 1 cubit은 약 45cm(팔꿈치에서 손가락까지).

59) 일백오십일 후에 "칠 월 곧 그 달 십칠일에 방주가 아라랏 산에 머물렀으며" (창 8:4)에서 "아라랏 산"은 MT에 복수형인 "아라랏 산들"(עַל הָרֵי אֲרָרָט)로 기술되어 있다. 이는 아라랏 지방이라는 광범위한 지역 어디엔가 방주가 머물렀다는 것으로서 방주가 머문 정확한 위치를 본문은 제공하고 있지 않다.

60) Walter C. Kaiser Jr., *Toward an Old Testament Theology* (Grand Rapids, Mich.: Zondervan, 1978). 온켈로스의 탈굼(Targum of Onkelos), Philo, Aben Ezra, Baumgarten, 그리고 Delitzsch도 두 번째 부분의 주어를 엘로힘으로 번역한다.

61) 세일해머(상), 261.

62) 창 15:9에 나오는 제물들은 주로 번제에 드려지는 것들이다(레 1; 5:7, 11; 12:8; 민 19:2; 신 21:3). 아브라함과의 언약에서 이 제물을 태운 것은 하나님의 불이었다. 번제는 자원하는 예배, 의도적이지 않은 죄에 대한 속죄, 그리고 온전한 헌신을 상징했다(레1장). 그러나 여기서는 시내산언약과의 연관과 하나님의 불이 번제물을 태움으로 언약에 대한 하나님의 비준과 주권을 상징한다고 볼 수 있다.

63) 팔머 로벗슨, 계약신학과 그리스도(김의원 역) (서울: 기독교문서선교회, 1983).

64) W. F. Albright, "Return to Biblical Theology," *Christian Century* 75/47 (1958), 13-29.

65) John Bright, *A History of Israel*, 3rd ed. (Philadelphia: The Westminster Press, 1981), 57.

66) F. A. Schaeffer, *No Final Conflict* (Downers Grove: IVPress, 1975), 11-13.

67) Th. C. Vriezen, *An Outline of Old Testament Theology* (Oxford: Basil Blackwell, 1962), 89-93.

68) Cf. J. van Seters, *In Search of History* (New Haven: Yale Univ. Press, 1983).

69) ANET; H. V. Mathews & D. C. Benjamin, *Old Testament Parallels: Laws and Stories from the ANE* (New York: Paulist Press, 1991); P. Kyle McCarter, Jr., Ancient Inscriptions (Washington: Biblical Archaeology Society, 1996) 참고.

70) 김중은, 갈대아 우르에서 가나안까지 (서울: 장로쇠신학대학교 성지연구원, 1999) 참고.

71) Rolf Rendtorff, *The Old Testament: An Introduction* (London: SCM, 1985).

72) Erhard Blum, *Studien zur Komposition des Pentateuch* (Berlin: Walter de Gruyter, 1990).

73) 그 이유로는 족장들의 이야기가 역사서나 포로기 이전 예언서들에서 언급되지 않는다는 것과 오로지 포로기 예언서들에서만 부분적으로 언급되기 때문이다 (사41:8; 51:2; 63:16; 렘33:26; 겔33:24, 미7:20). 와이브레이, 오경입문(차준희 역) (서울: 대한기독교서회, 2005), 90. 그러나 이러한 주장은 제2 이사야서의 문서가설을 전제한 것이고, 증거의 부재가 부재의 증거는 될 수 없다는 중요한 해석학적 원리를 간과한 것이라고 말 할 수 있다.

74) Robert Alter, *The Art of Biblical Narrative* (Robert Alter, The Art of Biblical Narrative (CA: Basic Books, 1981); Meier Sternberg, *The Poetics of Biblical Narrative* (Bloomington, IN: Indiana University Press, 1985).

75) John H. Sailhamer, *The Pentateuch as Narrative* (Grand Rapids: Zondervan, 1992).

76) *Ibid.*, 186.

77) *The New Bible Commentary*, 3rd ed. (Grand Rapids: Eerdmans, 1970), 103. 다윗이 사울을 두려워하여 가드 왕 "아기스"에게로 도주하였으나 위험을 느끼고 미친 행동을 한 이야기(삼상21:10-15)를 근거로 시편기자는 시 34편의 제목을 "다윗이 아비멜렉 앞에서 미친 체하다가 쫓겨나서 지은 시"로 구성한다. 이는 "아비멜렉"이 블레셋 왕들을 칭하는 직명이었음을 추측케 한다.

78) Rolf Rendtorff, *The Old Testament: An Introduction* (London: SCM, 1985).

79) Erhard Blum, *Studien zur Komposition des Pentateuch* (Berlin: Walter de Gruyter, 1990)

80) G. von Rad, Genesis, *Old Testament Library* (London: SCM Press, 1972), 283.

81) R. N. 와이브레이, 오경입문(2005), 93.

82) Von Rad (1972), 357.

83) Herbert Wolf, *An Introduction to the Old Testament Pentateuch* (Chicago: Moody Press, 1991), 122.

84) 세일해머, 모세오경(상), 393-395.

85) 앨런 로스, 창조와 축복(김창동 역) (서울: 도서출판 디모데, 2005), 911.

86) Keil & Delitzch, Pentateuch, *Commentary on the Old Testament*: New Updated Edition, vol. one (Peabody: Hendrickson Publishers, 2006).

87) Cf. G. Vos (1972), 425.

88) J. K. Hoffmeir, *Israel in Egypt* (Oxford: Oxford University Press, 1996), 77-106. 보디발(Potiphar), 아스낫(Assenath), 사브낫바네(Zaphenath-Paneah)는 전형적인 이집트 이름들이다. 셈족이 고위직에 오르는 것, 미라를 만드는 것, 꿈의 중요성, 전지를 파는 것, 등등, 이들은 고대이집트에서 보편적인 관습이었다.

89) Episode와 Scene에 관한 내러티브의 구성에 대해 이한영, 패러다임 맥락에서 본 성경해석학 (서울: 나눔사, 2003), 319-322를 보라.

90) 세일해머는 아브라함과 요셉의 내러티브가 평행구조를 이루고 있음을 지적한다. 세일해머(상), 270-271 참고.

91) Gordon Wenham (2003), 53.

92) 칠십인 역(LXX) 사본에 기록된 연대는 MT와 다르다. 그러므로 본서의 모든 논의는 MT를 근거로 한 것이다.

93) W. C. Hayes, "Chronological Tables (A) Egypt," *Cambridge Ancient History*, Vol. II, Part 2 (1975), 1038.

94) Archaeological Study Bible (Grand Rapids: Zondervan, 2005), 82.

95) J. K. Hoffmeir, *Israel in Egypt* (Oxford: Oxford University Press, 1996).

96) Bryant G. Wood, "The Archaeological Ages and Old Testament History," 1980 lecture notes at Biblical Theological Seminary, Lansdale, Pennsylvania.

역사와 서술에서의
오경메시지

출애굽기

오경은 전통적으로 마소라 타나크(Masorah Tanakh) 성서의 삼대부문(오경, 예언서, 성문서) 중 첫 번째 묶음인 토라로서 기독교정경에서는 구약속의 복음서와도 같은 중요한 신학적 위치와 기능을 역할 해왔다. 그 주요 내용은 시내산 언약과 이스라엘 백성 가운데 출현하신 야웨 하나님의 성막 임재라 할 수 있다.

출애굽기

I. 서론

출애굽 내러티브는 모세의 삶과 사역을 중심으로 애굽의 속박에서부터 이스라엘의 구속이야기를 기술하고 있다. 웬함(Gordon J. Wenham)은 성경에서 770번 언급된 모세와 관련된 구절의 삼분지 일이 출애굽기에 기록되어 있을 만큼 출애굽기를 "모세의 전기 형태로 된 토라로 볼 수 있는 충분한 이유가 된다"고 주장한다.1) 그러나 이는 출애굽기의 주요 모티프가 단순히 하나의 전기를 구성하는 것(biographical construction)에 있는 것이 아니라 전기의 형태를 통해 그 어떠한 가르침이나 교훈, 즉 토라(תורה)를 의도하고 있음을 의미한다. 이러한 관점에서 출애굽기의 가르침은 창세기와 기본적인 틀의 연속성을 가지고 있다. 창세기와 출애굽기 간의 신학적 지평과 서술적 평행구조는 이를 잘 반영한다. 특별히 약속과 성취는 출애굽기 서두에 있어 이 두 책의 가교구조를 형성한다. 출애굽기는 애굽으로 내려간 이스라엘 가족의 이름을 소개하는 창세기의 문학양식(וְאֵלֶּה שְׁמוֹת בְּנֵי יִשְׂרָאֵל, "그리고 이스라엘의 자손들의 이름들은 이러하다," 창 46:8; 출 1:1)을 단도직입적으로 반복하고 아브라함에게 약속하신 하늘의 뭇별과 같은 자손(창 15:4-5), 그리고 생육과 번성을 통한 미래의 국민(창 35:11-12)에 대한 야곱과의 약속성취를 "이스라엘 자손은 생육이 중다하고 번식하고 창성하고 심히 강대하여 온 땅에 가득하게 되었다" (출 1:7)로 설명한다. 이러한 본문의 이해는 신약저자들에 의해서도 반복된다, "아브라함에게 약속하신 때가 가까우매 이스라엘 백성이 애굽에서 번성하여 많아졌다"(행 7:17).[2] 이 외에도 오경은 애굽에서의 430년 동안의 억압(출 12:40)을 창세기에서 미리 언급하는 것(창 15:13, 약400년), 제의를 통한 대속의 신학적 개념을 공유하는 것(창 22:13; 출 12:1-14; 고전 5:7; 요 1:29), 애굽을 주요 배경으로 삼고 있는 것(창 39:1 – 출 12:36), 하나님께서 이스라엘의 고통소리를 들으시고 아브라함과 이삭과 야곱과 세우신 언약을 기억하신 것(출 2:24) 등에 근거해 창세기-출애굽기의 기본적 통일성을 서술한다. 그러나 역사비평학적인 관점에서 창세기는 신명기와 더불어 나름대로의 고유한 특징을 가지고 있는 독립적인 책으로서 출애굽기와 구분되기도 한다. 대신 출애굽기, 레위기, 민수기를 묶어 이집트로부터 "여리고 맞은편 요단 가 모압 평지"(민 36:13)까지의 여정을 배경으로 한 하나의 통일된 이야기로 제시한다.[3] 그리고 고전적인 문서가설에 의해 출애굽기는 다양한 문서 층들로 구분된다. 예로 애굽의 마지막 재앙 에피소드에 삽입된 유월절 규례 내러티브(12:2-13:16)는 다음과 같은 자료로 분석되기도 한다.[4]

J	E	D	P	P1(Bantsch)
			12:1-20	12:2
12:21-23;27b		12:24-27a	12:28	12:14이하
12:29-34				
	12:35-36			
12:37-39				
			12:28	
			13:1-2	
		13:3-16		

그럼에도 불구하고 분명한 것은 창세기로부터 신명기까지 오경의 저자는 메소포타미아에서 가나안으로(창 1:1 – 38), 가나안에서 애굽으로(창 39:1 – 출 12:36), 애굽에서 시내(סיני) 광야로(출 12:37 – 민 20:13), 그리고 시내 광야에서 요단동편에 위치한 모압 평지까지(민 20:14 – 신 34:12)의 여정을 에피소드적이지만 거의 연속적인 통일된 줄거리로 구성하고 있다는 점이다.

II. 출애굽기의 서술 구조

출애굽기 서술은 창세기와도 같이 일관된 연대에 근거한 연속적 서술형(sequential narrative)보다는 애굽으로부터의 구속과 시내산 언약이라는 큰 주제 아래 산발적인 에피소드 서술형(episodic narrative)으로 구성되어있다. 그러므로 출애굽기가 담고 있는 다양한 장면들과 풍요로운 메시지들을 묶고 있는 구조를 몇 개의 주제나 연대로 구분하는 일은 본문의 고유적인 내부구조를 자연스럽게 반영하지 못하는 것이라 말 할 수 있다. 마소라 텍스트는 이집트와 팔레스타인 전통에 의해 154개 혹은 167개(BHS)의 세다림(סדרים, 문자적으로 연속 혹은 순서를 의미함)으로 구분되었는데 이는 오경을 3년 주기로 편찬한데 근거한 것이다. 각 세다림은 교훈과 분량을 고려해 매주 안식일에 읽혀지도록 의도되었다.

팔레스타인 전통을 따른 BHS텍스트에는 창세기는 45개, 출애굽기는 33개, 레위기는 25개, 민수기는 33개, 그리고 신명기는 31개의 세다림으로 나누어졌다. 그러나 바빌론 전통은 오경본문 전체를 일 년에 통독할 수 있는 54개의 파라쇼트(פרשות)로 구분하고 있다.5) 이러한 구분은 토라의 교훈을 좀 더 효과적으로 교육하기 위한 실천신학과 편의를 고려한 것이다.

그러므로 출애굽기의 가장 자연스러운 구조구분은 지리적 배경을 중심으로 한 것이라 할 수 있다. 먼저 오경의 저자는 창세기를 열 개의 계보(תולדת)로 각색한데 이어 출애굽기에서 민수기까지는 번성한 그 계보의 자손들로 구성된 이스라엘(1:7)이 애굽으로부터 떠나 모압평지까지에 이르는 주요여정을 에피소드로 기술하고 있다. 실제로 출애굽기 1:1의 "그리고 이스라엘의 자손들의 이름들은 이러하다"(וְאֵלֶּה שְׁמוֹת בְּנֵי יִשְׂרָאֵל)라는 문장은 계보와 관련된 유사한 창세기의 양식을 반복한 것이다(창 46:8).

또한 고대근동의 보편적 풍습과 마소라 관례를 따라 출애굽기의 책명을 문장의 첫 단어인 "이름들" 혹은 "가계"로 번역될 수 있는 쉐모트(שמות)로 했다는 사실은 매우 흥미롭다고 말 할 수 있다. 이는 출애굽기를 오경의 마지막 열 번째 계보의 이야기로 볼 수 있는 하나의 근거가 될 수 있다. 그러므로 일반적으로 나훔 사르나(Nahum M. Sarna)와 같은 전통유대학자들은 이제 이러한 열한 번째 계보의 내러티브 구조를 이야기 속에서 전개되는 지리적 배경을 준거로 구분한다.6)

쉐모트(שמות) 열한 번째 계보 이야기

지리적 배경	주요 주제	주요 사건	장절
애굽	억압에서 자유로 광야에서 야웨 하나님께 희생 드리기를 원함 출 3:18b	이스라엘의 고난	1:1-22
		구속을 위한 조치	2:1-13:16
		출애굽	13:17-15:21
홍해에서 시내산까지	광야에서 하나님의 인도하심	마라의 쓴물	15:22-27
		만나와 메추라기	16:1-36
		반석의 생수	17:1-7
		아말렉과의 전쟁	17:8-16
		이드로의 방문	18:1-27
시내산과 광야	이스라엘의 언약과 예배	시내산 언약	19:1-24:18
		성막준비와 안식일	25:1-31:18
		우상 숭배	32:1-35
		언약 갱신	33:1-35:3
		성막 건축	35:4-40:38

창세기에서 시작된 야곱의 애굽 정착은 그곳에서 그의 가족이 한 민족을 이루는 배경이 되었고 이어지는 출애굽기는 그들의 애굽에서의 고통과 출애굽(1:1-15:21), 홍해에서 시내까지의 여정(15:22-18:27), 그리고 시내산과 광야에서의 언약(19:1-40:38)으로 서술된다.

1. 억압에서 자유로(출 1:1-15:21)

이스라엘의 억압은 이미 예고된 사건으로 묘사된다. 이스라엘 자손이 애굽에서 번성한 것(1:1-7)과 요셉을 알지 못하는 새 왕으로 인하여 시작되는 그들의 고난(1:8-14)은 아브라함과의 언약에서 이미 언급된 주제이다(창 15:13-14). 이는 그들의 고통소리를 들으시고 "아브라함과 이삭과 야곱에게 세운 언약을 기억하셨다"(출 2:24)는 설명으로 분명해진다. 고난으로 인한 이스라엘의 부르짖음과 이에 응답하시는 하나님의 언약 모티프는 억압으로부터의 구속에 있어 하나님의 절대주권을 암시한다. 출애굽기 서두에서 이는 3부적 구조로 묘사된다.

출 1:8-14   애굽의 억압 그리고 이스라엘의 고난
출 2:23-25   탄식과 부르짖음. 하나님이 아브라함과 이삭과 야곱의 언약
             을 기억하심
출 3:1-6:13 하님의 응답과 모세의 소명

이러한 패턴은 야곱의 전기에서 평행구조를 이룬다. 야곱은 에서로부터의 추격으로 고통을 겪는다(창 32:6-7) 그리고 그로인해 야곱은 아브라함과 이삭의 하나님께 부르짖고(창 32:9-12) 이에 하나님은 야곱을 이스라엘로 부르시고 응답하신다(창 32:13-33:17). 특별히 사사기에서 이러한 구조는 거의 순환적으로 반복됨을 볼 수 있다. 이스라엘은 가나안 이웃 국가들로부터 끊임없이 억압을 받고 이에 부르짖는다. 이어 하나님께서는 사사들의 소명을 통해 이스라엘을 구원하신다(삿 3:9, 15; 4:3; 6:6-7; 10:10; 11:35; 15:18; 21:3). 궁극적으로 하나님의 구속은 하나님의 직접적인 개입보다는 한 사람의 소명을 통해 성립된다. 이스라엘의 고통과 탄식에 하나님께서는 조상들과의 언약을 기억하시고 모세를 부르신다. 모세의 소명 담화(출 3:1-4:17)는 시내산 언약을 미리 예고하고 그 안에서 이스라엘을 구속하실 하나님의 속성을 밝혀준다.

1.1 하나님의 속성(3:1-15)

하나님은 모세의 소명을 통해 자신을 알리신다. 먼저 사라지지 아니하는 호렙산 떨기나무의 불에서 본문은 하나님의 영원하심을 암시한다(3:2). 하나님의 영원하신 속성은 그의 영원하신 언약에서 반영된다. 이는 노아와의 영원한 언약(9:16), 아브라함과의 영원한 언약(17:7), 야곱과의 영원한 언약(48:4), 이스

라엘 후손과 변하지 않는 소금의 언약(18:19)의 근거가 된다.

둘째 하나님의 거룩하심을 암시한다, "하나님이 가라사대 이리로 가까이하지 말라 너의 선 곳은 거룩한 땅이니 네 발에서 신을 벗으라"(3:5). 오경에서 하나님의 거룩하심은 구별의 의미를 가지고 있다. 에덴동산 가운데 생명나무와 선악과는 다른 모든 과실과 구별된다(창 2:9). 일주일 중 안식일을 구별해 거룩히 지켜야 한다(창 2:3). 지성소는 성막의 가장 거룩한 곳으로 구별된다(출 26:33). 그러나 이는 세일해머가 지적한 것과도 같이 하나님을 비인격적으로 의미하는 것으로 이해되어서는 안 된다.7) 하나님은 아브라함과 이삭과 야곱의 인격적인 하나님이시다(3:6). 이러한 인격적인 관계는 그분만 거룩하신 것이 아니라 언약백성들도 거룩해야함을 요구한다. "네 발에서 신을 벗으라"(3:5b). "나는 너희의 하나님이 되려고 너희를 애굽 땅에서 인도하여 낸 여호와라 내가 거룩하니 너희도 거룩할지니라"(레 11:45).

세 번째로 모세의 소명에서 나타난 하나님의 속성은 언약을 맺으시는 하나님이다(2:24; 3:6). 언약은 오경 전체를 구성하는 중요한 신학적 모티프이다. 하나님께서 이스라엘을 애굽에서 구속하시는 가장 중점적인 이유는 그가 아브라함과 이삭과 야곱과의 언약을 기억하셨기 때문이다(6:4-5, 7-10). 언약의 중요성은 짧은 "십보라의 이야기"(4:24-26)로 크게 강조된다.8) 모세를 부르신 하나님은 많은 대화 끝에 그를 애굽으로 귀환시켜 이스라엘을 구속하라는 사명을 주신다. 이를 받아들인 모세가 애굽으로 돌아가는 길에 야웨 하나님은 갑자기 모세를 죽이려하신다(4:24).

칠십인역(LXX)과 온켈로스 탈굼(Targum Onkelos)은 모세를 죽이려 한자를 "야웨"가 아닌 "야웨의 사자"로 기록하고 있다. 그렇다면 야웨의 천사는 왜 모세를 죽이려 했던 것일까? 본문은 십보라가 차돌을 취하여 그 아들의 양피를 벰으로 모세의 죽음을 모면케 했다고 밝힌다(5:25a). 출애굽기에 대한 중세의 복합적인 미드라쉬인 셰모트 랍바(Shemoth Rabba) 5:8은 이 구절을 다음과 같이 해석한다, "그러므로 그[모세]는 여행 중에 숙소를 찾느라고 그의 아들 엘리에셀을 할례하는 문제를 등한시했기 때문에…여호와께서 모세를 만나 그를 죽이려 하셨다."9) 이는 아브라함과 맺은 언약에 있어 모든 이스라엘 남자는 태어난 지 팔일 이내에 할례를 준수해야하며 할례를 받지 아니한 남자 "곧 그 양피를 베지 아니한 자"는 백성 중에서 끊어져야 한다는 조항을 상기시킨다(창 17:12-14). 이스라엘을 구속하는 중대한 임무에 앞서 언약 준수를 범한 것은 막대한 책임을 부인한 것이다. 이렇게 본문은 언약의 중요성을 부각시킬 뿐만 아니라 "억압에서 자유로"의 서술 안에서 유월절 규례와 중요한 교차대구를 구성한다. 하나님은 모세에게 바로에게 가서 이스라엘은 하나님의 장자임을 알리고 이스라엘을 자유케 하지 않을 경우 바로의 장자를 취할 것임을 경고케 명하신다(4:22-23). 그리고 이러한 장자에 대한 언급에 이어 모세의 아들의 할례 이야기가 기술된다(4:24-26). 이는 열 재앙의 마지막 재앙인 장자의 죽음 사건을 선행해 유월절 규례로서의 할례를 명하시고(12:43-49) 이어 애굽의 장자를 죽이신 고로 이스라엘의 모든 장자를 대속하라는 명령(13:11-15)과 교차대구를 이룬다. 모세를 "피 남편"으로 묘사한 것은 "유월절 양의 피"와 평행구조를 이룬다.

A 출 4:22-23   하나님의 장자 이스라엘과 애굽의 장자
B 출 4:24-26   할례(이스라엘을 구속하기 위해 애굽으로 돌아가는 길)
              피 남편(4:25b)
B' 출 12:43-49 할례(이스라엘을 구속하기 위한 유월절규례)
A' 출 13:11-15 하나님의 장자 이스라엘과 애굽의 장자
              유월절 양의 피(12:3-7)

이렇게 할례로 상징된 언약은 하나님과 그 백성과의 관계에서 막대한 중요성을 가진다. 오경에서 계시된 야웨 하나님은 언약의 하나님이신 것이다. 그러므로 언약준수는 이스라엘 백성들이 복을 누릴 수 있는 유일한 길이다(19:5). 그리고 그 주요 내용은 십계명에서 요약되는데(신 4:13), 창조의 궁극적인 모티프로서 거룩하게 구별된 안식일은(창 1:3) 출애굽기에서 성막예배의 최종 목표로 소개되며 하나님의 영원하심과 거룩하심과 언약을 암시하는 가장 중요한 표징으로 제시된다(31:16). 언약의 궁극적인 목적은 하나님과 그의 백성과의

영원한 안식이기 때문이다.

마지막으로 야웨로 나타나신 하나님이시다(3:13-22). 야웨(יהוה)는 명사라기보다는 형용사화된 동사 혹은 사역형 미완료 형으로 볼 수 있다. 이는 야웨가 단순히 신명이 아닌 하나님의 속성과 정체를 반영한다고 분석될 수 있다. 문서가설에 의하면 야웨라는 이름은 출애굽 전승에서 처음으로 등장한 제의적 신명이다(3:14-15). 그러나 그 의미에 대해서는 다양한 견해들이 있다. 켈러(L. Koehler)는 "에흐예 아세르 에흐예"(אֶהְיֶה אֲשֶׁר אֶהְיֶה)를 "나는 나다"(I am who I am)로 번역하고 이는 모세의 "당신의 이름이 무엇입니까?"라는 질문에 대한 회피로 해석했다.[10] 그러나 3:15는 3:14와 함께 3:13절의 질문에 대한 답으로서 אֶהְיֶה אֲשֶׁר אֶהְיֶה를 이해하는데 중요한 정보를 제공한다. "하나님이 또 모세에게 이르시되 너는 이스라엘 자손에게 이같이 이르기를 나를 너희에게 보내신 이는 너희 조상의 하나님 곧 아브라함의 하나님, 이삭의 하나님, 야곱의 하나님 야웨라 하라 이는 나의 영원한 이름이요 대대로 기억할 나의 표호니라"(3:15). 이는 야웨(יהוה)가 단순한 존재적 타자성이 아닌 인격적인 관계성을 나타냄을 암시한다. 또한 야웨 하나님은 과거 이스라엘의 족장들과 함께 하신 동일한 하나님이심을 의미한다.

그러므로 אֶהְיֶה אֲשֶׁר אֶהְיֶה는 "나는 [이스라엘과] 함께 하는 나다"로 해석될 수 있다. 이러한 이름의 계시는 이스라엘을 애굽에서 구속하실 하나님의 신실하심과 주권을 함축한다(3:13-22). 이는 6:2-7에서 다시 한 번 재확인 된다. 하나님은 모세에게 "나는 야웨(יהוה)라"고 말씀하신다(6:2). 그리고 그는 아브라함과 이삭과 야곱에게는 그의 이름을 야웨로 알리지 않고 전능의 하나님(אֵל שַׁדַּי, 엘샤다이)으로 알리셨음을 밝힌다(6:3). 이어 본문은 족장들과 약속하신 땅을 언급하고 그들과의 언약을 상기시킨다(6:4-5). 그 언약을 성취함으로 이스라엘 백성들은 그들의 하나님이 야웨(יהוה)인줄 알게 될 것이다(6:6-7). 그러므로 본문에서 야웨라는 이름은 특별히 언약을 성취하시는 하나님의 속성을 반영한다고 말 할 수 있다. 이러한 서술들은 오경이 신명을 전략적으로 선택하여 사용하고 있음을 보여준다. 야웨는 이스라엘의 구원자로서의 하나님 그리고 언약의 성취자로서의 하나님을 표시할 때 사용되었다고 말 할 수 있다.

그러므로 본문에서 야웨 하나님은 족장들과의 언약을 성취하시기 위해 이스라엘을 억압으로부터 자유로 구속하신다. 그리고 그 과정은 바로를 중심으로 한 억압의 가중과 하나님의 구속으로 인한 해결의 갈등구조로 묘사된다.

    A   역사적 배경(1:1-7)   애굽에서 생육하고 번성한 이스라엘
    B   갈등의 시작(1:8-2:10)   이스라엘의 억압과 모세의 탄생
                히브리 여인들의 아기가 죽음(1:15-22)
    C   갈등의 가중(2:11-7:7)   모세가 애굽사람을 죽임: 도피와 귀국
    D   갈등의 절정(7:8-11:10)   애굽의 열 가지 재앙
    C'   갈등의 해소(12:1-13:16)   출애굽 사건
                히브리 여인들의 장자가 살음(11:1-12:36)
    B'   갈등의 종료(13:17-14:31)   바다에서의 구속
    A'   역사적 조망(15:1-21)   모세와 미리암의 노래

갈등은 애굽의 억압뿐 아니라 하나님의 개입의 강도가 가중되고 상충되면서 절정에 이르게 된다. 히브리인들은 애굽 사람들이 그들을 학대할수록 오히려 더욱 번식하고 창성해진다(1:11-14). 바로는 강도를 높여 히브리 여인에게서 난 남자아기를 다 죽이도록 명하나 하나님은 산파들에게 은혜를 베풀어 이스라엘 백성은 다시 생육하고 번성하여 심히 강대해진다(1:20-21). 바로의 마음이 강퍅해질수록 하나님의 재앙은 그 강도가 훨씬 더 높아진다. 이러한 갈등구조의 절정에 유월절 내러티브가 삽입되었다. 하나님과 바로와의 결정적인 대결이 바로가 히브리 여인들의 남자아기들을 살해하는 것으로 시작되었다면(갈등의 시작, 1:8-2:10) 대조적으로 유월절에 애굽의 장자는 죽고 히브리 여인들의 장자는 살아남음으로(11:1-12:36) 그 대결이 종료된다.

1.2 유월절(12:1-28, 43-49; 13:1-16)

애굽에 내린 열가지 재앙이 막을 내리는 장자 에피소드와 출애굽 장면 사

이에 삽입된 유월절과 무교절 규례는 억압에서 자유로(1:1-15:21)의 총괄적인 문맥을 갑자기 끊는 느낌을 주기에 충분하다. 이를 주요 문서가설은 P가 유월절축제 전승을 기반으로 재앙구전이나 단편원서(rundschrift)를 근거해 내러티브로 확장시켰다고 본다.[11] 차일즈(B. S. Childs)는 유월절 규례 본문에서 J(12:12-23, 27b, 29-34, 37-39), D(12:24-27a; 13:3-16), 그리고 E(12:35-36)의 편집층을 지적한다.[12] 그러나 이러한 문서가설에 학자들의 일관된 동의는 이루어지지 않고 있다. 세일해머는 이 마지막 재앙 장면에 삽입된 유월절 규례는 의도된 것으로서 설화(narrative)와 교훈(instruction)의 혼합을 통해 애굽을 떠나기에 앞서 첫 번째 유월절을 기념한 출애굽의 사건들을 설명하는 동시 어떻게 이 유월절 사건을 대대로 기념할 것인지를 교훈하기 위해 구성되었다고 주장한다.[13]

분명한 것은 유월절 규례는 마지막 재앙의 사건과 관련하여 하나의 교훈을 제시하고 있다는 것이다. 히브리어로 "넘어간" 것을 의미하는 파스카(פסח, Pascha) 곧 유월절은 마지막 재앙과 관련하여 이스라엘의 구속을 기념하는 영원한 상징적 규례로서 본문은 미래에 계속 기억되고 지켜져야 할 세부사항들을 기술하고 있다(12:14). 먼저 이 규례의 중요성은 달력 차례의 획기적인 변화에서 나타난다. "이 달로 너희에게 달의 시작 곧 해의 첫 달이 되게 하라"(12:2). 알터(Robert Alter)는 유대인들의 일반 농경달력이 역사-종교적 달력으로 전환된 주요 배경으로서 유월절을 지적한다.[14] 원래 농경달력에서의 첫 달은 티스리월(9월-10월)이다. 그러나 유월절로 인하여 이스라엘은 이제 종교적 의미가 부여된 아빕월(3월-4월)을 달력의 첫 달로 삼게 되었고 이는 이스라엘이 한 가족에서 한 민족으로 새롭게 출발하는 기원이 된다.[15]

아빕월 10일에 흠 없는 어린양을 취하여 14일까지 간직하였다 해질 무렵에 잡아야 한다(12:2-6). 그 피는 집문 좌우 설주와 인방에 바르고(12:7) 희생양의 뼈는 꺾지 말아야 한다(12:46). 그 고기는 누룩을 넣지 않은 무교병과 쓴 나물과 아울러 먹어야 한다(12:8, 15). 제물을 먹는 방법으로서는 허리에 띠를 띠고 발에 신을 신고 손에 지팡이를 잡고 급히 먹어야 한다(12:11). 그러면 야웨께서 애굽 땅의 모든 장자를 치실 때에 양의 피가 묻어있는 이스라엘의 집은 지나가고 그들을 구속하실 것이다(12:13). 이러한 유월절 규례는 애굽에서 쓴

종교달력	농경달력	히브리어 명칭	양력	농경절기	기후	구약본문	종교절기
1	7	닛산 (아빕)	3-4	보리 추수 (봄 늦은 비)	늦은비	출12:2; 13:4; 23:15; 34:18; 신 16:1; 느 2:1	유월절(14일) 무교병(14-21일) 초태생절(21일)
2	8	이야르 (지브)	4-5	일반 추수		왕상 6:1, 37	
3	9	시반	5-6	밀 추수		출 23:16; 출 34:22; 신 16:9-11 에 8:9	오순절/ 칠칠절(6일)
4	10	타무즈	6-7	포도재배	건조기		
5	11	아브	7-8	포도, 무화과, 올리브가 무르익는 절기			
6	12	엘룰	8-9	포도, 무화과, 올리브 추수		느 6:15	
7	1	티스리 (에타밈)	9-10	땅 경작(가을 이른 비)		레16:1-34 레23:23-32 왕상 8:2	나팔절(1일) ראש השנה 속죄일(10일) יום כפר 장막절(15-21일)
8	2	마르체스반 (불)	10-11	보리와 밀씨 뿌리기	이른비	왕상 6:38	
9	3	키스레브	11-12	겨울비 시작		느 1:1 슥 1:1	하누카(25일-8일동안) חנוכה dedication
10	4	테베트	12-1			에 2:16	
11	5	쉐바트	1-2	겨울무화과		슥 1:7	
12	6	아달	2-3	아몬드 나무 꽃, 감귤류 추수		스 6:15; 에 3:7,13; 8:12;9:1, 15,17,19, 21	부림절(פורים) (13-14일)
아달 쉐니 (3년마다 양력과 맞추기 위해 더해진 달)							

고통을 겪은 것과 그들이 하나님의 대속적인 구속으로 긴박한 상황에서 나와야 했던 것을 상기시킨다. 이어지는 무교절(12:15-20)에는 7일 동안 무교병을 먹어야 한다. 그렇지 않은 자는 이스라엘 언약공동체에서 끊어지게 된다(12:15).

본문은 이제 첫 유월절(12:21-28)을 지킴으로 애굽으로부터 구속받은 이스라엘에게 그 날을 영원히 기념하기 위해(12:14) 미래 약속의 땅에서 지켜야 할 유월절(12:43-51)과 무교절(13:1-16)의 규례들을 확장하여 갱신한다. 그리고 이어 하나님께서 구름기둥과 불기둥으로 이스라엘을 광야로 인도하시는 기사를 기록한다. 이러한 유월절 내러티브의 구성은 교차대구법으로 그 메시지를 명백히 피력하고 있다.

A	12:1-14	애굽에서의 유월절
B	12:15-20	애굽에서의 무교절
C	12:21-12:42	첫 유월절을 지키고 애굽으로부터 인도받음
A'	12:43-51	미래 약속의 땅에서의 유월절
B'	13:1-16	미래 약속의 땅에서의 무교절
C'	13:17-22	구름기둥과 불기둥으로 인도받음

신약은 유월절의 어린양과 무교병이 예수 그리스도의 예표였음을 증언한다(막 14:12; 요 1:29; 19:33-36). 또한 이는 성도들의 구별된 삶의 상징이 되기도 한다. "너희는 누룩 없는 자인데 새 덩어리가 되기 위하여 묵은 누룩을 내어 버리라. 우리의 유월절 양 곧 그리스도께서 희생이 되셨느니라. 이러므로 우리가 명절을 지키되 묵은 누룩도 말고 괴악하고 악독한 누룩도 말고 오직 순전함과 진실함의 누룩 없는 떡으로 하자"(고전 5:7-8). 신약은 유월절 외에도 출애굽기의 여러 사건과 용어를 통해 그리스도를 모형과 원형의 구조로 피력한다. 예로 만나와 생명의 떡(요 6:45-50), 장막과 관련해 진설병과 참 떡(요 6:51), 순금 등대와 빛(요 8:12), 금 향단과 기도(요 16:23-24). 또한 절기의 모형이 있다. 모든 유대인 남성들이 의무적으로 지켜야하는 3대 절기(유월절, 오순절, 장막

절, 출 12:11-23; 신 16:16)는 신약에서 종종 그리스도와 관련하여 서술된다. 예로 요한복음에서 유월절은 그리스도와 관련하여 세 번 나온다(출현 – 2:13, 23; 표적 – 5:1; 6:4; 죽음과 부활 – 11:55; 12:1). 그리고 초막절(요 7:2)은 예수님의 마지막 공생애의 배경이 된다.

1.3 홍해도하와 역사적 조망(13:17-15:21)

억압에서 자유로의 내러티브는 이스라엘이 애굽을 떠나 홍해에 이르기까지의 행로와 하나님께서 그들을 구름기둥과 불기둥으로 인도하신 것(13:17-22), 그리고 홍해를 건너간 사건에 대한 역사적 서술(14:1-31)과 이러한 하나님의 구속을 찬양하며 과거와 미래를 조망하는 모세와 미리암의 시문노래(15:1-21)로 그 절정을 이룬다. 본문은 먼저 모세가 애굽에서 요셉의 해골을 가지고 나왔다는 설명(13:19)으로 요셉 내러티브(창 50:25)와의 가교구조를 성립한다. 이어 이스라엘의 여정에 하나님의 초자연적인 인도하심이 구름기둥과 불기둥, 그리고 홍해도하의 기적으로 나타났음을 기술한다. 구름기둥과 불기둥에 대해서는 다양한 해석이 있지만 시편 기자는 이를 "그분(야웨)은 구름을 펴 덮개(מָסָךְ)를 삼으시고 밤은 불로 밝히셨다(אוֹר)"(시 105:39)고 설명한다. 이에 근거해 구름기둥은 길을 인도하는데 있어 사막의 열기로부터 이스라엘을 보호했고 불기둥은 빛으로 밤을 밝혔다고 해석할 수 있다. "주께서 밤에는 빛으로 인도하시기 위해 불기둥을 그들에게 주시고 낮에는 덮개를 위해 구름을 주셨다"(Didascalia Apostolorum, 23).

홍해 도하에 있어서는 "홍해"로 알려진 히브리어 얌숲(יַם־סוּף)의 문자적 번역은 "갈대바다"(Reed Sea)다. 히브리어 숲(סוּף)은 이집트어로 파피루스를 의미하는 추프(tjuf)와 상당한 단어다. 이에 근거해 학자들은 본문의 홍해가 오늘날 홍해 북쪽에 위치했던 많은 갈대 호수들 중 멘잘레 호수(Lake Menzaleh)를 가리켰을 가능성을 제시하지만 이스라엘의 행로와 함께 이 얌숲(יַם־סוּף)의 지리적 위치를 파악하는 것은 결국 가설의 범위를 넘지 못한다.[16]

중요한 것은 본문은 이 사건들의 서술을 통해 "야웨께서 오늘날 너희를 위하여 행하시는 구원을 보라!"(13:13)는 메시지를 전하고 있다는 것이다. 이를 본문저자는 오경에서 반복되는 하나의 문학적 양식으로서 역사적인 설명을 위한 산문(prose)형 서술(14:1-31)과 역사적인 의미와 예표를 예고하기 위한 시문(poetics)형 노래(15:1-21)의 배열로 묘사하고 있다.[17] 시문에서 모세는 홍해도하의 기적을 통해 하나님은 그들을 구속하셨다는 증언(15:1-12)과 더 나아가 약속의 땅에서도 이와 같이 이스라엘을 축복하실 것이라는 예언을 선포한다(15:13-18). 본문은 족장들의 내러티브에서 이미 일괄되게 밝혀졌듯이 이스라엘의 불신앙(14:10-12)에도 불구하고 끊임없이 아브라함과 이삭과 야곱과의 언약(2:24)을 초월적인 개입을 통해 성취해나가시는 하나님의 은혜와 주권을 다시 한 번 피력하고 있다.

1.4 출애굽 연대

출애굽기의 연대를 논하는 자체가 오경 텍스트를 순수문학 작품으로 보는 비평가들에게는 하나의 허구에 불과할 수 있다. 그러나 출애굽 본문은 독자로 하여금 그 안에 서술된 사건들이 당연히 실제에 근거하여 구성되었음을 묘사하고 있다. 더불어 본문은 일관되지는 못하지만 출애굽 연대를 추측해 볼 수 있는 몇몇 중요한 정보도 포함하고 있다. 우리는 요셉이 애굽의 총리였다는 증언과 출애굽이 애굽으로부터 수행되었다는 서술에 근거해 그 연대를 이집트 역사와 관련하여 하나의 가설로 재구성 해볼 수 있다.

출애굽 연대에 있어 학자들의 견해는 다양하다. 크게 출애굽 연대에 대한 회의적 견해로부터 시작해 초기연대(약기원전 15세기)로 구성한 가설(Merrill F. Unger, Leon Wood, G. L. Archer),[18] 혹은 후기연대(약 기원전 13세기)로 제시한 것(K. A. Kitchen, R. K. Harrison)이[19] 있다. 이러한 연대기는 이집트를 배경으로 먼저 출애굽 당시의 바로(출 2:23)와 이스라엘을 억압한 "요셉을 알지 못하는 새 왕"(출 1:8)의 정체에 대한 연구를 바탕으로 재구성되었다. 아쉽게도 구약은 이 둘의 정체에 대해 침묵하고 있다. 그런가 하면 이집트의 연대를 재구성하는데 있어서도 학자들의 동의는 일관되게 이루어지지 않고 있다. 여기에도 크게 세 개의 가능성이 제시되었다. 고등연대(High Chronology, W. C. Hayes),[20] 중간연대(Middle Chronology, Wente & Van S.),[21] 그리고 하등연대(Low Chronology, K. A. Kitchen)[22]이다. 본서는 좀 더 보수적인 이집트의 고등연대를 채택하여 출애굽연대를 논하고자 한다. 먼저 칠십인역(LXX)과 차이가 있지만 위와 같은 마소라 텍스트(MT) 정보에 의하면 이스라엘이 애굽을 나온 년도는 약 기원전 1446년이다.[23] 요셉은 약기원전 1867년에 30세의 나이로 애굽의 총무가 되었고 71년을 향수하고 110세가 되던 1805년에 죽었다. 이러한 정보를 근거해 다음과 같은 이집트의 고등연대와 비교분석해 볼 때 그 결과는 보수학자들의 전통적인 견해와 차이가 있음을 볼 수 있다.

마소라	본문 내용	기원전
왕상 6:1	• 솔로몬 제4년(966 BC) 성전건축으로부터 480년 전 출애굽하다.	1446
출 12:40	• 이스라엘은 애굽에서 430년을 보냈다. • 요셉이 총무가 되었을 때 그의 나이는 30세였다(창 41:46). • 1876년에 요셉의 나이는 약 39세였다 (7년 흉년+풍년시기). 그러므로 요셉이 총무가 된 시기를 약기원전 1867년으로 볼 수 있다. • 그 이후 요셉은 71년을 더 살았다(창 50:26).	1876 이스라엘의 이집트이주
창 50:26	요셉이 죽을 때 나이는 110세	1805

일반적인 가설은 초기억압시대의 바로(출 1:8)는 투투모세 3세(Thutmose III)로, 그리고 출애굽과 관련된 바로(출 2:23)는 아멘호텝 2세(Amenhotep II)로 설명된다. 그러나 마소라 텍스트의 정보와 위의 이집트 고등연대를 기반으로 한 유추분석은 요셉의 이집트 활동이 중대왕국 시기와 연관됨을 볼 수 있다(중대왕국, XII 왕조, 약 기원전 2050-1800년). 특별히 세조스트리스3 세(Sesostris III, 약 기원전 1862-1843년) 통치하에 왜 갑작스럽게 이집트의 봉건제도가 붕괴되었으며 왕권이 급상으로 강화되었는지를 요셉과 관련해 설명할 수 있다. 요셉은

태고왕조	고대왕국	제1중간기	중대왕국	제2중간기	신 왕국	제국후기
3100-2700	2700-2200	2200-2050	2050-1800	1800-1580	1580-708	708-332
I-II 왕조 건국기	III-VI 왕조 번영기	VII-XI 왕조 쇠퇴기	XII 왕조 번영기	XIII-XVII 혼란기	XVIII-XXIV 재건기	XXV-XXX 몰락기
메네스 왕 수도: 멤피스	기자에 피라미드 건축: Cheops Chephren Mycerions	VII-VIII 왕조 쇠퇴기 수도: 멤피스 IX-X 왕조 수도: 헤라클레오폴리스 XI 왕조 수도: 테베스	세조스트리스 III세 1862-1843년 봉건제도의 급작스러운 붕괴와 왕권이 강화됨. 대형건축 프로젝트로 아시아 노예의 급수. 피라미드 건축: Dashur	힉소스의 반란과 권력 쟁탈 XV-XVI 왕조 힉소스 왕조 (1740) XVII 왕조 테반 왕 힉소스 추방전쟁	XVIII 왕조 암모시스 왕 힉소스 추방 (1570-1546) 투투모세 III세 (1504-1450) 아멘호텝 II세 (1450-1425) XIX 왕조 람세스 II세 (1304-1237)	

　이집트의 모든 땅들을 사들여 바로에게 넘겼다(창 47:13). 이는 봉건제도의 기반을 무너뜨려 바로에게 권력을 집중시켰을 것이다. 이어 만약 요셉이 1805년 경에 사망했다면 요셉을 알지 못하고 히브리인들을 억압했던 새 왕(1:8)이 투투모세 3세(1504-1450)가 될 수 없다.

　먼저 창세기 15:13은 아브라함의 후손들이 타향에서 400년 동안 억압을 받을 것이라고 예견하고 있다. 만약 투투모세 3세 때 억압이 시작됐다면 그 기간이 출애굽시기(1446년)에 비해 너무나도 짧다. 고로 요셉을 알지 못했던 새 왕은 아마도 잠시 이집트를 다스렸던 소수민족인 힉소스(Hyksos)의 키안(Khyan) 왕이었을 것이다(약 기원 전 1668년, 제2중간기-XV대 왕조). 그러므로 억압의 초기는 요셉이 70세였던 시기부터 시작했을 것이다. 즉, 세조스트리스 3세가 별세한 이후부터다. "이 백성 이스라엘 자손이 우리보다 더 많고 강하다"(1:9)는 것은 이집트 바로왕의 말이라고 하기보다는 소수민족인 힉소스 왕의 말이라고 하는 것이 더 합리적일 것이다. 힉소스는 서북아시아인으로서 잠시 이집트의 왕권을 차지했던 소수민족이었기에 그들에게 있어 고센 땅에서 번성한 히브리인들의 숫자는 상대적으로 훨씬 더 많아 보이고 위협적으로 느껴졌을 것이다.

물론 이러한 논리에 상반된 다음과 같은 후기연대가설(출애굽을 13세기로 보는 견해)의 주장이 있다. (1) 출애굽기 1:11에 언급된 비돔과 람세스(Phitom, Rameses) 건축은 세티 1세가 시작하여 람세스 2세(약 기원전 1304-1237년)가 완성시킨 것으로 알려져 있다. (2) 트랜스요르단에서 정착된 문명의 흔적과 유물들은 약 1200년경으로 측정되고 대다수의 도성들은 약 13세기에 폐허가 된 것으로 밝혀졌다. 예로 벧엘(Bethel), 데비르(Debir, Tell Beirt Mirsim), 라기쉬(Tell ed-Duweir), 하졸(Hazor)과 같은 도성들이 이 시대에 파괴되었다. (3) 여태까지 발견된 유물로서는 최초로 이스라엘로 추정되는 [Ishrael] 단어가 새겨진 이집트의 바로 메르네프타의 전승비문(Merneptah Stela)은 약 기원전 1213-1203년 것으로 측정된다.24) 이 모든 것을 종합해 볼 때 이스라엘이 팔레스타인에 정착한 시기는 약 기원전 13세기 이후라고 말 할 수 있다.

이에 반해 우드(Bryant G. Wood)는 초기연대기를 다음과 같이 주장한다.25) (1) 고고학적으로 비돔(Tel el Retabe)과 람세스(Tanis, 혹은 Avaris)가 원래는 힉소스의 도시들이었음을 배제할 수 없다. 람세스라는 도시명은 후기편집에 의해 업데이트 된 것으로 볼 수 있다. 이러한 도시명의 편집 업데이트는 족장시대 때부터 있던 세겜, 루스, 벧엘, 헤브론에도 적용된다. (2) 힉소스 왕도 바로로 지명되었다(출 1:8-11). 제1대 힉소스 바로는 키안(Khyan) 왕이었고 그는 약 기원전 1668-1560년에 이집트를 다스렸다. (3) 출애굽기 1:12에서 애굽 사람들이 이스라엘 자손들을 두려워했다는 것은 힉소스 왕조가 물러간 이후 과거 힉소스 통치기간 동안 소수 민족에 대한 부정적인 경험 때문일 것이다. (4) 여러 해 후에 죽은 애굽 왕(출 2:23-25)은 합셉프수트(Hatshepsut, 1503-1482) 여왕일 가능성이 높다. 그녀는 투투모세 3세와 섭정통치를 하였다(coregency). 그녀가 죽은 후 투투모세 3세(1504-1450)는 아시아 종군 출정을 계기로 이스라엘 사람들을 더욱더 억압했을 것이다. (5) 그러므로 이스라엘이 애굽에서 나올 때 애굽을 통치하던 바로는 투투모세 3세였다고 말 할 수 있다. (6) 투투모세 3세는 어떻게 죽었을까? 만약 그가 출애굽기 12:31과 14:1-15에 기록된 바로 왕이며 시편 136:15에 "바로와 그 군대를 홍해에 엎드러뜨리신 이에게 감사하라" 함과 같이 홍해에서 죽었다면 그의 미라가 존재한다는 것에 대해 설명이 있어야 한다. 투투모세 3세는 약기원전 1450년(고등연대기) 혹은 1425년(하등연대기) 3월 17일에 죽은 것으로 알려져 있다. 출애굽은 유월절 이후(봄)에 수행되었으므로 투투모세 3세가 죽은 달이 3월이라는 것이 유사하고 또한 그의 통치 기간이 55년으로 알려져 있는데 그의 미라 나이는 40-45세로 측정되었다. 이는 홍해에 수장된 그의 시체를 찾지 못했고 타인의 시체로 미라를 만들었을 가능성을 남긴다.

Ⅲ. 홍해에서 시내산까지(출 15:22-18:27)

본문은 이스라엘의 홍해도하(14:1-15:21)를 이어 수루 광야(15:22)에서 시내 광야로 진입해 시내산에 이르기까지의 여정(19:1)을 간략하게 서술하고 있다.26) 노트(M. Noth)는 이 본문 대부분을 "애굽으로부터의 인도" 전승과 "약속된 땅으로의 인도" 전승을 기반으로 편집된 신명기사가의 "광야에서의 인도"로 보았다. 그리고 마라(מרה)기사(15:26)에서처럼 하나님의 계명(מצרה)과 규례(חק)에 관한 부분(18:13-27)은 사제(P)들의 작품으로 간주했다.27) 이에 와이브레이(R. N. Whybray)는 애굽에서 모압까지의 내러티브(출 12:37-민 36:13)는 이전 본문들과의 연속성을 결여하고 있다고 주장한다.28) 그럼에도 불구하고 우리는 본문에서 서술적 통일성을 뒷받침하는 몇몇의 중요한 요소들을 찾아볼 수 있다. 먼저 15:22-18:27은 홍해에서 시내산에 이르는 지리적 연장선에서 서술된다(15:22, 27; 16:16:1; 17:1, 8; 18:5; 19:1-3).

두 번째는 본문 안에서의 서술구조가 연대적으로 정열 되어있는 점이다. 이스라엘은 첫 유월절(12:2, 21-28, 아빕[닛산]월 14일)을 보내고 애굽을 떠나 홍해를 건너 수르광야로 사흘 길을 행하여 마라에 도착한다(15:22). 그리고 엘림을 거쳐 신 광야에 이르렀을 때는 "제이월 십오일"(16:1, 이야르[지브]월 15일)이었다. 이어 본문은 이스라엘이 시내산에 도착했을 때는 "제삼월"(19:1, ישׁי בחדשׁ השׁל, 혹은 시반월 3일)이었다고 밝히고 있다. 유대교 전통에 따르면 오순절(칠칠절)은 시반월 6일이며 이날은 이스라엘이 시내산에서 언약을 받은 날로 지켜진다(출 19:3-6).29) 세 번째로 이 본문 안에 연속적으로 기록된 4개의 사건들, 마라의 쓴물(15:22-27), 만나와 메추라기(16:1-36), 르비딤의 반석(17:1-7), 그리고 아말렉과의 전쟁(17:8-16)은 하나의 큰 공통점을 가지고 있다. 그것은 모두다 광야에서의 기적이야기로서 시내산 언약(19:1-24:18) 내러티브에 앞서 이스라엘과 언약을 맺으시고 앞으로 여호수아를 세워 그들을 약속에 땅으로 인도하실(17:14) 하나님은 어떠한 분이신가를 미리 소개하고 있다.

지리적 배경	광야에서의 기적	하나님의 속성	증 언	시내산 언약
시내광야	마라의 쓴물 15:22-27	야웨 라파 (רפא)15:26	여호수아 17:14 "야웨의 귀에 외워 들리라" 이드로 18:11 "이제 내가 알았도다. 야웨는 모든 신보다 크시다"	언약체결 19:1-24:18
	만나와 메추라기 16:1-36	공급하시는 하나님 16:35		
	르비딤의 반석 17:1-7	신실하신 하나님 17:6-7		
	아말렉 전쟁 17:8-16	야웨 니시 (יהוה נסי) 17:15		

이 4개의 광야기적 내러티브는 쓴 물을 단물로 변하게 하심으로 치료하시는 야웨 라파(רפא יהוה, 15:26), 광야 사십년 동안 만나를 공급하시는 하나님(16:35), 이스라엘의 불신에도 불구하고 반석에서 물을 내시는 신실하신 하나님(17:6-7), 그리고 전쟁에서 승리케 하시는 기(נס, 旗)를 가지신 야웨 니시(יהוה נסי, 17:15)의 속성을 기술하고 있다. 이는 이스라엘뿐만 아니라 이방(이드로)으로 하여금 야웨 하나님의 위대하심을 보게 한다. 아말렉전쟁 이후

"야웨께서 이스라엘을 애굽에서 인도하여 내신 모든 일"(18:1b)을 들은 모세의 장인 이드로의 고백은 이를 명백히 확인한다, "이제 내가 알았다, 야웨는 모든 신보다 크시므로 이스라엘에게 교만히 행하는 그들을 이기셨다"(18:11). 이드로의 이러한 증언은 번제물과 제의로 재가 되고(18:12) 이드로는 그가 들은 하나님에 대한 신뢰를 바탕으로 모세에게 이스라엘의 행정적 체계를 성립시켜주고 고향으로 돌아간다(18:27). 본문은 이러한 광야에서의 기적이 없었다면 이드로는 모세를 데리고 미디안으로 돌아갔을 것이라는 침묵의 여운을 남긴다.

Ⅳ. 시내산과 광야(출 19:1-40:38)

시내산과 광야를 배경으로 하나님은 이스라엘과 언약을 맺으셨다. 그 이유는 하나님께서 이스라엘을 언약백성으로 구별하셨고 그들을 제사장 나라요 거룩한 백성으로 세우시기 위해서이다(19:5-6). 하나님은 이를 위해 언약규례를 세우시고 성막에 임재하시며 이스라엘은 언약순종과 성막에서의 예배를 통해 응답한다. 이에 관한 서술은 시내산 언약(19:1-24:18)을 서문으로 출애굽기 전체 내러티브의 삼분지 일 이상을 차지하는 성막이야기(25:1-31:18; 35:4-40:38)로 구성되어 있다. 그리고 시내산과 성막은 그 문학적 양식에 있어 서술형식인 하가다(הגדה, Haggada)와 법규형식인 할라카(הלכה, Halakah)의 평행구조로 다음과 같은 교차대구를 형성하고 있다.

A	19:7-25	시내산	A'	25:1-31:11	성막	하가다
B	20:1-17	십계명	B'	31:12-18	안식일	할라카
C	20:18-21	백성이 두려워하다	C'	32:1-35	우상숭배	하가다
D	20:22-23:33	언약규례	D'	33:1-35:3	언약갱신	할라카
E	24:1-18	시내산 언약체결	E'	35:4-40:38	성막봉헌	하가다
야웨의 영광(כבוד יהוה, 24:17)			야웨의 영광(כבוד יהוה, 40:34)			

1. 시내산과 성막

시내산 문단(Sinai pericope)의 복합성을 분석하는데 있어 역사비평학적 접근들이 제시하는 해결책들은 주로 문서가설과 전승비평에 근거한다.[30] 예로 신명(神明)이나 가정된 반복구조나 개념상의 차이들을 고려해 십계명(20:1-17), 언약서(21-23), 언약체결(24:1-18)을 E문서의 창작이나 혹은 후기 언약사상을 반영한 신명기 학파의 산물로 설명한다. 또한 J문서는 야웨(יהוה)께서 시내산에 하강하여(11, 18, 20) 화산과 같은 연기 속에서 모세만 올라오도록 했고, E문서는 엘로힘(אלהים)께서 천둥과 구름으로 가득 찬 산에 거하시면서 산기슭까지 백성이 올라올 수 있도록 하셨다(13b-14, 17, 19)고 주장한다. 그러나 본문에서 "산에 올라오지 말라" 혹은 "산에 올라오라"는 이분법적인 구분은 실제로 견지될 수 없다. 13절은 산에 올라오는 것이 허락된 것이 아니라 "나팔을 길게 불 때만"(במשך היבל, NIV: 'Only when the ram's horn sounds a long blast)이라는 조건부 상황을 설명한다. 또한 J로 여겨지는 9절에는 "연기"가 아닌 "구름"이 등장한다. 시내산 문단은 시내산 언약체결에 의한 성막봉헌의 통일된 역사적 서술을 기고하고 있다. 이에 성막은 시내산 언약체결의 가시적 성취로 소개된다. 시내산에 임재하신 야웨 하나님은 이제 성막에 임하실 것이다(19:9, 11, 20; 40:34). 본문은 이러한 시내산과 성막 사건을 평행구조로 구성함으로 이 둘의 역사적인 관계를 명백히 강조하고 있다.[31] 먼저 성막의 원형으로서의 시내산은 이스라엘 백성들이 그들 가운데 임재하시는 거룩한 하나님께 나아갈 수 있는 구조를 밝힌다. 하나님은 시내산의 물리적 장벽, 구름, 연기, 불, 번개(19:9, 16-18), 그리고 성막지성소의 휘장(26:31-35)으로 백성들로부터 구분된다. 백성들은 산기슭(19:17)과 성막의 뜰(27:9-19)에서 성결의식을 행하고(19:10; 29:35-46) 모세와 제사장의 중보(19:3, 9; 29:1-46)를 통해 하나님과 교제한다.

두 번째로 시내산 언약과 성막봉헌은 하가다(내러티브) – 할라카(법규)의 교차대구양식으로 구성된다. 시내산 서론(19:7-25)에 이어 십계명을 주시고(20:1-17) 성막 준비(25:1-31:11) 이후에는 하나님께서 안식일 준수를 명하신다(31:12-

18). 이에 백성들은 시내산 기슭에서 두려움으로 응답하고(20:18-21) 이러 하나님께서는 그들을 시험하고 경외하여 죄를 범하지 않게 하시려고(20:20) 언약규례를 주신다(20:22-23:33). 성막문단에서는 백성들이 우상숭배로 응답하고(32:1-20) 하나님은 그들을 벌하시나 모세의 중보(32:21-33:23)로 두 번째 돌 판에 언약을 갱신하신다(34:1-35:3). 마지막으로 시내산 문단은 언약체결(24:1-18) 직후 "산 위의 야웨의 영광(כבוד)이 이스라엘 자손의 눈에 맹렬한 불같이 보였다"(24:17)로 마무리되고 성막문단은 "야웨의 영광(כבוד)이 성막에 충만하였다"(40:34)는 평행진술로 그 절정을 이룬다.

시내산에 임하신 하나님은 이제 이스라엘과 함께 이동하는 성막에 임하시어 그들과 동행하신다. 이로서 본문은 하나님의 거룩하심과 임재하심이 분리적인 것이 아니라 성막을 중심으로 제사장과 성결의식을 통해 인격적이며 관계적인 것임을 가리킨다. 그러므로 성막은 하나님께서 이스라엘 중에 거하실 성소(מקדש, 25:8)이며 임마누엘(עמנו אל) 하나님의 가장 구체적인 예표가 된다. 출애굽기에서는 이러한 성소를 단순히 장막(האהל, Tent, 26:9, 11, 12; 36:33)이라고도 하나 장막과 그 안에 모든 것을 포함해 하나님께서 "거하시는 곳"이라는 의미로서 성막(משכן, Tabernacle, 25:1-27:19)이라고도 한다, "그들이 성막(המשכן)을 모세에게로 가져 왔으니 곧 장막(האהל)과 그 모든 기구와 그 갈고리들과 그 널판들과 그 띠들과 그 기둥들과 그 받침들과…제사 직분을 행할 때에 입는 제사장 아론의 거룩한 옷과 그 아들들의 옷이라"(39:33-41). 장막과 성막 외에도 하나님과 언약백성이 교제하는 의미에서의 용어를 반영하는 회막(אהל מועד, Tent of Meeting, 28:43; 29:4; 30:16; 31:7; 38:8, 30)이 있다.

그리고 성막과 회막의 차이점은 명백히 구분되지 않는다. 예로 "성막 곧 회막"(משכן אהל-מועד, 40:2, 6, 29)이라는 표현에서 볼 수 있다. 그런가하면 성막은 회막의 내부에 있는 장막과 구분된 것처럼 묘사되기도 한다, "구름이 회막(אהל מועד)에 덮이고 야웨의 영광이 성막(משכן)에 충만하여 모세가 회막(אהל מועד)에 들어갈 수 없었다. 이는 구름이 회막(אהל מועד) 위에 덮이고 야웨의 영광이 성막(משכן)에 충만하였기 때문이다"(40:34-35). 명백한 것은 문맥상 장막, 성막, 혹은 회막, 이 모두는 하나님이 임재하시고 백성들과 교제하시는 하나의 성소를 가리키는 용어라 할 수 있다. 그러나 금송아지 우상숭배 사건이후 33:7-11에서 모세가 장막(אהל)을 취하여 진 밖에 쳐서 회막 (אהל מועד)이라고 이름 지어준 그 회막(אהל מועד, '만남의 장막')의 정체는 모호하다.

먼저 이 회막은 시간적으로 출애굽기 40:1-16에서 봉헌된 "성막 곧 회막" 이전에 속한다. 두 번째로 그 내용에 있어 이 회막은 25:1-31:11에서 제시된 성구들을 갖추지 않은 모세가 혼자 칠 수 있는 단순한 장막이다(33:7). 세 번째로 이 회막은 "진 가운데"(민 2:17, בתוך המחנה)가 아닌 "진 밖에"(출 37:7, מחוץ למחנה) 세워진 장막이다. 고전 문서가설은 이 문단을 성막에 대한 두 전승 중 사제문서(Priestly)와 대조해 전기 엘로히스트(Elohist)에 속하는 것으로 설명한다.32) 미드라쉬 전통이나 신문학비평학자들은 이 회막은 성막건설 이전에 세워진 모세의 개인적인 장막이라고 주장한다.33) 차일즈(B. S. Childs)는 33:7-11을 P문서에 기술된 성막보다는 단순한 형태를 가진 오래된 전승에서 유래된 것(Cf. 11:16-30; 신 31:15)으로 보나 이 문단이 출애굽기 33장의 최종문학 형태에서 통일된 구조를 형성하고 있다고 주장한다.34) 모세의 회막 내러티브는 금송아지 숭배로 인한 이스라엘의 배역(32:1-25)으로 야웨께서 모세에게 "내가 함께 올라가지 아니 하겠다"(33:3)하신 말씀과 "내가 친히 가리라"(33:14)하신 말씀 사이에 가교를 형성한다. 본문의 회막은 모세가 이스라엘에 대한 야웨 하나님의 심판을 중보하기 위한 중요한 담화의 배경이 된다.

시내산에서 첫 번째 40일을 보냄	24:18 (24:1-18)	성막준비에 관한 서술 (언약체결)
금송아지와 이스라엘의 배역	32:1-29	배역에 대한 하나님의 심판
첫 번째 돌 판의 파괴	32:19	
모세가 다시 산으로 올라감	32:30-35	
직접 인도하지 않으실 것이다	33:1-6	배역에 대한 하나님의 용서
모세가 회막에서 중보하다	33:7-11	
직접 인도하실 것이다	33:12-23	
시내산에서 두 번째 40일을 보냄	34:28 (35:4-40:38)	성막봉헌에 관한 서술 (언약갱신)

2. 성막의 영적 의미

첫째, 성막의 가장 큰 영적 의미는 가나안을 향한 언약백성 가운데 동행하시는 하나님의 임재에서 찾아 볼 수 있다. "내가 그들 중에 거할 성소(מִקְדָּשׁ)를 그들을 시켜 나를 위하여 지을 것이다"(25:8). 이는 성서에서 점진적으로 계시되는 하나님의 출현과 그의 백성과의 인격적인 만남을 반영한다. 신약은 장막을 하나님의 임재(하늘의 성소)와 관련해 성전과 그리스도의 성육신, 그리고 성령의 전으로서의 성도를 예고하는 모형으로 설명한다(히 8:2-5; 9:1-22; 고전3:16; 6:19). 특별히 예수 그리스도는 참된 성막의 궁극적인 원형으로서 성막 모형을 성취하신다, "말씀이 육신이 되어 우리 가운데 거하시매 우리가 그 영광을 보니 아버지의 독생자의 영광이요 은혜와 진리가 충만했다"(요 1:14). "그리스도께서 장래 좋은 일의 대제사장으로 오사 손으로 짓지 아니한 곧 이 창조에 속하지 아니한 더 크고 온전한 장막으로 말미암아 염소와 송아지의 피로 아니 하고 오직 자기 피로 영원한 속죄를 이루 사 단번에 성소에 들어가셨다"(히 9:11-12).

둘째로, 성막은 하나님의 구별된 거룩하심을 암시한다. 에덴동산 가운데 위치한 생명나무와 선악과(2:9)와도 같이 시내산 꼭대기(19:20) 그리고 이스라엘의 진 가운데(민 2:17)는 나머지 주변과 구별된 장소로 피력된다. 이는 분리가 아니라 구별로서 속죄함을 입은 백성이 거룩한 하나님께로 나아감을 상징한다. 모세도 진 바깥 회막으로 나아가야 했으며(33:7) 백성들도 모두 자신의 진을 나와 마주보고 있는 성막으로 나아가야 했다(민 2:2). 자신의 영역에서 떠나지 아니할 때 우리는 하나님의 성막으로 나아갈 수 없다.

셋째로, 장막은 광야에서 하나님의 인격적인 인도하심을 암시한다. 이스라엘은 성막을 따라 움직였다. 성막에는 하나님의 영광이 가득 찼고 낮에는 여호와의 구름이, 밤에는 불기둥이 그 위에 임했다(40:35-38). 성막은 이동하시며 인도하시는 하나님의 인격적인 관계를 암시한다. 이는 구름기둥뿐만 아니라 성막이 하나님과 언약 백성의 교제를 위한 모든 필요조건을 갖춘 것에서 볼 수 있다. 이는 특별히 성막의 구조와 기구들을 암시하는 신약의 기독론적 해석에서 설명된다.

성막의 구조는 이스라엘의 진과 구분된 막에 동문을 통해 바깥뜰과 안의 뜰 그리고 지성소로 형성되었다. 동쪽을 향한 오직 하나의 큰(20규빗, 약10m) 문(27:13-16)은 양의 문이 되시는 그리스도의 모형을 예표한다(요 3:16; 10:7; 행 4:12). 이 문에 네 가지 색깔은 생명(청색), 왕권(자색), 보혈(홍색), 거룩하심(백색)을 암시한다. 문으로 들어가면서 제일 먼저 보이는 것은 번제단(27:1-8)이다. 이곳에 번제물은 야웨 하나님의 불로 태워졌다(레 9:24). 이러한 바깥뜰에서의 번제를 통해 이스라엘은 먼저 하나님과 화해를 맺는다. 그리고 제사장은 이들을 성막 안으로 중보한다. 제사장은 성막으로 들어가기 전 성막 앞에 있는 물두멍(30:17-21)에서 성별예식으로서 수족을 씻어야 한다.

성막에 설치된 기구(25:10-40)는 언약궤, 진설병상, 금촛대, 분향단(30:1-10)으로서 이는 대속을 근거한 하나님과의 언약관계를 상징한다. 언약궤는 증거궤(출 25:22) 혹은 법궤(레 16:2)로도 알려져 있다. 언약궤 안에는 십계명을 세긴 돌판(증거판, testimony)이 있다(25:16; 신 10:2-3; 31:26). 언약궤는 이스라엘이 광야를 행진하며 가나안으로 들어갈 때 앞에서 그들을 인도하며 승리로 이끌었다(민 10:33; 수 6:11-20).

출애굽기 25:22에는 이 언약궤의 목적이 언급되어 있다. "거기서 내가 너와 만나고 속죄소 위 곧 증거궤 위에 있는 두 그룹 사이에서 내가 이스라엘 자손을 위하여 네게 명할 모든 일을 네게 이르겠다." 진설병 상(25:23-30)에는 누룩을 넣지 않은 고운가루로 만들어진 12개의 진설병이 있다(레 2:5). 이는 이스라엘을 애굽에서 구원하시고 그들에게 생명의 양식을 공급하시는 하나님의 예비를 암시한다. 금촛대(출 25:31-40)의 불빛은 성막 내에서 하나님을 섬기는 제사장들에게 조명을 해 주었다. 마지막으로 분향단(30:1-10)의 목적은 대대로 야웨의 임재 앞에서 향을 끊지 않기 위해서이다(30:8). 총괄적인 신약과 기독론 적 전통에 따르면 이 모든 것은 궁극적으로 예수 그리스도의 모형으로 해석된다. 본문은 성막 준비에 대한 모든 규례가 선포된 후 안식일을 언급함으로(31:12-17) 안식일로 마감되는 창조 내러티브의 구조(창 2:2-3)를 상기시킨다. 창조의 궁극적인 목적이 하나님과 그의 언약백성의 안식(שבת)이었다면 성막의 최대 목적은 그 안식을 회복하는 것이라고 말 할 수 있다. 히브리 기자는 이는 곧 안식의 주인 되시는 예수 그리스도를 암시한다고 증언하고 있다(히 4:1-13).

3. 십계명

오경의 법조부문 연구에 있어 알트(Albrecht Alt)는 두 가지의 법 유형을 논했는데 그것은 사례법(casuistic law)과 절대법(apodictic law)이라고 주장했다.[35] 결의론적인 사례법은 고대근동법전이나 오경 언약서 모두에서 일반적으로 볼 수 있는 "만약…그렇다면"(if…then)의 양식을 가지고 있고 절대법은 십계명처럼 짧은 법조문들에서 "하라/하지마라"는 간략하고 강력한 구조와 어조의 특징을 가지고 있다. 알트는 사례법은 고대근동법전에 보편적인 양식이었으나 절대법은 이스라엘 고유의 독특한 전승들로부터 발전되었다고 주장하고 그 기원을 제의전승에서 찾고자 했다.

물론 이러한 견해는 게어스텐버거(E. Gerstenberger)의 연구에서 수정이 요구되었지만[36] 십계명이 언약서와 신명기법전과는 달리 절대법 유형을 가지고 있다는 것에 주목할 필요가 있다.[37] 절대법은 사례법과는 달리 그 어떠한 특정한 상황을 가정하지 않은 무조건적인 요구를 제시한다, "너는 내 앞에서 다른 신들을 네게 있게 말라"(출 20:3). 이스라엘은 역동적인 역사적 상황의 변화와는 상관없이 절대법을 하나님의 주권적인 법으로 받아들이고 보전했음을 볼 수 있다(신 4:2).

이러한 십계명(절대법)과 언약서(사례법)의 관련에 대해 통상적으로 고전적인 문서가설과 전승가설은 언약서는 신명기법전과 함께 후기편찬된 독립된 단위로서 고유적인 구전단계와 제의적 상황에서 형성된 십계명의 두 버전(출 20:1-17과 신 5:6-21)과는 무관하게 구분되어야 한다고 주장한다.[38] 그러나 멘덴할(George E. Mendenhall)의 종주봉신조약(suzerain-vassal treaty) 양식 연구로서 힛타이트 조약(Hittite Treaty)에 관한 분석은 시내산 언약 양식과의 비교연구를 유발시키고 이 둘의 관계를 결합시켰다.[39]

고대근동의 종주권 조약은 그 형식상 1) 전문, 2) 역사적 서언, 3) 언약조항(규정)들, 4) 상벌규정, 5) 증인과 보증, 그리고 6) 언약서 보전과 정기적 낭독의 양식을 일관되게 구성하고 있다. 십계명과 언약서는 모두 함께(20:1-23:33) 이러한 조약양식 안에서 일반적 언약규정들에 속한다고 말 할 수 있다.[40] 이어 하나의 통일된 서술로서의 출애굽기 관점에서 본문의 문학적 최종형태 안에서 십계명(출 20:1-17, 신 5:6-21)은 언약서(출 20:22-23:33), 성결법전(레 18-20), 그리고 신명기법전(신 12-25)의 보다 더 확대설명 된 구체적인 사항들을 요약(synopsis)한 것으로 볼 수 있다. 그러므로 언약서와 신명기법전을 독립적인 두 개의 모음집으로 간주하기 보다는 문학적 최종형태 안에서 십계명 규정의 구체적인 사항이나 하위 법률적 조항과 적용을 서술한 것이라고 볼 수 있다. 물론 그 안에는 십계명과 관련이 없는 다양한 주제들과 사례법들이 혼재하고 있으나 학자들은 아래와 같은 평행구조를 구성함으로 그 관련성을 시도하기도 한다.

십계명	출애굽기	언약서	신명기[41]	신명기법전	주요 계명
제1계명	20:3	22:20; 23:13	5:6-7	12:1-31	유일신 하나님
제2계명	20:4	20:23	5:8-10	12:1-31	우상숭배
제3계명	20:7	23:21	5:11	13:1-14:27	하나님의 이름
제4계명	20:8	23:10-12	5:12-15	14:28-16:17	안식일
제5계명	20:12	21:15, 17; 22:15-16	5:16	16:18-18:22	권위
제6계명	20:13	21:12-14	5:17	19:1-22:8	살인
제7계명	20:14	22:16-17	5:18	22:9-23:19	간음
제8계명	20:15	21:37; 22:1-2; 22:6-8	5:19	23:20-24:7	도적질
제9계명	20:16	23:1-3	5:20	24:8-25:4	거짓 증거
제10계명	20:17	22:6-12	5:21	25:5-16	탐욕

출애굽기 내러티브는 십계명을 이스라엘의 시내산 언약에서 유래된 것으로 서술하고 있다. 이는 율법이 언약 체결의 조건이 되지 않음을 의미한다. 하나님과의 언약은 율법 준수와는 관계없이 아담(창 1:28-30; 3:14-15), 아브라함(창

15:18), 이스라엘(출 24:8) 그리고 다윗(시 89:3)과 일방적으로 체결되고 신약은 구약에서 예고되는 새언약(렘 31:31; 겔 37:26)이 예수 그리스도 안에서 성취되었음을 밝힌다(눅 22:20; 고후 3:6; 히 8:8, 9:15, 10:15-18). 모세가 언약서를 낭독하고 백성이 그 말씀을 준행하겠다고 응답했을 때 모세는 백성에게 피를 뿌려 이 언약이 근본적으로 행위에 관한 것이 아니라 대속에 관한 피의 언약임을 분명히 밝힌다(24:7-8).[41]

그러므로 십계명은 언약의 조건으로서보다는 언약백성들의 거룩한 생활규범으로서의 기능을 가진다. 이스라엘은 애굽이라는 상징적이며 실제적인 도시 문명권에서 노예로 살았다. 그곳에서 노예로서의 이스라엘 민족은 가시적인 우상숭배에 의존할 수밖에 없었고 개인적 생존 외에 이웃을 생각할 수 있는 여유를 가질 수 없었을 것이다. 그러나 이제는 애굽에서 해방된 자유로운 하나님의 언약백성으로서 십계명은 그들로 하여금 애굽의 삶을 돌이켜보고 나아가 새로운 가나안 땅에서 야웨 하나님의 제사장 나라가 되며 거룩한 백성으로 살아갈 것을 명한다(19:6). 그러므로 십계명을 주신 하나님은 이렇게 말씀하신다, "나는 애굽 땅에서, [곧] 종들의 집에서(מבית עבדים) 너를 인도하여 낸 너의 하나님 야웨다"(20:2; 신 26:5-9; 수 24:2-13). "너희는 그 거하던 애굽 땅의 풍속을 좇지 말며 내가 너희를 인도할 가나안 땅의 풍속과 규례도 행하지 말고 너희는 나의 법도를 좇으며 나의 규례를 지켜 그대로 행하라 나는 너희의 하나님 야웨니라"(레 18:3-4). 그러므로 이제 이스라엘은 주인과 노예가 아닌 언약 안에서의 새로운 신인(神人) 관계, 그리고 모든 피조물들과의 거룩한 관계 속에서 구별된 실제적이며 도덕적인 규범들을 수행해야 한다.

월터 카이저(Walter C. Kaiser Jr.)는 십계명의 보다 더 궁극적이고 본질적인 목적을 논하면서 십계명의 근본적인 기능은 계명 그 자체뿐 아니라 그것을 통해 하나님의 마음과 뜻을 이해하는 것에 있다고 말한다.[42] 이는 십계명을 접근하는데 있어 몇 가지 원리적인 이해가 요구된다.

첫째, 율법의 중심(*Mitte*)은 사랑이다.[43] 월프(Herbert Wolf)는 예수님의 율법 강령에 관해 하나님 사랑(신6:5; 마 22:37)과 이웃 사랑(레 19:18; 마 22:39)의 언급은 십계명의 첫 부분(제1-4계명)과 둘째 부분(제5-10)을 하나님과 이웃 사랑으로 요약한다고 말한다.44) 그러므로 모든 율법적 행위는 그것이 사랑이신 하나님의 속성과 뜻을 반영해야한다.

두 번째로 도덕이란 금지된 일을 단순히 하지 않거나 삼가는 것이 결코 아니다. 한 계명에서 어떤 악이 금지된다면 반드시 그 반대되는 선을 행해야만 순종했다고 인정될 수 있다. 예로 살인하지 말라는 것은 반대로 생명을 적극적으로 존귀하게 여기라는 것을 포함한다. 그러므로 우리는 이웃을 해하지 말아야 할 뿐 아니라 이웃의 생명과 행복에 기여하기 위해 우리의 모든 능력을 사용해야 한다. 세 번째로, 명령은 행위와 태도뿐 아니라 금지된 것을 부추기는 여하한 모든 유인, 유혹, 압력도 대상으로 한다. 그리고 마지막으로, 명령은 짧게 부정형으로 진술하는 것이 보다 효과적이다. 부정형은 인간의 마음속에 흐르는 강력한 악을 대처하는데 효과적이기 때문에 십계명의 부정형은 히브리어에서 강력한 부정 불변화사인 "로"(לֹא)로 묘사된다. 이러한 접근은 십계명을 너무 편협하고 형식적이고 문자주의적으로 해석하지 않도록 도움을 준다. 이제 십계명에 포함된 조항들은 간결한 절대법 유형을 가짐으로 그 적용에 있어 추가적인 설명과 해석을 요구한다. 이에 출애굽기 문맥에서 부각되고 있는 성막과 안식일은 하나님의 임재와 언약관계 그리고 예배를 중심으로 십계명을 조명케 한다. 애굽에서 구속함을 입은 이스라엘은 이제 제사장 나라와 거룩한 백성이 되어야 한다(19:6). 그러기 위해 이스라엘은 하나님께 예배의 삶을 드려야한다(3:18). 그러므로 이스라엘의 모든 도덕적 생활규범은 예배로부터 유래되고 나아가 예배는 이웃과 모든 피조물과의 관계로 그 지평이 확대된다(시 15:1-5). 이러한 언약적 예배의 관점에서 우리는 십계명을 다음과 같이 해석해 볼 수 있다.45)

3.1 제1계명: 예배의 대상(출 20:3; 신 5:7)

첫째 계명은 야웨 하나님만이 참된 예배의 대상임을 가르친다. 폰라트(G. von Rad)에 의하면 이는 여러 신중에 한 신을 의미하는 것(단일신론)이 아니라 오직 야웨만이 하나님이심을 말하는 것(일신론)이다.46) "너는 나 외에는

(עַל־פָּנַי) 다른 신들을 네게 있게 말지니라"(20:2)에서 "나 외에"(besides me)란 다른 신들의 존재가능성을 남긴다. KJV, NIV, RSV는 모두 히브리어 알파니(עַל־פָּנַי)를 "내 앞에"(before me)로 문자번역을 했다. "너는 내 앞에서 [다른] 신들을 네게 두지 말라."[47] 이는 야웨가 유일신임을 암시한다. 애굽의 바로는 "래"(Re, 태양의 신)의 입신을 주장하고 백성으로 하여금 자신을 신으로 섬길 것을 강요했다. 그리고 그 가장된 신적권력으로 이스라엘을 노예로 삼았다. 그러나 이스라엘은 우주만물을 창조하신 유일신 야웨 하나님(창 1:1; 출 20:11; 신4:35; 시 24:3)께만 예배를 드려야 된다(출 3:18). 야웨 하나님은 그들을 창조하시고 애굽에서 구속하신 분이시다(20:2). 그러므로 이스라엘의 모든 도덕적 근원과 삶의 방식은 이러한 야웨 하나님과의 언약적 예배에서 유래된다.

3.2 제2계명: 예배의 양식(출 20:4; 신 5:8-10)

둘째 계명은 훈령(출 20:4-5)과 벌(출 20:5-6)로 구성되었다. 우상숭배는 첫 계명을 이미 범하는 것이며 그 양식에 있어 영이신 하나님을 신령과 진정으로 예배하지 못하게 한다. 이는 하나님과 그의 백성 간의 언약을 파기하는 행위가 된다. 우상숭배 금지는 과거 애굽에서의 삶을 돌이켜보게 하는 동시 이스라엘의 금송아지 숭배(32:1-29)를 미리 바라보게 하고 미래 가나안의 우상이나 성소들을 미리 금지하는 기능을 갖는다. 이 금령과 관련해 가나안의 기존성소들을 개조하면 우상숭배를 중심으로 한 가나안의 혼합주의에 빠질 수 있으므로 신12:10-11은 새로운 성소를 세우고 그곳에서만 하나님의 방법대로 예배할 것을 명한다. 우상숭배 금지는 보다 본질적으로 영이신 하나님의 절대타자성(The Absolute Otherness)을 상기시킨다. 구덕관은 "피조물은 그 어떤 것이라도 여호와를 나타내지 못한다"라고 말한다.[48] 그러므로 형상(image)을 우상(idol)으로 여기는 것은 철저하게 금지된다. 이는 하나님은 형상이 아니라 영이시며 이스라엘에게 형상으로 자신을 나타내지 아니하시고 살아있는 말씀으로, 즉 인격적으로 나타나셨기 때문이다(출 3:1-12). 그러므로 구약은 예배의 의식적 측면이 우상 숭배를 중심으로 한 이교적 관례에 물들지 않도록 경고한다(대하 33:24; 왕하 17:7-18).

3.3 제3계명: 예배와 말씀(출 20:7; 신5:11)

내적 예배(첫째 계명)와 외적 예배(둘째 계명)에 이어 셋째 계명은 입술의 예배(셋째계명)에 대한 것이다. 여호와의 이름을 "망령되이" 입술로 "일컫는" 것은, 그의 이름을 "오용하는 것"이거나 진정한 목적 없이 사용하는 것을 의미한다. 본문의 NIV역은 주동사 슈브(שוב)를 "잘못 사용하다"(misuse)로 번역한다. BDB 히브리어사전은 슈브의 어원을 "거짓말하다"로 번역한다. 이는 야웨의 이름(יהוה שם)과 관련된 것을 빙자해 이뤄지는 모든 거짓증거와 적용이 그의 이름을 망령되이 일컫는 것임을 의미한다. 데이비스(Rupert E. Davies)는 사람들이 하나님의 이름을 다음과 같이 망령되이 일컫는다고 말한다.

첫째는 자신의 목적을 달성하기 위해 하나님의 이름을 저주 문 같은 것으로 조작하는 것(manipulation). 둘째는 하나님의 이름으로 거짓 맹세하는 것(perjury). 셋째는 서약을 지키지 아니하는 것이다(breaking vows).⁴⁹⁾ 결론적으로 하나님을 예배하며 만사언행에 있어 거짓된 삶을 살아가는 것은 하나님의 이름을 헛되이 여기는 것이다. 그리스도인이라는 명칭아래 사언행이 비인격적인 것도 야웨의 이름을 망령되이 일컫는 것이다. 또한 우리의 가족과 이웃을 하나님에게서 떠나게 하는 모든 거짓된 말들(신 13:6-11)도 야웨의 이름을 망령되이 일컫는 것이다. 즉, 말씀과 삶의 일치가 부재된 예배와 모든 생활방식은 하나님의 이름을 망령되이 일컫는 것이다.⁵⁰⁾

3.4 제4계명: 예배의 목적(출 20:8; 신 5:12-15)

안식일은 일차적으로는 쉬는 날이나 근본적으로는 하나님과의 언약관계를 갱신하는 예배의 날이다. 이 계명의 근본적인 목적은 단순히 쉬는 것에만 있지 않다. 십계명 안에서 하나님과 관련된 계명의 절정으로서 안식일이 제시된 것은 창조와 성막규범 완성이후 언급된 안식일 준수계명(창 2:3; 출 31:12-17)들과 평행구조를 이룬다. 이는 모두다 하나님의 계획에 있어 그 어떠한 최종적 목적을 반영한다. 그러므로 창조와 성막과 하나님과의 관계(제1-4계명)는 모두 궁극적인 안식을 암시한다. 이는 단순히 쉰다는 개념에서 하나님의 임재와 그의 모든 피조물과의 완전한 관계 성립에서의 샤바트(שבת, 안식)를 의미한다. 그러므로 여기서 제4계명은 하나님 안에서 모든 인류와 피조물의 회복이 성립될 한 때의 여운을 남기기도 한다(히 4:9).

그러므로 이제 그 안식을 향한 모든 노동은 신성한 것이며 또한 모든 시간은 하나님께 속한 것이기에 언약백성에게 노동은 과거 애굽에서 시간에 묶인 노예로서의 노동이 아니라 시간으로부터 자유로운 안식의 연장이다, "네가 애굽 땅에서 종이었던 것과, 주 너의 하나님께서 능하신 손과 펴신 팔로 거기서 너를 인도하여 낸 것을 기억하라. 그러므로 주 너의 하나님이 안식일을 지키라고 네게 명령하였다"(신 5:15). "안식일을 기억하여 거룩히 지키라"(출 20:8)라는 메시지는 안식일의 시간적 양식(토요일) 보다는 안식일이 지니고 있는 신학적 본질, 즉, 하나님과의 언약관계를 부각시키는 데 있다. 예로 레위기 23:23-32는 히브리 종교달력으로 7월 1일(농경달력으로는 1월 1일에 속한다, 티스리[Tishri]월)을 안식일로 삼고(23:24) 제10일은 속죄일(יום הכפרים)로 정할 것을 명한다. 그런데 여기서 속죄일은 또 하나의 안식일이 된다(23:28-32). 안식일은 하나님과의 특별한 관계를 기념하기 위해 토요일이 아닌 주중 다른 날에도 선포될 수 있었던 것이다.

레위기 19:3에서는 인간의 기본적인 도리로써 횡적이고 종적인 율법의 총괄적인 두 계명을 "너희 각 사람은 부모를 경외하고 나의 안식일을 지키라 나는 너희 하나님 야웨라"고 종결하고 있다. 이는 부모를 공경하는 것이 이웃과의 관계를 대표한다면 안식일은 하나님과의 관계를 대표하는 것이라고 할 수 있다. 예수님은 안식일이 근본적으로 사람을 위해 정해진 것이며 또한 예수 그리스도 그 자신이 바로 안식일의 주인이심을 말씀하셨다(막 2:23이하). 이는 창조의 궁극적 계시가 예수 그리스도 안에서 모든 피조물들의 안식으로 완성됨을 의미한다(히 4:1-13). 그리스도는 곧 구원의 완성이요 영원한 안식인 것이다. 그러므로 안식일은 시간적 개념에서의 토요일이 아닌 본질적 차원에서 그리스도 안에 거한 바로 그 시간이 곧 안식일인 것이다. 안식일은 시간적 규범을 정하고 있지 아니한다. 안식일은 하나님과의 언약 관계를 기념하고 기억하는데 그 주요 초점을 두고 있으며(레 23:24-32) 예배의 궁극적인 목적을 암시한다.

3.5 제5계명: 예배와 가정(출 20:12; 신 5:16)

하나님을 예배하는 종적수직선은 이제 부모를 공경하는 횡적수평선으로 확대된다. 이는 가정이 이웃과 이웃의 관계에 있어 가장 기본적인 단위이기 때문이다. 하나님과의 예배는 가정의 예배로 이어지며, 그 가정에서의 참된 예배의 열매는 부모를 공경하는데서 실체화 된다. 그렇다면 부모를 "공경하다" (כָּבֵד)는 무엇을 뜻하는가? 이는 단순히 순종하다 혹은 존중하다 그 이상을 의미한다. 카이저(Walter C. Kaiser, Jr.)[51]에 의하면 구약에 나타난 동사 용법에 입각하여 볼 때 다음과 같은 것을 뜻한다고 말할 수 있다. 1) 부모를 높이라(잠 4:8). 2) 부모에게 관심을 갖고 사랑을 보여 주라(시 91:15). 3) 부모에게 존경, 경외, 복종을 보여 주라(레 19:3). 실제 이는 하나님을 향한 행위와 유사하다. 그러므로 예배는 하나님을 향한 우리의 행위가 이웃으로 이어지는 것을 의미한다.

3.6 제6계명: 예배와 생명의 존엄성(출 20:13; 신 5:17)

율법은 영혼을 소생시킨다(시 19:7-8). 구약에서 생명(חַיִּים)은 대개 장수나 복을 누리는 삶(창 25:7; 전 6:3; 레 14:5; 민 19:17)으로 아주 세속적인 것으로 나타난다.[52] 본서의 창세기 논의에서 이미 밝혔듯이 인간의 영혼불멸 교설은 희랍적인 사유에서 유래했다. 창세기 3:19은 인간은 원래부터 먼지로 돌아갈 죽을 인생(mortal being)으로 창조되었음을 암시한다. 그리고 구약은 죽은 자들의 세계를 스올(שְׁאוֹל)이라고 말한다. 그곳은 죽은 자들이 머무는 곳(창 37:35), 불가지론의 상태(전 3:19-21, 9:10), 하나님과 단절되어 돌아오지 못하는 곳(시 6:5; 욥7:9), 그리고 대체로 악인들이 영원히 머무는 곳(민 16:30-33; 신 32:22; 시 9:17; 잠7:27; 겔 31:16-17)으로 묘사된다. 그러나 구약은 생명을 창조하신, 초월적 근원이시며 그 생명을 주관하시는 하나님의 영역, 즉, 생사화복에 대한 하나님의 주권을 명백히 밝힘으로(창 2:7; 신 4:42; 30:15-16) 부활의 여운을 남긴다, "내가 저희를 음부(스올, שׁאוֹל)의 권세에서 속량하며 사망에서 구속하리니 사망아 네 재앙이 어디 있느냐, 음부(스올, שׁאוֹל)야 네 멸망이 어디 있느냐!"(호 13:14). 하나님은 "모든 육체의 생명의 하나님"(민 16:22, 시 42:8)이시고 모든 것을 창조하신 생명의 주재이시다(창 1:1).

그러므로 그 생명을 피조물인 인간은 침범할 수 없고 그 범죄는 동해복수법(Lex Talionis)으로 처형된다(출 21:23). 사람은 생명의 근원되시는 하나님의 형상대로 지음을 받았다(창 1:27). 그러므로 사람을 죽이는 것은 그 생명의 형상을 해치는 것이다(창 9:6). 생명과 사망의 절대주권은 오직 하나님께 있음으로(렘 21:8; 시 36:9) 하나님의 허락 없이는 그 생명을 건드릴 수 없다(욥 2:6). 하나님께로 나아가면 생명이 있다. 그러므로 예배하는 자는 생명을 절대 존엄하게 여기고 장려해야 된다. 생명과 반대되는 모든 것은 부정한 것이다.[53] 살인, 낙태, 자살행위 그리고 최근의 배아줄기세포 복제 같은 생명의 존엄성을 침해하는 행위는 모두 하나님의 생명영역을 정면으로 도전하는 타락한 모습이다.

3.7 제7계명: 예배로서의 결혼(출 20:14; 신5:18)

"너는 간음하지 말라"의 히브리어 칼(Qal)동사어간 나앞(נאף)은 짜나(זנה)와는 달리 명백히 혼인 밖에서의 간통(ELB: Ehe brechen)을 의미한다. 남녀의 결혼은 창조언약에 속함으로(창 1:27-28; 2:24) 간음은 그 언약을 깨는 것이 된다. 이는 하나님 앞에서 다른 신을 두면 아니 되는 제2계명과 평행을 이룬다. 구약은 시내산 언약을 하나님과 이스라엘의 결혼관계로 묘사하기도 한다(겔 16:8; 렘 2:2, 31:31-32; 호 1:9; 2:2). 또한 간음은 제의적 음란을 숭배하는 가나안의 다산종교적 관례와도 연관되어 암시된다(레 18:24-30). 그러므로 간음은 언약공동체의 파괴와 유비되며 이 금령을 위반하는 처벌은 죽음이다(신 22:22-24). 간음금령은 하나님과의 언약보수와 예배로 이루어진 결혼과 가정을 보존하고 지키기 위한 중요한 방파제가 된다.[54] 예수님은 간음에 대하여 보다 더 내적이며 적극적인 의미에서 마음에 음욕을 품을 때 이미 간음했다고 말씀 하신다(마 5:28). 애굽노예의 본성에는 윤리와 도덕성이 부재하다. 그리고 가나안에는 땅의 비옥을 빙자한 다산종교의 제의적 음행이 성행하고 있다. 이제 시내산 언약의 백성들은 음란했던 옛 모습을 버리고 오직 유일신 하나님을 예배하는 것과 같이 혼인 안에서의 순결을 지켜야한다.

3.8 제8계명: 예배와 재산(출 20:15; 신 5:19)

여덟째 계명은 도적질을 금지한다. 하나님은 우주만물을 창조하셨다(창 1:1). 그러므로 모든 피조물은 하나님께 속한 것이며 번성과 번영은 하나님께서 주신 것이다. 하나님께서는 사람에게 실제 소유권보다는 청지기의 직분을 주셨다(창 1:28-30). 시내산 언약에서 분명히 밝혀진 것은 이스라엘 민족을 포함해 그들이 가진 모든 것은 다 하나님께 속했다는 사실이다. "세계가 다 내게 속하였나니 너희가 내 말을 잘 듣고 내 언약을 지키면 너희는 열국 중에서 내 소유가 될 것이다"(19:5). 그러므로 어느 누구도 하나님께서 한계를 지으신 사람을 속박하거나 소유자의 정당한 권한에 속한 그의 재산권을 강탈할 수 없다. 또한 도적질하지 말라는 말씀은 "수고하여야 그 소산을 먹는다"(창 3:17)라는 하나님의 법칙을 어기는 것이다. 이는 저주가 아니요 수고한대로 먹을 수 있는 축복이다. 그러므로 수고하지 아니하고 도적질하는 것은 인간의 자유로운 원래본성을 거스르는 것이며 그것은 노예로 돌아가는 것이다. 더 나아가 구약은 도적질을 남의 물건에게만 국한시키지 아니한다. 안식일을 범하는 것도 도적질이요(신 5:14), 십일조를 범하는 것도 도적질이다(말 3:8). 이는 예배와 관련된 것들로서 제8계명 또한 예배와 단절되어 설명될 수 없음을 의미한다.

3.9 제9계명: 예배와 거짓증거(출 20:16; 신 5:20)

본서의 창세기 논의에서 우리는 에덴동산의 선악과가 진리에 대한 하나님의 영역을 암시하고 있음을 설명했다. 하나님은 진리이시고 그의 장막에 나아가는 자는 정직하게 행하며 공의를 일삼으며 그 마음에 진실을 말해야 한다"

(시 15:2). 신령과 진정으로 드려지는 예배는 거짓이 없는 삶의 지평에서 완성된다. 이러한 제9계명은 제3계명을 상기시킨다. 하나님의 이름을 빙자해 거짓 증거 하는 것과 이웃에게 거짓증거 하는 것은 같은 맥락에서 이해될 수 있다. 즉, 하나님의 이름으로 거짓증거를 하지 말아야 할 뿐만 아니라 이웃에 대하여서도 거짓 증거를 하면 안 된다는 것이다. 심규섭은 이것이 언약공동체 안에서 시행되는 사법적 절차와 관련되는 것인가에 대한 문제를 제기한다. 히브리어 칼동사 어간 아나(ענה)는 "입증하다"(testify), 그리고 명사 레아(רע)는 "동료시민"(fellow-citizen)으로 번역될 수 있어 이는 법적인 문맥에서 언약 공동체를 의미할 수 있다는 것이다.55) 그러므로 하나님과의 언약은 개인적인 차원에서뿐만 아니라 언약공동체 안에서 거짓증거를 예방할 수 있는 사회적 법규로도 반영되어야 한다고 볼 수 있다.

3.10 제10계명: 예배와 권리(출 20:17; 신 5:21)

십계명은 언약백성으로 하여금 하나님과의 언약관계 속에서 긍정적이고 적극적인 성숙한 내적 생활 방식을 명한다. 남의 것을 탐내는 것은 내적인 상태를 반영하고 그것은 제4계명과 그 맥락을 같이 한다. 즉, 하나님의 권리(안식일)를 존중하듯 이웃의 권리를 존중해야 한다. 기본적으로 예배를 통해 하나님의 권리를 존중하면 이웃에 권리를 존중할 뿐 아니라 더 나아가 적극적으로 자신의 권리를 나누어야 한다. 그러므로 신명기 24:17-18은 동의의 권리를 언급한다. 애굽에서 노예생활을 할 때에는 그런 권리가 없었다. 신명기 24:19-22는 가난한 자가 추수하고 남은 것에 대하여 권리가 있다고 규정한다. 또한 수혼제(Levirate)는 별세한 형제 가족의 권리를 보호한다(25:5-10). 과거 애굽에서의 노예생활 때에는 자신에게도 권리가 없었으나 마음으로 다른 사람의 권리를 존중하지도 않았다. 예배의 참된 동기는 자신의 권리만을 추구하는 탐욕에 있지 않다. 참된 예배는 하나님을 존중하며 이웃의 모든 것을 존중하고 더 나아가 적극적으로 그들을 섬기는 일을 주도한다. 이렇게 십계명은 언약백성들의 총체적인 생활규범을 요약한다. 그 중심에는 하나님과 인간, 인간과 인간과의 언약관계를 중계하는 예배가 있다. 하나님은 영이심으로 그를 예배하는 자는 신령과 진정으로 예배해야 하며 이는 삶의 지평으로 이어져야 한다.

4. 고대근동의 법전과 율법

오경법전들은 일반적인 고대근동문화권 속에서 형성되었다. 그러므로 그 문학적 양식이나 유형, 그리고 내용에 있어 고대근동의 세속적 법전들과 여러 면에서 공통점을 나누고 있다. 그러나 율법을 단순히 고대문서의 모방이나 혹은 후기편집의 투입적인 산물로만 여기는 것은 오경의 특별한 계시적 본질과 텍스트내의 일관된 신학과 통일된 서술적 전략을 충분히 고려하지 않은 해석학적 오류라 할 수 있다. 구약의 율법이 고대근동의 일반법과 차별되어야 하는 이유는 율법의 고유한 신학적 원리와 계시적 기원의 유일성에 있다.56)

그럼에도 불구하고 고대근동문서들의 비교연구는 구약을 이해하는데 있어 다음과 같은 중요한 정보들을 제공한다. 1) 고전어와 문학양식. 2) 이스라엘 종교와 타종교의 차이점. 3) 역사적 상황(Sitz im Leben)의 재구성. 4) 히브리인들을 포함한 고대근동 사람들의 보편적 문화와 종교성, 그리고 창조에 관한 다양한 설화들이다. 이러한 자료들을 통하여 우리는 시내산 언약 내러티브가 고대근동법전들의 양식과 규정들을 많이 공유하고 있음을 발견하게 된다. 예로 수메르 문명에 이어 아카디아 제국을 세운 사르곤 1세(Sargon, c. 2370-2315 BC)는 자신이 그의 미혼녀 어머니로부터 바구니에 담겨 강물에 던져진 상황을 기록하고 있다. 이러한 통상적인 기록을 통해 모세의 어머니가 모세를 바구니에 담아 강물에 띄어 보낸 문화적 배경을 조명해 볼 수 있다. 시내산 언약과 고대근동법전과의 관계도 이러한 문화적 상황에서 다음과 같이 설명될 수 있다. 1) 첫째, 오경의 언약법규들은 현대적 의미에서의 법전(민법, 형사법)이라고 하기보다는 고대근동에서 보편적으로 발견되는 법들의 모음집 형태를 가지고 있다. 2) 둘째, 구약의 법규는 모세를 통한 성문화 작업(문자화) 이전에는 관례나 구전으로 존재했다고 볼 수 있다. 실제 법이란 새로운 관습을 만들어 기록하기 보다는 그 어떠한 특정한 역사적인 계기를 통해 이미 행해져오고 있던 관례들을 체계화 하는 것이라고 볼 수 있다. 예로 정리해고제(기업이 어려울 때 종업원을 해고하여 몸집을 주리는 것 - 구조조정)나 대체근로제 (파업자 대신 대체근로를 채용할 수 있는 것)는 고대로부터 행해지던 통상적인 관례였다. 3) 셋째, 시내산 언약 이전에 율법을 반영하는 관례는 이미 창세기의 태고사와 족장사에서 쉽게 찾아 볼 수 있다. 예로 우상숭배금지령(창 35:2), 안식일(창 2:3), 부모공경(창 27:41), 살인금지령(창 4:9), 간음죄(창 39:9), 도적질 금지령(창 44:4-7), 탐내지 말라(창 20:2-7), 십일조(창 14:20; 28:22), 할례(창 17:10), 결혼관습(창 16), 장자권(창 25:31-34), 노인에 관한 것(창 24:2), 등등이다. 4) 마지막으로 고대근동 법전들에 기술된 사례들의 사회문화적 배경이 언약서의 사례들의 것과 유사하다. 모세율법이 성문화되기 훨씬 이전인 족장시대 때 고대근동에는 이미 다양한 법전들이 존재했다. 티그리스 동북쪽에 위치한 누지(Nuzi)에서는 약 기원전 2천년 경으로 소급되는 토판문서들이 4천여 장 이상 발굴되었고 이는 성서고고학의 전반적인 발전과 특별히 족장시대의 다양한 풍습들을 재조명하는 데 큰 공헌을 하였다.

그중, 수자(Susa: 이락/이란 국경)에서 발굴된 함무라비법전(Code of Hammurabi, 1792-1750 BC)은 그 시대의 법학논문(treatise on legal theory), 정치학(political science) 및 사회조직에(social organization) 대한 정보들을 기록하고 있다. 특별히 282개의 조항으로 구성된 군사법전과 정치법전은 "만약…그러면"(if…then)의 양식을 취함으로 오경의 언약법전(The Covenant Code, 출 21-23), 성결법전(The Holiness Code, 레17-26), 그리고 신명기법전(The Deuteronomic Code, 신 12-26)의 문학적 양식과 사례들과 관련해 유사성을 공유한다.57) 예로 함무라비법전 제130조항과 신명기 22:25-27의 사례를 들 수 있다.

함무라비법전 제130조항
만약 어떤 시민(남자)이 결혼을 하지 않았고 약혼 상태이며 아직 그녀의 부모들과 살고 있는 한 여인을 강간하다 잡혔다면, 그 남자는 사형에 처할 것이고 그 여자의 결백은 증명되어야 한다.

신 22:25-27

만일 남자가 어떤 약혼한 처녀를 들에서 만나서 강간하였거든 그 강간한 남자만 죽일 것이요 처녀에게는 아무것도 행치 말 것은 처녀에게는 죽일 죄가 없음이라, 이 일은 사람이 일어나 그 이웃을 쳐 죽인 것과 일반이라.

위와 같이 시내산 언약을 연구하는데 있어 우리는 고대근동에서 발견된 다양한 법전들과 조약들을 참고해 볼 수 있다. 여기서 오경과 관련하여 고대바빌론과 북메소포타미아와 수리아 그리고 소아시아에서 발견된 몇 개의 문서들을 소개하고자 한다.

4.1 고대바빌론

고대바빌론 법전으로는 우르남무 법전(Ur-Nammu, c. 2050년, 약기원전 22세기, 수메리안)과 에쉬누마 법전(Law of Eshnuma, c. 1870년, 약기원전 20세기, 아카디안)을 들 수 있다.[58] 고대 북메소포타미아와 수리아 지방에는 대표적으로 에블라(Ebla) 법전(24-23세기), 아시리안(Laws from Assyrian colonies) 법전(15세기) 그리고 아시리아중기(Middle Assyrian Laws) 법전(15세기)이 있다.[59] 이중 에쉬누마는 우르 제3왕조의 패망과 함무라비왕조의 출현사이에 전성기를 누린 아모리(Amurri) 왕국의 법전으로서 출애굽기 21:28-29와 유사한 사례를 가지고 있다.

에쉬누마법전 제54조항

만약 어떤 소가 습관적으로 사람을 들이받는다고 알려졌고, 그리고 이를 목격한 당국관리가 이 사실을 주인에게 알려주었는데도 불구하고 소의 주인이 소의 뿔을 제거하지 않아 그 소가 사람을 들이받아 죽였다면, 그 소의 주인은 은 한 미나의 2/3을 [속전으로] 지불해야 한다(제55조항에서는 같은 사례이지만 노예일 경우 주인보다는 경한 15세겔을 지불해야 한다).[60]

함무라비법전 제251조항

만약 어떤 사람의 소가 들이받는 소이고, 그 성읍의 당국자가 그것을 알렸으나 주인이 그 뿔들을 싸지도 아니하고, 그 소를 붙들어 매지 아니하여 귀족의 일원을 들이받아 죽였다면, 그 소의 주인은 은 1/2미나를 [속전으로] 지불해야한다(제252조항에서 노예일 경우 1/3 미나를 보상해야함).[61]

출 21:28-29

소가 남자나 여자를 받아서 죽이면 그 소는 반드시 돌에 맞아 죽을 것이요 그 고기는 먹지 말 것이며 임자는 형벌을 면하려니와 소는 본래 받는 버릇이 있고 그 임자는 그로 인하여 경고를 받았으되 단속하지 아니하므로 남녀 간에 받아 죽이면 그 소는 돌로 쳐 죽일 것이고 임자도 죽일 것이며.

이쉬타르법전 제10조항

(Laws of Lipit Ishtar: 니푸르 이신[Ishin]의 왕. 약기원전 19세기, 수메리안)[62]

어떤 사람이 타인의 과수원에 들어가 도적질하다 잡혔다면, 그는 은 10세겔을 지불해야한다.

위에 조항들은 공통적으로 소가 사람을 받아 죽인 사례에 대한 법적조치를 제시하고 있다. 여기서 중요한 것은 고대근동의 법조치의 중심은 유물론적이라는 것을 알 수 있다. 사람을 쳐 죽인 유죄가 금전적인 조치로 해제될 수 있는 것이다. 그러나 구약의 율법은 생명의 존엄성을 중심으로 한 법으로서 사람을 죽인 소를 죽여야 하며 더 나아가 한 번의 경고를 받았음에도 불구하고 단속을 소홀히 해 소로 하여금 타인을 또 다시 죽였을 때에는 주인도 처형하는 동해복수법(Lex Talionis)을 적용하고 있다(출 21:23). 이 외에도 율법은 계층 사회에 대한 무차별적인 법을 모든 공동체에 평등하게 적용하는 반면 함무라비법전은 사회계층에 있어 차별된 법을 적용한다. 또 한 율법은 그 근본적 본질에 있어 내적의도를 중요시한다. 이는 마음의 법(신 10:16)이며 그 안에는 법전이라기보다는 사랑의 영성을 담고 있다.[63] 그리고 율법에는 직업이나 상인, 장인들을 다루는 상법이 부재하다.[64]

4.2 소아시아

히타이트 제국(약 기원전 1450-1200)은 한때 소아시아와 시리아 그리고 팔레스타인지역 장악했던 고대제국이다. 이 제국과 관련하여 중앙터키지역에서 발굴된 히타이트 법전(Hittite Law)은 쐐기문자로 기록되었는데 약200조항으로 구성되어 있다.65) 이 법전은 "전에는…그러나 지금은"(before...but now)의 문학양식으로 구성되었고 이전의 사형처벌을 신체처벌(corporal punishment)로 완화시켰다. 그리고 이전의 신체처벌들은 대개 벌금으로 완화시킨 데 그 특징을 가지고 있다. 특별히 형제나 의형제(brother; brother-in-law)를 혈통친족의 명칭으로 사용할 뿐만 아니라 법적관련자로 표기하고 있는데 이는 구약과 유사하다(신 25: 5-10, 7절 "형제 된 의무," "the duty of a brother-in-law"). 영어에도 법적관련자를 아들로 표현하는 경우가 있는데(J. R. Everitt & Sons) 이는 고대근동법전에서 유래된다.

히타이트법전 제193조항
만약 기혼남이 죽으면, 그러면 그의 형제가 과부와 결혼해야 된다.

신 25:5-10(창 38; 룻 4)
형제가 동거하는데 그중 하나가 죽고 아들이 없거든 그 죽은 자의 아내는 나가서 타인에게 시집가지 말 것이요 그 남편의 형제가 그에게로 들어가서 그를 취하여 아내를 삼아 그의 남편의 형제 된 의무를 그에게 다 행할 것이요(5절).

모세율법은 고대근동법전과 비교해 유사한 사례들을 공유하지만 여러 면에서 독특한 유일성을 지니고 있다. 이미 위에서 언급한바 먼저 율법에서는 유물론을 반박하는 인간의 존엄성이 중심이 되며 이러한 생명의 존엄성 때문에 율법은 살인에 대해서는 엄격한 처벌을 가하나 재산피해에 대해서는 관대한 처벌을 적용한다(출 21:28-29). 둘째, 고대근동법전에서는 거의 부재한 도덕적 규정들을 일관되게 강조한다. 특히 음란과 이교적 도덕성에 대한 언급은 고대근동의 일반적인 개념과 상반된다(레 18:1-30). 셋째, 계층사회에 대한 무차별과 평등을 강조한다. 모세법이 이스라엘 언약공동체에게 평등하게 적용되었다면 함무라비 법전은 "아멜루, 무쉬케누, 아르두" 등과 같은 계층별로 달리 적용되었다. 넷째, 율법은 내적상태에까지 적용된다(마음의 법). 예로 신명기 10:16을 들 수 있다, "그러므로 너희는 마음에 할례를 행하고 다시는 목을 곧게 하지 말라." 다섯째, 오경에는 상법이 부재하다. 이러한 차이점은 고대근동의 법전들이 왕의 권력을 수호하는 수단으로 만들어진 것에 비해 율법은 야웨 하나님과의 언약체결이라는 고유한 기원을 가지고 있기 때문이다.

4.3 시내언약서와 종주권조약과의 양식 비교

십계명이 히타이트 제국의 종주봉신조약(Hittite Suzerain-Vassal Treaty) 양식을 공유하고 있다는 주장은 그동안 여러 학자들로부터 제시되어 왔다.[66] 약기원전 19세기에서 13세기 사이에 정착된 고대근동의 통상적인 종주권조약양식은 다음과 같다.

히타이트 조약[67] **(13세기)**
1. 전문이나 종주의 직위소개(Preamble or Title)
2. 역사적 서언(Historical Prologue)
3. 조약(언약) 조항(약정)들(Stipulations)
4. 보관과 낭독(Provisions for deposit and public reading)
5. 신적증인(Witnesses: deities and vassal-suzerain)
6. 상벌규정(Blessings and Curses)

출애굽기 20:1-24:7을 포함한 언약서(출 24:7, ספר הברית)와 신명기법전(신 1-29)은 그 문학적 양식에 있어 히타이트 조약의 양식을 공유하고 있다.

1. 전문. 조약을 주권적으로 체결하는 종주(야웨 하나님)의 신분을 밝힌다.
   • 출 20:1-2 "나는 너의 하나님 야웨라"

2. 역사적 서론. 언약을 맺게 된 역사적 배경을 요약한다.
- 출 20:1-2 "나는 너를 애굽 땅, 종 되었던 집에서 인도하여 낸 야웨라."
3. 언약조항들. 시내산 언약의 일반적인 규정들이다(요약적 진술).
- 출 20:3-17
4. 보관과 증언. 신적 증언과 공포를 통해 언약의 권위를 성립시킨다.
- 출 20:18 "뭇 백성이 우레와 번개와 나팔 소리와 산의 연기를 본지라…"(신적보증).
- 출 24:7 "언약서를 가져 백성에게 낭독하여 들리매 그들이 가로되 야웨의 모든 말씀을 우리가 준행 하리다"(낭독과 공동체의 동의).
5. 상벌규정. 언약준수와 관련된 축복과 저주.
- 출 20:19; 24:8. 백성에게 피를 뿌림으로 언약을 어길 때 발생할 죽음을 예고하고 또한 예방한다.

위의 히타이트 조약과는 달리 8-6세기 아시리아 조약은 좀 더 간소화된 간략한 형태의 양식을 가지고 있다.[68]

1. 전문이나 직위소개(Preamble or Title)
2. 조약조항들과 처벌규정(Stipulations and Curses)
3. 신적 증언(Divine Witness).

앗시리아 조약은 위와 같은 간략한 기본양식을 가지고 있으나 다양한 순서로 기록되어 있으며 축복 조항이 부재하고 저주가 강조되는 것이 특징이다. 그러므로 구약의 언약서는 그 양식에 있어 아시리아 조약보다는 더 고대에 속한 히타이트 조약과 유사하다고 결론지을 수 있다.

주(註)

1) Gordon Wenham, *The Pentateuch* (Downers Grove: InterVarsity Press, 2003), 57.

2) 출 1:7은 아담과 노아와 아브라함과의 언약구조 모두를 암시한다.
   창 1:28 "생육하고 번성하여 땅에 충만 하라"
   창 9:1 "생육하고 번성하여 땅에 충만 하라
   창 15:5 "하늘을 우러러 뭇별을 셀 수 있나 보라…이르시되 네 자손이 이와 같으리라." "네 자손이 이방에서 객이 되어 그들을 섬기겠고 그들은 사백 년 동안 네 자손을 괴롭게 하리니…그 후에 네 자손이 큰 재물을 이끌고 나오리라" (13-14).

3) R. N. Whybray (2005), 109-110.

4) 이 도표는 B. S. Childs, *Exodus: Old Testament Library* (London: SCM Press, 1991), 184-187의 "문학, 양식비평, 그리고 전승사적인 문제들"을 근거하여 구성하였다.

5) Page H. Kelley, *The Masorah of Biblia Hebraica Stuttgartensia* (Grand Rapids: Eerdmans, 1998), 155, 167.

6) Nahum M. Sarna, *Exodus: The JPS Torah Commentary* (Jerusalem, JPS, 1991), xii-xiii.

7) John H. Sailhamer, *The Pentateuch as Narrative* (Grand Rapids: Zondervan, 1992), 246.

8) Nahum M. Sarna (1991), 24는 "십보라의 이야기"는 고대이스라엘에 구전으로 알려져 있던 많은 단편들 중 하나라고 주장한다. 그는 창세기에 나오는 가인의 결혼(창 4:17), 라멕의 노래(창 4:23-24), 가나안의 타락(창 9:18-29)도 이러한 단편들이었다고 주장한다. J. Coert Rylaarsdam, "The Book of Exodus," in G. A. Buttrick, ed., *The Interpreter's Bible*, (New York: Abingdon Press, 1952), 882에 의하면 이 구전은 이스라엘에서 할례가 어떻게 유래되었는지를 밝혀주는 기원이야기(etiological story)다. 그러나 이 모두는 하나의 가설에 불과하다.

9) 제임스 L. 쿠걸, 고대성경해석가들이 본 모세오경 (김은호. 임승환 공역) (서울: 기독교문서선교회, 2003), 369.

10) B. S. Childs (1991), 69.

11) Martin Noth, *A History of Pentateuchal Traditions* (Englewood Cliffs, N.J.: Prentice Hall, 1972), 66-67.

12) B. S. Childs (1991), 184.

13) John H. Sailhammer (1992), 258.

14) Robert Alter, *The Five Books of Moses* (New York: W. W. Norton & Company, 2004), 376.

15) 이 도표는 John H. Walton, *Chronological and Background Charts of the Old Testament* (Grand Rapids: Zondervan, 1978)와 NIV Study Bible을 참고하여 작성했음.

16) Herbert Wolf (1992), 140-141 참고.

17) 15장의 문학양식에 관련해 다양한 견해들이 있다. 모빙켈(S. Mowinckel)은 전승에 의한 왕의 즉위식과 관련된 시편(enthronement psalms), 훠러(G. Fohrer)는 찬가(hymn), 노트(M. Noth)는 감사 찬양이라고 주장한다. 그러나 공통점은 이 모두가 하나의 시문이라는 큰 범주 안에 있다는 점이다.

18) 초기연대(Early Dating, 약기원전 1446년): Merril F. Unger, *Archaeology and the Old Testament* (Grand Rapids: Zondervan, 1954); Leon Wood, *A Survey of Israel's History* (Grand Rapids: Zondervan, 1970); G. L. Archer, *A Survey of Old Testament Introduction* (Chicago: Moody Press, 1994)

19) 후기연대(Late Dating. 약기원전 13세기): K. A. Kitchen, *Ancient Orient and the Old Testament* (Downers Grove: InterVarsity Press, 1966); R. K. Harrison, *Introduction to the Old Testament, Old Testament Times* (Grand Rapids: Eerdmans, 1969).

20) Cf. W. *Chronological Tables* (A) by C. Hayes, Cambridge Ancient History, Vol. II, Part 2 (1975), 1036.

21) Cf. E. Wente and C. Van Siclen III, Table 1, p. 218, in *A Chronology of the New Kingdom*, pp. 217-216 in "Studies in Honor of George R. Hughes," 1977, *Studies in Ancient Oriental Civilization 39* (Chicago: The Oriental Institute, 1977).

22) Cf. K. A. Kitchen, "Egypt, History of Chronology." In *The Anchor Bible Dictionary*, vol. 2, (New York: Doubleday, 1992), 322-331.

23) 칠십인역(LXX)은 출애굽을 솔로몬 통치 제4년부터 430년 전(약기원전 1396년)으로 기술하고 있다.

24) P. Kyle McCarter Jr., *Ancient Inscriptions* (Washington: Biblical Arachaeological Society, 1996), 48-49 참고.

25) Bryant G. Wood, Lecture Notes on "Biblical Archaeology," Biblical Theological Seminary, Landsdale, PA, 1990 참고.

26) 본문의 화자는 세밀한 광야에서의 여정 이야기를 민수기로 미루고 있다. 출애굽기에서는 이스라엘을 부르시고 그들을 구별된 거룩한 제사장 나라로 삼으시고 성막을 통하여 그들 가운데 임재하시는 사건에 초점을 두고 있다(40:34-38). 이스라엘은 성막에서의 예배를 통하여 하나님의 임재를 경험하게 된다.

27) Cf. Martin Noth, *Überlieferungsgeschichte des Pentateuch* (Sttutgartö W. Kohlhammer Verlag, 1948). 이에 대한 구체적 논의는 B. S. Childs (1974), 266-268 참고.

28) R. N. 와이브레이, (2005), 130.

29) 히브리어 חדש를 문자 그대로 초생월(new moon)로 번역하면 제3월(종교달력: 시반월) 3일이 된다. 전통에 의하면(미쉬나, 사해사본) 시내산에서 언약을 맺은 날은 유월절 다음날부터 시작해(레23:15-16) 7주째 되는, 즉 50일째가 되는 칠칠절(오순절) 시반월 6일이다(출23:16; 34:22; 신16:9-11).

30) 예로 Baentsch의 19장 문서가설: J (19:9, 11-13a, 15, 18, 20-25, 24:3-8), E (2b, 3a, 10, 13b-14, 20:18-21, 19:16-17, 19, 20:1-17, 21-23, 24:1-2), D (19:3b-8), P (19:1-2a). Cf. Brevard S. Childs, *Exodus*, OTL (London: SCM Press, 1974), 344. 전승비평: 폰라트는 시내산 문단을 성소 예배의식과 관련된 케리그마로 설명한다. Cf. G. von Rad, "The Form-Critical Problem of the Hexateuch," in *The Problem of the Hexateuch and other essays* (New York: McGraw-Hill, 1966).

31) 시내산 언약 내러티브는 창조 내러티브와도 평행구조를 가지고 있다. 창1:31 - 출 39:43; 창 2:1 - 출 39:32; 창2:2 - 출 40:33; 창 2:3 - 출 39:43. Cf. Victor P. Hamilton, *Handbook on the Pentateuch*, 2nd ed., (Michigan: Grand Rapids, 1982), 221-222.

32) Cf. Julius Wellhausen, *Prologomena zur Geschichte Israels* (Berlin: Reimer, 1886).

33) 세일해머는 이 회막은 금송아지 사건 이후 마련된 특별한 장막으로서 모세와 하나님과의 담화를 위한 조치였다고 설명한다. 세일해머(하), 172. Nahum M. Sarna (1991), 211도 이것은 모세를 위한 성막(Tabernacle)이 아닌 하나님과의 대화를 위한 특별한 장막이었다고 주장한다.

34) B. S. Childs, *The Book of Exodus* (London: SCM Press, 1991), 590-593.

35) Albrecht Alt, "The Origins of Israelite Law." in *Essays on Old Testament History and Religion* (Sheffield: JSOT, 1989), 79-132.

36) E. Gerstenberger, "Wesen und Herkunft des apodiktischen Rechts," *WMANT* 20 (1965); E. Gerstenberger, "Covenant and Commandment," *JBL* 84 (1965), 38-51. 게어스텐버거는 알트가 주장하는 절대법(apodictic)과 사례법(casuistic)의 양식의 구분은 일관된 유형을 가지고 있지 않고 절대법의 부정령 양식은 이스라엘 법문의 고유한 유형이 아니라고 주장한다.

37) 문학적 양식에 있어서는 언약서는 하가다(Haggada) 그리고 십계명은 할라카(Halakah)의 형식을 가지고 있다고 말 할 수 있다.

38) B. S. Childs (1974), 391-393.

39) Cf. G. E. Mendenhall, "Law and Covenant in Israel and in the Ancient Near East," *BA* 17 (1954), 26-46).

40) J. H. Walton, *Anciente Israelite Literature in its Cultural Context* (Grand Rapids, Mich.: Zondervan, 1989), 106.

41) Cf. O. Palmer Robertson. *The Christ of the Covenants* (Philipsburg, NJ: Presbyterian and Reformed Publishing Co.: 1980).

42) Walter C. Kaiser Jr., *Toward Old Testament Ethics* (Grand Rapids: Zondervan, 1983), 81-95.

43) 바인펠트는 율법의 중심은 생명 모티프(מוטיב חיים)라고 주장한다(신 16:20; 30:15-16; 레 18:5). 구약에서 율법준수에 대한 보상은 번성, 소유, 생명, 등등으로 나타나는데 그중에서도 생명은 가장 중심적인 모티프로 소개된다. 하나님은 생명의 근원이시며 생명을 부여하시는 분이시다(창 2:7 נפש חיים; 레 18:5; 시 36:9, 렘 2:13 מקור חיים). Cf. Moshe Weinfeld, *Deuteronomy and The Deuteronomistic School* (Indiana: Eisenbrauns, 1992).

44) Cf. Herbert Wolf (1991), 152.

45) 십계명은 "열개의 말씀"(עשרת הדברים, 출 34:28; 신 4:13; 10:4)의 헬라 표기다. 하지만 이 계명들이 어떻게 나누어져있는지 또 그 순서에 대해서는 아직 많은 논쟁의 여지가 남아있다. 탈굼은 20:2를 첫 번째 계명으로 그리고 20:3-6을 두 번째 계명으로 해석한다(Targum Neophyti 20:2-3). 혹은 마지막 20:17에 "네 이웃의 집을 탐내지 말지니라"와 "네 이웃의 아내를 탐내지 말지니라"를 두 개의 독립된 계명으로 보기도 한다. 세일해머는 서술적전략에 의해 십계명이 금송아지 우상숭배를 예고하고 있는 것으로 해석함으로 20:3-6을 하

나님의 계명으로 보고 마지막 20:17을 두 개의 계명으로 설명한다. 본서는 십계명의 구분과 순서를 마소라 출애굽 본문과 개혁교회전통에 근거해 소개한다.

46) Cf. G. von Rad, *Deuteronomy*, A Commentary (London: SCM Press, 1974), 56-57.

47) Elmer A. Martins, *God's Design: A Focus on OT Theology* (Grand Rapids: Baker Book House, 1986), 76 참고.

48) 구덕관, 구약신학 (서울: 대한기독교서회, 1994), 97.

49) Rupert E. Davies, *Making Sense of the Commandments* (London: Epworth Press, 1990), 47-48.

50) 이한영, 『구약 어떻게 읽을 것인가?』, 127-128 참고.

51) Walter C. Kaiser, Jr., *Toward Old Testament Ethics*, 89-90.

52) Cf. P. C. Büttger, NIDNT, vol. 3, 140.

53) Gordon Wenham은 성결법전의 정함과 부정함의 준거로서 생명과 죽음을 말한다. 하나님은 생명이시기 때문에 죽음을 암시하는 모든 행위나 현상들은 부정한 것으로 여겨진다. 레위기의 규례들은 생명존준사상을 전제한다. 모세오경 (서울: 성서유니온, 2007), 151-152.

54) B. S. Childs, *The Book of Exodus* (London: SCM Press, 1991), 422.

55) 심규섭, 「구약의 십계명 연구」(서울: 기독교문서선교회, 1999), 191.

56) 이한영, 구약 어떻게 볼 것인가? (서울: 성서유니온, 2004), 103.

57) Cf. P. Kyle McCarter Jr., *Ancient Inscriptions* (Washington: Biblical Arachaeological Society, 1996)

58) Cf. ANET, 523-525 and ANE I, 133-38.

59) Cf. ANET, 188-197.

60) ANE I, 133-137. 1미나(mina)는 약 500g이고 이는 50세겔(shekel)이다. 1세겔은 은 11g이다.

61) ANE I, 138

62) ANET, 159-160.

63) 월터 카이저는 십계명은 고대근동의 법전과는 달리 사랑의 정신(loving spirit)을 기반으로 구성되어 있다고 말한다. W. C. Kaiser, Jr., *Towards Old Testament Ethics* (Grand Rapids, Mich.: Zondervan, 1983), 83.

64) 이 부분은 필자의 "구약 어떻게 읽을 것인가," 122쪽에서 이미 설명된 것이다.

65) ANET, 188-197.

66) J. H. Walton, *Anciente Israelite Literature in its Cultural Context* (Grand Rapids, Mich.: Zondervan, 1989), 106.

67) ANE II, 42-43. 이집트 판인 Ramses II와 Hattusilis III와의 조약은 신임(Credentials), 역사적 서론(History), 약정(Terms), 증인(List of Witness), 그리고 축복과 저주의 탄원(Litany of Curses and Blessing)으로 되어 있다. Victor H. Mathews and Don C. Benjamin, *Old Testament Parallels* (New York: Paulist Press, 1991), 49-53 참고.

68) ANE II, 45-69.

역사와 서술에서의
오경메시지

레 위 기

오경은 전통적으로 마소라 타나크(Masorah Tanakh) 성서의 삼대부문(오경, 예언서, 성문서) 중 첫 번째 묶음인 토라로서 기독교정경에서는 구약속의 복음서와도 같은 중요한 신학적 위치와 기능을 역할 해왔다. 그 주요 내용은 시내산 언약과 이스라엘 백성 가운데 출현하신 야웨 하나님의 성막 임재라 할 수 있다.

레 위 기

I. 서론

레위기는 출애굽기에서 "야웨 하나님께서 모세에게 말씀하셨다"(출 20:1; 33:9)는 언약규정의 연장으로서(וַיְדַבֵּר יְהוָה אֶל־מֹשֶׁה, 레 1:1; 4:1; 5:14; 6:11; 16:1) 시내산 언약이 암시하고 있는 거룩한 제사장 나라의 실현을 위한 규정들을 포함하고 있다. "세계가 다 내게 속하였나니 너희가 내 말을 잘 듣고 내 언약을 지키면 너희는 열국 중에서 내 소유가 되겠고, 너희가 내게 대하여 제사장 나라가 되며 거룩한 백성이 되리라"(출 19:5-6). 그러므로 레위기의 주요 모티프는 거룩함이라고 말 할 수 있다. "나는 너희의 하나님이 되려고 너희를 애굽 땅에서 인도하여 낸 야웨라, 내가 거룩하니 너희도 거룩할 지어다"(레 11:45). "너희는 거룩하라, 나 야웨 너의 하나님이 거룩함이라"(19:2b). 이에 카이저(Walter C. Kaiser Jr.)는 레위기에서 가장 많이 반복되는 용어는 "거룩"(קדשׁ)으로써 본문에서 150번 이상 사용되고, 제사물에 있어 흠이 없는 온전한 것을 표명하는 히브리어 타밈(תמים)은 25번, 그리고 정함(טָהוֹר, clean)과 부정함(טָמֵא, unclean)과 관련된 용어도 180번 이상 나타남을 지적한다. 이는 최소한 한 장에 14번 이상 거룩함과 관련된 용어들이 언급된 것이다.[1] 따라서 레위기를 구성하고 있는 제사장적 제의규례(1:1-16:34)와 실제적 사례적용(17:1-27:34)은 총괄적으로 이 거룩한 제사장나라의 형성을 위한 지침들인 것이다. 그러므로 레위기에서 거룩함은 언약백성의 삶의 방식이 되어야 하고, 예배와 노동과 삶의 전면에서 요구된 것이었다고 말 할 수 있다. 또한 성막봉헌(출

35:4-40:38)으로 마감하는 출애굽기에 이어 레위기는 그 성막에서의 예배(제사, 1:1-10:20)와 예배자의 거룩한 생활방식(18:1-25:55)을 진술하고 있다.

그러므로 출애굽기의 주요주제가 시내산 언약과 성막이었다면 레위기는 그 성막을 중심으로 한 제사장과 이스라엘의 대속과 성결에 초점을 맞추고 있다. 마소라 텍스트(MT)는 고대근동문학의 관례를 따라 오경의 다른 책에서도 마찬가지인 것처럼 레위기의 책명을 본문의 첫 단어를 딴 바이크라(ויקרא, "그리고 부르셨다")로 표기하고 있다. 그러나 후기 랍비들의 문헌이나 고대시리아역 오경인 페쉬타(Peshita)는 그 표제를 토라트 코카님(תורת כהנים), 즉 "제사장들의 가르침"(제사장들의 책)으로 하고 있다. 현대성경에서의 "레위기"는 칠십인역(LXX) 헬라어 형용사형인 레우이티콘(ΛΕΥΙΤΙΚΟΝ)의 라틴 벌게이트역(Latin Vulgate, Jerome)에서 유래된 것으로써 이도 "제사장과 관련한 것"으로 번역될 수 있다. 루커(Mark F. Rooker)는 헬레니즘문화권 유대인들이 제사장을 "레위인"으로 부른 것을 근거로 헬라어 ΛΕΥΙΤΙΚΟΝ(레위기)는 전통적으로 유대인들이 부르는 תורת כהנים(제사장들의 책)과 같은 의미라고 주장한다.2)

결론적으로 레위기는 이러한 제사장들의 제의와 성결한 생활방식 지침들을 통해 이 책의 중심이라고 말 할 수 있는 언약적 거룩함(covenantal holiness)을 기술하고 있다. 이는 공리적이나 규범적 거룩함이 아니라 관계적 거룩함을 의미한다. 언약백성이 거룩해야함은 그들이 성막에 임재하신 거룩하신 하나님과 인격적인 언약관계를 성립했기 때문이다.

II. 레위기의 서술 구조

고전적인 문서가설은 레위기는 P문서로 가정되는 1-16과 에스겔서 기록시기(포로기)로 소급되는 독립적인 익명의 H(Holiness)문서(17-26, 성결법전)로 구성되었음을 주장한다.3) 노트(M. Noth)는 1-7장의 제의들은 예루살렘 전승에서 유래된 것이며 이와 관련된 규범들은 부분적으로 H문서에도 암시되어 있음을 지적한다(17:7; 20:2). 그럼에도 불구하고 노트도 총괄적으로는 P가 포로기 말 작품으로 추정되는 H를 P의 사관으로 최종 편집했다고 본다.4) 이러한 문서가설과는 달리 세일해머는 레위기가 염소우상 언급(17:7)을 통해 출애굽기의 금송아지 우상(출 32:1-29) 내러티브와 통일적인 배열구조를 구성하고 있다고 주장한다.5) 제사장 아론이 연관된 금송아지 우상숭배 사건을 이어서는 시내산 언약을 중심으로 제사장 율법들을, 그리고 백성들이 연관된 염소우상 사건을 이어서는 일상생활의 율법들이 서술되었다는 것이다.

시내언약 출 19-31	금송아지 출 32	언약갱신 출 33-34	제사장과 제의 출 35-레 16	염소우상 레 17:7	사례적용 레 18-26
금송아지 출 32		제사장 율법들 출 35-레 16	염소 우상 레 17:7	일상생활의 율법들 레 18-26	

그러나 이러한 논쟁 가운데서도 가장 확실한 것은 레위기의 최종 문학형태에서의 내러티브가 총괄적으로 "거룩함"이라는 중심모티프(Mitte)를 가지고 있다는 것이다. 따라서 이러한 거룩함의 모티프를 중심으로 다음과 같은 서술적 구조를 구성해 볼 수 있다.

제의를 통한 거룩함	백성들의 제사법	1:1-6:7	대속제사
	제사장을 위한 제사법 지침	6:8-7:38	
중보자를 통한 거룩함	아론과 그 아들들을 위한 모세의 제사	8:1-36	
	아론의 첫 제사와 제사장직의 중요성	9:1-10:20	
정결함을 통한 거룩함	정결한 음식, 몸, 의복, 접촉	11:1-15:33	성결한 삶
완전한 거룩함	속죄일	16:1-34	
실제적인 거룩함	다양한 사례들	17:1-27:34	

1. 제사(1:1-7:38; 8:1-9:24; 16:1-34)

레위기는 총 7개의 주요 제사 유형에 대해 언급하고 있다(7:37; 16:1-34). 그 중 아사셀 제사(עזאזל)를 제외하고는 그 제의의식들은 모두 다 고대근동의 타문화 권에서도 유사하게 밝혀지는 것들이다.[6] 그러나 할례와도 같이 오경은 이 의식들에 고유한 신학적 의미를 부여한다. 레위기의 총괄적인 문맥에서 제의는 성막과 언약백성의 대속, 제사장직분 그리고 거룩한 삶의 중심으로 소개된다. 이들은 "번제와 소제와 속죄제와 속건제와 위임제와 화목제의 규례" (7:37)와 아사셀 제사(עזאזל, 16:1-34)를 포함한다. 출애굽기 1:1-7:36은 위임제를 제외하고는 모든 나머지 제사들을 다루고 있고, 8:1-9:24는 위임제, 그리고 16:1-34는 구약의 독특한 것으로서 아사셀 제사(속죄일)에 관련된 규례들을 서술하고 있다. 본문에서 이러한 제사들의 배열을 살펴보면 모든 제사들의 절정으로서 완전한 거룩함을 암시한다고 볼 수 있는 아사셀제사는 거룩함의 실제적인 적용에 관한규례들(17:1-27:34)에 앞서 16장에 기록되어 있고 반면 나머지 6개의 제사들은 정결한 것들과 부정한 것들에 관한규례들(11:1-15:33)에 앞서 다음과 같이 연속적으로 구성되어 있다.

A	번제(עלה)와 소제(מנחה)	1:1-17 2:1-16	"이스라엘 자손에게 고하려 이르라"
B	화목제(שלם) 기름과 피를 먹지 말라(3:17)	3:1-16	
C	속죄제(חטאת) 속건제(אשם)	4:1-5:13 5:14-6:7	
D	번제와 소제	6:8-13 6:14-23	"아론과 그 자손에게 명하여 이르라"
C´	속죄제 속건제	6:24-30 7:1-10	
B´	화목제 기름과 피를 먹지 말라(7:22-27)	7:11-21	
C´	위임제(מלואים): 번제와 소제	8:1-9:24	

레위기 1:1-9:24 내러티브는 크게 "이스라엘 자손들에게 고한"(1:2)것과 "아론과 그 자손에게 명한"(6:9) 두 개의 문단으로 이루어져 있다. 그 안에 배열된 6종류의 제사는 확장된 교차대구(Palistrophe: ABC-D-C'B'A') 구조를 가지고 있다고 볼 수 있다. 이는 본문의 몇 가지 명백한 요소들에 근거한 것인데, 먼저 제사장들이 가장 많이 집행하는 "번제와 소제"[7]가 본문의 첫 부분과 중간 그리고 마지막 부분(ADA')에 배열되어 있다. 둘째로 "야웨께 향기로운 냄새"(1:9, 13; 2:2, 9; 3:5)를 내는 번제와 소제와 화목제가 평행교차대구(ABB'A')를 이루고 있다. 특별히 "기름과 피를 먹지 말라"(3:17; 7:22-27)는 규명이 번제와 소제를 전후해 제사장과 백성들 부분에 각기 한 번씩 강조된 것은 이러한 교차구조를 잘 피력해 준다. 마지막으로 특별히 죄의 용서를 위해 주어진 속죄제와 속건제(CC')가 백성들을 위해 드려지는 번제와 소제에 대해 제사장에게 주어진 지침(CDC')을 전후해 배열되어 있다. 이러한 구조는 제사장들의 중보와 속죄의식을 통한 하나님과 언약백성들의 화목의 메시지를 반복과 교차를 통해 효과적으로 나타내는 것이라고 볼 수 있다.

1.1 백성에게 고한 제사(1:1-6:7)

이러한 구조 안에서 먼저 "이스라엘 자손에게 고한"(1:2) 제의들은 번제, 소제, 화목제, 속죄제, 그리고 속건제이다(1:1-6:7). 이들은 각기 나름대로의 특성을 가지고 있는데 첫째, 제일 보편적인 것은 화제이다. 제사물의 한 부분(소제, 화목제, 속죄제)내지 모두(번제)를 태워야한다. 이는 "야웨께 향기로운 냄새"(1:9, 13, 17; 2:2; 3:5; 4:3)로서 대속과 화목을 상징한다. 둘째, 동물을 제물로 희생시킬 경우 그 피는 성막의 다양한 기물들에 뿌려지는데 오직 제사장만이 이를 집행할 수 있다(1:5, 11; 3:2, 8, 13; 4:6, 17, 25, 30, 34; 5:8-9). 이는 성소와 백성들의 속죄에 있어 대속신학과 중보자로서의 제사장 역할을 암시한다고 볼 수 있다. 셋째로, 제사에 드려지는 동물은 정결한 것으로 구별된 흠이 없고 집에서 기른 것이어야 하며 야생동물이나 흠이 있는 것은 드릴 수 없다(11:2-8, 13-19). 여기서 중요한 것은 제사를 누구나 드릴 수 있도록 제물의 종류는 예배자의 신분과 경제적 상태에 따라 적절하게 정해져있다는 것이다. 이는 백성들에게 명한 속죄제에서 아주 구체적으로 설명되고 있다(4:3-5:13).

제사장	회중	족장	평민	힘이 어린양에 미치지 못하는 자	힘이 비둘기에 미치지 못하는 자
4:3-12	4:13-21	4:22-26	4:27-5:6	5:7-10	5:11-13
수송아지	수송아지	수염소	암염소, 암어린양	산비둘기, 집비둘기	기름과 유향을 넣지 않은 고운가루에바 1/10(2.2ℓ)

마지막으로 각 제사는 다음과 같은 특징들을 가지고 있다.

① 번제(עלה, burnt offering, 1:1-17; 6:8-13; 8:18-21; 16:24)
번제는 화제로서 제물 전체를 제단에 태우는 것이며 야웨께 향기로운 냄새로 열납된다(1:9). 번제물(양, 소, 새)은 대속을 위해 드려지는데 머리에 안수함으로 드리는 자에게 속죄가 된다(1:4). 번제는 자원으로 드려지는 제사로서 주로 고의가 아닌 죄에 대해 속죄함을 얻고 하나님께 자신을 내어드리는 헌신의 표현이 되기도 한다. 이사야 선지자가 메시아를 통한 이스라엘의 회복을 "도수장으로 끌려가는 어린양"(사 53:7)으로 묘사한 것은 이러한 번제를 시각화 한 것이라고 말할 수 있다.

② 소제(מנחה, grain offering, 2:1-16; 6:14-23)
소제는 곡류를 드리는 자원하는 제사로서 가난한 자들이 번제 대신 드릴 수 있는 제사로 볼 수 있다. 모든 소제는 다양한 곡류가루나 처음 익은 것(2:12)으로서 고운가루여야 하며 누룩이 없어야 하고 소금과 올리브기름, 혹은 향류가 첨가된다(2:4-13). 이는 모두 "야웨께 향기로운 냄새"(2:9)가 되기 위한 조치로 볼 수 있다. 소제는 하나님의 선하심과 그 공급하심에 감사하는 헌신을 암시한다.

③ 화목제(שׁלם, peace offering, 3:1-17; 7:11-34)

화목제는 제물의 일부를 화제로 드리고 유일하게 나머지 일부를 제사장과 예배자가 함께 나누는 의식을 포함한다. 이는 하나님 앞에서 중보자와 예배자의 화목한 교제와 감사의 모습을 드러낸다. 제물은 흠이 없는 다양한 동물이나 무교병으로서 이는 모두 화목 회식을 위한 것이나 화목제에 특별히 강조되는 "너희는 기름과 피를 먹지 말라"(3:17; 7:22-27)를 통해 하나님께 열납되는 화목제가 되어야 함을 강조한다. 흠이 없는 동물과 다양한 빵을 드린다. 사도 바울은 하나님께서는 "그(그리스도)의 십자가의 피로 화평을 이루사 만물 곧 땅에 있는 것들이나 하늘에 있는 것들을 그로 말미암아 자기와 화목케 되기를 기뻐하셨다"(골 1:20)고 증언한다.

④ 속죄제(חטאת, sin offering, 4:1-5:13; 6:24-30; 8:14-17)

속죄제는 의무적으로 드려야 하는 제사이다. 이는 고의가 아닌 죄를 속죄한다. 속죄제는 회개와 용서, 그리고 부정한 것들로부터의 대속을 암시한다. 특별히 백성들에게 고하신 속죄제 규례 부분은 예배자들의 신분과 경제적 상황을 고려한 제물을 제시한다. 이는 다양한 동물을 포함해 가장 어려운 자는 기름을 붓거나 유향을 놓지 않은 고운가루 에바 십분일을 드리는 것이다. 에바(אפה)는 22로서 1/10은 2.2ℓ 이다. 고운가루는 속죄제물이나 피의 부재로 제사장은 그것을 가져가 기념물로 한 움큼을 취하여 여호와의 단에 화제로 불살라야 한다(5:12). 특별히 속죄제 의식에서는 피를 바르고 뿌리는 행위가 강조되는데 이는 제단의 정결을 암시하고(4:5-7; 16:16) 궁극적으로 대속적인 사죄를 의미한다, "그가 사함을 얻으리라"(4:26, 31, 35; 5:10, 13). 또한 동물의 피와 기름을 뺀 나머지 전체를 진 밖에서 태우는데(4:10-12) 히브리서는 이를 그리스도의 예표로 묘사한다(히1 3:10-12). "우리에게 제단이 있는데 그 위에 있는 제물은 장막에서 섬기는 자들이 이 제단에서 먹을 권이 없나니, 이는 죄를 위한 짐승의 피는 대제사장이 가지고 성소에 들어가고 육체는 영문 밖에서 불사름이니라, 그러므로 예수도 자기 피로써 백성을 거룩케하려고 성문 밖에서 고난을 받으셨느니라."

⑤ 속건제(אשם, guilty offering, 5:14-6:7; 7:1-6)

속건제는 성물에 대한 범죄나(5:16), 야웨의 금령을 부지중에 범하였거나(5:17), 남에게 물질적으로 손해를 입힌 것(6:2-3)을 속죄 받는 제사로서 의무적인 것이며 이는 하나님께 드리는 것 외에 상대방에게 피해총액에 "오분지 일"(5:6; 6:5), 즉 약 20%를 더해 배상해야한다. 이는 속건제가 누구에겐가 손해를 끼쳤으나 고의적이지 아니한 죄의 용서와 부정함으로부터의 정결을 중보하는 제사라고 볼 수 있다. 제물로서는 숫염소나 암염소를 드리는데 "지정한 가치를 따라"(5:15) 손실액이 정해지고 그와 상당한 제물이 요구된 것 같다.

1.2 제사장에게 고한 제사(6:8-10:20)

"아론과 그 자손에게 명한"(6:9) 것은 위의 제사들을 제사장들이 어떻게 집행해야 하는 것인지와 특별히 제사장에게 돌아가는 제물의 분깃에 대한 설명을 포함하고 있다(6:8-7:36). 본문을 맺는말(7:35-36)은 이를 명백히 암시한다, "이는 야웨의 화제 중에서 아론에게 돌릴 것과 그 자손에게 돌릴 것이니 그들을 세워 야웨의 제사장의 직분을 행하게 한 날 곧 그 들에게 기름 부은 날에 야웨께서 명하사 이스라엘 자손 중에서 그들에게 돌리게 하신 것이라, 대대로 영원히 받을 소득이니라."

이어서 레위기 7:37-38은 아론과 그 아들들의 제사장 위임제(8:1-9:24)에 대한 규례를 명시한다. 이 위임제는 모세가 집행하는 것으로서 그 권위를 증명하고 오경에서 가장 광범위한 것으로서 속건제와 화목제를 제외하고는 새로운 요제(8:29)를 포함해 모든 종류의 제사(속죄제: 8:14; 번제: 8:18; 소제: 8:26)를 종합적으로 또 반복적으로 7일 동안 드리는 것으로 종결된다(8:33). 이어 모세는 아론에게 첫 제사를 집행하도록 명하고(9:1-7) 아론은 속죄제(9:2a, 3a, 8, 15)와 번제(9:2b, 3b, 12, 16)와 소제(9:4b, 9, 17)와 화목제(9:4a, 18)를 총 동원하여 하나님께 드린다.

이러한 아론의 첫 제사는 "야웨의 영광"(9:23)이 온 백성에게 나타나고 "야웨의 불"(9:24)이 단 위의 번제물과 기름을 태움으로 하나님으로부터 승인되었다는 표적이 되고 이는 곧 백성들로부터 공증을 받게 된다, "온 백성이 이를 보고 소리를 지르며 엎드렸더라"(9:24b).

이제 레위기에서 우리는 점차적으로 아론과 그의 자손들이 제사장 직분을 전문적으로 맡게 되는 것을 보게 된다. 여기서 특별히 "야웨의 영광"이 이전 시내산과 성막에서처럼 나타났으나 아론의 제사장직을 통하여 이제는 백성에게 직접 나타난 것에 주목할 필요가 있다. 이는 성막과 제의와 제사장의 중보를 통해 백성에게 더욱더 가까이 가시는 하나님의 보다 더 인격적이며 특별한 임재를 보여준다.

이러한 서술은 그 순서는 조금 다르나 내용에 있어 시내산과 성막내러티브와 유사한 평행구조를 형성하고 있다. 예로 "야웨의 영광" 뿐만이 아니라 금송아지 사건 이후 언약이 갱신된 것과도 같이 성막에서 "야웨의 명하시지 아니한 불"로 분향하다 죽게 된 나답과 아비후의 이야기(10:1-7)를 이어 제사장직분의 중요성과 이에 관련된 부가적인 규례(10:8-20)가 첨가되는 것을 볼 수 있다. 아론은 이러한 나답과 아비후의 사건 이후 그의 제사장직분을 더욱더 신중하게 접근한다(10:16-20; 신 26:14).

	시내산			성막			제사	
A	출 9:7-25	시내산	A′	출25:1-31:11	성막	A″	레1:1-6:7	제사
B	20:1-17	십계명	B′	31:12-18	안식일	B″	6:9-7:36	제사장의 제의규례
C	20:18-21	백성이 두려워하다	C′	32:1-35	금송아지	C″	10:1-7	나답과아비후의 범행
D	20:22-23:33	언약규례	D′	33:1-35:3	언약갱신	D″	10:8-20	제사장의 부가적 제의규례
E	24:1-18	시내산 언약체결	E′	35:4-40:38	성막봉헌	E″	8:1-9:24	아론의제사장 위임제
시내산에 임한 야웨의 영광 (כבוד יהוה, 24:17)			성막에 임한 야웨의 영광 (כבוד יהוה, 40:34)			백성에게 임한 야웨의 영광 (כבוד יהוה, 9:23)		

1.3 아사셀 제사(16:1-34)

대속죄일(יוֹם הַכִּפֻּרִים)은 매년 일회 부정해진 성막(16:16)과 온 백성(16:30)을 정결케 하는 날이다.8) 이날은 히브리 종교달력으로 새해 첫날(הַשָּׁנָה רֹאשׁ, Rosh Hashana)을 보낸 제7월(티스리달) 10일 째이다(16:29-34; 23:26-32). 이 날에 드려지는 제사는 특별한 것으로서 방심함으로 혹은 무의식중에 저질러진 성소와 온 나라의 죄와 부정을 속죄할 수 있는 독특한 형식을 취하고 있다. 이 제의에 포함된 아사셀 제사(עֲזָאזֵל, 16:8, 10, 26)는9) 고대근동 타문화권에서는 찾아볼 수 없는 유일한 형태를 가지고 있다.10) 이에 대해 먼저 레위기 1:1-16:34에서 소개되는 일곱까지 유형의 제사들 중 제일 마지막 제사인 아사셀제사가 왜 현재 문맥에 위치해 있는지를 생각해 볼 필요가 있다. 그 이유를 우리는 서문(16:1)에서 찾아볼 수 있다. 본문의 저자는 아사셀 제사의 배경으로서 그 규례가 "아론의 두 아들이 야웨 앞에 나아가다가 죽은 후에 야웨께서 모세에게 말씀하신 것"(16:1)으로 밝히고 있다. 이는 이 제사가 그러한 일이 다시는 일어나지 않게 하기 위해 주어진 조치임을 알 수 있다.

레위기 1:1-9:24는 성막과 백성을 속죄하기 위한 주요 제사법들을 제시하고 있다. 그러나 제사장들에게 있어 그것의 온전한 수행이 얼마나 심각하고 어려운 것인지는 "야웨의 명하시지 않은 다른 불"(10:1)로 분향함으로 죽게 된 나답과 아비후의 에피소드에서 분명해진다(10:1-7). 그러므로 성소와 그 안에 거하는 제사장과 모든 백성들은 철저하게 부정으로부터 정결함을 얻어야 한다(10:8-15:33). 그럼에도 불구하고 무의식적으로나 혹은 방심으로 인해 부정할 수 있음으로 하나님께서는 매년 일차 속죄일을 선포하여 그날 성소와 이스라엘이 모든 죄와 부정으로부터 속죄할 것을 명하신다(16:16, 29-34).

레위기	주요내용	목적
1:1-9:24	제사규례	성소와 백성의 속죄
10:1-7	나답과 아비후의 죽음	규례의 철저한 준행을 강조함
10:8-15:33	부정함과 그 정결을 위한 지침	부정을 철저하게 예방함
16:1-34	아사셀제사	누적된 모든 부정과 죄를 속죄함
17:1-27:34	거룩한 삶	실제적인 적용

속죄일의 희생제물은 두 마리의 수염소들로서 이는 하나의 속죄 제의에 필요한 것들이다(5절). 제비뽑기를 통해 한 마리는 야웨께(לַיהוָה) 속하고 다른 한 마리는 아사셀(לַעֲזָאזֵל)에게 속하게 된다. 까젤레스(H. Cazelles)에 의하면 여기서 각 명사(야웨와 아사셀)에 접두 된 히브리 전치사 라메드(לְ)는 소유격 라메드(lamed auctoris)로서 이는 종종 "그 누구를 대표하는" 인장이나 봉인에서 발견된다.11) 그러므로 한 마리는 야웨께 속한 속죄 제물이고 또 한 마리는 아사셀에게 속한 제물로 볼 수 있는데 이 두 번째 수염소는 야웨 앞에 산대로 두었다가 다시는 돌아올 수 없는 광야로 보내진다(16:10). 문제는 이 아사셀의 정체이다. 이에 대해 세 가지의 견해가 있다.

첫째는 아사셀이 광야의 한 장소를 의미한다는 것이다.

레위기 16:10b는 "그것(제비 뽑힌 염소)을 아사셀로, [곧] 광야로 보내기 위해서이다"(לְשַׁלַּח אֹתוֹ לַעֲזָאזֵל הַמִּדְבָּרָה)로 직역될 수 있다. 탈굼은 실제로 아사셀을 돌아올 수 없는 "험한 산들"(hardest of the mountains)로 기술했다. 미드라쉬 전통은 "흉포한 땅"(fierce land)으로 해석한다.12) 그러나 지속적인 광야의 이동생활에서 고정된 한 지역을 의미한다는 것은 역설이 아닐 수 없다.

두 번째는 아사셀을 광야를 다스리는 신화적 악마로 해석하는 견해이다. 이는 이스라엘이 "음란히 섬기던 수염소"(לַשְּׂעִירִם אֲשֶׁר הֵם זֹנִים אַחֲרֵיהֶם, 17:7) 언급으로부터 추측된 것인데 아사셀(עֲזָאזֵל)을 에쯔-엘(עֵז-אֵל, 염소 신)의 축소된 발음 표기로 보는 것이다. 그러나 속죄제에 "염소 신"이 관련되는 것은 오경의 유일신 사상과 특별히 레위기의 정결한 것을 통한 대속사상과 전면으로 상반되는 것이다.

세 번째로, 아랍어로 아잘라(azala)는 "옮기다"는 뜻인데, 칠십인역(LXX)을 근거로 라틴역(Vulgata)은 아사셀을 "옮기는[탈출하는] 염소"(caper emissarius, scapegoat, 속죄양, KJV, NIV)로 기술하고 있다.13) 이는 레위기 1:1-16:34의 신학적 문맥에서 볼 때 "죄를 옮기다"의 대속사상을 잘 반영해 준다고 볼 수 있다. 즉, 제사장은 이스라엘 자손의 신성하지 못함과 그 범한 모든 죄로 인하여 부정케 된 성막을 속죄하기 위해 수송아지의 피와 더불어 제비뽑은 한 마리의 염소의 피를 뿌려 단을 성결케 한 후(16:16-19) 다른 산 염소(아사셀 역할을 할

염소)는 두 손으로 안수하여 이스라엘의 모든 불의와 그 범한 모든 죄를 고해 돌아올 수 없는 광야로 보내지는데, 이는 그 죄가 다시는 돌아오지 못하는 온전한 대속을 암시한다고 볼 수 있다(16:20-22). 이 독특한 제의를 통해 제사장은 자신과 성소를 속죄할 뿐만 아니라 이스라엘 온 회중을 "모든 죄에서 야웨 앞에 정결케 한다"(16:30). 또한 이 독특한 제의를 통한 레위기의 대속사상은 신약에서 그리스도의 대속을 상징하는 예표로 해석된다. 히브리서는 구약의 희생제사와 그리스도의 대속 모형론을 설명하고 있다. "율법은 아무 것도 온전케 못 할지라, 이에 더 좋은 소망이 생기니 이것으로 우리가 하나님께 가까이 가느니라"(히 7:19). "이 뜻을 좇아 예수 그리스도의 몸을 단번에 드리심으로 말미암아 우리가 거룩함을 얻었노라"(히 10:10). "이것을 사하셨은즉 다시 죄를 위하여 제사 드릴 것이 없느니라"(히 10:18). 이렇게 신약은 레위기의 희생 제사들이 장차 임할 완전하고도 영원한 그리스도의 대속을 암시했음을 증언하고 있다.

2. 정결과 부정(레11:1-15:33)

이 부분은 제사규례(1:1-9:24)를 범한 나답과 아비후 에피소드(10:1-7)를 이어 강조되는 정결에 관한 세밀한 지침들을 기술하고 있다. 이는 속죄와 관련된 제사규례에 이어 부정으로부터 정결된 거룩한 삶과 관련된 것들이다. 이스라엘은 거룩한 제사장 나라로서 구별된 정결한 생활방식을 수행해야 하며 이는 먹는 것으로부터 만지는 것, 입는 것, 건강, 출산, 장례, 실제 삶의 모든 형태를 포함한다.

본문(11:1-15:33)은 이러한 다양한 정결 방식들과 생물들에 대한 선별목록을 구성하고 있는데, 일관된 체계로 배열하고 있지는 못하나 크게는 4개의 각 목록을 "야웨가 ~에게 가라사대"(אל יהוה וידבר)로 시작해 끝에 "이것은 ~에 관한 규례들이다"(זאת תורת)로 마무리 짓는 식으로 다음과 같이 기술하고 있다.

A	11:1-45	야웨가 ~에게 가라사대	וַיְדַבֵּר יְהוָה אֶל־	모세와 아론에게
	11:46-47	이것은 ~에 관한 규례들이다	זֹאת תּוֹרַת	먹는 것으로 인한 부정함과 정결규례
B	12:1-8	야웨가 ~에게 가라사대	וַיְדַבֵּר יְהוָה אֶל־	모세에게(출산한 여인의 정결규례)
	13:1-58	야웨가 ~에게 가라사대	וַיְדַבֵּר יְהוָה אֶל־	모세와 아론에게
	13:59	이것은 ~에 관한 규례들이다	זֹאת תּוֹרַת	피부와 의복의 부정한 것
B′	14:1-32	야웨가 ~에게 가라사대	וַיְדַבֵּר יְהוָה אֶל־	모세에게(문둥병 환자의 정결규례)
	14:33-53	야웨가 ~에게 가라사대	וַיְדַבֵּר יְהוָה אֶל־	모세와 아론에게
	14:54-57	이것은 ~에 관한 규례들이다	זֹאת תּוֹרַת	피부와 의복의 부정한 것
A′	15:1-31	야웨가 ~에게 가라사대	וַיְדַבֵּר יְהוָה אֶל־	모세와 아론에게
	15:32-33	이것은 ~에 관한 규례들이다	זֹאת תּוֹרַת	유출로 인한 부정함과 정결규례

정결에 관한 선별목록은 야웨께서 "모세와 아론에게"(AA′)만 말씀하신 것과 "모세에게"를 이어 또 "모세와 아론에게" 말씀하신 것(BB′)으로 구분된다. "모세에게"로 배열된 부분은 아주 민감하고 까다로운 상황으로서 부정한 사람과의 개인적인 상담을 요구하는 출산한 여인(12:1-8)과 문둥병 환자(14:1-32)에 관한 규례들을 다루고 있고, "모세와 아론에게" 해당하는 규례들은 일반적으로 기술적인 것들임을 볼 수 있다. 이는 레위기에서 아론과 그의 자손들의 제사장직분이 그 전문성에 있어 특별히 부각되고 확실해지지만 모세의 우월성에는 변함이 없음을 분명히 보여준다. 이제 이러한 목록은 각기 하나의 요약으로 마무리된다. 예로 레위기 11:46-47(A)을 들 수 있다, "이는 짐승과

새와 물에서 움직이는 모든 생물과 땅에 기는 모든 기어 다니는 것에 대한 규례니, 부정하고 정한 것과 먹을 생물과 먹지 못할 생물을 분별한 것이니라." 이 목록은 주로 먹는 것들로서 동물과 물고기와 새와 기는 것을 다 포함한 부정한 것들을 나열하고 있다. 이어 13:59(B)는 피부병으로 인해 감염된 다양한 의복들을 어떻게 처리할 것인지에 대한 규례, 14:54-57(B')는 문둥병자와 관련된 의복과 가옥과 피부의 진찰과 정함을 선포하는 규례, 그리고 15:32-33(A')는 "불결을 앓는 여인과 유출병이 있는 남녀와 불결한 여인과 동침한 자에게 관한 것"이다. 이러한 구분은 근본적으로 위생에 관한 것 보다는 이스라엘이 구별된 민족이라는 것을 기억하게 해준다. 예로 정결한 동물은 길들여진 것으로서 새김질을 하며 굽이 갈라진 초식동물이어야 되는데(11:4), 이는 "죽은 것을 만지지 말라"(11:24-28)는 것과 "피를 먹지 말라"(창 9:3-4; 레 17:10-16)는 가르침을 통한 생명 존엄성 사상과 혹은 돼지와 같은 이방우상 제물을 가증하게 여기는 것으로(11:8) 언약백성의 구별을 반영하는 것이라고 말 할 수 있다.[14] 중요한 것은 이러한 구별된 식사 방식과 접촉, 그리고 정결의식들은 에덴동산의 구별된 생명나무와 선악과, 시내산과 성막의 공간적 구별, 그리고 제사장과 이스라엘과 이방인의 구별 된 모형과 함께 언약백성의 선택을 시각화 시켜준다는 것이다.[15]

3. 언약백성들의 구별된 삶(레 17:1-27:34)

레위기 첫 부분(1:1-16:34)이 속죄와 정결에 관한 규례를 중심으로 구성되어 있다면 마지막 두 번째 부분(17:1-27:34)은 속죄함을 입은 언약 백성들의 성결된 삶에 관한 지침들로 구성되어 있다. 이는 이스라엘이 하나님에게 대하여 제사장 나라가 되며 거룩한 백성이 되기 위해(출 19:6) 애굽과 가나안의 풍습으로부터 구체적으로 구별시키는 규범들이다. "너희는 그 거하던 애굽 땅의 풍속을 좇지 말며 내가 너희를 인도할 가나안 땅의 풍속과 규례도 행하지 말고, 너희는 나의 법도를 좇으며 나의 규례를 지켜 그대로 행하라 나는 너희의 하나님이 야웨니라"(18:3-4). 세일해머는 이 두 번째 부문의 서막은 금송아지 내러티브(출 32)가 제사장들을 규제하는 율법들(출 35-레 16)을 도입한 것과 같이 염소우상(17:2-9)을 백성들을 규제하는 규례에 앞서 기술하고 있다고 주장한다.16) 중요한 것은 이 두 번째 부문의 전체적인 문맥에서 염소우상(17:2-9) 금지와 "피를 먹지 말라"(17:10-16)는 서문은 이어지는 성결법전(Holiness Code, 18:1-26:2)의 주요모티프를 미리 예고하고 요약하는데 있다고 볼 수 있다. 그것은 언약백성으로서 애굽과 가나안으로부터 구별된 삶의 방식과 신학에 대한 것이다(18:3-4, 24-30; 20:23). 서문에서 염소우상숭배 금지는 언약백성들이 반복할 가나안의 배도를 미리 예고한다.

또한 희생의 피는 대속신학을 암시하는 것으로서(17:11) 고대근동의 보편적인 기복신앙을 근본적으로 반박하는 것이라고 말 할 수 있다. 이러한 본문은 전체적으로 "야웨께서 모세에게 일러 말씀하신 것"(17:1; 18:1; 19:1; 20:1; 21:1; 22:1; 22:17; 23:1, 9, 23, 26, 33; 24:1; 25:1; 27:1)인데 22:1과 22:17(모세가 아론에게)을 제외하고는 모두다 백성들에게 주어진 말씀으로 서문(17:1-16), 성결규례들(18:1-24:23), 안식년(25:1-55), 축복과 저주(26:346), 그리고 서원(27:1-34)으로 구성되어 있다.

서문	염소우상 숭배	17:1-9
	피를 먹지 말라	17:10-16
성결규례	야웨께서 모세에게 말씀하신 것 "너는 이스라엘 자손에게 고하여 이르라"	18:1-24:23
안식일	안식년	25:1-26:2
축복과 저주	"너희가 나의 규례와 계명을 준행하면"	26:3-13
	"그러나 너희가 내게 청종치 아니하여 이 모든 명령을 준행치 아니하며…나의 언약을 배반할 진대 내가 이같이 너희에게 행하리니"	26:14-16
서원	"이상은 야웨께서 시내산에서 이스라엘 자손을 위하여 모세에게 명하신 계명이니라."	27:1-34

3.1 절기(23:1-44)

성결법전(17:1-26:46) 안에 삽입된 절기부문(23:1-44)은 민수기 28:1-29:40과 신명기 16:1-17의 절기 본문들과 다소 빈약한 복합적인 평행을 이루고 있다. 또한 성결법전 안에서도 이 부문은 여러 가지 구조적인 문제를 가지고 있다. 예로 통상적으로 일 년 일회로 지켜지는 절기에 관한 이 부문에 안식일이 언급되고 있는 것(23:4)과 이 부문을 장막절 규례로 마감하는 23:37-38을 이어 또다시 장막절을 반복하여 서술하고 있는 점을 들 수 있다(23:39-44).[17] 그러나 본문의 저자는 이 부문을 "이스라엘 자손에게 성회(מועדים, 절기)를 공포하라"(23:2)는 서문과 "모세가 야웨의 성회(מועדים, 절기)를 이스라엘 자손에게 공포하였더라"(23:44)라는 끝맺음으로 하나의 통일적인 문학구조를 시도하고 있음을 볼 수 있다.

"이스라엘 자손에게 성회(מועדים, 절기)를 공포하라"(23:2).				
	레위기	민수기	신명기	출애굽기
안식일	23:3	28:9-10		31:12-17
유월절과 무교절	23:4-8	28:16-25	16:1-8	12:1-20
초실절	23:9-14			
칠칠절	23:15-22	28:26-31	16:9-12	
나팔절	23:23-25	29:1-6		
속죄일	23:26-32	29:7-11		
장막절	23:33-43	29:12-40	16:13-17	34:22
"모세가 야웨의 성회(מועדים, 절기)를 이스라엘 자손에게 공포하였더라"(23:44).				

중요한 것은 이 부문이 성결법전 안에서 어떠한 역할을 하고 있는지에 대한 성찰이다. 이를 이해하기 위해서는 이 절기규례를 성결법전의 총괄적인 주요모티프로 조명해 볼 필요가 있다. 그것은 하나님께서 언약백성인 이스라엘로 하여금 그들이 과거에 거했던 애굽 땅의 풍속뿐만 아니라 앞으로 들어갈

가나안 땅의 풍속과 규례도 행하지 못하게 하기 위함이다(18:3-4). 이스라엘은 선택된 민족으로서 제사장 나라와 거룩한 백성이 되어야 한다(출19:6). 이를 위해 독특한 대속신학이 함축된 제의규례들을 준행해야 하며(1:1-16:34, 제사장법전) 언약백성으로서의 구별된 생활방식을 수행해야 한다(17:1-26:46, 성결법전). 그런데 특별히 이 두 번째 부분에서는 가나안의 이교도적인 풍속들을 좇지 말라는 규명이 강조되고 있는 것을 볼 수 있다. 예로 성(性)과 관련된 규례들(18:6-23)은 이스라엘로 하여금 가나안의 가증한 제의적 음행으로부터 구별되게 하기 위함이다(18:2-4, 24-30).

여기서 이 성과 관련된 부문에 왜 암몬 신 몰렉(왕상 11:7)에게 자녀를 희생시키는 제의(18:21)를 언급하고 있는지에 대해 많은 논쟁이 있다. 전통유대교 해석에 의하면 몰렉에게 받쳐지는 아이는 신당창녀로 키워졌다고 한다.[18] 중요한 것은 이도 끝내는 가나안의 이교도적인 제의를 금지하는 규례라는 것이다. 거룩한 생활과 관련된 규례(19:1-20:27) 속에서도 가나안을 암시하는 우상숭배금지(19:4), 마법 금지(19:26), 머리 가를 둥글게 깎는 것에 대한 금지(19:27), 문신의 금지(19:28), 자녀를 몰렉에게 받치는 것에 대한 금지(20:2-5)가 규정되어 있다. 이 모든 것을 종합해 볼 때 절기 부문(23:1-44)도 예외가 될 수 없다. 이는 이 종교절기들의 다음과 같은 특징에서 명백해진다.

첫째 이 절기들은 가나안의 농경절기들과 병행을 이루고 있다는 점이다. 유월절(14일)과 무교절(15-21일)은 가나안의 보리 추수축제가 있는 아빕월(3-4월)이며 칠칠절은 시반(5-6월) 6일로 이 때는 밀 추수축제가 있는 기간이다. 티스리월(9-10월)은 속죄일(10일)과 장막절(15-21일)이 있는 달로서 땅을 경작하는 가나안의 중요한 농경절기 때이다.[19] 가나안의 제의적 음행은 이러한 농경절기를 중심으로 집행되었다. 이는 생계와 관련된 것으로서 가나안 신앙공동체의 문화와 종교를 통합하고 집결시키는 중요한 인류학적 의식들이었다. 그러므로 두 번째로 레위기의 절기들은 하나님께서 이스라엘에게 가나안의 세속적 절기들을 대체할 수 있도록 주어진 것으로 해석할 수 있다. 이는 마치 오늘날 유대인들이 마카비(Maccabeus) 혁명을 기념하는 하누카(הנוכה)를 크리스마스를 대체하기 위해 12월 25일에 지키는 것과 유사하다고 말 할 수 있다.

그러므로 레위기의 절기들은 기간적으로 가나안의 농경절기에 속하나 그 유형과 내용에 있어 언약백성의 절기로서 명백히 구별되고 있음을 알 수 있다. 먼저 구조 유형에 있어 이 본문이 안식일을 언급하는 것으로 시작하는 것에 주목할 필요가 있다(23:4). 실제로 안식일은 절기에 속하지 아니한다. 그러나 이러한 안식일의 서두는 나머지 절기들로 하여금 창조로부터 거룩히 구별된 안식일(창 2:3; 출 31:12-17)의 권위를 동등하게 부여받게 한다. 이에 알쳐(G. L. Archer)는 이 절기들이 안식일의 "거룩한 일곱" 숫자를 공유하고 있음을 지적한다.[20] 예로 칠일 째는 안식일이다(23:4). 칠 년째는 안식년이다(25:4). 칠년씩 일곱 번을 지내고 난 새해는 희년이다(25:8). 유월절은 아빕월 두 번째 칠일 째(14일)이다(23:5).

무교절은 유월절 다음날부터 칠일동안 거행된다(23:6). 칠칠절은 무교절 다음날부터 칠 안식일의 수효를 채운 날이다(23:15). 제7월인 티스리월에는 속죄일(23:27)과 초막절(23:34)을 거행한다. 이러한 절기들의 모티프 또한 가나안의 다산과 풍요로움과는 대조적이다. 이스라엘의 절기축제가 피력하는 것은 하나님께서 그들을 애굽으로부터 구원하신 것(유월절, 무교절), 그들을 보살피시고 토지의 소산을 거두게 하시는 것(칠칠절, 장막절), 그리고 온 백성을 속죄하는 것(속죄일)이다. 이렇게 성결법전 안에서의 절기규례(23:1-44)는 일반생활 규례(18:1-20:27)와 제사장 규례(21:1-22:33)와 더불어 가나안의 이교도적인 풍습을 염두에 두고 있음을 볼 수 있다.

3.2 안식년과 희년(25:1-26:2)

이 섹션은 야웨께서 모세에게 시내산에서 말씀하신 것임을 서두에서 밝히고 있다(25:1). 이는 레위기 전체를 "이상은 야웨께서 시내산에서 이스라엘 자손을 위하여 모세에게 명하신 계명이다"(27:34)라고 설명한 저자의 맺는말을 제외하고는 레위기에서 총 세 번(7:38; 25:1; 27:34) 언급된 시내산 중 한번으로서 본문의 배경을 애굽으로부터의 구속과 시내산 언약으로 연결하고 있다. 이는 이스라엘로 하여금 과거 애굽에서 노예 되었던 시절을 상기시킴으로(25:42,

55) 그들이 거하게 될 새로운 땅에서 더 이상 노예가 아닌 주인으로서 어떻게 그 땅을 경영하며 그 이웃과 지낼 것인가를 가르치고 있다. 이는 안식년 (הַשְּׁבִיעִית) 제도를 통하여 박애와 종교적 모티프에 의한 노예해방(출 21:2-6), 농경지 휴경(출 23:10-11), 채무자의 면제(신 15:1-6)[21] 그리고 땅의 안식(레 25:1-7, 18-22)을 규정하고 더 나아가 가나안에 들어간 때를 기점으로 일곱 번째 맞는 안식년이 지난 그 다음 해인 제 오십 년째의 해를 희년(레25:8-22; 27:18, 23-24, שְׁנַת הַיֹּבֵל)[22] 대사면의 해로 선포하여 토지 문제(25:23-28), 주택 문제(25:29-34), 이자 문제(25:35-38) 그리고 노예해방 문제(25:39-55)를 다루고 있다. 이러한 구약의 희년제도는 토지의 궁극적 봉주는 하나님이시며 이스라엘은 야웨의 땅에 거주하는 나그네 또한 청지기임을 분명히 밝히고 있다.

그러므로 토지는 다 하나님의 것(כִּי־לִי הָאָרֶץ)이며 이스라엘은 잠시 우거하는 나그네(כִּי־גֵרִים וְתוֹשָׁבִים אַתֶּם)인 것이다(25:23).[23] 이는 세계가 다 하나님께 속하였고 이스라엘을 제사장 나라와 거룩한 백성으로(출 19:5-6) 세우시려는 하나님의 섭리와 평행을 이룬다. 그러므로 희년은 국가적인 창조안식(창 2:3)의 회복을 암시하는 것이라고 말 할 수 있다. 마지막으로 성결법전을 안식과 관련한 절기, 안식년, 희년, 그리고 안식일 성수명령(26:2)으로 끝맺는 양식은 오경의 주요 섹션들이 일관되게 안식일을 최대의 목적으로 제시하는 패턴을 반복한 것이라고 말 할 수 있다. 이는 언약의 궁극적인 목적이 하나님과 피조물과의 영원한 안식임을 다시 한 번 기억케 한다.

창조(창 1:1-2:3)	성막(출 25:1-31:11)	거룩한 삶(18:1-24:23)
우주만물의 창조 내러티브	성막건축을 위한 규례들	언약백성들의 성결 된 삶의 규례
안식일(창 2:3)	안식일(출 31:12-17)	안식일(25:1-26:2)

3.3 성결법전 종결(26:1-27:34)

성결법전은 고대근동의 종주권 조약에서 통상적인 상벌규정(26:1-46)과 서약(27:1-34)을 마지막 부문에 도입하고 있다. 이는 신명기법전의 구조(신 28:1-

68)와도 유사하고 간략한 순종에 대한 축복(26:3;-13), 좀 더 구체적인 불순종에 대한 저주(26:14-39), 그리고 서원(27:1-34)을 포함한다. 이는 거룩한 언약백성으로서의 책임과 헌신이 그 얼마나 중한가를 보여주고 성결규례의 실행을 강화한다. 나답과 아비후의 죽음(10:1-7)이 제사장사역의 중요성을 강조하는데 기여했다면 축복과 저주는 백성들의 거룩한 생활방식의 불가결함을 강화하는 것으로 볼 수 있다. 이는 제의를 통한 언약백성의 대속이 반드시 성결 된 삶으로 이어져야 함을 상과 벌을 통하여 역설된다. 성결규례 준수에 대한 축복은 이전 언약들에서 일관되게 반복되는 땅과 번성의 주제를 반영하고 있다. "너희로 번성케 하고 너희로 창대케 할 것이며"(26:9b; 창 1:28, 9:1, 12:2-3). 반대로 저주는 땅의 비생산(25:16, 19-20, 26)과 열방으로 흩어짐(25:33)과 죽음(25:25)을 예고하고 있다.

마지막으로 성결법전은 열 개의 구체적인 서원을 통한 백성들의 헌신 율법을 나열하는 것으로 종결된다(27:1-34). 이는 애굽에서 구속함을 입은 이스라엘이 이제는 제사장의 나라와 거룩한 백성으로서 그 본분을 수행하는 책임이 얼마나 큰 것일까 하는 여운을 남긴다.

주(註)

1) Cf. Walter C. Kaiser, Jr., *Toward Old Testament Ethics* (Grand Rapids, Mich.: Zondervan Publishing House, 1983), 14-22.

2) Mark F. Rooker, *Leviticus*, TNAC (Nashville: Broadman & Holman Publishers, 2000), 23. 레위인과 제사장의 공용은 신명기에서 가장 두드러지게 나타난다(신 17:9, 18; 18:1, "레위사람 제사장").

3) Cf. E. Sellin & G. Fohrer, *Introduction to the Old Testament* (Nashville: 1968), 185.

4) M. Noth, *Leviticus*, OTL (London: SCM Press, 1977), 15.

5) 세일해머(하), 223-226 참고.

6) 고대근동 타종교의 제의의식과 이스라엘의 의식과의 비교연구에 대해 다음을 참고하라. Joann Scurlock, "The Techniques of the Sacrifice of Animals inAncient Israel and Ancient Mesopotamia: New Insights Through Comparison, Part 2," *Andrew University Seminary Studies,* Vol. 44, 2 (2006), 241-264.

7) 번제와 소제는 구약에서 가장 많이 드려지는 제사이다. Gordon Wenham, *The Pentateuch* (Downers Grove: InterVarsity Press, 2003), 57 참고.

8) 노트에 의하면 본문의 제의는 원래 성소의 정결을 위한 제의였다. 그러나 후기에 속죄 사상이 첨가되었다. 그러므로 레16:29-31은 23:27-28; 25:9와 함께 포로기 이후편집으로 간주된다. M. Noth, *Leviticus*, OTL (London: SCM, 1977), 117.

9) 본문 이전에 소개된 모든 제사들은 고의적이지 않은 혹은 의식된 죄를 속죄하는 제사들이었다. Keil & Delitzsch, *The Pentateuch in Biblical Commentary on the Old Testament*, II, 394-395 참고.

10) Baruch A. Levine, Leviticus, JPS (Philadelphia: The Jewish Publication Society, 1989), 99; Joann Scurlock, "The Techniques of the Sacrifice of Animals inAncient Israel and Ancient Mesopotamia: New Insights Through Comparison, Part 2," *Andrew University Seminary Studie*s, Vol. 44, 2 (2006), 241-264 참고.

11) H. Cazelles, "La question de lamed auctoris," *RB* 56 (1949), 93-101.

12) Baruch A. Levine, *cit. op.*, 102.

13) Brown-Driver-Briggs, Baehr, Tholuck, Winer는 모두 לעזאזל의 의미를 여러 개 중 특별히 "옮기기 위한 것"(for removal)으로 번역한다.

14) W. Kornfeld, "Reine und Unreine Tiere im Alten Testament," *Kairos* 7 (1965), 137-138.

15) Gordon J. Wenham, *The Pentateuch* (Downers Grove: Intervarsity, 2003), 93.

16) John H. Sailhammer, *The Pentateuch as Narrative* (Grand Rapids: Zondervan, 1992), 342-345.

17) Cf. M. Noth (1997), 166.

18) M. weinfeld, "Molech, cult of," EncJud 12, 232; J. Day, Molech, *A God of Human Sacrifice in the Old Testament* (Cambridge: University Press, 1989), 21-23. 본문에서는 몰렉에게 아이를 바치는 것은 불로 지나가는 희생을 의미함이 명백하다. 이는 왕하23:10, 렘7:31에서도 밝히고 있다. 그러나 레위기 문맥에서는 그 어떠한 형태의 성적인 행위가 수반되었을 가능성을 남긴다.

19) Cf. John Day, "Religion of Canaan," *ABD*, 1:831-837.

20) Gleason L. Archer, *A Survey of Old Testament Introduction* (Chicago: Moody Press, 1974), 259-260.

21) Zipporah G. Glass, "Land, Slave Labor and Law: Engaging Ancient Israel's Economy," *JSOT* 91 (2000), 27-39는 고대이스라엘의 희년(레 25:8-22)과 노예해방(신 15)은 인도주의적인 것이 아니며 순수한 경제적 상황에서 채택된 것이라고 주장한다. 소농에 의한 생계기반경제(subsistence-based economy)에서 대농에 의한 물류기반경제(commodity-based economy)체제로의 전환에서 노예의 유지는 비경제적이었다고 설명한다. 그러나 이러한 사회학적 접근은 현대경제 모델에 의한 해석으로서 구약본문의 문맥과 내용을 배제한 문제가 있다. 예로 신명기 15장은 13장에 우상숭배, 14장에 구별된 식물에 이어 가난한 자들의 빚을 청산하는 신학-윤리적 문맥에서 이해되어야 한다.

22) A. Alt는 희년은 50년째가 아닌 49년째 안식년으로 지켜졌다고 주장한다. 그러나 그것은 농경지 휴지가 2년 연속되면 경제적 어려움에 처하게 된다는 합리적인 논리적 사고에 의한 가설이다. Kawashima는 50년 주기의 희년은 50주 주기의 칠칠절(Feast of Weeks, 레 23:15-16, 25:8-10)과 평행을 이루고 있으며 이는 히브리인들의 계산법 상 제50년째를 의미한다고 논증한다. Cf. A. Alt, *Essay on Old Testament History and Religion* (New York: Doubleday

and Comp., 1968), 165; Roberts S. Kawashima, "The Jubilee, Every 49 or 50 Years?" Vetus Testamentum 53:01 (2003), 117-120.

23) 희년을 포로이후기의 평등을 위한 토지개혁이나 반대로 바빌론 유수에서 돌아온 족속들이 팔레스타인에 머물었던 사회 하위 층의 소유를 다시 매립하려는 것이라는 사회학적 해석들이 있다. 그러나 이는 구약의 종교적 모티프를 충분히 배려하지 못한 해석이라고 할 수 있다. 희년을 구약언약의 총체적인 맥락에서 이해해 볼 필요가 있다. Cf. Henry T. C. Sun, Land Tenure and the Biblical Jubilee: *Uncovering Hebrew Ethics through the Sociology of Knowledge* (Sheffield: JSOT Pr., 1993).

역사와 서술에서의
오경메시지

민수기

오경은 전통적으로 마소라 타나크(Masorah Tanakh) 성서의 삼대부문(오경, 예언서, 성문서) 중 첫 번째 묶음인 토라로서 기독교 정경에서는 구약속의 복음서와도 같은 중요한 신학적 위치와 기능을 역할 해왔다. 그 주요 내용은 시내산 언약과 이스라엘 백성 가운데 출현하신 야웨 하나님의 성막 임재라 할 수 있다.

민 수 기

I. 서론

마소라(BHS)는 민수기 책명을 고대근동의 통상적인 문학관례에 따라 레위기(첫 단어, ויקרא, "그리고 부르셨다")에서와 마찬가지로 첫 절 첫 단어인 브예다베르(וידבר, "그리고 그가 말씀하셨다")로 기술했다. 이는 본문의 내용이 시내산 언약에서부터 모세에게 말씀하신 규례들과 연결되고 있음을 암시하기도 한다(출 20:1; 레 33:7-11, 27:34; 민 1:1). 그러나 유대인들은 통속적으로 미드라쉬(Midrash, 랍비주석)의 하가다(הגד, 내러티브 주석) 전통을 따라 오경의 이 네 번째 책을 베미드바르(במדבר), 즉 "광야에서"로 불러왔다. 출애굽기에서 이스라엘은 애굽의 억압에서 하나님의 구속함을 입어 광야로 나아갔다. 그리고 신명기에서 모세는 요단강 동편 모압평지에서 출애굽사건과 시내산을 경험하지 못한 신세대들에게 지난 40년 동안의 광야생활을 회고하며 미래 가나안 정착과 관련된 지침들과 언약을 갱신하였다. 그렇다면 애굽에서 출애굽 한 구세대들은 시내 광야에서 어떻게 된 것일까? 과연 출애굽과 모압 평지에서의 사건(출애굽기와 신명기) 사이에는 어떠한 일들이 일어난 것일까? 구세대와 신세대의 전환점은 무엇이며 어디에서 일어났는가? 이에 대한 답을 우리는 대다수 민수기에서 찾아볼 수 있다. 민수기는 바로 이 "광야에서"(במדבר) 일어난 일들을 세밀히 서술하여 출애굽기와 신명기의 전환점을 구성하고 있는 것이다. 전통적으로 민수기는 일관된 구조를 갖지 못한 하나의 독립된 책으로서 다양한 형식과 전승의 복잡한 형성 과정을 가지고 있는 것으로 알려져 있다.[1]

노트(M. Noth)는 민수기를 한마디로 "무수한 전승조각들의 비체계적인 모음집"(unsystematic collection of innumerable pieces of tradition)으로 보았다. 그럼에도 불구하고 그는 민수기가 구약정경에 따라 오경 안에서 읽어져야 함을 역설하기도 했다.2) 랍비 밀그롬(Jacob Milgrom)은 민수기 텍스트의 여러 상이한 전승과 문학적 양식들의 존재를 부정하지 않는다. 그러나 민수기의 언어와 관습 그리고 종교의식은 노트가 주장하는 것처럼 그렇게 후기가 아닌 고대자료들과 병행한다고 말한다. 또한 민수기의 현 문학 형태에서 민수기는 비체계적인 모음집이나 후기편집의 산물이기보다는 여호수아를 포함한 육경(Hexateuch)의 유기적인 한 부분으로서 교차대구법과 같은 다양한 문학적 장치를 통해 통일된 구성을 가지고 있다고 주장한다.3)

또한 이미 출애굽기 논의에서 밝혔듯이 출애굽기 – 민수기 – 신명기는 총괄적으로 이스라엘의 애굽에서 시내산까지(출애굽기), 시내산에서 "여리고 맞은편 요단 가 모압평지" 까지의 여정(민수기 36:13), 그리고 모압평지(신명기)에서 일어난 사건들을 기술하고 있다. 그러므로 와이브레이(R. N. Whybray)는 "이들 사이에는 자연스런 구분이 나타나지 않는다"고 말한다.4) 실제로 민수기의 최종적 문학형태에서의 본문을 세밀하게 읽어 나아갈 때 민수기는 하나의 분리된 책이라기보다는 전체 안에서 하나의 독특한 신학적 기능을 가지고 있는 오경의 중요한 한 부분임을 볼 수 있다. 칠십인역(LXX)은 그 책명에서 이러한 구조적인 연결성과 통일성을 흐리게나마 지적하는 것 같기도 하다.

칠십인역은 민수기 본문이 크게 다루고 있는 옛 세대의 반역과 광야에서의 멸망, 그리고 신명기의 모압평지와 미래 가나안 정착의 실현을 예고하는 신세대의 언약적 소망과 세대적 전환을 구분하는 두개의 중요한 인구조사(1-4; 26)를 반영하여 민수기의 탈무드 책명 호메쉬 하페쿠딤(הפקדים חמש, '묶음토래의 1/5' 즉 인구조사를 담고 있는 책)과도 같이 그 책명으로 헬라어 아리트모이(αριτμοι, 숫자)를 채택했다. 후에 라틴성경(Latin Vulgate)은 이를 *Liber Numeri*(숫자의 책)로 번역했으며 오늘날 한국성경의 민수기도 이에 유래한다.5) 물론 근본적으로 이러한 책명들이 민수기의 주요 주제나 오경 안에서의 구조적 연관성이나 통일성을 대표하기 위해 구상된 것은 아니다.

그러나 민수기 안에서의 주요 줄거리 흐름과 그 서술 구조의 양식들을 세밀히 살펴 볼 때 이러한 책명은 민수기가 오경의 유기적인 지체임을 부분적이나마 반영하고 있다고 추측해 볼 수 있다.

II. 민수기의 서술구조

민수기는 과연 단순히 "무수한 전승조각들의 비체계적인 모음집"에 불과한가? 실제로 다양한 문학적 양식과 복잡한 서술적 구조들을 내포하고 있는 민수기 본문에서 명백한 전승 층들을 구별하는 것은 많은 논쟁의 여지를 남기고 있다. 반면 통일된 문학 혹은 신학 구조를 찾아내고 분석하는 것에도 많은 문제와 장애물들이 있다. 전승 층에 관해 버드(Philip J. Budd)는 민수기(J문서로 여겨지는 11-12장, 21-24장을 제외하고)의 대다수 장들을 바벨론 포로시기 말 유대주의 개혁과 관련된 제사장 문서의 사상적 모음집으로 간주한다.[6] 예로 그는 모압에서의 놋뱀 내러티브(21:4-9)를 히스기야 통치 때 가나안의 사교집단인 느후스단의 정당화를 반영하는 후기 사상적 편집으로 논한다(왕하 18:4). 그러나 본문의 현 상태에서 민수기는 구세대와 신세대를 대표하는 두 개의 주요 인구조사(1:1-2:34와 26:1-65)를 분기점으로 광야세대의 전환을 대조적으로 일관되게 기술하고 있음을 볼 수 있다.

구세대의 불평과 반역에 대한 하나님의 심판과 신세대를 통한 언약 실행의 지속; 구세대의 전통수호 노력에도 불구한 실패와 미래를 준비하는 신세대의 전통 안에서의 개혁과 개방; 가나안 정복에 부정적인 구세대와 긍정적인 신세대; 구세대의 시내(출 19-민 10)와 가데스(민13-19)로부터 모압으로의 이동(민 22-36) 등등, 민수기는 이러한 사건들의 조직적인 신학 조명을 통해 출애굽기와 신명기의 가교적 역할을 체계적으로 구성해 나가고 있다. 또한 민수기 내러티브의 여러 양식들은 오경의 다른 텍스트들과 유사한 평행구조를 가지고 있다. 예로 리빙스톤(G. Herbert Livingston)은 오경 안에서 창세기 41:1-57, 출애굽기 43:16-25, 그리고 민수기 46:28-47:12의 일관된 서술양식을 비교하며 이 내러티브들이 (1) 상황 제시, (2) 문제, (3) 결단의 행위, (4) 결말의 평행구조를 고 유하고 있음을 지적한다.[7] 또한 민수기의 중요한 분기점을 구분하는 인구조사 (1:1-46; 26:1-65)와 레위 계보(3:1) 또한 창세기에서 예고된 야곱의 12아들(49:1-28)서술과 톨레도트(תולדת) 양식을 반영하고 있다. 오경의 저자는 이미 전장들에서 논의한바와 같이 창세기를 열 개의 계보(תולדת)로 각색한데 이어 출애굽기에서 민수기까지는 아브라함의 약속이 성취되어가는 과정에서 이미 번성한 그 계보의 자손들로 구성된 이스라엘(1:7)이 애굽으로부터 모압평지까지 이르는 주요여정의 에피소드를 기술하고 있다. 이에 출애굽기 1:1의 "그리고 이스라엘의 자손들의 이름들은 이러하다"(וְאֵלֶּה שְׁמוֹת בְּנֵי יִשְׂרָאֵל)라는 문장은 계보와 관련된 유사한 창세기의 양식을 반복한 것이다(창 46:8). 이제 민수기에서 인구조사에 포함되지 않은 마지막 레위 지파를 "아론과 모세의 계보는 이러하니라"(וְאֵלֶּה תּוֹלְדֹת אַהֲרֹן וּמֹשֶׁה, 3:1)로 기술한 것은 창세기 – 출애굽기 – 민수기의 일관된 문학적 평행구조를 반영한다고 볼 수 있다.

	오경	장절	계보구분	BHS
1	창세기	2:4	천지의 톨레도트	אֵלֶּה תוֹלְדוֹת הַשָּׁמַיִם וְהָאָרֶץ
2		5:1	아담의 톨레도트	זֶה סֵפֶר תּוֹלְדֹת אָדָם
3		6:9	노아의 톨레도트	אֵלֶּה תּוֹלְדֹת נֹחַ
4		10:1	노아 아들들의 톨레도트	וְאֵלֶּה תּוֹלְדֹת בְּנֵי־נֹחַ
5		11:10	셈의 후예의 톨레도트	אֵלֶּה תּוֹלְדֹת שֵׁם
6		11:27	데라의 톨레도트	וְאֵלֶּה תּוֹלְדֹת תֶּרַח
7		25:12	이스마엘의 톨레도트	וְאֵלֶּה תֹּלְדֹת יִשְׁמָעֵאל
8		25:19	이삭의 톨레도트	וְאֵלֶּה תּוֹלְדֹת יִצְחָק
9		36:1	에서의 톨레도트	וְאֵלֶּה תֹּלְדוֹת עֵשָׂו
10		37:2	야곱의 톨레도트	אֵלֶּה תֹּלְדוֹת יַעֲקֹב
11	출애굽기	1:1	이스라엘(야곱) 자손들의 이름들	וְאֵלֶּה שְׁמוֹת בְּנֵי יִשְׂרָאֵל
12	민수기	3:1	아론과 모세의 톨레도트	וְאֵלֶּה תּוֹלְדֹת אַהֲרֹן וּמֹשֶׁה

결론적으로 민수기는 하나의 독립된 책이라기보다는 오경 안에서의 문학적 평행구조와 언약 계보의 약속 - 성취 신학, 그리고 다른 책들과도 같이 연대기적이기보다는 큰 주제별적인 틀 안에서[8] 올슨(Dennis T. Olson)이 강조한 것처럼 구세대(1-25)와 신세대(26-26)의 광야생활 사건을 "전환"이라는 일관된 원리로 해석하여 시내산과 모압평지의 서술들을 서로 이어주고 묶어주고 있다고 볼 수 있다.[9]

우리는 이러한 민수기를 읽어나가면서 이러한 전환엔진에 의해 줄거리의 끊임없는 역동성을 경험하게 될 것이다. 그것은 다양한 에피소드로 구성되는 구세대의 광야진군준비로부터 시작해 반역과 심판 그리고 신세대를 통한 가나안 정복준비와 소망으로의 전진이다.

	광야의 반역에서 소망으로					
세대전환	애급에서 출애굽 한 구세대				가나안으로 들어가는 신세대	
분기점	1-25				26-36	
주제별 배열	광야진군 준비		광야에서의 반역과 죽음		약속의 땅을 바라보며	
구 분	첫 번째 인구조사 1-4	진군과 정결 5-10	반역 11-20	희망의 예고 21-25	두 번째 인구조사 26	땅의 분배 27-36
장 소	시내산		호르산		느보산	
	시내산 (1:1; 10:10) 출애굽한 그 다음해 2월1일~ 2월20일	가데스행 (10-14) 4달 동안	모압행 (15-20) 38년간 방황		모압도착(20-36) 몇 달간	

III. 광야 진군 준비(1:1-10:36)

민수기는 이스라엘 자손이 애굽에서 나온 후 "제 이년 이월 일일"[10] 하나님께서 시내 광야 회막에서 모세에게 말씀하신 것으로 그 본문을 시작하고 있다(1:1-19). 여기서 민수기 내러티브의 화자는 시내광야에서의 사건 기원을 "애굽 땅에서 나온 후 제이년 이월 일일"로 밝히고 있다. 이는 출애굽한지 13개월이 지난 이후이다. 출애굽기는 애굽에서의 구속을 계기로 첫 번째 유월절(출 12)을 보내고 하나님으로부터 시내산에서 율법을 받아 성막을 완성하여 봉헌한 날을 "제이년 정월 곧 그 달 초일"(출 40:17)로 기술하고 있다. 따라서 민수기는 연대적으로 성막 봉헌에 이어 한 달이 지난 이후의 이야기로 엮어진다(1:1). 그러나 그 서술구성에 있어 연대적 배열보다는 오경의 통상적인 형식을 따라 주제적 배열을 채택하고 있음을 볼 수 있다.

예로 민수기 7:1-10:10은 주로 장막을 중심으로 집행된 제의를 다루고 있음으로 "모세가 장막을…거룩히 구별한 날"(정월일일, 출 40:1, 2, 17; 민 7:1)로 돌아가 "애굽 땅에서 나온 다음 해 정월"(민 9:1)에 계시된 광야에서의 첫 유월절(Nisan 14일)에 대한 규례를 포함하고 있다. 이어 민수기 화자는 시공현장을 다시 민수기 1:1에서처럼 "제이년 이월 이십일"(10:11)로 되돌린다. 이는 먼저 창세기 장에서 논의한 톨레도트(תולדת, 계보)의 서술적 용법과도 같이 오경의 기일은 크로노스(연대적인 것)보다는 카이로스(주제적인 것) 기능에 초점을 두고 있다고 말 할 수 있다. 정확한 연대를 제공하기 위함보다는 그 연대의 언급을 통해 서술의 주요 주제를 강화시키고 부각시키는 것이다. 이제 민수기 본문은 성막을 온전히 봉헌한 이후 가나안을 향한 본격적인 광야 진군을 철저하게 준비하는 장면으로 그 첫 장을 열고 있다.

1. 첫 번째 인구 조사(1:1-46; 26:1-65)

민수기 내러티브는 출애굽한 구세대의 실패에도 불구하고 광야 신세대를 통한 시내산 언약 성취의 여운을 그 주요 주제로 삼고 있다. 이는 시내 구세대와 모압 신새대의 전환을 통해 실현된다. 그리고 이 두 그룹의 분기점을 구분하는 내러티브 장치로서 본문은 두 개의 주요 인구조사(1:1-46과 26:1-65)의 결과를 소개하고 있다. 그러므로 민수기의 인구조사는 단순히 숫자를 제공하는 그 이상의 중요한 내러티브적 지표들을 함축하고 있다. 이스라엘 12지파의 인구조사는 이스라엘의 번식을 예고한 아브라함과의 언약(창 12-16)과 야곱이 그의 아들들에게 내린 저주와 축복(창 49:1-28), 그리고 학대를 받음에도 불구하고 큰 민족을 이루어 출애굽한 구세대의 번영(출 1:12)을 반영하며 이는 언약을 통한 하나님의 신실하심을 피력한다. 또한 가나안까지의 여정에 있어 필요한 군사조직(1:3-4), 진군 평성(2:1-34), 레위 지파와 제사장들의 성업(3:1-4:49), 정결 의식(5:1-10:36), 그리고 신세대로의 전환(26:1-65)을 집행하고자 하는 의도를 함축하고 있다.

이렇게 구약에서 계보나 인구조사는 연대나 숫자의 개념을 넘어 서술 안에서의 다양한 의미적 지표들을 예고해주기 위한 기능을 내재한다. 그러므로 이러한 인구조사에 기록된 숫자들을 절대문자적으로만 이해하는 것은 해석학적으로 적절치 못하다고 말 할 수 있다. 예로 민수기 인구조사에서 밝히고 있는 20세 이상의 장정 60만, 총인구 약 2백 40만(민 1:44-46)이라는 숫자는 많은 논쟁의 여지를 남긴다. 이스라엘의 인구가 가나안 정착 직전에 아주 적었음을 암시하는 출애굽기 23:29-30과 신명기 7:1, 7과 현재 팔레스타인 시외 지역에 살고 있는 5천여 명의 베두인들, 그리고 현대 농경기술로도 해결할 수 없는 광야에서의 2백만 이상의 주식문제를 고려해 볼 때, 본문의 숫자를 오경의 전체적인 문맥 안에서 꼭 문자적으로 이해해야 된다는 절대규정은 없다고 말 할 수 있다.

웬함(Gordon Wenham)은 이에 대해 그동안 논의되어 온 세 가지 가능성을 정립한다.[11] 첫째, 민수기에 기술된 인구의 숫자는 후기집필의 산물로서 다윗 시대의 인구를 반영한 것일 수 있다. 그러나 민수기의 인구총계는 삼하 24(1백 30만명)와 대상 21(1백 57만명)에 드러난 다윗의 인구조사보다 전체 숫자가 훨씬 더 많다. 둘째, 멘덴홀(G. Mendenhall)은 1천 단위를 가리키는 히브리어 엘레프(אֶלֶף)가 한 지파의 하부구조의 그 어떤 것을 지칭한다는 학자들의 공감

대를 형성하고 있다고 말한다.12) 이에 웬함은 '엘레프'는 원래 부족을 가리키는 알루프(אלוף)에서 야기된 것으로서 이는 때로 혼돈되었다고 주장한다. 그렇다면 민수기의 인구 숫자는 실제로는 부족장들의 숫자를 반영한 것이며 이는 광야에서의 이스라엘 인구는 약 5,500에서 72,000이였음을 의미한다. 그러나 엘레프가 다른 그 어떤 의미를 지닐 수 있는 가능성을 배제할 수는 없으나 구약 안에서의 그 용법을 분석해 볼 때 그럴 가능성은 아주 낮다. 세 번째로, 민수기의 숫자를 단순히 은유적이며 상징적인 것으로 해석한다. 그렇지만 결론적으로 그 어떠한 설이 옳은지는 미수이다.

물론 초기 애굽에 정착한 "야곱의 혈속 칠십인"(출 1:5)이 400년 이후에 2백만으로 늘어나는 것은 어려운 일이나 생물학적으로는 가능하기도 하다. 이러한 다양한 가능성에 있어 오직 한 가지 분명한 것은, 민수기가 이 인구조사를 통해 아브라함과의 언약에 있어 그의 후손들이 큰 민족을 이룰 것이라는 약속의 성취를 분명히 드러내고 있다는 점이다. 가나안을 바라보며 땅의 약속을 기다리는 이스라엘은 이제 민수기에서 이미 크게 번식함으로 큰 민족을 이룰 것이라는 약속을 부분적으로 성취한 것이다. 물론 고대 팔레스타인과 관련된 인구통계학적 분석에서 문자 그대로 2백만의 인구가 광야에서 살았다는 것은 고고학적 난제를 야기한다. 반면, 구약에 기록된 숫자에 대해 좀 더 폭넓은 고대의 숫자개념들을 지속적으로 연구해 볼 필요가 있다. 구약의 숫자 수치와 배치를 문자 그대로 이해한다든가, 반대로 상징적으로만 이해할 때 불필요한 해석학적 오류를 범 할 수 있다.

구약에 기록된 숫자의 큰 수치들 때문에 성경학자들은 종종 본문의 역사성과 그 신빙성에 대해 회의적일 수밖에 없다. 그러나 그 숫자들이 고대 근동의 수사학적인 문학양식을 반영하고 있음을 고찰해 본다면 본문의 역사성을 새로운 각도에서 이해할 수 있을 것이다. 파우트스(David M. Fouts)는 고대 근동의 문맥에서 큰 수치들의 용례 연구를 통해 오경 내러티브에 있어 큰 수치들을 과장적으로 사용하는 것은 야웨와 그 신정 통치자 다윗을 영광스럽게 한다는 면에서 다른 근동의 역사편집 기술과 유사함을 말한다.13) 그러므로 고대근동 문맥에서 숫자를 과장하거나 상징적 언어를 사용하는 것은 본문의 역사성을 손상시키는 것이 절대 아니었음을 알 수 있다. 그렇다면 민수기의 인구조사는 넓게는 오경 전체에서 그리고 가까이에서는 민수기 본문 안에서 어떠한 서술적 기능을 가지고 있는지 그 몇 가지를 살펴보고자 한다.

첫 번째로, 오경 안에서 민수기의 인구조사는 "하늘의 별처럼" 큰 민족을 이루실 것이라는 아브라함과의 약속(창 15:5)과 야곱의 아들들에게 내린 저주와 축복의 부분적 성취(창 49:1-28), 그리고 이스라엘을 약속의 땅 접경에 이르기까지 인도하신 하나님의 신실하심을 나타낸다. 그러므로 첫 번째 인구조사와 두 번째 인구조사에서 모두 이십 세 이상 전쟁에 나갈 수 있는 자들의 총계는 603,550명(1:46)과 601,730명(26:51)이라는 어마어마한 숫자로 나타난다.

지파	첫 번째 인구조사	두 번째 인구조사
르우벤	46,500	43,730
시므온	59,300	22,300
갓	45,650	40,500
유다	74,600	76,500
잇사갈	54,400	64,300
스불론	57,400	60,500
에브라임	40,500	32,500
므낫세	32,200	52,700
베냐민	35,400	45,600
단	62,700	64,400
아셀	41,500	53,400
납달리	53,400	45,400
총계수	603,550	601,730
레위(일 개월 이상된 남자)	22,000[14]	23,000

이러한 인구조사표에서 유다 지파의 가장 큰 숫자는 그 중요성을 암시하고 있다. 이는 특별히 2장에서 장자였던 르우벤을 제치고 성막 문 동쪽에 위치한 유다의 진군배치를 통한 리더십에서 분명하게 드러난다. 이는 "형제의 찬송이 되며…홀이 유다를 떠나지 아니하리라"(49:8-10)는 야곱의 축복이 성취되고 있음을 보여준다. 그런가 하면 두 번째 인구조사에서 시므온 지파의 숫자가 극적으로 감소하는데 이는 아마도 디나의 강간사건에서 시므온이 칼과 강포로 사람들을 죽인 것(창 49:5-6)과 민수기 25장에서 구세대의 반역을 극적으로 보여준 시므리의 불신앙을 반영한다고 볼 수 있다.15)

두 번째로, 첫 번째와 두 번째의 인구조사는 그 형식에서는 유사하나 그 기능과 목적에서는 전적으로 세대교체를 의미한다. 민수기 11-25는 불순종과 반역으로 광야에서 모두 죽임을 당한 구세대의 기사를 서술하고 있다. 그러나 두 번째 인구조사는 신세대를 계수함으로 그 안에는 "시내 광야에서 계수된 이스라엘 자손은 한 사람도 들지 못하였다"(26:64). 또한 군사적 목적이 주요인이었던 첫 번째(1:45)와는 달리 두 번째 조사는 각 지파의 규모에 따라 적절하게 가나안 땅을 수여받기 위한 것이었다(26:51-56). 리더십에 있어서도 첫 번째 조사는 여호와께서 시내광야 회막에서 모세에게 명하셨지만(1:1) 두 번째 조사는 "모세와 제사장 아론의 아들 엘르아살에게"(26:1) 명하심으로 새로운 제사장의 교체가 이루어지고 있음을 보여준다. 이렇게 이 두 개의 인구조사를 통해 민수기 화자는 오경 안에서의 다른 책들과의 상호관련성과 광야의 불신앙에도 불구하고 세대교체를 통해 신실하게 지속되는 하나님의 언약을 치밀하게 조명하고 있는 것이다.

세 번째로, 이 두 인구조사표는 모두 레위 지파의 수효를 포함하고 있지 않다는 점이다(1:47-49; 26:62). 그러나 두 개 모두 22,000명과 23,000명으로 집계된 레위 지파의 "일 개월 이상의 남자"(3:39; 26:62)는 계수하였다. 이에 대한 설명은 먼저, 이스라엘 12지파의 리더십은 이 두 개의 인구조사표에서 르우벤과 시므온에서 이미 유다와 레위로 대체되어있음을 확인시켜준다(창 49:2-7). 그리고 성막 봉헌과 함께 제사장 직분 위임(레 1-36)을 통해 이미 아론의 가계로 정해진 제사장직(출 29:9)은 그의 네 아들들 중 "나답과 아비후는 시내 광야에서 다른 불을 여호와 앞에 드리다가 여호와 앞에서 죽었고 무자하여 엘르아살과 이다말이 그 아비 아론 앞에서 제사장의 직분을 행하였더"(3:4). 그러므로 민수기에서 하나님께서는 이스라엘 지파 가운데 레위인을 선택하시어 모세와 아론의 가계 제사장들을 도와 성막봉사를 하게 하신다. 그 계기는 금송아지 사건 직후 레위인들이 모세와 하나님 편에 서서 심판의 도구가 되었기 때문이다(출 32:25-29), "모세가 이르되 각 사람(레위인)이 그 아들과 그 형제를 쳤으니 오늘날 여호와께 헌신하게 되었느니라 그가 오늘날 너희에게 복을 내리시리라"(출 32:29). 이렇게 특별히 선별된 레위 지파는 인구조사표에 포함되지 않았다.

그러나 "일 개월 이상의 남자"를 계수한 이유는 무엇인가? 그것은 레위지파에게 부여된 야웨 하나님과 그의 언약백성 사이에 있는 중보사역 때문이다. "레위인은 증거막 사면에 진을 쳐서 이스라엘 자손의 회중에게 진노가 임하지 않게 할 것이라"(1:53). 하나님의 임재를 상징하는 성막과 백성 사이에 레위인이 있는 것이다. 이는 시내산과 성막에 임하신 하나님의 모습과 일관된 평행선을 이룬다. 출애굽기는 시내산과 성막 봉헌을 통한 하나님의 임재를 평행구조로 구성한다.16) 성막의 원형으로서의 시내산은 이스라엘 백성들이 그들 가운데 임재하시는 거룩한 하나님께 나아갈 수 있는 구조를 밝힌다. 하나님은 시내산의 물리적 장벽, 구름, 연기, 불, 번개(출 19:9, 16-18), 그리고 성막 지성소의 휘장(출 26:31-35)으로 백성들로부터 구분된다. 백성들은 산기슭(출 19:17)과 성막의 뜰(출 27:9-19)에서 성결의식을 행하고(출 19:10; 29:35-46) 모세와 제사장의 중보(출 19:3, 9; 29:1-46)를 통해 하나님께로 나아간다.

이제 증거막 사면에 진을 친 레위인들은 시내산의 구름과 연기와 불과 번개와도 같이 그리고 지성소의 휘장과도 같이, 산기슭과 성막의 뜰과 증거막 외부에 거하고 있는 백성들 사이에서 그들을 중보하게 된 것이다. 이러한 중보는 생명과 죽음을 감수한 대속적인 본질을 가지고 있다. 이는 하나님의 내재성과 초월성을 동시 반영한다. 하나님은 그의 백성 가운데 거하시나 또한 거룩히 구별되신다. 하나님의 개입과 임재에는 생명과 죽음을 야기시키는 위엄성이 내재되어 있다. 이러한 대속적인 존엄성은 하나님께서 이스라엘을 구속하실 때 애굽 장자들의 피와 양의 피를 흘리신 것에서도 나타난다(출 13:1-2). 그러므로 그 애굽 장자들의 피를 상징하는 이스라엘의 모든 처음난 남자들과 가축은 하나님께 구별되어 대속의 상징적 기능을 가지게 된다. 레위 자손들의 인구조사표(3:14-39)를 전후해 나답과 아비후의 죽음(3:3)을 언급한 것과 "이스라엘 자손 중 모든 처음 난 자의 대신에 레위인을 취하고 또 그들의 가축 대신에 레위인의 가축을 취하라"(3:45)는 명령은 바로 이러한 하나님의 구속과 임재에 관한 내재성과 초월성, 생명과 죽음, 여유성과 위엄성을 보여준다. 레위인의 일개월 이상 된 자손은 총 22,000명이었다(3:39). 그러나 이스라엘 자손의 처음 난 자는 레위인보다 273명이 더 많았다. 그러므로 이스라엘은 273명에 대한 대속금으로 한명 당 5세겔의 속전을 계산하여 아론과 그 아들들에게 주어야 했다(3:46-51).

	하나님의 임재 장소	하나님과 백성 사이	백성들의 장소
시내산(출19:1-25)	산 위에	구름, 연기, 불, 번개	산기슭
성막(출26:1-27:19)	지성소	휘장	성막의 뜰
광야(민1:53)	증거막	레위인의 진	레위인의 진 외부

네 번째 마지막으로, 인구조사표는 진군에 앞서 진편성(2:1-34)과 진 가운데 하나님의 임재를 나타내는 성막을 보호(중보)하기 위한 레위인의 사역(3:1-4:49)과 관련되어 있다. 먼저 인구조사표(1:20-43)에서 이미 숫자적 우세로 부각된 유다의 중요성은 이제 진 편성에 있어 공간적인 지도력으로 피력된다. 야곱의 아들 리스트(창 35:22-26)에서 레위와 요셉을 대신한 요셉의 두 아들 므낫세와 에브라임을 포함한 이스라엘의 12지파는 성막을 중심으로 4개의 행군 진영을 질서정연하게 구성하여 진군하게 된다. 올슨(D. T. Olson)은 이 진영의 구조는 이스라엘의 열두 지파를 모두 동일한 수준에서 궁극적으로 포함시키는 지리적인 상대적 배치를 이루지만 창세기(49:8-12)와 출애굽기(32:26-29)에서 예고된 각 지파들의 문학적 운명을 반영한다고 말한다.[17]

세일헤머(J. H. Sailhamer)는 유다의 동쪽 문 앞 배치에 대해 창세기의 내러티브들이 공간적으로 동쪽을 향해 전개됨을 지적한다. 예로 아담과 하와 그리고 가인은 타락 이후 에덴동산 동쪽으로 쫓겨났다(3:24; 4:16). 이는 하나님의 구속이 동쪽에서 올 것임을 암시한다.[18] 유다는 이러한 성스럽게 여겨지는 동쪽 문 앞에서 약속의 땅을 향해 동쪽으로 진군을 진두지휘하는 중요한 위치에 배치된다. 또한 전략적으로 중요한 앞과 뒤를 유다와 에브라임이 위치한 것은 가나안 정탐에서 유일하게 긍정적인 보고를 한 갈렙(유다지파)과 여호수아(에브라임 지파)의 위상을 예고한다. 이는 가나안 정착 이후 이스라엘이 남북으로 갈라진 때부터 포로후기까지 이 두 지파의 지정학적인 갈등과 공존을 잘 예표 해준다.

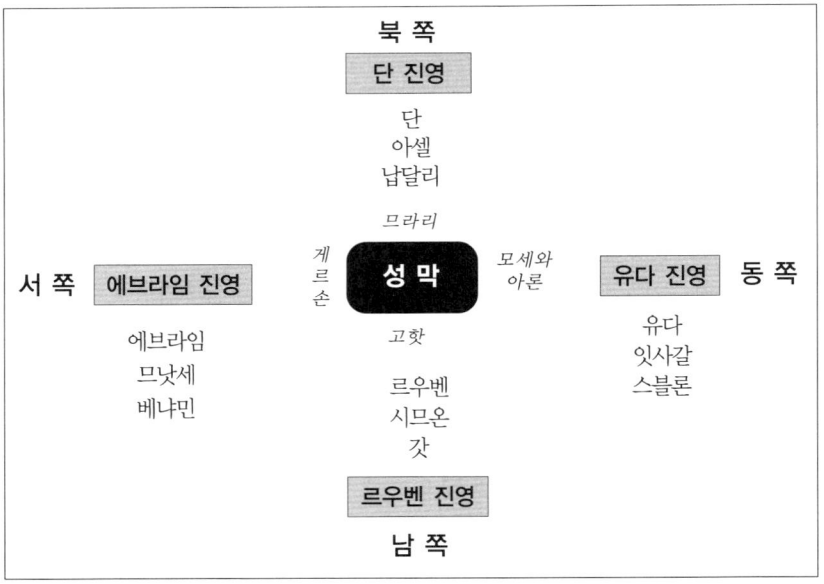

그러나 무엇보다도 이 진 편성의 구조가 암시하는 것은 이스라엘과 동행하시는 하나님의 임재이다. 이는 성막을 중심으로 진두 쪽인 동쪽에 모세와 아론을 비롯해 레위 지파 게르손(서쪽)과 고핫(남)과 므라리(북)가 성막과 모든

이스라엘 지파들 사이에서 완충지대를 형성하고 있는 것으로 나타난다. 이러한 완충지대는 회중에게 진노가 임하지 않게 하기 위함이다(1:53). 민수기 화자는 나답과 아비후의 비참한 죽음에 대한 회고를 통해 이러한 중보사역과 하나님의 임재에 가까이서 섬기는 것이 생명과 죽음을 오가는 그 얼마나 큰 책임성을 동반하는 것인지를 명백하게 드러내고 있다.

첫 번째 인구조사는 "이스라엘 중 이십 세 이상으로 싸움에 나갈 만한 모든 자를…그 군대대로 계수한 것"(1:3)으로서 이를 바탕으로 구성된 4개의 진 편성 구조는 람세스 II세의 출정과 유사하기도 하다.19) 그러나 데니스콜(R. Dennis Cole)은 민수기를 연구하는 대다수의 학자들과 같이 이렇게 인구조사로 시작한 질서정연한 기하학적 진 편성(1:1-2:34)과 레위 지파의 특별한 임명(3:1-4:49)은 전략적인 군진뿐만 아니라 궁극적으로는 광야의 진군이 초기에는 하나님의 명령에 대한 철저한 순종으로 출발했다는 것을 보여주는 것이라고 말한다.20) "이상은 이스라엘 자손이 그 종족을 따라 계수함을 입은 자니…레위인은 이스라엘 자손과 함께 계수되지 아니하였으니 여호와께서 모세에게 명하심과 같았느니라, 이스라엘 자손이 여호와께서 모세에게 명하신 대로 다 준행하여 각기 가족과 종족을 따르며 그 기를 따라 진치기도 하며 진행하기도 하였더라"(2:32-34). 이러한 순종의 모습은 실제 진군을 선행하고 있는 정결규례(5:1-10:10)에서도 계속 이어진다.

2. 진군과 정결(5:1-10:36)

본 섹션(5:1-10:10)에 기술된 다양한 정결 규례들은 "무수한 전승조각들의 비체계적인 모음집"에 산발적으로 삽입된 느낌을 주기에 충분하다. 진 안에서 주검으로 부정해진 자들을 정결케 하는 규례(5:1-4); 죄에 대한 값을 피해자에게 돌려주어야 하며 만일 죄 값을 받을 만한 사람이 없거든 야웨께 드려야 하는 높은 차원의 배상법(5:5-10); 아내의 간통(정결)을 밝히는 절차에 있어 그 어떠한 합리적인 분별이 아니라 야웨의 초월적인 결정에 의지해야하는 사례(5:11-31); 제사장뿐만 아니라 모든 이스라엘 백성들이 하나님께 헌신할 수 있는 나실인의 규례(6:1-21), 그리고 레위인들을 중심으로 성막 봉헌과 관련된 규례들(7:1-9:3).

이 모든 단편들을 선행된 인구조사와 이어지는 광야에서의 반역 내러티브와 연관시키는 것은 그리 자연스러운 것은 아니다. 그러나 민수기 화자는 이러한 기술을 통해 이스라엘이 마침내 시내 광야를 출발하기 전까지(10:11-36) 진군에 있어 가장 중요한 사전 준비를 마무리했음을 밝히고 있다. 그것은 시내산 오경 전체에서 일관되게 중요시되고 있는 이스라엘의 정결이다.

민수기를 선행하는 레위기는 시내산 언약이 암시하고 있는 거룩한 제사장 나라의 실현을 위한 규정들을 세밀히 다루고 있다. 이미 출애굽기는 그 거룩한 나라의 여명을 분명히 예고하고 있다. "세계가 다 내게 속하였나니 너희가 내 말을 잘 듣고 내 언약을 지키면 너희는 열국 중에서 내 소유가 되겠고, 너희가 내게 대하여 제사장 나라가 되며 거룩한 백성이 되리라"(출 19:5-6). 레위기는 바로 그 거룩함을 주요 모티프로 삼고 있다, "나는 너희의 하나님이 되려고 너희를 애굽 땅에서 인도하여 낸 야웨라, 내가 거룩하니 너희도 거룩할지어다"(레11:45). "너희는 거룩하라, 나 야웨 너의 하나님이 거룩함이라"(레 19:2b). 레위기는 백성들의 제사법(레 1:1-6:7)에 이어 제사장들을 위한 제사법(레 6:8-7:38)을 통해 하나님과 이스라엘의 거룩한 관계를 성립시키고자 한다. 이제 마찬가지로 약속의 땅 가나안을 향한 광야 진군에서 이스라엘은 그 무엇보다도 진영의 정결을 지키기 위한 철저한 준비와 관심을 가져야 한다. 그 이유는 레위기에서 거듭 밝혀진 것과 같이 그들 가운데 거하시는 야웨 하나님은 거룩하신 분이기 때문이다(레 11:45, 19:2). 민수기의 인구조사표(1:1-54)와 진편성 구조(2:1-34)는 언약 백성의 철저한 순종(2:34)뿐만 아니라 그 가운데 임재하신 야웨 하나님의 거룩하신 구별을 치밀하게 보여준다. 이스라엘은 성막을 중심으로 이동하기 위해 구분되었으며 제사장들과 레위인들은 가장 중요한 성막 봉사를 위해 선별되었다(3:1-4:49). 이제 남은 것은 모든 진영의 정결이다. 궁극적인 목적은 약속의 땅을 정복하는 것이 아니라 약속의 땅에서의 제사장 나라가 되며 거룩한 백성이 되는 것이다(출 19:5-6).

이제 본문에서 민수기 화자는 레위기 서술의 "백성 – 레위인(제사장)" 패턴을 따라 먼저 백성들의 계수를 기술하고 잇다(1:1-46). 이어 레위 자손을 계수한 것(3:14-39)과 백성들(5:1-6:27)의 다양한 정결 사례들에 이어 레위인들의 성막봉헌을 통한 온전한 정결과 헌신(7:1-9:23)의 중요성을 부각시켜 이스라엘을 향하신 야웨 하나님의 거룩하신 소명과 그의 임재 앞에 더욱더 가까이 나아갈 수 있는 길을 재확인시켜주고 있다. 특별히 민수기는 이러한 백성들의 정결과 레위인들의 봉헌 사이에 "제사장의 축도"(6:22-27)를 기술함으로 레위인(제사장)들의 중보적인 역할이 그들의 백성을 축복하는데 있으며 백성들은 제사장을 통하여 하나님의 축복을 받을 수 있음을 암시하고 있다(6:23, 27).

이러한 정결 규례들은 "애굽 땅에서 나온 다음해 정월"(9:1)에 이스라엘의 절기 중 가장 중요한 유월절(정월 14일)을 정기에 지키라는 하나님의 명령으로 그 절정을 이룬다(9:1-14).[21] 이스라엘의 첫 번째 유월절은 출애굽 바로 전날에 기원한다(출 12:21-42). 이는 새로운 시대를 예고하는 중요한 기점이 되었다. 이스라엘은 출애굽 이후 시내광야에서 율법을 수령하고(출 19:1-24:18) 성막을 봉헌했다(출 35:4-40:38). 이제 이스라엘은 하나님의 명령대로 세밀한 인구조사를 통해 하나님의 임재를 반영하는 진군을 편성하고 성막에 봉사할 수 있는 제사장과 레위인들의 구성과 배치를 완료했고 모든 진영의 정결은 율법 집행과 성막 봉헌으로 마무리되었다. 마침내 시내 광야를 출발하기 직전 유월절 성수는 출애굽과 마찬가지로 그들 앞에 펼쳐져있는 새로운 시대를 예고한다.

출애굽기	A	유월절(애굽) - 새로운 시대 예고(광야로 나아가다)	출 12:21-42
	B	율법 수령	출 19:1-24:18
	C	성막 봉헌	출 35:4-40:38
민수기	B´	율법 집행(백성들의 정결)	민 5:1-6:27
	C´	성막 봉헌(제단과 레위인의 봉헌)	민 7:1-8:26
	A´	유월절(시내 광야) - 새로운 시대예고(광야 진군)	민 9:1-14

밀그롬(Jacob Milgrom)은 민수기의 이 첫 번째 유월절과 관련해 레위인들의 제단봉헌과 정결(7:1-8:26)식 그리고 성막봉헌(출35:4-40:38; 민7:1-8:26)을

이어 성수된 유월절 전승은 성전 봉헌을 이어 성수되는 포로전후기 유월절 전통에서도 반영되고 있음을 지적한다(솔로몬의 14일 절기, 왕상 8:65-66, חנה 히스기야의 유월절, 대하 29-30; 에스라 느헤미야의 절기, 느 8:13-18).22) 복음서는 세상 죄를 지고 가는 유월절 어린양(요 1:29)으로 묘사된 그리스도의 십자가 사건을 통해 새로운 은혜의 시대를 열기에 앞서 예수님의 성전정결을 기술함으로(마 21:12-16; 막 11:15-18; 눅 19:45-47) 유사한 서술적 평행구조를 구성한다. 정결은 백성에서 레위인과 제사장으로, 그리고 성막에서 유월절 성수로 그 절정을 이루게 된다. 이러한 신학적 구성은 이스라엘의 진군에 있어 과연 가장 중요한 것이 무엇인지를 주목시킨다. 그것은 이스라엘의 가나안 정착에 앞서 이스라엘과 동행하시는 하나님의 거룩하신 임재인 것이다.

시내 광야 출발에 앞서 유월절 성수 명령은 이스라엘의 궁극적인 구속이 전적으로 하나님의 주권 아래 있음을 상기시켜주는 중요한 사례이다. 그러므로 이제 시내 광야를 출발하기에 앞서 유월절은 절대적으로 성수되어야 한다. 민수기 9:11에 제시된 2월 14일의 두번째 유월절은 이러한 중대한 쟁점을 분명케 한다. 이스라엘 무리 중에 사람의 시체로 인하여 부정케 되어서 1월 14일 유월절을 지킬 수 없는 사람들(9:6)에 대한 문제에 대해 하나님께서는 그 낙오된 자들을 위해 모세에게 2월 14일이라는 두 번째 유월절을 제시하신다. 더 나아가 이 유월절은 그 율례와 규례대로 이스라엘 본토인들뿐만 아니라 그 중에 우거하는 모든 자에게 적용되어야 한다(9:11-14). 이는 율법에 대한 독단적이며 배타적인 편견과 선입관을 걷어내기에 충분하다. 야웨는 이스라엘의 지역적인 수호신이 아니라 우주만물을 창조하신 열방의 하나님이시다. 그분은 모든 자들이 구원받기를 원하신다. 율법의 융통성은 이러한 하나님의 속성과 도래하는 새 시대의 전환을 각인한다.

이러한 두 번째 유월절과 관련해 일부학자들은 유월절과 관련된 이 두 개의 달력은 오경의 다양한 전승 층(JEDP)이나 혹은 북쪽 이스라엘(정월 14일)과 남쪽 유다(이월 14일)의 두 전승을 반영한다고 주장하기도 한다.23) 그런가 하면 프로식(Tamara Prosic)은 고대근동의 종교절기의 신화적 유형(mythical pattern)에 따라 구약의 유월절은 역사적이라기보다는 상징적인 기능을 가짐으로 서술 안에서 그 어떠한 상황전환을 각인하는 문학적 기호로 쓰였다고 말한다.[24] 그러나 분명한 것은 민수기에서 이 두 번째 유월절은 출애굽한 이스라엘과 그 중에 우거한 모든 자들이 이제 시내 광야를 떠나 가나안을 향해 진군할 모든 준비를 마무리했음을 보여주며 그 모든 과정이 하나님의 말씀대로 집행되었음을 확인시켜준다. 출애굽 제2년 2월 20일(10:11), 이스라엘은 나팔소리(10:1-10)에 따라 각 지파를 질서정연하게 편성하여 하나님의 임재를 반영하는 구름과 불기둥을 따라 진군을 시작한다(9:15-23; 10:11-36).[25] 민수기 1-10은 이렇게 출애굽한 구세대가 적어도 초기에는 "야웨의 명을 좇아 진을 치며, 야웨의 명을 좇아 진행하고 또 모세로 전하신 야웨의 명을 따라 야웨의 직임을 지켰다"(9:23)는 최종적 결론을 내리고 있다.

IV. 광야에서의 반역과 죽음

민수기 11-25장은 진군 준비에 있어 1-10장에서 묘사된 이스라엘의 온전한 순종의 반전을 기술하고 있다. 이러한 모순을 일부 학자들은 민수기의 다양한 전승 층에 있어 포로후기 편집으로 추측되는 1-10장과 가장 오래된 부분(JE)으로서의 11-25장의 불일치한 구성으로 설명하기도 한다. 그러나 민수기의 최종적 문학 형태에 있어 이스라엘의 반역을 집중적으로 조명하는 이 섹션(11-25장)은 왜 가나안으로 들어갈 세대는 구세대가 아닌 광야의 신세대(26-36장)가 되었는가를 설명해주는 아주 중요한 서술적 기능을 함축한다고 볼 수 있다. 출애굽 세대는 모든 면에 있어 하나님의 말씀에 신실하게 응하여 광야 진군에 성공할 준비를 완벽하게 이루었다(9:23).

그럼에도 불구하고 11장부터 시작되는 갑작스러운 이스라엘의 불평과 반역은 의아함과 혼돈을 일으킨다. 하지만 이러한 패턴은 오경 전체에서 일관되게 드러남을 볼 수 있다. 창세기에서 우리는 "하나님이 그 지으신 모든 것을 보시니 보시기에 심히 좋았다"(창 1:31)라는 결론이 있자마자 갑작스러운 돌연의 타락(창 3:1-24)이라는 반전을 보게 된다. 그런가 하면 "노아는 의인이요 당세에 완전한 자라, 그가 하나님과 동행하였더라"(창 6:9)는 서문에 이어 방주에서 나와 번제를 드리며(창 8:20-22) 하나님과 언약을 세우는(창 9:1-17) 노아의 고귀한 모습은 곧 예기치 않은 그의 술 취함과 벌거벗음(창 9:18-29)의 기사를 통해 무너진다. 아브라함 역시 하나님의 소명에 순종하여 자신의 본토 친척 아비 집을 떠나 약속의 땅으로 향하였지만(창 12:1-9) 이러한 긍정적인 묘사는 그 어떠한 설명도 없이 애굽으로 내려가 자신의 아내를 누이라고 속이는 비겁한 장면으로 돌변한다(창 12:10-20).

출애굽기에서도 우리는 이러한 반전의 패턴이 반복되는 것을 볼 수 있다. 야곱의 후손들은 애굽에서 강성해졌고 야웨 하나님의 장엄한 초월적 개입으로 유월절을 정점으로 양양하게 광야를 향해 나아갔다. 모세의 노래(출 15:1-18)와 미리암의 노래(출 15:19-21)는 이러한 이스라엘의 여정에 승리라는 마침표를 찍는 것과도 같았다. 그러나 곧 느닷없이 이어지는 마라의 쓴물(출 15:22-27)과 만나와 메추라기(출 16:1-36) 내러티브 속에서 원망하는 이스라엘의 모습과 시내산 언약(출 19:1-24:18)에도 불구하고 금송아지 우상을 만드는 그들의 배역(출 32:1-35)은 다시 한 번 오경의 기대치 못한 반전을 보여준다.

이제 민수기 1-10장에서 오경의 화자는 이스라엘이 시내 광야의 진군 준비를 모든 면에서 신실하고 긍정적인 순종과 신앙으로 마무리했음을 기술했다. 그러나 이어지는 11-25장은 마치 예정이라도 된 듯이 선행하는 서술들의 주기를 따라 또다시 부정적인 사태로 몰락하기 시작한다. 이러한 일관된 패턴에서 우리는 아주 중요한 신학적 메시지를 인지하게 된다. 그것은 오경의 구속이라는 목적과 그 긴 여정에 있어 스스로는 도달할 수 없는 인간의 불온전한 의와 타락한 도덕성, 허무한 육신의 정욕과 안목의 정욕과 이생의 자랑(창 3:6; 요일 2:16)이 전적으로 드러내지고 있는 것이다.

그러나 이것이 오경 메시지의 끝은 아니다. 이는 더 중요한 궁극적인 서술의 추가적인 반전과 전개를 위한 서문에 불과하다. 에덴의 타락에도 불구하고 하나님은 원시복음(창 3:15)을 선포하셨고, 노아의 그릇된 행위는 셈을 축복하는 계기가 되었다(창 6:26). 아브라함의 불신 가운데서도 하나님께서는 그와의 언약을 세우시고(창 15:1-21) 출애굽한 이스라엘의 원망과 금송아지를 숭배하는 배역한 자들 앞에서 하나님은 모세를 시내산으로 불러 이스라엘과 다시 언약을 갱신하시고(출 33:1-35:3) 더 나아가 그들 가운데 거하시기 위해 성막을 건축케 하셨다(출 35:4-40:38). 그러므로 오경구속사의 주인공은 노아나 아브라함이나 이스라엘이 아닌 그러한 연약하고 타락한 존재들을 언약 안에서 믿음의 조상으로 만들어 가시는 거룩하시고 신실하신 야웨 하나님이시다. 이는 마크 스트롬(Mark Strom)이 기원에 대한 창세기 전반부(창 1-11)에서 반복되는 죄-심판-은혜의 신학적 3부구조가 오경에서 총괄적으로 반복되고 있음을 보여준다.26)

이에 모세와 후기 선지자들은 이스라엘의 위기 때마다 이러한 하나님의 속성에 호소하였다(출 34:6; 민 14:18; 느 9:17; 욜 2:13; 욘 4:2; 나 1:3). 민수기에서도 축복된 순종(1-10)으로부터 극적인 반역으로 돌아선 구세대(11-25)를 하나님은 여러 재앙과 군사적 패배로 처벌하셨으나 궁극적으로 그들의 타락은 백성에서 모세에게까지 확대되었어도 신세대(26-36)를 다시 세우시고 그들의 진 가운데서 함께 동행 하시는 하나님의 언약적 신실하심을 제거할 수 없었다. 오히려 이는 "자비롭고 은혜롭고 노하기를 더디하고 인자와 진실이 많은 하나님"(출 34:6)의 인내하심과 그의 은혜를 더욱더 부각시키는 근거로 작용한다. 십자가의 반전도 바로 이러한 오경의 주요문맥과 상이하지 않다. 갈보리의 비극은 오히려 모든 성도들의 첫 부활을 예고하는 희망의 전주곡이었던 것이다.

1. 반역(민 11:1-20:29)

광야 진군(1:1-10:36)의 준비는 백성들의 인구 조사와 성결로부터 시작하여 레위 자손들의 인구조사와 봉헌에서 그 절정을 이루었다. 이러한 백성-레위(제사장) 패턴은 반역 서술(11:1-21:35)에서도 유사하게 반복된다. "백성이 야웨의 들으시기에 악한 말로 원망하였다"(11:1a)로 시작한 다베라에서의 백성들의 불평은 미리암과 아론의 비방(12:1-16), 각 지파 중에서 족장된 자들로 구성된 가나안 정탐꾼들의 불신앙(13:1-33), 레위의 자손 고라와 장손 루으벤의 자손인 다단과 아비람의 반역(16:1-3), 그리고 므리바에서 반석을 친 모세의 불신(20:10-13)으로 그 절정을 이룬다. 기하학적인 시각에서 볼 때 이는 주변에서 중앙으로 혹은 아래서 위로 향하는 구조를 가지고 있다. 광야진군 편성은 중앙 성막과 백성 사이에 레위인(제사장)들을 배치함으로 백성으로부터 레위인으로의 방향은 곧 하나님께 인접한 공간으로 진입하는 것임을 보여준다. 그러므로 이스라엘의 원망은 백성으로부터 레위인에게로 화장되면서, 또한 그러한 불만이 모세를 겨냥할 뿐 아니라 모세 자신으로부터도 표출되었다. 그 강도가 수직적으로 상승할 뿐만 아니라 궁극적으로는 직접 하나님에 대한 불문과 반역으로 표현되기 시작한다. 이는 단순히 먹고 마시는 것에 대한 불평(11:4-10)에서 모세의 권위에 도전하는 반역(16:1-35), 그리고 므리바 사건에서 "야웨께서 모세와 아론에게 이르시되 너희가 나를 믿지 아니하고 이스라엘 자손의 목전에 나의 거룩함을 나타내지 아니하였다"(20:12)는 말씀에서 명백히 드러난다. 끝내 이러한 주변에서 중앙으로, 아래서 위로의 원망은 "이스라엘 자손이 야웨와 다툰 것"(20:13a)이며 이는 하나님에 대한 반역인 것이다.

밀그롬(Jacob Milgrom)은 민수기의 첫 번째 반역사건으로 기술 된 다베라 내러티브(민 11:1-3)의 짧은 세 절은 반역 모티프를 가지고 있는 차후 모든 내러티브들의 정형적인 모든 서술 구조들(불평, 신적 처벌, 모세의 중보, 사건 장소를 기념하는 지칭)을 내포하고 있다고 지적한다.[27] 민수기 11:1-21:35는 이러한 총 7개의 불평사건을[28] 전반부에서와 같이 백성으로부터 레위에게까지 확장되는 점진적인 구조로 구성한다.

1.1 모세의 중보와 리더십

이스라엘의 불평과 반역은 가장 주변적인 사회층에서의 식물과 관련된 기본적 문제를 계기로 시작하여 내부적인 상위층에서의 모세의 권위를 도전하는 것으로 확대되고, 끝내는 모세와 아론과 온 백성이 하나님을 원망하는 공동체 전체의 비극으로 전개된다. 후기 선지자들의 사마리아와 유다에 대한 경고신탁은 이러한 주변 – 중앙의 평행구조를 공유한다. 이스라엘의 배역과 유다의 패역에 관한 예레미야의 경고 신탁은 백성으로부터 시작해(렘 4:11-22) 권력 구조상 가장 상위권에 위치한 왕(렘 21:1-22:30)으로 확대되고, 마지막으로 최선의

사건	본문	처벌	중보	기 타	불평의 확장
백성들의 악한 원망	11:1-3	야웨의 불	모세	지칭: 다베라(תבערה, 불사름)	이스라엘 백성
만나에 대한	11:4-34	재앙	모세	지칭: 기브롯 핫다아와 (קברות התאוה, 탐욕의 무덤)	외국인과 내국인
미리암과 아론의 비방	12:1-16	미리암의 피부병29)	모세	아론은 처벌되지 않음	지도자
지파대표의 부정적인 정탐보고 직후 백성들의 원망	13:1-38	여호수아와 갈렙을 제외한 모든 탐정꾼들의 죽음	모세	구세대는 그 시체가 공야에서 소멸되기까지 사십년을 광야에서 유리하게 됨(14:33)	지파 대표들
고라와 다단과 아비람의 반역	16:1-50	야웨의 불과 염병	모세	야웨의 불로 죽은 고라의 무리는 250인(16:35)이고 그 외에 염병으로 죽은자들이 14,700명이다(16:49).	레위 자손들
물이 없어 모세와아론을 공박하다	20:2-13	모세의 가나안 입성이 금지됨	모세	백성들의 불평은 모세와 아론의 불신으로 확대되었다(20:12). 지칭: 므리바(מריבה, 다툼의 물)	모세와 아론
험한 길과 박한 식물(만나와 메추라기)에 대한 불평	21:4-9	불뱀	모세	여기서 백성은 이제 "하나님과 모세"를 향하여 원망하였다(21:5, 7).	하나님께 직접 불평함

망루가 되어야 할 선지자와 제사장까지도 사악하게 붕괴함(렘 23:9-32)을 지적함으로 "백성이나 선지자나 제사장이나"(23:33) 모두 "영원한 치욕과 잊지 못할 영구한 수치를 당케 될 것"(23:40)을 예고한다.

이렇게 사마리아와 유다의 멸망에 있어 결정적인 패역은 주변이 아니라 바로 내부 중앙 그 안에서 일어난 것이다. "야웨께서 말씀하시되 선지자와 제사장도(כִּי־גַם־נָבִיא גַם־כֹּהֵן) 다 사특하였고 내가 내 집에서까지도(גַּם־בְּבֵיתִי, NIV even in my temple) 그들의 악을 발견하였노라"(렘 23:11).[30] 이는 지도층의 신뢰와 특별히 성직을 맡은 사람들의 도덕성과 책임이 그 얼마나 중대한 가를 분명히 교훈한다. 광야의 구세대는 초기에는 단순히 어려운 현실에 대한 불평과 애굽에서 먹던 음식에 대한 향수(출 17:1; 민 11:4-5)를 호소하였다. 그러나 그러한 시초는 애굽에서의 노예생활을 오히려 동정하며 그들 가운데 거하시는 하나님의 신실하심과 은혜를 망각하는 불신을 발단시켰다.

진군 편성에서 보여준 성막 중심의 모습은 이제 외곽 중심에 의해 무너진 것이다. 전도자는 "천하에 범사가 기한이 있고 모든 목적이 이룰 때가 있다"(전 3:1-8)고 말한다. 날 때가 있고 죽을 때가 있고 심을 때가 있고 거둘 때가 있으며 웃을 때가 있고 슬퍼할 때도 있다. 이는 모든 때가 궁극적으로 하나님의 주권 아래 있음을 의미한다(전 3:11). 항상 맑은 해만 있으면 온 인류는 사막이 되었을 것이다. 상황에 따라 원망하고 불평한다면 하나님의 때를 헤아릴 수 없을 것이다. 하나님의 구속의 때를 거슬러 잠시 고통스러운 환경을 못이겨 이스라엘의 만나에 대한 불평과 애굽으로 돌아가고자 하는 그릇된 열망(11:1-35)은 큰 재앙을 불러왔고 그 장소의 이름은 불명예스러운 기브롯 핫다아와(קִבְרוֹת הַתַּאֲוָה, 탐욕의 무덤)로 기억되게 되었다.

여기서 우리는 이러한 백성들의 끊임없는 원망 한가운데 서있는 지도자 모세의 행동을 주시해볼 필요가 있다. 총 일곱 번 있었던 모든 불평 서술에서 모세는 지도자로서 백성들을 중보하였다. 문제는 끝내 그도 백성과 함께 하나님을 불신했다는 언급이다. "야웨께서 모세와 아론에게 이르시되 너희가 나를 믿지 아니하고 이스라엘 자손의 목전에 나의 거룩함을 나타내지 아니하였다…"(20:12). 이러한 모세의 리더십에 대한 평가는 긍정적인 것과 부정적인 것이 있다. 일부 학자들은 이를 모세에 대한 두 개의 전승으로 설명하기도 한다. 노트(Martin Noth)는 초기전승(JE문서)에 속하는 출애굽기 17장은 "맛사라" 사건에서 모세의 역할을 긍정적으로 평가하고 있으나 P문서는 "므리바" 사건(민 20)에서 모세의 불신(20:12)을 설명하기 위해 바위를 치는 모세의 모습을 부정적으로 묘사하고 있다고 주장한다.[31]

그러나 헬프고트(Nathaniel Helfgot)는 출애굽기 17장과 민수기 20장의 물 사건은 그 모티프와 시공간에 있어 두 개의 전혀 다른 사건이었음을 주장한다.[32] 맛사라에서 백성들의 주요 원망은 목마름이었다. 그러나 므리바에서의 주요 원망은 모세의 지도력이었다. "백성이 모세와 다투어 말하여 가로되 우리 형제들이 야웨 앞에서 죽을 때에 우리도 죽었더면 좋을 뻔하였도다, 너희가 어찌하여 야웨의 총회를 이 광야로 인도하여 올려서 우리와 우리 짐승으로 다 여기서 죽게 하느냐, 너희가 어찌하여 우리를 애굽에서 나오게 하여 이 악한 곳으로 인도하였느냐 이곳에는 파종할 곳이 없고 무화과도 없고 포도도 없고 석류도 없고 마실 물도 없도다"(20:3-5).

출애굽기 17장에서는 물과 목마름이 주요 주제였지만 민수기 20장에서 물은 모세에 대한 원망에 마지막으로 포함된 하나의 핑계에 불과하다. 이러한 원망 앞에서 출애굽기 17장에서 모세는 하나님께 먼저 호소하며 적극적으로 백성을 중보하였으나 민수기 20장에서는 수동적인 대응을 하며 오히려 하나님께서 먼저 말씀하신 것을 볼 수 있다(20:6). 그러므로 세일해머(J. H. Sailhamer)는 이러한 모세의 불신서술은 중보자로서의 모세의 직책이 실패했음을 보이고자 했던 것이며 이는 하나님의 백성들에 대한 새로운 이상적인 지도력의 전환(율법-은혜)을 피력하는 것이라고 주장한다.[33]

반면 올슨(D. T. Olson)은 민수기에서 묘사된 모세의 리더십을 지도력의 분권이라는 긍정적인 시각으로 설명한다.[34] "나를 죽여주셔서 나로 나의 곤고함을 보지 않게 하옵소서"(11:15)라는 강력한 항의는 하나님에 대한 불만이라기보다는 백성들을 향한 모세의 개인적인 집착과 책임감에서 유래된 고갈 상태를 보여 줄 뿐이다, "책임이 심히 중하여 나 혼자는 이 모든 백성을 질 수 없나이다"(11:14). 올슨은 모세의 긍정적인 평가에 있어 신명기는 모세의 죽음

구분	출 17:1-7 (맛사라 혹은 므리바)	민 20:1-13 (므리바)
상황	출애굽 이후 르비딤에 도착한 때	시내 광야에서의 구세대와 신세대의 전환점
모티프	목마름(17:1)	모세의 리더십에 대한 원망(20:3-5)
목격자	이스라엘 장로들(17:5)	신세대로 구성된 이스라엘 자손들(20:12)
모세의 반응	적극적 대응과 긍정적 중보(17:4)	수동적 대응과 리더십 상실(20:6, 11-14)

을 모세 자신의 잘못보다는 백성의 죄로 인한 것이라는 대안적인 전승을 가지고 있다고 말한다(신 32:48-52). 그러나 본문(민 20:12)을 포함해 민수기 26:14와 신명기 32:51은 모두 부정적인 책임을 분명하게 모세에게 과하고 있다. "이는 너희가 신 광야 가데스의 므리바 물가에서 이스라엘 자손 중 내게 범죄하여 나의 거룩함을 이스라엘 자손 중에서 나타내지 아니한 연고라"(신 32:51).

이러한 갈등을 해결하기 위해 우리는 므리바 사건을 오직 모세의 리더십이라는 단일적인 주제로 조명하는 것에서 민수기의 보다 더 총괄적인 문맥 안에서 이해할 필요가 있다. 므리바의 사건은 구세대와 신대의 전환이라는 중요한 분기점에서 기술되었다. 이는 이스라엘의 리더십의 형태도 전환되어야 함을 암시한다. 모세의 리더십 형태는 출애굽한 구세대에 그 초점이 맞추어져 있다. 이제 가나안에 정착할 신세대에게는 새로운 지도력이 요구되는 것이다. 므리바 사건의 계기로 하나님께서는 장로 70명에게 그의 신을 부으시고 모세의 단독적인 책임을 분담시키신다(11:25). 그중 2명이 진에 머물고 회막에 나가지 아니했지만 그들에게도 "신이 임하였음으로 진에서 예언하였다"(11:26). 이에 대해 여호수아가 그 예언하는 일을 금하기를 요청하지만 모세는 "야웨께서 그 신을 그 모든 백성에게 주사 다 선지자 되게 하시기를 원하노라"(11:29)로 응답한다. 이러한 새로운 시대에 대한 모세의 통찰력과 융통성, 그리고 이에 따른 지도력의 분권은 하나님의 신이 온 육체 위에 임할 것을 예고한 후기 선지자들의 새언약(렘 31:31-34; 겔 36:22-27; 욜 2:28) 사상과 신약의 만민제사장직(행 2:1-4; 벧전 2:9)의 중요한 기초가 된다. 그러므로 사도 바울은 교회의 참된 리더십은 예수 그리스도의 몸 된 하나의 공동체 속에서 성령이 주관하시는 다양한 지체들의 상호보완적 균형관계를 통해 건전히 발휘될 수 있음을 가르친다(고전 12:1-31).

그럼에도 불구하고 민수기는 하나님과 백성과의 특별한 중보자로서 모세 고유의 지도력과 권위를 옹호한다. 이는 아직 신세대가 가나안에 정착하지 않았기 때문이다. 민수기에서와는 달리 신명기에서 레위인과 제사장과 모세의 권력구조 구별은 명확하지 못하다. 그 이유는 신명기는 더 이상 성막을 중심으로 진군이 필요 없는 신세대을 중심으로 가나안에서의 정착을 전제한 구성인 반면 민수기는 절대적으로 모세의 리더십과 중보가 요구되는 광야에서의 진군을 그 배경으로 하고 있기 때문이다.35)

미리암과 아론의 비방(12:1-16)과 고라의 반역(민 16:1-50)은 이러한 권력구조를 분명히 반영한다. 미리암과 아론의 비방은 실제로 모세가 맞이한 구스 여자 때문은 아니었다. 탈굼 네오피티(Targum Neophyti, 민 12:1)는 고대 에티오피아를 지칭하는 구스의 이 여인과 모세의 아내 십보라(출 3-4)를 동인으로 해석한다.36) 그러므로 미리암과 아론은 이 에티오피아 여인을 표면상으로만 거론했을 뿐 사실은 모세의 독점적인 선지자적 리더십과 두드러진 위상을 공격한 것이다. "그들[미리암과 아론]이 이르되 야웨께서 모세와만 말씀하셨느냐 우리와도 말씀하지 아니하셨느냐"(12:2). 이 사건을 선행한 서술에서 모세는 이미 새 언약적 리더십을 인정하였다(11:26-30). 그럼에도 불구하고 미리암과 아론의 비방(12:1-16) 그리고 고라의 반역(16:1-50) 서술은 광야 체류 기간 동안 레위인과 제사장 대 모세의 우월적인 위상과 그의 특별한 중보적 리더십이 계속 유효함을 확언시켜준다.

1.2 정탐꾼들의 보고와 구세대의 광야 방랑(13:1-14:45)

선지서는 하나님의 궁극적 심판의 기준이 주변의 백성들이 아닌 내부의 제사장들과 선지자들에게 맞추어있음을 시사한다(렘 23:9-32). 애굽에서 출애굽한 구세대의 비극적인 운명은 각 지파 내부의 중심 지도자들로 구성된 정탐꾼들의 불신앙과 그들의 절망적인 보고로 인한 백성들의 결정적인 반역(14:1-3)으로 그 절정을 이룬다. 약속의 땅의 접경인 바란 광야에서 이스라엘은 가나안을 정찰할 각 지파의 두령들을 선출한다(13:4-16). 이들은 사십 일간의 땅을 탐지하고 무사히 돌아왔지만 유다 지파의 갈렙과 에브라임 지파의 여호수아를 제외한 나머지 모두는 약속의 땅에 대한 부정적인 보고서로 백성들의 돌이킬 수 없는 반역을 분발시켰다.

정탐꾼	여호수아와 갈렙의 보고 (13:26-29)	나머지 열 지파 대표들의 보고(13:31-33)
보고내용	젖과 꿀이 흐르며 실과를 내는 땅	그 땅에 사는 자들은 강하다
	강력한 사람들과 요새화 된 도시	그 땅은 거민을 삼키는 땅이다
	거인 아낙 자손들이 사는 땅	네피림 후손인 거인들이 사는 땅
결론	"그러나 [그들은] 우리의 밥이다"	"우리는 스스로 보기에 메뚜기 같다. 그런 강한 자들을 우리는 치지 못한다."

갈렙-여호수아와 나머지 열 지파 두령의 두 보고는 실재 그 자체의 차이점보다는 실재에 대한 상이한 시각과 결론의 차이를 보여준다. 쳄버스(Oswald Chambers)는 복음서에 기록된 엠마오로 가는 두 제자들의 대화(눅 24:21)에 대해 "그들이 진술한 모든 실재는 사실적으로 맞지만 그 사실에 대한 결론들은 틀린 것이다"라고 말한다.37) 마찬가지로 약속의 땅에 관한 두 개의 보고는

그 땅이 좋은 땅이며, 거기에는 거인들이 살고 있으며, 그 도시는 크고 요새화 되었다는 점에서는 일치한 진술이었다. 그러나 그러므로 그들이 "우리의 밥이다"라는 긍정적인 결론과 "우리는 스스로 보기에도 메뚜기 같다"라는 부정적인 상이한 보고는 그 결론의 차이점을 보여준다.

 동일한 상황을 전자는 신앙의 시각으로 그리고 후자는 불신앙의 시각으로 해석한 것이다. 정탐꾼 서술은 현실적인 것이 꼭 필연적으로 진실은 아님을 시사한다. 언약 백성의 올바른 지도자는 그 어떠한 중요한 결단을 내리는데 있어 객관적인 실재를 합리적으로 파악해야 되고 그것이 기본이지만 더 나아가 그 실재를 바탕으로 참된 판단에 이르기 위해서는 반드시 신앙의 시각을 가져야 한다. 평민의 그릇된 판단에 비해 지도자의 불신앙적인 결론은 백성 전체에 돌이킬 수 없는 재앙을 유래케 했다. 정탐꾼들의 그릇된 보고는 끝내 온 회중으로 하여금 모세와 아론뿐 아니라 궁극적으로는 야웨를 원망하는 비극적인 상황을 야기시켰다.

> "온 회중이 소리를 높여 부르짖으며 밤새도록 백성이 곡하였더라, 이스라엘 자손이 다 모세와 아론을 원망하며 온 회중이 그들에게 이르되 우리가 애굽 땅에서 죽었거나 이 광야에서 죽었다면 좋았을 것을 어찌하여 야웨가 우리를 그 땅으로 인도하여 칼에 망하게 하려 하는고 우리 처자가 사로잡히리니 애굽으로 돌아가는 것이 낫지 아니하랴, 이에 서로 말하되 우리가 한 장관을 세우고 애굽으로 돌아가자 하매"(14:1-4)

하나님께서는 그들이 말한 대로 이스라엘을 처벌하셨다. 하나님은 패역한 구세대는 이러한 원망으로 광야에서 사십년을 유리하다 모두 가나안에 들어가지 못하고 광야에서 그 시체가 소멸할 것을 예고하신다.

> "나의 영광과 애굽과 광야에서 행한 나의 이적을 보고도 이같이 열 번이나 나를 시험하고 내 목소리를 청종치 아니한 그 사람들은, 내가 그 조상들에게 맹세한 땅을 결단코 보지 못할 것이요 또 나를 멸시하는 사람은 하나라도 그것을 보지 못하리라"(14:22-23).

그러나 모든 것이 절망적인 것은 아니다. 에브라임지파 눈의 아들 여호수아와 유다지파 여분네의 아들 갈렙은 신세대를 이끌고 하나님의 언약을 성취하게 될 것이다(민 14:38; 신 36, 38). 마카비 1서 2:55-56은 "여호수아는 명령을 수행했기 때문에 이스라엘의 사사가 되었고 갈렙은 회중을 경고했기 때문에 땅의 기업을 얻었다"라고 기술한다. 본문은 "모세가 눈의 아들 호세아를 여호수아라 칭하였다"(13:16)는 증언과 "오직 내 종 갈렙은 그 마음이 그들과 달라서 나를 온전히 좇았은즉 그의 갔던 땅으로 내가 그를 인도하여 들이리니 그 자손이 그 땅을 차지하리라"(14:24)는 서술에서 민수기의 문맥을 넘어 후기 남북으로 나누어질 에브라임(북이스라엘)과 유다의 예표를 반영하고 있다고 볼 수 있다. 그러나 그 무엇보다도 갈렙과 여호수아는 이스라엘의 반역에도 불구하고 계속 이어질 언약성취의 여운을 남긴다. 이는 오경전체에서 일관되게 묘사되고 있는 야웨 하나님의 절대주권과 신실하심을 다시 한 번 피력해 준다.

민수기는 이러한 이스라엘의 불행한 비극을 도래케 한 가나안 정찰을 맨처음 하나님께서 모세에게 직접 명하셨다고 역설하고 있다, "야웨께서 모세에게 일러 가라사대 사람을 보내어 내가 이스라엘 자손에게 주는 가나안 땅을 탐지하게 하며 그 종족의 각 지파 중에서 족장된 자 한 사람씩 보내라"(13:1-2). 그러나 신명기에 기록된 이 사건에 대한 모세의 회고록(신 1:19-46)에서 하나님은 백성들에게 약속의 땅으로 올라가 그 땅을 얻으라고 명하셨고(신 1:21) 이에 백성들은 먼저 그 땅의 정찰이 선행되어야 함을 호소했다(신 1:22). 일부 학자들은 이에 대한 세 개(JE, D, P)의 전승을 시사한다.[38]

	JE 전승	D 전승	P 전승
정탐의 시초	야웨 하나님(민13:1-2)	백성(신1:22)	
원망의 대상	야웨 하나님(민14:22)	야웨 하나님(신1:27)	모세와 아론(민14:2-3)
선한 정탐꾼	갈렙(민 14:24; 신 1:36)	갈렙(신1:36)	호세아/여호수아(민 13:16; 14:30; 신1:38)

신명기 1:20-23에 대한 3세기경 할라카(Halakah)로 여겨지는 시프리 신명기 19-21(Sifrei Deuteronomy)에서 랍비들은 백성들의 요구에 있어 모세는 먼저 하나님의 명을 받아 열두 명을 보냈다고 해석한다. 미리 약속의 땅을 정찰한 것은 그 어떠한 문제도 되지 않는다. 또한 민수기는 백성들이 모세와 다투는 것은 곧 하나님과 다투는 것임을 말한다(20:3, 13). 배역의 책임은 절대적으로 백성에게 있다. 그들은 약속의 땅을 얻으라는 하나님을 말씀을 신뢰하지 않았다. 광야에서 모두 소멸되기까지 사십년을 유리하게 되리라는 공포에도 불구하고 백성들은 다신 한번 마지막까지 자신들의 의지로 아말렉 산지를 점령하려다 완전히 패하게 된다(14:39-45).

1.3 율법(15:1-19:22)

전반적으로 이스라엘의 반역을 기술하고 있는 민수기 11:1-21:35 서술 안에서 고라의 반역(16:1-50)을 제외한 법률 부분의 갑작스러운 삽입은 문맥상 불일치한 느낌을 준다. 이는 다시 한 번 노트(M. Noth)의 "무수한 전승조각들의 비체계적인 모음집"을 생각나게 한다.39) 그러나 일부 학자들은 민수기의 서술구조 안에서의 이러한 율법의 위치는 치밀히 기획된 것이라고 주장한다. 올슨(D. T. Olsen)은 이 율법부분은 이스라엘의 진군에 따라 발생한 반란의 절정적인 충격을 일단 차단시키고 약속의 땅에 정착하게 되었을 때에 하나님께 드릴 각종 제의 규범들을 통해 민수기 14장의 극적인 절망에도 불구하고 희망의 여운을 남기기 위한 것이라고 주장한다.40)

세일해머는 민수기 15:1-36에 기술된 "일곱개의 율법"은 주로 속죄에 관한 것들인데 이 중 마지막은 안식일을 고의적으로 무시한 죄에 대한 처벌(15:32-36)을 규명하는데 이는 율법을 지키도록 일깨워주는 옷단 귀에 다는 술(tassels)의 규례를 전략적으로 선행한다고 지적한다.41) 특별히 이러한 율법 부분 한 가운데 위치한 레위인들(고라와 다단과 아비람)의 반역(16:1-35)은 이스라엘의 반역이 주변에서 가장 내부적이며 중심적인 레위 지파에까지 확장되었음을 보여주고 그럼에도 불구하고 아론의 지팡이 서술(17:1-13)을 통해 아론의 제사장직의 유효성을 부각시키고 있음을 볼 수 있다.[42] 그러나 이러한 희망에도 불구하고 출애굽한 구세대는 끝내 사십년의 유리생활을 므리바에서 백성과 모세와 아론 모두의 불신으로 비극적으로 마감한다(20:1-29).[43] 민수기 전반부에 응집되어 있는 이러한 반역과 불평의 반복적인 주기는 이제 가데스에서의 미리암의 죽음(20:1)과 호르산에서의 아론의 죽음(20:22-29)으로 잠시 중단되고 아론의 아들 엘르아살의 위상(20:25-28)과 함께 새로운 시대를 예고한다.

2. 희망의 예고(21:1-25:18)

출애굽한지 제40년 정월(민 20:1) 이스라엘은 가데스에서 모압으로의 진군을 시작한다. 그 여정에서[44] 이스라엘은 미리암과 아론을 잃었고 반역으로 인한 재앙에 백성들은 소멸되었다. 므리바의 불신사건으로 인해 모세도 가나안에 들어가지 못하게 되었으며(20:12) 에돔은 이스라엘의 통과를 거절하였다(20:14-21). 백성들의 불평(14:1-4; 20:2-5)은 이스라엘과 모세의 불신(14:11; 20:12)으로 악화되고 이로 인해 그들은 아말렉에게 패하고(14:40-45) 에돔 땅을 통과할 수 없었다(20:14-21).

그러나 그러한 절망스러운 상황 속에서도 민수기는 희망의 줄거리를 놓치지 않는다. 호르마(21:1-3)와 시혼(21:21-32)과 바산(21:33-35)에서의 승리, 그리고 발람의 신탁(22:2-24:25)은 가나안의 성공적인 정착과 더불어 후기 다윗왕조의 승리적인 통치를 예고한다. 이는 민수기에서 일관되게 반복되는 절망-희망의 구조를 반영한다. 호르마에서의 승리로 고무된 상황은 곧 놋 뱀 사건(21:4-9)으로 좌절되나 이어 시혼과 바산의 점령으로 다시 회복되며 모압 왕의 강력한 압력에도 불구하고 유다를 축복하는 발람의 신탁(22:2-24:25)으로 민수기는 희망을 놓치지 아니한다.

2.1 놋 뱀(21:4-9)

호르산을 떠나 홍해 길로 에돔땅을 둘러 가는 고된 길에서 이스라엘 백성은 호르마에서의 전쟁을 승리로 이끌어주신 하나님의 은혜와 물과 만나에 대한 원망으로 인해 재앙에 처했던 기브롯 핫다아와(קברות התאוה, 탐욕의 무덤)의 사건(11:4-10)을 상실하고 또다시 식물의 부족과 싫증난 만나에 대해 불평한다. "하나님과 모세를 향하여 원망하되 어찌하여 우리를 애굽에서 인도하여 올려서 이 광야에서 죽게 하는고 이곳에는 식물도 없고 물도 없도다. 우리 마음이 이 박한 식물을 싫어하노라"(21:5). 만나는 이스라엘을 광야에서 40년 동안 살아갈 수 있도록 하나님께서 공급하신 특별한 양식이었으며 하나님의 도우심과 섭리를 상징하는 것이었다.

그러나 이스라엘 백성들은 이 만나를 정관사로 강조된 "하클로켈"(הקלקל), 즉 "무가치한 것"(RSV, worthless) 혹은 "하잘 것 없는 것"(NIV, miserable)이라고 원망한다. 이것은 민수기에 기술된 마지막 불평으로서 이는 곧 그동안의 하나님의 전적인 보호하심과 은혜를 모두 무익한 것으로 비하시킨 것이다. 이렇게 직접적이며 극적인 배역에 하나님께서는 불 뱀으로 그들을 심판하신다. 그러나 백성들은 곧 회개하였고(21:7) 모세는 이를 중보하고 하나님의 명령대로 놋 뱀을 만들어 장대에 달아 그것을 바라본 사람들은 치유 받게 된다(21:8-9).

노트(M. Noth)나 그레이(G. B. Gray)와 같은 일부학자들은 이 본문에서 뱀을 의미하는 히브리어 나핫쉬(נחש)와 놋을 의미하는 히브리어 느홋쉐트(נחשת)는 유사한 어음을 가진 것으로서 이는 이 서술이 언어게임을 도입한 하나의 교훈적 문학작품이라고 주장한다.[45] 혹은 본문을 히스기야 시대에 있었던 느후스단(נחשתן) 숭배(왕하 18:4)를 소급한 후기편집으로 간주한다. 그러나 느후스단은 그 시대에 성황을 이루었던 이스라엘의 배교를 촉진했고 광야의 놋 뱀은 이스라엘의 재앙을 제거한 것으로서 그 상황과 목적 그리고 결론이 근본적으로 다름을 볼 수 있다.[46] 고대근동 신화에서나 특별히 우가릿 문헌들에서 발견되는 독뱀에게 물렸을 때의 해독방법은 보편적으로 그 어떠한 마술적 주문이나 치료의식을 행하는데 있다.[47]

그러나 모세의 놋 뱀은 오로지 바라봄으로 치유 받게 된다는 점에서 유일하다. 예수님께서는 이러한 민수기의 놋 뱀 이미지를 복음의 핵심을 요약한

요한복음 3:16의 예표로 언급하신다. "모세가 광야에서 뱀을 든 것같이 인자도 들려야 하리니 이는 저를 믿는 자마다 영생을 얻게 하려 하심이니라, 하나님이 세상을 이처럼 사랑하사 독생자를 주셨으니 이는 저를 믿는 자마다 멸망치 않고 영생을 얻게 하려 하심이니라"(요 3:14-16). 갈보리의 십자가는 그것을 바라보는 모든 자들에게(히 12:2) 장대에 달린 모세의 놋 뱀과도 같이 죄로 인한 사망 앞에서 영생하는 하나님의 치유와 구속을 약속한다.

2.2 발람의 신탁(22:2-24:25)

모압평지에 도착한 이스라엘은 이제 "요단 건너편 곧 여리고 맞으편"(22:1)에 진을 쳤다. 이는 약속의 땅 가나안을 눈으로 바라볼 수 있는 접경 지역이다. 그러나 지난 40년 동안 출애굽 구세대들은 대다수 이미 광야에서 모두 소멸했다(26:63). 과연 그들에게 희망은 남아있는가? 발람의 신탁(22:2-24:25)은 광야 옛 세대의 비극적인 종말의 와중에서도 언약을 성취하시는 하나님의 궁극적인 신실하심에 초점을 맞추고 있다. 먼저 모압 왕 발락을 통해 진술된 이스라엘의 모습은 구세대의 소멸에도 불구하고 지면을 덮은 그 많음을 보고 그가 두려워할 정도로 번성한 것이다(22:3-5). 이는 "하늘의 별과 같고 바닷가의 모래와 같게 하여 너의 후손들이 대적의 도성을 취하게 될 것이라"(창 22:17)는 약속의 성취가 진행되고 있음을 암시한다.

모압 왕 발락은 이미 선행된 전쟁에서 시혼 왕에게 패하였다(21:26-30). 그런데 이제 그 아모리인들(혼 왕)을 물리친 이스라엘이 진군해 오고 있는 것이다(22:2). 그가 할 수 있는 유일한 일은 유목민 미디안과 동맹을 맺고(22:4, 7) 오로지 "브올의 아들 발람"이라는 선지자를 고용하여 이스라엘을 저주하는 것이다. 그러나 결론적으로 하나님의 적극적이며 직접적인 개입으로(23:5, 26; 24:2) 발락의 완고한 선물공세와 강압적인 설득에도 불구하고 발람은 네 개의 신탁을 통해 야웨 하나님의 뜻을 대변하고 이스라엘의 승리와 축복을 선포한다. 1967년 모압평지에서 북쪽으로 약 40km에 위치한 요르단의 데이르-알라(Deir Alla)에서 약 기원전 9-8세기로 측정되는 석고판에 "브올의 아들 발람의 비극을 담은 책… 그는 성스러운 선각자였다"라는 비문이 발견되었다. 그 비문은 발람이 샤다임(shaddayyin) 신을 대변한 것으로 기록한다. 이렇게 브올의 아들이라는 동일한 인명과 지리적으로 모압평지에서 가까운 점, 그리고 야웨 하나님의 명칭 중 하나인 히브리어 엘샤다이(אל שדי, 민 24:4, 16)와 유사한 어음을 고려하여 학자들은 민수기의 발람신탁이 8세기 모압전승에서 유래된 것으로 주장하기도 한다.48) 그러나 데이르-알라는 민수기에 기술된 야웨 (יהוה)의 명칭과 그 어떠한 유사한 내용도 포함하고 있지 않다. 이는 오히려 민수기발람서술의 변형된 다른 하나의 전승이라고 볼 수 있다. 발람전승은 후기 성경 여러 곳에서 다양한 평가로 언급된다(느 13:2; 미 6:5; 벧후 2:15; 계 2:14). 그러나 오경에서 발람은 최종적으로 이스라엘의 배교와 관련해 죽임을 당하는 부정적인 인물로 묘사되고 있다(민 31:8-16; 신 23:3-6).

발람의 신탁은 서술과 조합된 시문 형으로 구성되었다.

첫 번째(23:7-10)는 그 어떠한 저주로도 패해질 수 없는, 특별하게 선별되어 크게 번성한 이스라엘을 묘사하고 있다. 플라우트(W. Gunther Plaut)는 이 첫 번째 신탁에서 9절은 이스라엘의 과거사와 현대사를 가장 적절하게 조명한다고 말한다, "이 백성은 홀로 처할 것이라 그를 열방 중의 하나로 여기지 않으리로다"(23:9).49) 서구세계는 전반적으로 사람들을 유대인과 이방인으로 분리했다. 이는 이스라엘이 열방 중의 하나가 아닌 "홀로 처한 백성"(לבדד ישכן עם, a people who live apart)임을 의미하며 차후 유대교 선별사상과 교리에 실질적인 영향을 끼쳤다. 민수기 안에서도 이 구절은 열방 중 이스라엘에 대한 하나님의 특별한 선택과 섭리를 암시한다고 볼 수 있다.

두 번째 신탁(23:18-24)은 출애굽을 통한 약속의 성취와 하나님이 이스라엘 가운데 거하셔서 그들을 승리로 이끄심을 선포한다.

세 번째 신탁(24:2-9)은 신세대의 가나안 정착의 모습을 투시적으로 묘사하고 있다. "야곱이여 네 장막이, 이스라엘이여 네 거처가 어찌 그리 아름다운고, 그 벌어짐이 골짜기 같고 강가의 동산 같으며 야웨의 심으신 침향목들 같고 물가의 백향목들 같도다, 그 통에서는 물이 넘치겠고 그 종자는 많은 물가에 있으리로다 그 왕이 아각보다 높으니 그 나라가 진흥하리로다"(24:5-7). 그리고 다시 한 번 아브라함의 언약이 성취되어가고 있음을 언급한다. "너를 축복하는 자마다 복을 받을 것이요 너를 저주하는 자마다 저주를 받을찌로다"(24:9; 창 12:3). 마지막 네 번째 신탁(24:15-24)에서 발람은 발락의 강력한 세 번의 강요에도 불구하고 오히려 이스라엘을 세 번이나 축복한 후 자신의 백성에게로 돌아가는 길목에서 다시 한 번 이스라엘의 미래에 대한 총괄적인 비전을 예언하게 된다. 먼저 그는 다른 신탁들의 도입부에서 언급한 것과 마찬가지로 자신이 하나님을 대언하고 있다는 좀 더 강렬한 주장을 피력한다. 그는 자신이 "하나님의 말씀을 듣는 자…지극히 높으신 자의 지식을 아는 자, 전능자의 이상을 보는 자, 엎드려서 눈을 뜬 자"(24:16)라는 주장을 통해 이 예언의 신적 출처와 정당성을 확인시킨다. 그리고 최종적으로 신세대의 가나안 정착완수의 예표로서 이스라엘이 모압과 인근 국가들(에돔, 세일, 아말렉, 가인 족속, 앗수르, 에벨)을 완전히 패할 것을 예고한다. "내가 그를 보아도 이때의 일이 아니며 내가 그를 바라보아도 가까운 일이 아니로다, 한 별이 야곱에게서 나오며 한 홀이 이스라엘에게서 일어나서 모압을 이편에서 저편까지 쳐서 파하고 또 소동하는 자식들을 다 멸하리로다"(24:17).

한 "별"과 "홀"은 모두 고대근동에서 왕권을 시사하는 은유나 상징들로 상용될 수 있다(사 14:12). 이는 미래 다윗이 에돔과 모압을 파멸시킨(삼하 8:2, 11-14) 상황을 바라본 것이라고 말 할 수 있다. 발람 신탁에서의 사자(23:24; 24:9)와 홀(24:17)의 이미지는 야곱의 축복에서 언급된 "유다를 떠나지 아니할 홀"(창 49:9-10)과 무관하지 않다. 이는 분명 다윗의 왕조를 지칭한다. 그러나 이 구절은 다윗의 왕조를 넘어 보다 더 종말론적인 뉘앙스로 해석되어 오기도 했다.

결론적으로 민수기의 화자는 발락의 세 번의 저주요청에 오히려 세 번을 축복한 발람의 신탁 아이러니를 기반으로 민수기 전반부 서술에서 광야 옛 세대의 절망에도 불구하고 희망적인 신세대를 예고하는 중요한 전환점을 각색하고 있다. 이러한 발람 신탁의 긍정적인 선포에도 불구하고 곧 이어지는 싯딤에서의 바알브올 숭배와 이스라엘 남자들의 모압과 미디안 여인들과의 음행(25:1-18) 사건은 시내산 언약체결 후 금송아지를 숭배했던 광야 구세대의 변함없는 완악함과 왜 그들이 최종적으로 광야에서 모두 소멸되어야 했는가라는 의문의 여운을 해소시킨다.

V. 약속의 땅을 바라보며

민수기의 후반부(26-36)는 가나안으로 진입하기 직전 약속의 땅을 바라보며 단 몇 달 사이에 일어난 사건들과 모세로 신세대에게 명하신 하나님의 명령과 규례들을 기술하고 있다. 이는 광야 옛 세대의 소멸에도 불구하고 다시 번성한 신세대의 인구조사(26)로 시작해 약속의 땅을 고려한 새로운 지도자의 임명과 성공적인 입성, 그 땅의 풍요로움을 암시하는 다양한 율법조항과 미디안 성전의 승리(27-36)를 통해 성공적인 가나안 입성을 예고해준다. 이러한 민수기 후반부(26-36)의 전체적인 구조는 많은 면에서 전반부(1-25)와 연속성을 가지고 있다.

첫 번째 인구조사와 두 번째 인구조사는 동일한 형식의 하나님의 명령(1:2-3; 26:2)과 열두 지파의 명단의 평행을 이룬다. 그리고 레위의 계수는 둘 다 열두지파의 계수를 종결한 다음 소개된다. 옛 세대에게 제시된 정결과 관련한 율법 조항들(1-5)은 신세대들에게는 가나안 땅에서의 제의를 반영하는 조항들로 갱신된다(28-30). 전반부의 여행일정은 33장의 여행일정 요약에서 평행을 이루고 브올에서의 배역과 미디안 여인들과의 음행(25)은 신세대의 미디안과의 성전(聖戰)과 연관된다(31:1-54). 올슨(D. T. Olson)은 이러한 평행들은 이제 과거로부터 배우며 광야를 벗어나 약속의 땅으로 진입 직전인 과정에서 신세대들에게도 옛 세대에게 주어졌던 것과 비슷한 도전과 기회가 주어진 것과 새로운 희망을 암시하는 기능을 가진다고 설명한다.[50]

1. 두 번째 인구조사(26:1-65)

먼저 민수기 26장의 본격적인 가나안 정착준비를 위한 두 번째 인구조사는 하나님의 약속이 광야의 신세대와 새로운 지도자들을 통해 지속적으로 유효함을 다시 한 번 확인시켜준다. 이 두 번째 인구조사의 주요 목적은 앞으로 소유하게 될 약속의 땅에서 지파의 명수대로 땅을 분배하기 위한 것(26:52-56)과 모세 - 아론에서 모세 - 엘르아살로 재구성되는 새로운 제사장체계의 정당성과 갈렙과 여호수아의 새로운 지도력을 확증해주는데 있다고 볼 수 있다(26:63-65; 27:12-23). 또한 광야 옛 세대의 반역과 소멸에도 불구하고 그들의 가계가 새로운 세대들을 통해 지속되고 있음을 통해 하나님의 신실하심을 다시 한 번 확인시켜준다.

민수기 전반부에서 특별히 야곱의 저주가 암시된(창 49:1-7) 고라와 다단과 아비람의 반역사건(16:1-50), 그리고 미디안 여인과 함께 죽임을 당한 시므리의 배역사건(25:14)은 그 지파들의 미래를 절망적으로 조명했다. 그럼에도 불구하고 그렇게 부정적으로 묘사된 레위와 르우벤과 시므온 지파의 후손들도 약속의 땅을 차지할 이 신세대 목록에서 생존해 있음을 보게 된다, "그러나 고라의 아들들은 죽지 아니하였더라"(26:11). 결론적으로 이러한 두 번째 인구조사를 통해 민수기 화자는 애굽의 억압과 광야의 반역에도 불구하고 이스라엘을 "하늘의 별들과 바다의 모래알 같이"(창 22:17) 번성케 하시고 끝내 약속의 땅으로 인도하시는 야웨 하나님의 그 신실하심과 주권적인 언약 성취를 치밀하게 피력하고 있는 것이다.

2. 슬로브핫의 딸들(27:1-11; 36:1-12)

민수기 후반부 첫 부분(27:1-11)에 기술된 "슬로부핫의 딸들"에 관한 이야기가 왜 갑자기 뒷부분(36:1-12)에서 다시 등장하는지에 대해 다양한 설명들이 있다. 버드(Philip J. Budd)는 이 뒷부분(36:1-12)은 민수기가 끝난 지점에 첨부된 하나의 부록 내지 27:1-11에 대한 추가해설이라고 주장한다.[51] 스나이드(N. H. Snaith)도 비슷한 맥락에서 이를 므낫세 지파의 요르단 서쪽 분할지에 대한 권리를 합리화시키기 위한 추가설명으로 보았다.[52] 그러나 문학형태에 있어 "슬로브핫의 딸들"의 상속사례를 다룬 이 부문은 오히려 전체 서술 안에서 다른 단편들과 치밀하게 기획된 하나의 포괄적 구조를 형성하고 있음을 배제할 수 없다. 먼저 민수기 후반부(26-36)는 총괄적으로 다음과 같은 병행구조를 구성하고 있다고 볼 수 있다.

서문		"야웨께서 모세와 엘르아살에게 일러 가라사대"	26:1
A	a	지파들의 인구조사	26:2-56
	b	레위인의 계수함	26:57-62
	c	**슬로브핫의 딸들의 상속사례**	27:1-11
B	d	제물, 제의, 축제, 율법(가나안 땅에서의 정결과 풍요로움을 반영함)	28:1-30:16
	d′	미디안과의 성전에서 승리함	31:1-54
A	a′	(가나안의 성공적 정착을 예고함) 지파들의 땅 분배	32:1-34:25
	b′	레위인에게 준 성읍	35:1-34
	c′	**슬로브핫의 딸들의 상속사례**	36:1-12
후문		"이는 야웨께서 모세로 이스라엘 자손에게 명하신 명령과 규례니라"	36:13

구체적으로 민수기 후반부의 구조는 지파들(a-a′), 레위인들(b-b′), 슬로브핫의 딸들(c-c′), 그리고 가나안 땅에서의 정결, 풍요로움, 그리고 성공적 정착을 예고하는 제물, 제의, 축제, 미디안과의 성전(聖戰)에서의 승리(d-d′)로 구성되어 있다. 이러한 평행과 반복은 큰 틀에서 볼 때 A-B-A라는 포괄 구조(inclusio)를 형성한다. 울리츠(Dean R. Ulrich)는 이러한 본문의 포괄구조는 그 어떠한 수사학적이며 신학적인 의미를 암시한다고 말한다.[53]

그렇다면 민수기를 제외하고는 다른 구약 본문에는 유래가 없는 – 여인(딸)에게 유산상속 권리를 인정해주는 – "슬로브핫의 딸들"의 사례는 왜 문맥상 가장 중요한 A의 결론적인 부문에 위치해 있을까? 민수기의 화자는 왜 이 이야기를 민수기의 결론부문에 기술했을까? 이러한 구조로 인해 일부학자들이 주장하는 것처럼 민수기 26-37은 다소 전승들의 산발적이며 불일치한 모음집처럼 보이기도 한다. 그러나 오히려 이는 약속의 땅의 성공적인 정착의 여운을 남기기 위한 다양한 준비를 치밀하게 기술한 것이라고 볼 수 있다. 민수기 후반부에 포함된 다양한 주제들은 모두 다 궁극적으로는 광야를 벗어나 약속의 땅으로 진입하는 광야 제2세대의 성공적 정착에 초점을 두고 있다는 점에서 서로의 연결점을 가지고 있다.

그러므로 민수기 27-36장 단락의 처음과 끝에 포괄구조로 구성된 두 개(27:1-11; 36:1-12)의 슬로브핫의 딸들의 상속 사례는 이러한 큰 문맥에서의 해석을 요구한다. 먼저, 인구조사의 결론 직후 삽입된 첫 번째 실제사례(27:1-11)는 땅의 공평한 분배를 위해 여성의 상속권이 인정되어야 함을 암시한다. 민수기 화자는 이러한 이슈를 논하기 위해 이미 사전에 므낫세 지파의 계보를 슬로브핫까지 나열할 뿐만 아니라 그에게는 딸이 없었음을 강조했다(26:33). 또한 인구조사의 최종목적은 각 지파에게 그 명수대로 땅을 나눠 주어 기업을 삼게 하는 것이었음을 미리 밝혔다(26:52-54). 인구조사의 상대적 규모에 기초하여 그 명수를 기준으로 땅을 분배하는 것이다. 그리고 26:55-56은 제비를 뽑아서 분배하라고 제시한다.

일부학자들은 이 두 가지 방식은 두 개의 다른 전승을 반영한다고 본다. 그러나 본문의 현 형태에서 이는 땅의 크기는 명수의 상대적 규모로 정하고 그 위치는 제비뽑기를 하여 모든 지파들에게 가장 합리적이고 공평한 방식으로 땅이 할당되어야 함을 의미한다. 그런데 만약 부계 상속체계를 가지고 있는 고대 이스라엘에서 족장에게 아들이 없고 딸들만 있을 경우에는 어떻게 할 것인가? 슬로브핫의 딸들의 첫 번째 사례는 바로 이 문제에 대한 해결사로 제시된다. 원래 지파의 땅은 부계상속의 관습을 전제로 지파 내에서만 거래가 가능하며 더 나아가 희년에는 다시 원래의 가족이나 지파로 돌아가야 한다(레 25:8-55). 그러나 본문에서 야웨 하나님은 슬로브핫의 딸들의 용청에 따라 땅의 공정한 분배를 위해 그러한 정통적 관례를 개정하신다. 이는 이어지는 모든 서술과 함께 성공적인 땅의 정착 모티프를 강화시킨다. 또한 신세대의 융

통성과 율법의 후기개정을 예고한다고도 볼 수 있다.54)

　이러한 슬로브핫의 딸들의 상속문제는 민수기를 마감하는 후반부 마지막 부문에서 다시 두 번째로 등장한다. 이는 독립적으로 첨부된 부록이라기보다는 치밀하게 기획된 결론이라고 볼 수 있다. 이 두 번째 사례에서 므낫세 지파의 수장들은 만약 슬로브핫의 딸들이 다른 지파 남자들과 결혼한다면 그들의 기업이 다른 지파로 상속될 수 있다는 문제점을 제기했다. 이에 대해 하나님께서는 슬로브핫의 딸들은 오직 자신이 속한 지파 남성들과만 결혼할 수 있다는 판결을 내주신다. 그러므로 이제 그 어떠한 과거나 새로운 상황에서도 이스라엘의 모든 지파들은 약속의 땅을 상속하게 되었다. 이는 오경에서 일관되게 피력되고 있는 하나님의 언약이 지속적으로 성취되어가고 있음을 보여준다. 이후 가나안에 들어간 슬로보핫의 딸들은 제사장 엘르아살과 지도자 여호수아에게 바로 이 모압평지에서 모세를 통해 개정된 새로운 상속법을 호소함으로 땅을 분배받게 된다(수17:3-4). 민수기는 이러한 두 개의 슬로브핫의 딸들의 사례를 포괄적 구조로 구성하여 이스라엘의 공정한 땅 분배를 보장하고 성공적이고 희망적인 가나안 정착을 예고함으로 하나님의 영원하신 섭리와 신실하심을 독자들에게 전하고 있다.

주(註)

1) 학자들은 대개 민수기 11-25장을 초기 J와 E 전승으로 보고 있으며 1-10장과 26-36장을 후기 D와 P 전승으로 여긴다. 더 나아가 P 후기에도 지속적으로 새로운 자료들이 첨가되었다고 주장한다. 또한 인구조사표(1:1-46; 26:1-65), 내러티브(4:1-3), 시(10:35-36), 신탁(15:32), 야웨의 전쟁기(21:14-15), 비이스라엘 신탁으로 알려진 발람의 신탁(23:7-10, 18-24; 24:3-9, 15-24) 등등 다양한 형식으로 구성되어 있다.

2) M. Noth, *Numbers* OTL (London: SCM Press, 1968), 4-5.

3) J. Milgrom, *Numbers*, JPS Torah Commentary (Philadelphia: JPS, 1990), xiii-xvi.

4) R. N. Whybray, 차준희 역 (2005), 109.

5) 유대인들은 전통적으로 오경의 4번째 책을 베미드바르(במדבר, 광야에서)로 부른다. 칠십인역이 민수기의 책명을 Arithmoi로 기술한 것은 민수기의 인구조사를 반영한 이 책의 제일 오래된 히브리어 책명 호메쉬 하페쿠딤(הפקדים חמש)을 참작한 것 같다. Cf. Jacob Milgrom, *Numbers*, JPS (Philadelphia: The Jewish Publication Society, 1990), xi; 테르툴리안은 발람이야기와 관련해 "Book of Arithmi"를 언급하고 있다. 이는 적어도 이미 1세기 때 민수기의 Arithmi라는 책명이 통상적으로 불려졌다고 볼 수 있다. Cf. Tertullian, *Adversus Marcion* 4.28.

6) Philip J. Budd, *Word Biblical Commentary*, 409.

7) G. 허버트 리빙스톤, 김의원 역, 모세오경의 문화적 배경 (서울: 기독교문서선교회, 1990), 325-348.

8) 민 1:1은 "이월 일일"로 시작하고 있으나 민 7:1은 "정월 일일"(출 40:1), 그리고 민 9:1-5는 "정월 십사일"로 되돌아가고 있음을 참고하라.

9) D. T. Olson, *Numbers* (Louisville: John Knox Press, 1996) 참고.

10) 민수기 내러티브 연대에 대한 논의에 대해 세일해머(하), 265-266과 D. T. Olson, 82 참고하라.

11) Gordon Wenham (2003), 106.

12) G. E. Mendenhall, "The Census Lists of Numbers 1 and 26," *JBL* 77 (1958), 52.

13) David M. Fouts, "A Defense of Hyperbolic Interpretation of Large Numbers in Old Testament," *JETS* 40:3 (September 1997), 377-387.

14) 민수기 3장에 기록된 레위 자손들 중 일 개월 이상 된 남자는 게르손 7,500명 (3:22), 고핫 8,600명(3:28), 그리고 므라리 6,200명(3:34), 총 22,300명이다. 그러나 총계는 22,000명 (3:39)으로 보고되어 있다. 편집과 전달 과정에서의 오류로 보인다.

15) D. T. Olson, 250.

16) 이미 출애굽기 장에서 논의한 것과도 같이 시내산 언약 내러티브는 창조 내러티브와도 평행구조를 가지고 있다. 창 1:31 - 출 39:43; 창 2:1 - 출 39:32; 창 2:2 - 출 40:33; 창 2:3 - 출 39:43. Cf. Victor P. Hamilton, *Handbook on the Pentateuch*, 2nd ed., (Michigan: Grand Rapids, 1982), 221-222.

17) D. T. Olson, 49.

18) 세일해머(하), 269.

19) Herbert Wolf, *An Introduction to the OT Pentateuch* (Chicago: Moody Press, 1991), 192.

20) R. Dennis Cole, *Numbers*, TNAC 3B (Nashville: Broadman & Holman Pub., 2000), 89.

21) 유월절 규례에 관한 주요 본문은 에스겔 6:19-22를 제외하고는 모두 오경에서 유래한다. 이는 출애굽에서의 유월절(출12), 시내 광야에서의 유월절(민 9:4-6), 가나안 입성 직후의 유월절(수 5:10-12), 솔로몬 통치기간의 유월절(왕상 9:25; 대하 8:12-13), 히스기야의 유월절(대하 30), 요시야의 유월절(왕상21-23; 대하 35:1-19), 그리고 포로귀환기의 유월절(스 6:19-22)에서 볼 수 있다.

22) Jacob Milgrom, 67.

23) Dennis T. Olson, 92.

24) Tamara Prosic, "Passover in Biblical Narratives," *JSOT 82 (1999), 45-55*.

25) 민수기 10장에 기술된 이스라엘의 진군 편성은 2장에 것과 다소 다른 것으로 보인다. 민 2:17에 따르면 고핫 자손들은 "진 중앙에서" 성막의 장비들을 운반한다. 그런데 민 10:33은 야웨의 언약궤가 이스라엘 진군에 비해 "삼일 길을 앞서" 행했다고 기술한다. 언약궤가 앞서 진군하는 것은 후기전승일 수도 있다(수3:1-6). 또한 광야에서 구름기둥의 인도에 관하여 일부학자들은 본문이 이스라엘이 실제로는 모세의 장인 "르우엘의 아들 호밥"(민 10:29)의 인도를 받았다는 혼합적 전승의 산물임을 주장한다. 이러한 모호성과는 별개로 모세의 장인에 대한 다양한 명칭(루우엘, 출 2:8; 호밥, 민 10:29; 삿 4:11; 이드로, 출 3:1; 18:1) 또한 어려움이 뒤따른다. 이에 대한 다양한 설명이 있지만 모두

의문점을 완전히 해소하지는 못한다. 이에 세일해머는 다음과 같은 해결점을 제시한다. 첫째 모세의 장인은 모세의 광야에서의 인도요청을 받아들이지 아니했다. 그는 자기 백성(미디안)에게로 돌아갔다(민 10:30). 두 번째로 NIV에서 언약궤의 위치를 해결하기 위해 "삼일 길 동안만" 앞서 갔다는 번역은 마소라 히브리어 "לִפְנֵיהֶם דֶּרֶךְ שְׁלֹשֶׁת יָמִים"(민 10:33)의 원래 의미를 오역하는 것이다. 이것은 분명히 "삼일 길이 되는 거리 앞에서"이다. 고핫 자손들은 "진 중앙에서" 성막장비를 운반하게 되어 있지만(민 2:17) 일부는 "삼일 길 앞"에서 언약궤를 운반하였다. 이스라엘은 하나님께서 구름기둥을 통해 인도하신 것처럼(민 9:15-23; 신 1:32-33) 그 언약궤를 따라 진군했다. 세일해머(하), 293 참고. 모세의 장인 명칭과 관련한 논의는 R. Dennis Cole, 3B, 175-176 참고.

26) Mark Strom, 오광만 역, 『성경교향곡』(서울: 한국기독학생회 출판부, 1993). 이에 대한 자세한 신학적 논의는 이한영, 『구약 어떻게 읽을 것인가?』(서울: 성서유니온, 2004), 20-22를 참고하라.

27) Jacob Milgrom, *Numbers*, 82.

28) 본 섹션(11:1-21:35)에서 네 번째 반역으로 기술된 정탐꾼 사건에서 하나님은 이스라엘이 그를 벌써 "열 번이나" 시험하고 불순종했다고 말씀하신다. 이는 (1) 출 14:10-12; (2) 출 15:22-24; (3) 출 16:1-3; (4) 출 16:19-20; (5) 출 16:27-30; (6) 출 17:1-4; (7) 출 32:1-35; (8) 민 11:1-3; (9) 민 11:4-34; (10) 민 14:3의 사건들을 암시하는 것일 수 있다. 하지만 이는 또한 단순히 "여러 번"을 의미할 수도 있다.

29) NIV에서 민 12:10에 "문둥병"으로 번역된 히브리어 "צָרַעַת"는 명확하지 않은 일종의 심한 피부병을 가리킬 수 있다.

30) 히브리어 불변화사 גַּם과 כִּי의 복합부사인 כִּי־גַם은 "그 무엇과" 뿐만 아니라 "그 무엇도"(even this)로 번역될 수 있다. 예레미야 문맥은 후자의 번역과 더욱더 일치된다.

31) M. Noth, *Numbers*, 146-147.

32) Nathaniel Helfgot, "And Moses Struck the Rock: Numbers 20 and the Leadership of Moses," *Tradition* 27-3 Spring (1993), 51-58.

33) 세일해머(하), 296.

34) Dennis T. Olson, 109-117.

35) 세일해머(하), 274-275 참고.

36) James L. Kugel, 모세오경, 360-362 참고.

37) Olwald Chambers, *My Utmost for His Highest* (Ohio: Oswald Chambers Pub., 1992), Feb. 7th.

38) G. B. Gray, *Numbers*, A Critical and Exegetical Commentary, ICC, 130.

39) M. Noth, *Numbers* OTL (London: SCM Press, 1968), 4-5.

40) D. T. Olson, 148.

41) 1. 어린양과 함께 소제를 드리는 규례(3-5); 2. 수양과 함께 소제를 드리는 규례(6-7); 수송아지와 함께 소제를 드리는 규례(8-16); 가루 떡을 드리는 규례(22-26); 개인에 대해 부지중에 죄를 범한 것을 위해 제물을 드리는 규례(27-29); 반항적인 죄에 대한 형벌(30-31). 세일해머(하), 305-306.

42) Ibid., 311.

43) 신명기(1:37; 3:26; 4:2)는 모세의 죽음은 백성의 죄로 인한 것임을 암시한다. 그러나 결론적으로는 모세의 책임이었음을 민수기는 밝히고 있다(민 20:12).

44) 21장에 기록된 여정의 목록과 33장에 기록된 여정의 목록이 다름을 볼 수 있다. 이에 대해 최종태 교수는 그의 모세오경 강의노트(ACTS, 2000)에서 21장에서는 17군데의 경유지들이 언급된다면 33장에서는 간략하게 8군데로 압축 제시하고 있음을 지적한다. 이 압축기록에서 생략한 과정은 에돔, 모압 지경을 비껴가는 과정, 아모리와 바산 지역을 정복하는 과정들이 생략된 것이다. 또한 21장은 "…에서 출발하여 …에 진을 쳤다"라는 문학구조 외에 단순히 "…에서…로"라고 기술하고 33장에서는 오직 "…에서 출발하여 …에 진을 쳤다"라고만 진술함으로써 21장에는 진행과정에서 야기된 사건들을 지적하는 주안점이 있고 33장에서는 지리적인 노정을 제시하는 데 주안점이 있음을 볼 수 있다. 이스라엘이 진을 쳤다는 그 의미는 장기체류를 위한 이유 외에도 진을 중심으로 불기둥과 구름기둥으로(민 14:4; 10:33-34)인도하시는 하나님의 간섭을 반영한다.

45) M. Noth, *Numbers*, 156; G. B. Gray, *Numbers*, 274.

46) 8세기 유다에는 우상숭배가 아주 보편화된 시절이었고 느후스단은 무수한 다른 숭배의 초상들 중 하나였을 뿐이다. R. Dennis Cole, *Numbers: The American Commentary* 3C, 347-348 참고.

47) NIV Archaeological Study Bible (Grand Rapids: Zondervan, 2005), 226.

48) NIV Archaeological Study Bible, 229.

49) W. Gunther Plaut, *The Torah, A Modern Commentary* (New York: Union of Amrican Hebrew Congregations, 1981), 1183.

50) D. T. Olson, 244-245.

51) Philip J. Budd, *World Biblical Commentary*, 389.

52) N. H. Snaith, "The Daughters of Zelophehad," *VT* 16 (1966), 127.

53) Dean R. Ulrich, "The Framing function of the Narratives about Zelphehad's Daughters," *JETS* 41/4 (December 1998), 529.

54) John D. Litke는 이 부문의 주요 주제는 땅의 상속보다는 땅을 상속할 수 있는 이스라엘인으로서 여성의 위상이 개혁된 것이라고 본다. 그 증거로 본문에서 여인들의 이름들이 나열된 것, 여인들이 야웨 하나님과 직접 대화한 것, 여성들의 호소에 하나님이 자신의 잘못을 인정한 것, 등등을 제시한다. 그러나 이러한 주장은 민수기 전체문맥에서 지지를 얻기가 힘들다. Cf. Joh D. Litke, "The daughters of Zelophehad," *Currents in Theology and Mission* 29/3 (January 2002), 207-218.

역사와 서술에서의
오경메시지

신 명 기

오경은 전통적으로 마소라 타나크(Masorah Tanakh) 성서의 삼대부문(오경, 예언서, 성문서) 중 첫 번째 묶음인 토라로서 기독교 정경에서는 구약속의 복음서와도 같은 중요한 신학적 위치와 기능을 역할 해왔다. 그 주요 내용은 시내산 언약과 이스라엘 백성 가운데 출현하신 야웨 하나님의 성막 임재라 할 수 있다.

신 명 기

I. 책명에 관해서

마소라(BHS)는 히브리문학관례에 따라 레위기(ויקרא, 그리고 브르셨다)와 민수기(וידבר, 그리고 그가 말씀하셨다)에서와 같이 첫 절 첫 히브리어 단어인 드바림(דברים, 신 1:1 "These are the words…" 이것은 그 말씀이라)을 신명기의 책명으로 기술하고 있다. 그러나 칠십인역(LXX)은 신 17:18의 히브리어 미쉬네 하토라 하조트(מִשְׁנֵה הַתּוֹרָה הַזֹּאת, "이 율법의 사본")를 "두 번째 율법"(τὸ δευτερονόμιον τοῦτο εἰς βιβλίον)으로 잘못 이해했고 이 용어를 따라 신명기(Deuteronomy)로 명칭했다. 이러한 책명은 특별히 출애굽기에 많은 율법 부문들이 신명기에서 반복되고 있다고 여겨져(예 십계명, 출 20, 신 5) 계속 사용되었다. 전통적으로 유대랍비들은 신명기를 여러 구전에 의한 상충된 문헌들의 반복적 구성이라기보다는 창세기 – 출애굽기 – 레위기 – 민수기의 기획적인 회고로 시내산 언약의 조항들을 새로운 상황에서 확대 설명한 독립적이면서도 또한 연속적인 오경 속에 한 책으로 이해했다.

애굽을 떠나 가나안으로 향하기 시작한 이스라엘은 시내산에서 하나님의 율법을 수령하였으나 끊임없는 배역과 반역으로 인해 모두 광야에서 소멸되었다. 그러나 하나님께서는 광야 신세대들을 살리셨고 그들은 이제 약속의 땅을 바라보는 모압 평지에 도달했다. 이러한 새로운 상황에서 하나님께서는 모세를 통해 시내산 언약의 의미를 갱신하시며 권고하신다. 그런 측면에서 신명기는 단순히 반복 편집된 두 번째 율법이라기보다는 새로운 시대를 맞이한 광야

2세들에게 주어진 율법교훈서 혹은 율법을 적용한 모세의 복합적인 담화문임을 주시할 필요가 있다(1:5; 4:8; 29:20; 30:10).

II. 신명기의 구조

출애굽기-민수기와는 달리 신명기 본문에는 그 서두에 히브리어 전치사 바브(ו, and, 그리고)가 부재하다. 창세기에 이어지는 출애굽기-민수기의 서두는 모두 접두사 바브(ו, and, 그리고)로 시작하며 이는 오경 구성의 통일성과 하나의 큰 내러티브 단위를 형성하려는 저자의 시도가 암시되어 있다. 그러나 신명기에 경우 그 서문은 새로운 독립적인 서술을 시작하는 느낌을 준다. 이에 대해 크게 세 가지의 견해가 있다. 먼저 드베트(W. M. L. De Wette)는 현재의 신명기를 요시야 시대(기원전 약 640-609)에 발견된 "율법책"(ספר התורה, 하 22:8,11; 신 31:24-26)과 동일한 것으로 간주했다.[1] 특별히 신명기 12:1-14에서 예루살렘을 염두에 두고 강조되고 있는 단일예배처소에 대한 규례는 요시야의 전임자들인 므낫세와 아몬의 우상숭배와 배역에 대항하여 개혁을 주도한 보수경건주의자들을 중심으로 집필된 것이며 이는 요시야의 종교개혁에 있어 중요한 신명기문서(D)가 되었다고 보았다. 그 후 야웨(J)와 엘로힘(E) 전승으로 구성된 모세문헌에 신명기(D)가 첨부되었고 포로기와 포로후기를 지나면서 제사장문헌(P)이 더해진 현 상태의 오경이 편찬되었다고 본다. 그런가 하면 두 번째로, 노트(M. Noth)는 신명기는 구약역사서(여호수아, 사사기, 사무엘서, 열왕기서)의 서론으로서 "신명기사가"(Deuteronomistic Historian)에 의해 기술되었다고 주장했다.[2]

따라서 신명기는 역사서의 신학적 중심을 구성하고 있는 언약사상을 체계화시켰으며 에스라-느헤미야의 개혁을 주도한 레위인들의 직위를 강화시킨 것(33:8-11)으로 시사되었다. 신명기 사가는 출애굽기의 십계명(출 20:1-17)과 언약서(출 20:22-23:33)를 기반으로 신명기법전(신 12-25)을 확대한 것으로 보인다. 이러한 후기편집설들에 비해 세 번째로, 일부학자들은 고대근동조약의 문학구조양식 비교를 근거로 이와 유사한 신명기의 통일성과 고대성을 주장하기도 한다.3) 그러나 와이브레이(R. N. Whybray)는 신명기가 요시야 개혁과 관련되었든, 신명기사가의 역사적 작품이든, 혹은 히타이트조약 양식을 가지고 있든, 결론적으로 본문에서 포착되고 있는 상충된 문서들과 상이한 신학, 그리고 다양한 문체와 문학적 유형은 통일성을 가진 하나의 단일저자나 단일시기의 작품은 아니라는 견해를 널리 수용케 한다고 말한다.4)

그러나 우리는 이러한 초기전승 과정과 관련된 가설들과는 별도로 현재의 최종적 문학형태에서 신명기는 독립적인 하나의 책이 아니라 창세기로부터 시작한 이스라엘의 구속사를 결론짓고 있는 오경서술의 불가분의 한 유기체적 문헌임을 부정할 수 없다. 신명기의 주요 목적은 광야에서 살아남은 신세대들에게 약속의 땅이라는 새로운 상황 안에서의 율법과 적용을 갱신하고 설명하는 것이다. "모세가 요단 저편 모압 땅에서 이 율법 설명하기를 시작하였더라"(1:5).

또한 신명기는 출애굽기에서 시작한 모세의 생애를 결론짓는 중요한 서술적 기능을 가지고 있다. 민수기에서 이미 미리암과 아론을 포함한 모든 옛 세대들은 갈렙과 여호수아를 제외하고는 광야에서 소멸되었다. 이어 모세는 모압평지에서 그의 지휘권을 여호수아에게 계승하고 가나안의 새로운 환경에 현재화된 시내산 율법갱신과 부가적 규례들을 설명함으로 그의 임무를 완수하고 세상을 떠난다. 더 나아가 우리는 신명기 본문의 내부적 증언(1:5; 31:9, 22, 24)과 다른 구약 책들의 증언(왕상 2:3; 8:53; 왕하 14:6; 18:12), 그리고 신약의 증언(마 4:4, 7; 막 12:19; 행 3:22-23; 7:37-38; 롬 10:19)을 통해 신명기의 주요저자로서 모세를 배제할 수 없다. 창세기에서 신명기에 이르기까지 우리는 족장들의 애굽 행으로 시작하여 광야를 걸쳐 느보 산에서의 죽음으로 마감하는 모세의 일관된 전기를 읽을 수 있다. 모세의 죽음은 민수기에서 예고 된 것이며 신명기는 이를 마무리한다. 또한 창세기의 타락이야기(3:1:-24)와 아브라함의 언약(15:1-21)은 이스라엘의 번성(출애굽기-민수기)과 시내산 언약(출 19-24)의 배경을 형성하고 이어 신명기의 언약갱신(12-25)의 사전문맥을 형성한다. 이러한 큰 틀에서 우리는 신명기는 오경의 앞부분들을 숙고한 신학적 회상과 현재화된 추가적 해설을 통해 약속의 땅에 대한 확실한 실현과 이스라엘의 종말론적인 희망의 여운을 남기기 위해 기록된 모세의 마지막 설교였다고 말 할 수 있다. 이러한 논의들을 근거로 학자들은 신명기 본문에서의 상이성보다는 유사성에 초점을 맞추어 신명기의 구조를 다음과 같은 다양한 측면으로 각색하고 있다.

힛타이트 조약5)	신명기	모세의 담화	시간별 구조
전문	1:1-6a, 5:6a	제1담화 1:1-4:43	과거: 역사적 교훈 1-4; 9-10
역사적 서문	1:6b-3:29		
조약 약정	4-11 (헌법) 12-26 (법률)	제2담화 4:44-28:68	현재: 시내산 언약갱신 5; 11; 12-26
종주봉신에 대한 신적 증언	4:26; 30:19; 31:28		
상벌규정	28 (축복과 저주)		
자체서약	29:9-29	제3담화 29-30	미래: 약속의 땅에서의 삶 27-33
조약문서 보존에 대한 조관	10:1-5; 31:24-26		
공탁이나 공포	31:9-13		
조약문서 복사	17:18-19; 31:25-26		
		모세의 고별 31-34	모세의 죽음 34

전반적으로 학자들은 신명기 텍스트를 통시적인 접근보다는 힛타이트 양식에 의한 통일된 구조분석으로 해석한다.6) 이는 신명기 내부에서 논의되고 있는 시내산 언약갱신이 고대근동조약 양식과 어느 정도 평행을 이루고 있다는 점에서 타당하다고 볼 수 있다. 그러나 신명기에서 특별히 두드러지게 명시되는 교훈적 단락들과 오경의 전체적인 서술적 틀 안에서의 기능을 고려할 때 이를 모세의 마지막 담화나 설교로 이해하는 것이 보다 더 자연스럽다고 말 할 수 있다. 바르토르(Assnat Bartor)는 신명기법전을 포함한 오경의 법전들

이 서술 안에 엮여져있는 특성으로 인해 복합담화양식(combined discourse)으로 구성되어 있음을 지적했다.[7] 복합담화 양식이란 직접담화(direct speech)와 3인칭서술(3rd person narrative)이 복합적으로 구성된 문학양식이다. 예로 신명기 1:1-5(직접담화)과 1:6-8(3인칭)의 복합적 구성을 들 수 있다. 가나안의 신들에 대해 탐구하지 말라는 신명기 12:29-31의 짧은 경고는 직접담화를 잘 피력한다. "너는 스스로 삼가서 네 앞에서 멸망한 그들의 자취를 밟아 올무에 들지 말라 또 그들의 신을 탐구하여 이르기를 - 이 민족들은 그 신들을 어떻게 위하였는고 나도 그와 같이 하겠다 - 하지 말라"(12:30). 그러므로 신명기는 하나의 독립적인 순수법전이라기보다는 오경의 전체적인 서술에 엮여져있는 모세의 복합담화라고 볼 수 있다.

특별히 신명기 안에 기술된 사례법들(예로 신명기 12:29-31; 13:2-6, 7-12, 13-19; 15:12-18)은 이러한 복합담화양식의 전형이라 할 수 있다. 신명기는 민수기의 모압 진입에 이어 이제 요단강 서편 약속의 땅 가나안 접경에 진을 치고 있는 광야신세대들에게 모세가 시내산 언약을 새로운 상황으로 설명하는 것으로서(1:5) 크게 3개의 복합담화(1-4; 5-28; 29-30)와 두 개의 시(32-33)를 구성하고 있다. 그 내용은 특별히 이스라엘의 40년 방랑생활 중 마지막 달의 사건들을 회고하며 미래 가나안의 성공적 정착을 위한 언약갱신으로 구성되어 있다, "제사십년 십일월 그 달 초일일에 모세가 이스라엘 자손에게 여호와께서 그들을 위하여 자기에게 주신 명령을 다 고하였으니"(신 1:3).

이러한 담화는 또한 모세의 고별사이기도 하다. 모세는 자신이 가나안에 들어가지 못하고 모압 광야에서 죽을 것을 서문에서 밝힌다(1:37). 그리고 그의 고별사 마지막 부분에(32:48-52)서 아론이 호르산에서 죽어 그 조상에게로 돌아간 것같이(민 20:22-24) 하나님께서는 모세도 느보산에서 그의 조상에게로 돌아갈 것을 말씀하신다. 모세가 가나안에 들어가지 못할 것은 민수기에서 이미 예고된 것이다(민 20:12). 이러한 모세의 고별사는 후에 추가 편집된 그의 죽음에 대한 기록으로 완성된다, "이에 여호와의 종 모세가 여호와의 말씀대로 모압 땅에서 죽어 벧브올 맞은편 모압 땅에 있는 골짜기에 장사되었고 오늘까지 그 묘를 아는 자가 없느니라"(34:5-6).

신명기는 하나님께서 율법을 주신 역사적 상황이나 사건에 대한 기술보다는 고별설교의 형식을 갖춘 모세의 율법강해이다. 이는 청중으로 하여금 간절히 하나님의 말씀을 그들의 마음에 새기며 하나님과의 언약을 다시 한 번 갱신하고 강화시키고 율법책을 보존하는데 그 목적이 있다. 신명기는 주로 역사적 서술로 구성된 출애굽기-민수기와는 달리 신약공관서의 요한복음서와도 같이 신학적이며 교훈적인 관점들을 통찰하고 있다. 신명기가 고대근동의 보편적인 조약양식을 취한 점과 이 책이 매칠년 장막절 제의 때 낭독되어야함을 강조한 것은 쉐마(6:4-5)와 함께 이러한 신학적이며 언약적인 교훈과 보존의 중요성을 그려준다(31:10-11).[8] 신명기는 오경의 과거(1:6-3:29; 9-10)와 현재(5; 11; 12-26)와 미래(27-34)를 총괄적으로 회고하고 재조명함으로 인간의 절대적인 타락에도 불구하고 구속의 언약을 성취하시는 하나님의 궁극적인 사랑과 신실하심을 최종적으로 교훈한다.

III. 모세의 담화

신명기는 구약 안에서 중심적인 언약신학의 틀을 제공할 뿐만 아니라 신약에서도 약83번이나 인용될 정도로 주요 성경신학적 근거를 함축하고 있다. 신명기는 포로전후기를 걸친 이스라엘의 야웨 유일신 신앙, 시내산 언약의 현재화, 예배의 중앙화, 왕정과 성직(레위인, 예언자), 등등에 관한 중요한 기반들을 모세의 담화 속에 담고 있다.

1. 모세의 첫 번째 담화(1:6-4:43)

모세의 신세대들과의 이 첫 번째 담화는 민수기 후반부(민 26-36)를 배경으로 최근에 일어난 사건들(1:4)을 회고하는데 그 초점을 두고 있다. 그 주요이유는 시내산 언약과 관련해 과거의 사례들을 재조명하여 그들의 조상들이 왜 모세를 포함해 가나안 진입에 실패하게 되었는가를 설명하는 것이다. 그것은 철저하게 순종과 불순종, 신앙과 불신앙, 신뢰와 반역에 있었다. 이러한 역사적 교훈은 신명기 9-10에서도 재삼 반복되는 것을 볼 수 있다. 그러므로 모세는 약속의 땅을 기업으로 얻을 새로운 세대를 향해 시내산 언약의 규례와 법도를 갱신하고 그들이 준행하여 하나님께 신실하기를 간절히 권면 한다(4:1-8).[9] 먼저 모세는 역사적 교훈에 있어 신세대가 기억할 수 있는 최근의 일들을 언급하는 것으로 청중들의 신앙을 일깨워준다.[10]

　세일해머(J. H. Sailhamer)는 이러한 역사적 반성은 과거는 이미 되어지고 지나간 어떤 것이 아니라 오히려 미래의 시작으로서 본 담화는 전반을 통해 하나님의 행동이 새롭게 시작되는 것에 강점을 두고 있다고 말한다.[11] 모세는 이 담화에서 과거에 있었던 주요 사건들을 회상한다. 하나님께서 이미 모세 외에 새로운 지도자들을 허락하신 사건(출 18:13-17; 민 11:16), 정탐꾼들과 백성들의 반역(민 13-14; 신1:19-46), 그리고 트랜스요르단을 통과하며 일어난 전쟁들과 관련된 이야기들이다(민 21; 신 2-3). 이러한 회상은 긍정적으로는 모두 신세대들의 신앙을 독촉하는 것이며 구세대의 불신앙에도 불구하고 불변하신 하나님의 신실하심을 투사하기 위함이다. 특별히 트랜스요르단에서 있었던 요르단 동편 헤스본의 왕 시혼과 바산의 왕 옥과의 전쟁에서의 승리(민 21:21-35; 신 2:26-3:11)와 그 결과로 요단강 동편에 정착하게 된 르우벤과 갓지파에 대한 언급(민 32:1-42; 신 3:12-17)은 과거 그들의 조상 아브라함과 맺으신 땅에 대한 약속(창 15:18-21; 신 1:7-8)을 하나님께서 온전히 성취시켜 주실 것이라는 확신을 부여해준다.

　이러한 역사적 교훈은 이스라엘에게 이제 더 이상 그들의 인간적인 의지와 방법만으로는 약속의 땅을 기업으로 얻을 수 없음을 깨닫게 해준다. 모세는 이스라엘이 과거 에스골 골짜기(נחל אשכל, 포도송이의 골짜기)의 풍요로움을 보고도 하나님을 불신하였으며(1:25-28) 산지의 아모리인들을 전격 습격했어도 실패하였음을 상기시킨다(1:41-44). 그들은 끝내 가데스와 시내산 사이에서 사십년을 방황하게 되었다(신 1:46). 그러므로 모세는 2장과 3장에서 가나안을 눈앞에 둔 이스라엘에게 그들이 이제는 모든 불신을 버리고 절대 하나님의 말씀만을 따라 행하기를 역사적 회고를 통해 교훈하고 있는 것이다. 가나안을 향한 그들의 행진이 이제는 하나님이 정하신 피할 곳과 정복할 곳에 따라 말씀대로 이루어져야 함을 강조하고 있다. 이제 이스라엘은 하나님의 말씀을 들어야한다(ישראל שמע, 쉐마 이스라엘, 6:4-5). 하나님의 말씀을 따라 경외하고, 행하고, 사랑하고, 섬기고, 지켜야한다(10:12-13; 13:4). 그들의 의향대로 피하고 정복하는 것이 아니라 아브라함과의 언약을 입증해준 역사적 사건을 바탕으로 (1:1-46) 하나님의 말씀을 신뢰하며 순종해야 한다. 순종은 하나님의 절대적인 왕권을 상징하는 것이며 오직 순종만이 하나님 나라를 유업으로 받을 수 있는 유일한 길이 된다. 이스라엘은 호렙[12]에서부터 가데스 바네아까지의 실패(신 1:19-46)를 통해 이제 그들은 언약의 성취가 전적으로 하나님께 순종함에 있음을 깨닫게 된 것이다. 메킨토쉬(C. H. Mackintosh)는 이스라엘은 광야에서 그들의 타락한 의지가 부서짐으로 순종을 배우게 되었으며, 하나님의 섭리를 이해하게 됨으로 묵종하게 되었고, 하나님의 절대적인 사랑을 깨닫게 됨으로 기쁨을 얻게 되었다고 진술한다.[13] 이제 이스라엘은 하나님께서 피하라 하실 때 피하며 정복하라 하실 때 정복하는 순종과 묵종과 기쁨을 얻게 되기를 모세는 설교하고 있는 것이다.

1.1 정복하지 말아야 할 땅(2:1-25)

이스라엘이 광야 사십년의 방황을 마치고 이제 가나안 정복을 위하여 가데스 바네아에서 요르단 동편으로 북진하기까지에는 에돔(세일)과 모압과 암몬의 땅을 지나가야 한다. 이에 있어 하나님께서는 이스라엘이 그들과 대결하지 말 것을 명하신다. 그곳은 정복의 땅이 아니요 피할 땅인 것이다.[14]

에돔(신 2:1-8; 민 20:14-21). 홍해 길로 광야로 돌아간 이스라엘은 여러 날 동안 세일(에돔의 초기 명칭)[15] 지방을 두루 행하였다(2:1). 여기서 "여러 날"(רבים ימים)이란 40년의 유랑을 의미한다. 이제 광야에서 죽은 출애굽 구세대들을 이어 광야의 신세대들은 새로운 기회를 얻게 되었다. 물론 그들도 전 세대와 마찬가지로 하나님께 반역한 자들이다. 그러나 본문은 아브라함과의 언약이 유효함을 보여준다. 이는 아담(창 3:21)과 요나(욘 1:1; 3:1)와 베드로(요 21:16)에게도 새로운 기회를 주셨던 자비를 베푸시는 하나님의 속성을 반영한다. 세일(에돔) 땅을 통과해야 하는 이스라엘은 그들과 다투지 말라는 하나님의 명령을 듣게 된다(신 2:5).16) 그 땅은 하나님께서 이스라엘에게 약속하신 땅이 아니다. 그들과 다투지 말아야 하는 이유는 에돔(창 25:21-26)은 이스라엘의 동족인 에서의 자손(신 2:4; 암 1:11; 옵 10:12; 말 1:2)이며 세일 땅은 하나님께서 에서에게 기업으로 준 땅이기 때문이다(신 2:5). 하나님은 이스라엘에게만 땅을 주신 것이 아니라 에돔에게도 주셨다. 카이른스(Ian Cairns)가 지적한 것과 같이 그는 이스라엘의 하나님(God of Israel)인 동시 열방의 하나님(God of Nations)이시다.17)

우주만물을 창조하신(창 1:1) 여호와 하나님은 천지의 주재(主宰)로서(행 17:24) 모든 땅과 모든 백성을 다스리시는 통치권을 가지고 계신다. 창조주 하나님은 "인류의 모든 족속을 한 혈통으로 만드시고 온 땅에 거하게 하시며 저희의 년대를 정하시며 거주의 경계를 한하신"(행 17:26) 분이시다. 그러므로 우리는 다양한 국경과 문화와 인종을 서로 존중할 수 있어야 하며 함부로 침범해서는 아니 될 것이다. 땅 끝까지 이르러 하나님의 증인이 되고 복음을 나누는 것은 분명 제국주의 개념과 차별화 되어야 할 것이다. 야웨 하나님은 이스라엘의 지역적 수호신이 아니라 우주만물을 창조하신 열방의 왕이시기 때문이다. 하나님께서는 메마른 광야에서도 이스라엘에게 에돔 땅을 피해갈 수 있는 모든 조건들을 미리 충족시켜 주셨다. 이스라엘은 돈으로 그들에게서 양식과 물을 사서 먹고 마실 수 있을 정도로(2:6) 풍족하였다. 이는 하나님 여호와가 그들에게 복을 주셨고 이스라엘이 광야에서 사십년 동안 방황한 것 같으나 그 모든 행함을 아시고 그 곳에서도 그들에게 부족함이 없게 하셨다고 신명기 기자는 증언하고 있다(2:7).

하나님이 그들을 아셨다(יָדַע)라는 히브리어 어법은 구약에서 종종 문맥상 보살피다, 함께하다, 예비하다, 보호하다로 번역된다.18) 전지전능하신 하나님은 그의 백성의 앉고 일어섬을 아시며 멀리서도 그들의 생각을 통촉하여 주의 오른 손으로 인도하시며 붙드신다(시 139:1-10). 하나님께서 피하라고 하실 때에는, 그가 용서하고 사랑하라고 하실 때에는, 그가 양보하고 용납하라고 하실 때에는, 그는 벌써 우리에게 모든 것을 예비하시고 우리를 선하고 영원한 길로 인도하시고 있는 것이다(시 139:24). 그러므로 모세는 순종하여 세일 산에 거하는 그들의 동족 에서의 자손을 떠나서 아라바를 지나 엘랏과 에시온게벨 곁으로 지나 행하고 돌이켜 모압 광야길로 진행하게 되었다(2:8).

모압(신 2:9-15; 민 21:12-15; 22:1-25:5). 이스라엘은 모압과도 싸워서는 아니 된다. 본문은 에돔과 "다투지 말라"(신 2:5, אל־תתגר), 모압과 "다투지 말라"(신 2:9, אל־תתגר), 암몬과 "다투지 말라"(신 2:19, אל־תתגר)는 단편적 술어들과 평행대구를 이루고 있다. 모압 땅은(요르단 동남 편에 있는 아르 땅) 하나님께서 이스라엘에게 기업으로 주신 것이 아니고 아브라함의 혈통인 롯(창19:37; 민 21:15, 28)의 자손에게 기업으로 주신 땅이다(신 2:9). 그러므로 모압을 피해야 하는 이유도 에돔을 피해야 하는 이유와 다름이 없다. 여기서 이스라엘의 하나님(God of Israel)은 열방의 하나님(God of Nations)이심이 다시 한 번 부각된다. 세계의 지정학적인 모든 경계가 하나님의 절대주권 아래 있는 것이다. 이 모압단편 속에 삽입된 v.10-12는 천지의 주재이신 여호와 하나님의 우주적 속성을 강화한다. 여호와 하나님은 열방의 왕이신 것이다.

원래 모압에는 아낙 족속과 같이 거인족인 엠 사람들(האמים, 무서운 자들)이 살고 있었고(신 2:10-11) 에돔땅 세일에도 호리 사람들이 오래 전부터 살고 있었다.[19] 그러나 이제 그 땅은 하나님이 에돔과 모압에게 기업으로 주신 땅이므로 그들이 정복하였고 이는 "이스라엘이 여호와의 주신 기업의 땅에서 행한 것과 일반인 것이다"(신 2:12). 즉, 이스라엘이 에돔과 모압을 피해가야 하는 이유와 이제 상반적으로 가나안을 정복해야 하는 이유가 근본적으로는 동일하며 하나님의 일관 된 행위라는 것이다. 모든 것은 하나님의 공의로운 절대 주권 아래 있는 것이다.

신명기 2:8-15 안에서 모압단편은 거기서 일어난 여러 가지 중요한 사건들을 생략하고 있다. 예로 발람 선지자와의 대립을 들 수 있다(민 22:1-24:25). 이는 본문의 목적이 사건의 기술보다는 사건에 대한 신학임을 알 수 있다. 모세는 이 말씀을 통해 언약을 갱신하며 가나안을 눈앞에 둔 이스라엘이 율법을 준수함으로 성공하기를 바라고 있는 것이다. 그러므로 모압단편은 이제 하나의 중요한 암시로 마무리된다. 언약을 준수하지 못하여 광야에서 다 멸절된 출애굽 1세들에 대한 비극이다(v[13-15]), "여호와께서 손으로 그들을 치사 진중에서 멸하신 고로 필경은 다 멸절되었느니라"(2:15). 그들은 광야에서 하나님의 선하신 섭리를 반역했으므로 카이른스가 역설한 것과 같이 이는 근본적으로 하나님의 멸하심(destructiveness of God)이라고 말하기 보다는 스스로의 멸절(self-destruction)이었다고 말해야 될 것이다.[20] 하나님의 말씀을 뒤로하고 의미대로 무엇을 피하며 무엇을 정복할지를 결정하는 인류는 이 광야와 같은 세상에서 방황하며 죄로 인해 스스로 멸절해가고 있는 것이다. 왜 모압을 피해야 하는지? 왜 가나안을 정복해야 하는지? 인간은 도덕적이어야 하나 그 궁극적 해답은 인간의 도덕적 기준에 있지 아니하다. 참된 해답은 하나님께 순종하는 데 있는 것이다.

암몬(신 2:16-25; 민 21:24). 다투지 말아야 할 마지막 대상으로 본문은 암몬을 기술하고 있다. 그 이유는 에돔과 모압단편에서 기록된 것과 동일하다. 암몬 땅도 하나님께서 롯 자손에게 기업으로 주신 것이다(2:19). 이 짧은 이야기에 삽입된 v.20-23은 계속 일관되게 부각되고 있는 하나님의 열방에 대한 주도권과 통치를 다시 한 번 암시해준다. 암몬 땅도 원래는 르바임의 땅이었다(2:20). "그 백성은 강하고 많고 아낙 족속과 같이 키가 크나 여호와께서 암몬 족속 앞에서 그들을 멸하셨으므로 암몬 족속이 대신하여 그 땅에 거하고 있다"(2:21).

이는 세일에 거한 에서자손 앞에 호리 사람을 멸한 것과도 일반이고(2:22) 더 나아가 가사 촌까지 이르러 살았던 아위 사람을 멸하고 그 땅을 갑돌(크레타 섬)[21]에서 나온 자들에게 준 것과도 일관된다. 이러한 삽입은 이제 이스라엘이 가나안을 정복해야 하는 이유와 정당성을 강화시킨다. 이스라엘의 가나안 정복은 하나님의 주권아래 맺어진 언약의 성취인 것이다. 초점은 땅이 아니라 그 땅에서 언약백성으로서의 삶인 것이다.[22]

이렇게 에돔과 모압과 암몬의 단편들은 이제 가나안을 정복해야 하는 이스라엘에게 하나님의 언약적 주권을 확인시켜준다. 모세는 하나님께서 르바임과 호리를 에돔과 모압과 암몬에게 붙이신 것과 같이 헤스본 왕 시혼을 이스라엘의 손에 붙이심으로(2:24-25) 약속의 땅에서의 정착이 하나님의 주권아래 있음을 상기시켜준다. 그것은 전적으로 언약의 성취를 의미한다. 피하게 하시는 자도 정복케 하시는 자도 모두 야웨 하나님이신 것이다.

1.2 정복해야 하는 땅(2:26-3:11)

가나안의 정복은 요르단 동편을 따라 남에서 북으로 헤스본(신 2:26-37; 민 21:21-30)과 바산(신 3:1-11; 민 21:33-35)을 정복함으로 시작된다. 이 두 곳의 정복은 앞으로의 가나안 정복을 마지막으로 명백히 확신시켜주는 사건이 된다. 하나님께서는 이스라엘에게 점차적인 훈련과 경험을 통해 궁극적인 목적을 달성하게 하신다. 에돔과 모압과 암몬과의 타협, 그리고 헤스본과 바산의 정복 경험은 이스라엘로 하여금 가나안 정복에 대한 준비에 있어 하나님을 의지 하고 자신감을 가지게 한다. 그러므로 폰라드는 신명기 2:24-39 문장이 본격적으로 약속된 땅의 정복(The Conquest of the Promised Land)의 주제를 열고 있다고 말한다.23) 가나안의 정복은 하루아침에 시작되어 이루어진 일이 아니다. 긴 세월이 요구되었고 크고 작은 희망과 절망이 뒤섞인 파란만장한 에피소드가 선행된 사건이었다. 하나님의 약속은 즉각성과 수동성을 보증하지 않는다. 이제 이스라엘은 말씀에 순종하여 에돔과 모압과 암몬을 피했듯이 또한 하나님의 약속을 신뢰하여 가나안을 눈앞에 두고 헤스본과 바산을 점령해야 하는 것이다. 하나님의 나라를 상속하는 과정은 잘 취하는 데만 있는 것이 아니요 잘 버려야 함에도 있는 것이다.

헤스본(신 2:26-37; 민 21:21-30). 모세는 헤스본 왕 시혼에게 사자를 보내어 평화적으로 그 땅을 통과하게 해달라고 요청한다(2:26-29). 시혼은 이미 모압을 치고 그 모든 땅을 아르논까지 탈취한 상태이다(민 21:26). 그러므로 신명기는 민수기보다는 모압을 점령하지 말라는 하나님의 명령에 의해 이스라엘이 시혼과도 평화적으로 해결을 보려했던 점을 더욱더 부각시키는 것으로 보인다(2:28). 그러나 시혼은 이를 거절함으로 이스라엘에게 전쟁의 동기를 부여해준다. 그 땅은 싸워서 얻어야 한다(2:24). 신명기 기자는 이러한 상황을 야훼 하나님께서 시혼 왕을 이스라엘 손에 붙이시려고 "그 성품을 완강케 하셨고 그 마음을 강퍅케 하셨다"(신 2:30)고 표현하고 있다. 구약에서 그 누구의 "마음을 강퍅케 하셨다"는 히브리어 어법을 문자 그대로 결정론으로 이해하는 것은 해석학적 오류라 할 수 있다. 이러한 술어는 크레이기(Peter C. Craigie)가 시사한 것처럼 역사에 대한 고대 히브리인들의 신학적 표현으로서 하나님의 섭리를 반영하는 표현법이라 할 수 있다.[24] 이는 출애굽 과정에서 바로의 마음이 강퍅해진 것과 유사하다. 출애굽기 저자는 바로가 스스로 자신의 마음을 완강케 했다고(출 8:15) 기록할 뿐만 아니라 상황적으로 강퍅케 되었다(출 8:19)고도 기록하고 또 더 나아가 이를 하나님께서 바로의 마음을 완강케 하셨다(출 10:1)고 표현하기도 한다.

여기서 우리는 동전의 양면과도 같은 논리를 초월하는 인간의 자유의지와 하나님의 절대주권의 긴장을 포착하게 된다. 하나님께서 시혼을 이스라엘 손에 붙이셨음에도 불구하고 또한 시혼의 마음을 강퍅케 하신다. 더 나아가 이제 승리는 전적으로 하나님의 초월적인 개입으로 이루어지는 것이 아니고 이스라엘이 믿음으로 나아가 그들과 싸워야한다(2:33). 이스라엘은 자발적인 의지와 순종과 책임감으로 실재 전쟁에 임함으로 하나님의 임재와 도우심을 경험하게 되는 것이다. 믿음은 순종과 행위를 통하여 역사한다. 믿음 앞에서 모든 장애물들은 궁극적인 선을 이루게 되는 것이다.

헤스본 단편에서 제일 어려운 주해는 전반적인 가나안 정복에서도 반복되는 남녀유아의 진멸 문제이다(2:34). 여기서 우리는 해결할 수 없는 윤리적 의문으로 갈등하게 된다. 어떻게 사랑의 하나님께서 유아까지 진멸하시며 비윤리적인 전쟁의 정당성을 말할 수 있는가? 비평학적인 해석은 이를 고대문화로 설명한다. 진멸로 번역된 히브리어 하렘(חרם)은 고대 성전(聖戰)의 개념으로서 승리케 한 신에게 모든 것을 드려야하는 전례에서 유래되었다는 것이다. 이러한 하렘의 개념은 고대 모압전쟁 비문에도 기록되어 있다.25) 그런가 하면 케롤(Robert P. Carroll)은 이스라엘의 야웨 하나님은 가장 원시적이고 잔인한 고대 신들의 속성을 모두 함축하고 있다고 주장한다.26) 그러나 이러한 설명은 자연과 구약이 진술하고 있는 하나님의 총체적속성을 분명히 외곡하고 있다.

메릴(Eugene H. Merrill)은 이 성전에서의 남녀유아의 진멸을 네 가지로 설명한다.27) 첫째 그들에 대한 심판은 죄로 인해 정당하다(신 9:4-5); 둘째 그들은 회개하지 아니하고 하나님 미워하는 일을 마지막 까지 고집했다(신 7:10); 셋째 진멸하지 아니하고는 이스라엘이 그들의 우상 숭배와 부도덕적 영향력에서 벗어날 수 없었다(신20:17-18); 넷째 책임 없는 유아는 오히려 죽은 후 천국을 보장받았을 것이라는 주장들이다. 와이브레이(R. N. Whybray)는 이 명령은 아주 특별한 것으로서 가나안 우상숭배를 전적으로 반박하는 본문의 문맥에서 이해 되어야 하며 "현재 최종 형태의 신명기를 두고 그러한 명령을 문자적으로 해석하는 것은 아무런 의미가 없다"고 말한다.28) 그러나 이러한 설명들이 우리의 궁금증을 풀어주기에는 너무나도 역부족이다. 사랑의 하나님과 진멸의 하나님은 우리의 이성적 인식에서는 상반되는 갈등의 개념으로 남아 있을 수밖에 없다.

그럼에도 불구하고 또 다른 시각에서 이 문제를 접근해보자면 먼저 하나님은 에돔과 모압과 암몬에게도 땅을 기업으로 주셨듯이 온 인류를 사랑하심이 분명하다. 하나님은 오히려 사백년이라는 긴 세월동안 이스라엘을 애굽에서 종노릇 하게 하시며 아모리 족속의 회개를 기다리셨다(창 15:16).29) 니느웨 백성을 구원하심 같이 아모리 족속도 회개하였으면 심판을 면했을 것이다. 그러나 그 무엇보다 더 먼저 나아가 과연 인간의 윤리적 잣대가 하나님의 도덕성을 심판할 수 있는가 하는 질문이 선행 되어야 할 것이다. 아브라함은 바로 이점을 우선 전제하고 나머지를 생각하였다, "세상을 심판하시는 이가 공의를 행하실 것이 아니니이까?"(창 18:25). 바울 사도도 하나님에 대한 우리의 윤리적 판단이 절대적이며 궁극적일 수가 없음을 천명한다, "이 사람아 네가 뉘기에 감히 하나님을 힐문하느뇨?"(롬 9:20). 구약은 하나님의 심판(מִשְׁפָּט 미쉬파트)을 그의 자비(חֶסֶד, 헤세드)와 공의(צֶדֶק, 쩨데크)와 동떨어진 것으로 설명하지 않는다(느 9:32-33).30) 신명기는 하나님의 공의가 이스라엘 공동체 전체에서 행해져야 하며(16:18-20) 그것은 또한 이웃의 사랑으로 나타나야함을 가르친다(15:4-11). 가나안 정복은 구속사를 통한 계시의 초기 과정에서 인간의 윤리적 잣대로는 이해 할 수 없는 하나님의 특별한 심판과 공의가 공존한 불가결한 주요 사건이었음이 분명하다. 우리는 그 진멸을 통하여 죄와 종말론적인 심판의 심각성을 깨닫게 되나 하나님의 자비와 사랑과 분리하여 이해해서는 아니 된다. 율법은 예수 그리스도 안에서 성취되었다(마 5:17; 눅 24:44). 율법의 원리인 사랑(신 6:4-5)은 그리스도의 사랑 안에서 완성되었다(마 22:37-40; 롬 13:8). 그러므로 오늘날 그리스도인들은 구약의 진멸을 자역(字譯)하는 성전을 반대해야 한다. 이제 하나님의 백성들이 할 사역은 겸손과 떨림으로 예수 그리스도의 사랑과 복음을 들고 땅 끝까지 이르러 온 누리를 복음과 사랑으로 가슴에 품는 새로운 섬김의 정복이다(행 1:8).

바산(신 3:1-11; 민 21:33-35). 피할 곳과 정복할 곳을 하나님의 말씀을 따라 진군하며 이스라엘은 약속의 땅을 정복하게 된다. 이제 그들은 적극적으로 하나님의 명령에 순종하여 일을 진행시킨다. 헤스본 정복에서도 승리의 열광에도 불구하고 하나님이 금하신 얍복 강가와 산지에 있는 성읍에는 가까이 하지 아니하였다(2:37). 순종은 그들의 승리의 주요 열쇠가 된 것이다. 이제 그들의 두 번째 지역은 요르단 동편 북쪽 지방인 바산이다(3:1). 하나님은 이스라엘에게 헤스본의 경험을 상기시키시며 그들의 믿음을 세워주신다(3:2). 우리는 그 동안의 하나님의 은혜와 도우심을 너무 쉽게 상실할 때가 많다. 광야에서 불신앙으로 멸절된 백성들은 홍해의 기적을 잊어버린 자들이었다.

하나님은 헤스본 왕 시혼에게 행한 것과 같이 이제 바산 왕 옥에게도 행할 것이라고 약속하신다(3:2). 바산에서도 헤스본의 진멸은 반복되었다(3:3-7). 야웨 하나님은 르바임과 호리를 멸하시고 그 땅을 에돔과 모압과 암몬에게 주셨듯이 이제 르바임 족속의 마지막으로 남은 바산 왕 옥을 멸절하고(3:11) 그 땅을 이스라엘에게 기업으로 주셨다. 이제 이스라엘은 요르단 강을 건널 모든 준비를 완료하게 된 것이다. 이는 그들의 의지와 계획과 열성으로만 이루어진 것이 아니요 말씀 순종이 선행하는 적극적 행위에서 성취된 사건인 것이다.

1.3 가나안을 바라보며(3:12-29)

요단강 동편에 정착한 이스라엘은 이제 가나안으로 진군하기에 앞서 땅을 분배하기 시작한다(신 3:12-22; 민 32:1-42). 이 분배는 필요에 따라 집행되었고 공평하게 모두를 위해 세밀히 계획되었다. 육축이 많은 르우벤 자손, 갓 자손, 그리고 므낫세 반지파는 땅을 먼저 기업으로 받아 처자와 육축을 요르단 동편 성읍에 머물게 하였다. 그 대신 그들의 군인들은 무장하여 나머지 이스라엘 자손들의 선봉이 되어 그들의 형제들도 가나안에서 하나님 여호와의 주시는 땅을 얻어 기업을 삼고 안식하게 요단강을 먼저 건너가기로 한다(3:18-20). 하나님의 축복과 안식은 나누어져야 한다. 개인의 정착은 타인의 정착을 위한 것이다. 모세는 요단강 동편에서 사십년 동안의 광야 생활을 정리하며 이스라엘의 정착시초를 증인하게 된다.

그러나 이제 모세는 가나안 땅을 바라보는 것만으로 만족해야 한다. 그가 간절히 요단 저편을 건너 "아름다운 땅, 아름다운 산과 레바논" 보기를 간구하였으나(3:25) 하나님께서는 이를 금하신다, "너는 비스가 산꼭데기에 올라가서 눈을 들어 동서남북을 바라고 네 눈으로 그 땅을 보라 네가 이 요단을 건너지 못할 것임이라"(3:27). 모세는 이에 순종하여 그의 지도권을 여호수아에게 계승한다(3:28). 이제 모세의 사역은 벧부올 맞은편 골짜기에서 마무리된다(3:29). 하나님께서는 그에게 벧부올까지의 사역을 감당시키셨다. 가나안을 바라보며 모세는 분명히 더 일하기를 원했다. 그러나 하나님의 때에 이제 그에게는 남은 일들을 여호수아와 하나님께 맡기는 지혜와 덕이 요구된 것이며 그렇게 함으로서 모세는 구약에서 가장 위대한 지도자로 기억된다. 참된 리더십, 거기에는 순종과 절제와 나눔의 지혜가 있어야 한다.

하나님의 나라가 임하는 과정에는 이러한 순종과 절제의 리더들이 요구된다. 광야와 같은 이 세상에서 그리스도인들은 영원한 가나안을 바라보며 진군하는 신앙인들이다. 신명기는 오늘을 살아가는 우리들에게도 하나님을 전적으로 신뢰하여 피하라 하실 때 피하며, 정복하라 하실 때 정복하며, 그만하라 할 때 그만하며, 공정한 분배와 일에 대한 욕심에서부터의 절제와 자신의 한계를 인정하는 덕망으로 약속의 땅을 차지하라고 호소한다.

1.4 율법과 지혜(4:1-43)

모세는 가나안으로 들어가지 못한다. 백성을 가나안으로 인도할 자는 여호수아다(3:28). 그러므로 모세는 이 첫 번째 담화 마지막 부분에서 이스라엘이 "얻을 땅에서 그대로 행하게 하려"(4:5b) 시내산 언약(출 19-33)의 주요 규범들을 새로운 상황에 갱신하고 설명하기 시작한다. 왜냐하면 이스라엘에게 궁극적으로 필요한 것은 모세나 여호수아가 아니라 하나님의 말씀에 순종하는 삶이기 때문이다. 하나님께서는 이스라엘을 약속의 땅에서 제사장 나라요 거룩한 백성으로 세우시기 원하셨다(19:5-6). 하나님은 이를 위해 언약 규례를 세우셨고 이제 그들을 모압평지까지 인도하셨다. 그러므로 가나안에 정착하기 전에 모세는 그들에게 시내산 율법을 현재화 시켜준다. 모세는 이 율법을 준수하는 것이 곧 지혜의 근본이라고 가르친다, "너희는 지켜 행하라 그리함은 열국 앞에 너희의 지혜요 너희의 지식이라 그들이 이 모든 규례를 듣고 이르기를 이 큰 나라 사람은 과연 지혜와 지식이 있는 백성이로다 하리라"(4:6).

이러한 신명기의 가르침은 지혜가 야웨로부터 오며 야웨를 경외하는 것이 곧 지혜의 근본이라(시 111:10; 잠 1:7; 사 11:2)는 구약의 지혜사상을 형성하는 중요한 근거가 되었을 것이다. 이에 바인펠트(Moshe Weinfeld)는 신명기를 이스라엘 왕실의 지혜사상과 관련된 작품으로 간주하기도 한다.[31] 이스라엘이 광야에서 철저하게 깨달은 진리는 오직 야웨 하나님을 신뢰하며 경외하는 것만이 그들이 살 수 있는 길이며 그것은 곧 율법을 순종하는 것이다. 모세는 이점에 있어 이스라엘이 당장 직면한 상황과 제일로 관련된 가나안의 우상숭배를 경고한다(4:140). 왜냐하면 오직 야웨는 하나님이시오 그 외에는 다른 신이 없기 때문이다(4:35). 하나님만이 우주만물을 창조하셨고 그들 가운데서 말씀하셨고 그들과 직접 동행하셨다(4:32-34).

그럼에도 불구하고 그들의 조상은 시내산에서 금송아지 우상을 만들었고 (출 32) 브올에서는 바알브올에게 부속되었다(민 25:3). 모세는 므리바 사건을 상기시키며 "소멸하는 불이시오 질투하는 하나님"(4:24)을 잊지 말라고 경고한다. 그러나 모세의 담화의 메시지는 최종적으로 긍정적이다. "오늘 내가 네게 명하는 야웨의 규례와 명령을 지키라, 너와 네 후손이 복을 받아 네 하나님 야웨께서 네게 주시는 땅에서 한없이 오래 살리라"(4:40). 모세의 첫 번째 담화는 여기서 마쳐진다. 이제 두 번째 담화가 시작하기 전 모세가 요단강 동쪽의 도피성을 지파들에게 할당한 짧은 서술이 끼어있다(4:41-43).

요단강 서쪽의 도피성에 대한 이야기는 신명기 19:1-13에 수록되어 있다. 왜 이 지점에서 반쪽 도피성 서술이 기술되었는지에 대해 만족스러운 답은 없다. 티게이(Jeffrey H. Tigay)는 이 섹션을 모세의 담화와는 상관없이 첨부된 하나의 서술부록(narrative appendix)으로 간주한다.32) 폰라드는 이는 후기삽입으로서 민수기 35:9-15와 여호수아 20장의 도피성 규례를 잘 알고 있던 편집자가 모세가 적어도 이 지점에서는 요단강 동편의 도피성들을 언급했어야 될 것이 아니었는가라는 질문을 피력한 것이라고 말한다.33) 그러나 또한 이것이 꼭 확실한 것은 아니라고 역설한다.34) 세일해머는 살인의 문제를 다루는 요단강 동편의 도피성 섹션은 문맥상 요단강 동편지역 정복과 십계명(살인하지 말라) 사이에 위치함으로 율법해석을 위한 가교적 문맥을 제공한다고 주장한다.35) 여기서 우리는 신명기 화자가 광야의 배역을 부정적으로 회고한 후 하나님의 자비를 반영한 도피성을 언급한 것에 주목함으로 만족해야 할 것 같다.

2. 모세의 두 번째 담화(4:44-28:69)

이 두 번째 담화는 "모세가 이스라엘 자손에게 선포한 율법"(4:44)을 기술하고 있다. 5-11장은 주로 율법갱신의 전문을 다루고 있고 12-26은 가나안 땅의 새로운 상황을 고려해 시내산 율법을 확장해설하고 있다. 전반적으로 이 두 섹션(5-26)은 신명기 법전(Deuteronomistic Code)으로 더 잘 알려져 있다. 일부학자들은 왓츠(James W. Watts)와 같이 이 단락을 왕정서기관들의 작업으로 주장하고36) 폰라드는 포로후기 제사장들의 편집으로 주장한다.37) 이 법전에 포함된 다양한 규범들과 사례들 그리고 단편들을 구조적으로 하나의 일관된 담화나 서술로 연관시키는 것은 본문자체의 원래 의도는 아닌 것 같이 보인다. 그러나 카우프만(Stephen A. Kaufman)은 신명기 법전과 십계명 사이에 서술적평행구조의 가능성을 시도하기도 했다.[38]

신명기 5장	십계명	신명기 법전	내 용
5:6-10	제 1-2 계명	12:1-31	예배
5:11	제 3 계명	13:1-14:27	하나님의 이름
5:12-15	제 4 계명	14:28-16:17	안식일
5:16	제 5 계명	16:18-18:22	권위
5:17	제 6 계명	19:1-22:8	살인
5:18	제 7 계명	22:9-23:19	간음
5:19	제 8 계명	23:20-24:7	도적질
5:20	제 9 계명	24:8-25:4	거짓 증거
5:21	제 10 계명	25:5-16	탐욕

이러한 카우프만의 시도는 학적인 가치는 있으나 실제로 신명기 법전의 내용들이 십계명과 모두 일관되게 부합하지는 않는다. 중요한 것은 본문에 포함된 언약갱신규범들이 모세의 이 두 번째 복합담화에서 그 어떠한 목회적 목적과 기능을 가지고 있는가에 있을 것이다. 이를 밝히기 위해 신명기 화자는 서문에서 이스라엘의 현 위치(4:45-49)와 과거 시내산 언약과의 관계(5:1-3)를 사전 설명한다. 먼저 전반부는 요단동편의 헤스본과 바산을 점령한 이스라엘은 트랜스요르단 지방을 이미 기업으로 얻은 상태임을 확인시키고 있다. 이는 가나안 정복이 아주 임박했음을 뜻하며 따라 새로운 상황을 고려한 언약갱신의 필요성을 암시한다고 볼 수 있다(4:48-49). 두 번째로 모세는 신세대에게 시내산 언약은 "야웨께서 우리 열조와 세우신 것이 아니요 오늘날 여기 살아 있는 우리 곧 우리와 세우신 것"(5:3)임을 강조한다. 이는 신명기에서 일관되게 진행되고 있는 시내산 언약의 현재화(actualization)를 투영시킨다. 성경은 이 언약의 현재화가 점진적인 계시를 통해 항상 진행형임을 보여준다.

시내산 언약(출 24:8)은 아담(창 1:28-30; 3:14-15)과 노아(창 9:8-10)와 아브라

함(창 15:18)의 언약으로 소급되며 모세의 언약갱신(신 12-26)과 다윗의 언약(시 89:3) 그리고 예수 그리스도 안에서의 새언약에서 지속적으로 현재화되어가고 있음을 알 수 있다(렘 31:31; 겔 37:26; 눅 22:20; 고후 3:6; 히 8:8, 9:15, 10:15-18). 하나님께서는 시내산에서 과거 구세대와 언약을 맺으셨다. 그들은 다 광야에서 소멸되었다. 그러나 그 언약은 순종하고 믿는 모든 자들에게는 항상 현재 유효하다. 그 언약의 주도권이 시공을 초월하신 하나님께 있기 때문이다. 이러한 문맥에서 바울은 "그런즉 믿음으로 말미암은 자들은 아브라함의 아들인 줄 알찌어다"(갈 3:6)라고 말한다. 과거에 기록된 하나님의 말씀은 바로 오늘을 사는 현재 우리를 위한 말씀인 것이다.

2.1 십계명과 윤리(5:6-21)

모세는 율법의 현재화 해석에 앞서 시내산 언약갱신의 핵심적인 준거로서 서두에 십계명을 소개하고 있다. 이 십계명은 현 지점에서 새로운 문맥 안에 놓여있으나 출애굽기 20:1-17에 기록된 본문과 거의 문자적으로 반복되고 있다. 출애굽기에 비해 다만 몇 가지 확대해설 된 점들은 가나안의 새로운 상황을 고려한 것들이다. 예로 출애굽기에서는 안식일의 근거를 창조와 하나님의 안식과 관련하고 있으나 신명기에서는 하나님께서 애굽에서 그의 백성을 건져내신 구속행위와 연결하고 있다(5:15). 이는 안식의 근본본질이나 개념을 변질시킨 것이 아니라 그 동기를 현재화 시킨 것이다. 이스라엘이 안식해야 하는 것은 그러한 순종을 통해 과거 조상들을 애굽에서 건져내신 하나님의 현재 인도하심을 경험하기 위해서이며 이는 끝내 광야에서의 구속과 가나안에서의 안식을 보장하는 것이다. 이러한 십계명을 중심으로 한 모세의 강해는 분명한 목적이 있다. 그것은 이스라엘이 기업으로 얻을 땅에 들어가 이 "명령과 규례와 법도"(5:1, 31)를 지키게 하기 위함이다.

이는 다시, "언약에 순종하여 열국 중에 그의 소유가 되며 제사장 나라와 거룩한 백성이 되어야 하는"(출 19:5-6), 하나님께서 이스라엘을 부르신 궁극적인 목적으로 소급된다. 언약백성은 이제 새로운 약속의 땅에서 구별된 거룩한 선민으로 모범적 삶을 살아야 한다.[39] 하이씨그(James W. Heisig)는 그러한 윤리적인 삶을 "내적 은혜의 외적 표징"이라고 정의한다.[40] 십계명(출 20:1-17, 신 5:6-21), 언약서(출 20:22-23:33), 성결법전(레 18-20), 그리고 신명기 법전(신12-25)은 모두 이러한 언약백성의 구별된 삶을 규정하고 있다. 고대이스라엘 언약공동체에 있어 신앙과 윤리는 분리된 것이 아니다. 도덕성을 배재한 하나님과의 관계는 반 언약적인 것이다. 율법은 모든 윤리의 기본준거가 된다(출20:1-7; 레 18-20; 신 12-25). 그러나 과연 그 율법이 얼마만큼 구약의 언약공동체와 더 나아가 오늘날을 살아가는 그리스도인들에게 도덕의 잣대가 될 수 있는지에 대해서는 많은 논쟁의 여지를 남기고 있다. 율법폐기론(antinomianism)은 율법의 유용성에 대해 너무나도 많은 부정적 선입관들을 투영시킨다.

그러나 이는 대개 율법(Torah)과 율법주의(legalism)에 대한 혼돈에서 유래한 것이라고 말할 수 있다. 센더스(E. P. Sanders)는 율법폐기론 반박에 있어 율법주의에서 파생된 일부 역사적인 위선주의를 제외한다면 율법을 중심으로 발전된 유대교도 여러 면에서는 기독교의 사랑과 자비와 은혜의 종교적 요소들을 공유하고 있다고 지적한다.[41] 실제로 구약의 율법은 가식적이며 기계론적인 생활방식을 말하기 보다는 하나님과 이웃과 환경과의 언약관계 속에서 역동적인 풍성한 생명의 실체를 말하고 있다.

모세는 십계명을 하나님 사랑(신 6:4-5)과 이웃사랑(신 10:12-22; 레 19:18)으로 확대 해설하여 이를 실현시킨다. 율법은 영혼을 소성시키며 지혜롭게 하며 기쁘게 하며 밝게 하는데 그 주요목적이 있다(시 19:7-19).[42] 구약의 율법은 고대근동의 문화적 맥락에서 볼 때 매우 현실적이며 인도적이며 융통성 있는 생명 모티프(מוטיב החתם)를 제시하고 있으며, 신약의 복음과 여러 면에서 문화적이며 유형적인 불연속성을 가지고 있으나 생명을 중심으로 하는 그 본질과 목적에 있어서는 유기적이며 연속적임을 부인할 수 없다.[43] 선악과와 생명나무의 예표(창 2:16-17; 3:22)가 암시하고 있듯이 구약에서 하나님과의 언약과 그의 나라는 근본적으로 생명과 관련된 것이다. 더 나아가 구약의 율법과 신약의 은혜가 상반된 개념이라는 주장에 대해 엘렌 체리(Ellen T. Charry)는 "오히려 신약의 복음은 보다 더 강도 높은 도덕성을 요구한다"고 반박한다.[44] 이는 오늘날 그리스도인들이 윤리의 중요성을 약화시킨 값싼 은혜를 추구한다는 본훼퍼(Dietrich Bonhoeffer)의 주장과 같은 맥락에서 이해될 수 있다.45) 오히려 복음은 가장 윤리적이라 할 수 있다(마 22:34-40, 롬 3:31). 이는 율법주의적이며 규범적인 윤리가 아니라 그리스도 안에서 하나님과의 새언약(חדשה ברית, 렘 31:31)에 의한 인격적이고 자발적인 관계의 도덕성을 의미한다.46) 그러므로 구약윤리는 정경적인 면에서 신약의 복음과의 유기적 연속 상 영원한 생명의 모티프를 가지고 있다고 말할 수 있다(요 5:24, 33-35; 6:48; 11:25). 신명기는 언약공동체의 삶이 하나님과 이웃과 환경 속에서 더욱더 생명력 있는 것으로 현재화 될 것을 요구하고 있는 것이다.

고대 이스라엘은 후기청동기 시대(ca. 1500-1200 BCE)를 거쳐 팔레스타인에 정착하며 지역농경문화에 순응했다. 그들은 출애굽과 광야생활을 통하여 경험한 야웨(יהוה)의 계시를 율법으로 받아드리고 가나안 족속들로부터 전수 받은 농경과 방목을 중심으로 그들의 경제생활을 활성 해나갔다. 왕정시대(c. 1030-586 BCE)에 와서는 농절기와 관련된 풍습들이 확립되었고 계절과 수확물에 따른 다양한 축제들을 통해 이스라엘의 신앙과 구속전승을 회고하였다. 그리고 그러한 신앙은 당시대 농경을 중심으로 한 평범한 일상생활 속에서 늘 표현되었다. 고대이스라엘은 애급에서의 출애굽을 기념하는 유월절(출 12:18, 레 23:5, 민 9:10-11)을 보리 추수 절기와 관련시켜 지켰고 모세가 율법을 받은 날을 기념하는 오순절(레 23:15)은 밀 추수와 관련시켜 그들의 실제생활 전반에 신학적 의미를 부여했다. 예로 이스라엘에의 노예제도를 들 수 있다.

구약에서 노예는 고대근동의 일반적 노예제도와는 달리 노예들이 율법에 의해 다양한 보호를 받게 되어있었다(출 21:20-21). 주인에게 항의를 할 수도 있었고(욥 31:31), 안식일과 절기에 참여할 수 있었다(출 20:10, 23:12; 신 16:11-14). 노예들에게도 자유인이 될 수 있는 조치가 있었고(신 15:12-18; 21:10-14; 출 21:2-11; 레 25:39-54), 노예가 된 자국민들은 희년에 평민이 될 수 있었다(레 25:38).47) 이는 율법이 일상생활에서 구체적으로 적용되었음을 보여주며 특별히 고대근동 법전들보다 인도주의적이며 비교적으로 강도 높은 도덕성과 융통성을 내재하고 있었다고 말할 수 있다.48) 고대근동 법들은 공통적으로 유물론적인 공리주의를 지향했다. 이에 사람의 생명보다 물질을 더 중요하게 여기는 법들이 태반이었다. 고대아카디아의 에쉬누마(Eshnuma 54조항)와 고대바빌론의 함무라비(Hammurabi 251조항) 법전은 풀어놓은 소에 의해 사람이 죽었을 때 최고의 처벌을 금전적인 보상으로 처리하나 율법(출 21:28-29)은 이를 사형에 해당하는 죄로 규정하고 있다.49) 이는 생명의 존엄성을 전제한 율법이 그들의 실제생활에서 어떻게 윤리적으로 적용되었는가를 보여주는 하나의 사례이다.

그렇다면 구약 윤리의 주축은 그저 율법을 문자적으로 준수하는데 있는가? 이스라엘의 주요 생활규범의 지령이라 할 수 있는 신명기 신학은 총괄적으로 야웨 하나님과의 내적관계가 외적인 율법 준수를 선행(先行)해야 함을 전제하고 있다.50) 이스라엘에게 있어 우선적인 최대과제는 유일신 하나님을 경외하고 사랑하는 것이다(신 6:4-5; 10:12-13; 13:4). 율법을 통해 이스라엘은 그 율법을 주신 하나님을 경외하게 된다. 이는 구약윤리의 중요한 하나의 원리를 제공한다. 즉 구약윤리는 근본적으로 하나님과의 언약 관계로부터 유래한다는 것이다. 결론적으로 율법과 윤리는 어떠한 관계를 가지고 있는가? 먼저 율법이란 은혜와 상반된 것이 아니고 그 언약은혜의 당연한 결과라고 말 할 수 있다.51)

그렇다면 이제 그 율법의 규범들을 실제 상황에서 문자적으로 집행하는 것이 곧 윤리라고 말할 수 있는가? 여기서 우리에게는 구약윤리와 바리세적인 율법주의를 선별해야 하는 지혜가 요구된다. 가식적 예전은 선지자들의 책망(말 2:1-3:18)을 면치 못했다.52) 또한 그러한 율법수행을 종지로 한 윤리는 은혜와 상반될 수밖에는 없을 것이다. 그렇다면 구약이 말하고 있는 윤리란 무엇인가? 카이저가 말했듯이 구약 히브리어에는 윤리(ἐθός)라는 단어가 부재하다. 그는 구약에서 윤리와 가장 가까운 단어를 무싸르(מוּסָר, 수양, 계율)나 데레크(דֶּרֶךְ, 길, 생활방식)로 보고 있다.53) 구약에서 윤리란 하나님의 구속함을 입은 자들의 평범한 생활방식을 의미하였다. 이는 율법의 현재화(actualization)인 것이다. 그 방식에 있어 이제 그들 앞에는 율법이 있다. 그러나 율법은 그들이 바라봐야하는 최종 목표물이 아닌 것이다. 그들은 율법을 통해 그 율법 뒤에 계신 언약의 하나님을 바라봐야 했던 것이다. 구약윤리는 율법을 통해 하나님의 마음과 뜻을 반영하는 인격적 삶을 의미한다. 그래서 사무엘은 "야훼께서 번제와 다른 제사를 그 목소리 순종하는 것을 좋아하심같이 좋아하시겠나이까? 순종이 제사보다 낫고 듣는 것이 수양의 기름보다 나으니"(삼상 15:22)라고 말한다. 단순히 율법(제사)에 순종하는 것과 하나님의 목소리(언약관계)에 순종하는 것을 구별하고 있다. 율법을 규칙대로 행하더라도 하나님과는 전혀 상관이 없을 수 있다는 것이다.

윤리는 근본적으로 하나님과의 깊은 사랑 속에서(신 6:4-5) 실현되는 마음의 할례(신 10:16; 롬 2:25-29)로부터 시작된다. "내가 거룩하니 너희도 거룩할 찌어다"(레 11:45)라는 구약윤리(ethics)의 주축은 "나는 마음이 온유하고 겸손하니 나의 멍에를 메고 내게 배우라"(마 11:29)하신 예수 그리스도의 말씀과 상이할 것이 없다. 그러한 언약관계 속에서 사랑에 접목된 마음만이, 그분의 영원하신 자비하심과 은혜에 사로잡힌 자만이, 성령의 내적 증거를[54] 체험한 자만이, 율법의 가식적이며 위선적인 규범의 지평을 넘어 하나님의 마음을 헤아리는 윤리적 삶(imitatio Dei)을 누릴 수 있다는 것이다. 결론적으로 신명기는 십계명을 중심으로 가식적인 규범이 아니라 마음과 뜻과 성품을 다한 하나님과의 내적인 언약관계(6:4-5)를 권고하고 있으며 이는 이웃과의 관계에서 분명히 반영되어야 한다(10:12-22).

2.2 쉐마 이스라엘!(שמע אשראל 6:4-9)

쉐마(שמע)는 하나님의 속성(6:4-5)에 관한 지식과 사랑의 원리로 체결된 하나님과의 언약적 관계가 공동체 전체에 영원히 기억되어야 함을 가르친다(6:6-9). 신명기 안에서 이 서론적인 단락은 신명기의 주요주제와 언약의 핵심이 무엇인가를 명확히 밝혀준다. 이스라엘은 애굽에서 그들을 구원하신 야훼 하나님이 누구인지를 확실히 알아야 한다. 하나님께서 그들을 기뻐하시고 택하심은 그들이 다른 민족보다 수효가 많은 연고가 아니다. 이스라엘은 오히려 모든 민족 중에 약한 민족이다(7:7). 하나님께서 그들을 구속하신 것은 하나님은 사랑이시고 그들을 사랑하시기 때문이다(7:8).

또한 그는 유일한 신이시다. "이스라엘아 들으라, 우리 하나님 야웨는 오직 하나인 야웨이시다!"(שְׁמַע יִשְׂרָאֵל יְהוָה אֱלֹהֵינוּ יְהוָה אֶחָד, 6:4). 티게이 (Jeffrey H. Tigay)는 4절 하반절의 히브리어 "아도나이 엘로헤누 아도나이 에카드"(יְהוָה אֱלֹהֵינוּ יְהוָה אֶחָד)가 세 가지의 뜻으로 번역될 수 있음을 지적한다. (1) "YHVH is our God, YHVH alone," "야웨는 우리 하나님이시다, 야웨만이" (2) "the Lord our God, the Lord is one," "우리 주 하나님, 주는 한분이시다" (3) "YHVH our God is one YHVH," "우리 하나님 야웨는 오직 하나인 야웨이시다." (1)는 다른 여러 신들 중에 야웨만이 이스라엘의 신이라는 뜻으로서 이는 단일신론을 의미한다. (2)는 나누어질 수 없는 하나님의 통일속성(unity)을 의미한다. (3)는 오직 야웨만이 신이라는 유일신 사상(단일성, singleness)을 의미한다. 티게이는 신명기는 하나님의 속성보다는 그와의 언약적 관계에 초점을 두고 있다는 이유로 위의 가능성중 단일신론적인 번역을 선호한다. 그러나 결론은 미정이라고 그 불확실성을 명시한다.55)

문맥상 본문은 명백히 가나안의 우상숭배와 다신숭배를 염두에 두고 있다. 그러므로 쉐마에서 모세는 오직 야웨만이 참된 신이라는 유일신 사상을 강조하고 있다고 보는 것이 보다 더 합리적인 설명이라고 생각된다. 이스라엘은 가나안의 거짓된 우상들을 절대 숭배해서는 아니 된다(7:1-11, 25-26). 오직 야웨 하나님을 "마음을 다하고 성품을 다하고 힘을 다하여" 사랑해야 한다(6:5). 이는 모든 율법을 선행하는 성도들의 자세가 되어야 한다. 이스라엘은 이미 형식화된 율법적 규범들과 세속화된 관습들에 하나님을 예속시켜서는 아니 된다. 그들은 하나님으로부터 계시된 모든 말씀에 마음을 다하여 사랑으로 순종해야 된다.

이러한 외식에서부터 마음으로의 전환은 예레미야(렘 31:31)와 에스겔(겔 37:26) 선지자를 통해 암시된 새언약의 본질을 예고한다. 이러한 중요한 교훈을 이스라엘은 마음에 새겨야하며 자녀들에게 가시적인 방법으로 가르쳐야 한다(6:6-9). 나아가 하나님을 향한 내적인 사랑은 이웃들을 사랑함으로 외적으로 증명되어야 한다(10:12-22). 예수님은 이러한 하나님과 이웃을 향한 실제적인 사랑이 "온 율법과 선지자의 강령이다"(마 22:37-40)라고 말씀하셨다. 모세는 신세대를 향하여 그렇게 살지 못했던 그들의 조상들의 잘못을 절대 잊어서는 아니 됨을 재삼 경고한다(6:10-25; 9:1-29). 특별히 이스라엘의 기원과 광야의 역사를 요약한 신명기 6:20-24는 25:5-9와 함께 폰라드가 주장한 "세겜에서의 역사적 신조"(Historical Credo)의 근거로 제시되기도 한다.56)

그러나 이 본문의 최종 형태에서 이는 문맥상 과거 이스라엘의 실패를 조명하기 위한 역사적 회상의 기능을 가지고 있다. 시내산에서의 언약규례를 지키면 이스라엘은 항상 복을 누릴 것이며 그러한 순종으로 인하여 그들은 의로워질 것이다(6:24-25, 24:13; 창 15:6; 겔 18:5-9). 그러므로 모든 법도를 듣고 지켜 행하면 야웨께서 그들의 열조에게 맹세하신 언약(창 15; 출 24)을 지켜 땅에서의 번성과 소산과 장수함을 베푸실 것이다(7:12-24; 8:1-10). 물론 그러한 풍요로움으로 인하여 마음이 교만해져 야웨 하나님을 잊어서는 아니 된다(8:1-20). 그러기 위해서는 항상 하나님의 말씀을 듣고 기억해야 한다. 쉐마 이스라엘! 이스라엘의 축복의 근원은 땅이 아니라 하나님의 말씀이기 때문이다. 그래서 하나님께서는 광야에서 그들을 낮추시고 주리게도 하셨다. 그리고 그들의 힘으로는 얻을 수 없는 만나를 주셨다. 이는 "사람이 떡으로만 사는 것이 아니요 야웨의 입에서 나오는 모든 말씀으로 사는 줄을 너로 알게 하려 하심이니라"(8:3).

신세대들은 끊임없이 듣고 기억해야 한다. 후에 여호수아가 요단강을 건너는 상황에서 하나님께서는 그들로 하여금 요단강 가운데 있는 돌들을 취하여 하나님께서 그들에게 행하신 일을 기억하게 하라고 명하신다. 그 돌들은 하나님의 사랑의 표징이 되어 이스라엘 자손들로 하여금 하나님을 영원히 기억할 수 있게 하기 위함이었다(수 4:1-7). 출애굽기 – 민수기에서 전반적으로 수록된 하나님의 현현(theophany)은 시내산과 성막을 중심으로 이루어졌다. 그러나 이제 가나안에 정착할 새로운 세대에게 신명기는 하나님의 말씀(토라)을 듣고 청종하며 기억하는 것만이 그들이 하나님을 만날 수 있는 길임을 선포하고 있다. 쉐마 이스라엘!

2.3 새로운 상황에서의 율법해설(12:1-26:19)

전반적으로 신명기 법전으로 알려져 있는 모세의 두 번째 담화 후반부는 가나안에 정착한 상황을 전제한 다양한 율법과 사례들의 해설로 구성되어있다. 예배의 단일처소(12:1-31), 가나안에서의 구별된 삶(14:1-16:17), 지도자들(정치, 종교, 선지자)의 역량과 의무(16:18-18:22), 기타 사례규범들(19:1-26:19)이다.

모세는 약속의 땅에 정착한 백성들의 신앙생활과 관련된 구체적인 조언을 여는데 있어 먼저 예배의 중요성을 강조한다. 이스라엘의 신앙은 아브라함의 소명에서 나타난 하나님의 선택에 그 뿌리를 두고 있다(4:37; 7:6-8). 그리고 그러한 소명은 시내산에서 맺어진 이스라엘과 하나님의 특별한 언약관계에서 더욱더 구체화 되었다(출19-24). 하나님은 이스라엘을 애굽에서 구원하시고 광야로 내 보내신다. 애굽에서 구속함을 입은 이스라엘은 이제 제사장 나라와 거룩한 백성이 되어야 한다(출 19:6). 그러기 위해 하나님은 시내산(출 24:17)에 그리고 성막(출 40:34) 가운데 임재 하셨고 이스라엘은 그 하나님께 예배의 삶을 드려야한다(출 3:18). 따라서 이스라엘의 모든 도덕적 생활규범은 예배로부터 유래되고 나아가 예배는 이웃과 모든 피조물과의 관계로 그 지평이 확대된다(시 15:1-5). 모세는 신명기에서 이러한 광야의 예배를 가나안의 우상숭배의 문맥에서 현재화시킨다. 모세는 신명기 12:2-28에서 제사를 위해 잡는 생축(2-14절)과 사적으로 먹기 위해 잡는 생축(15-28)의 사례를 들어 이스라엘이 가나안에서 어떻게 광야의 예배를 현재화시킬 것인지를 제시하고 있다.

이와 관련된 규례는 레위기 17:1-7에서 찾아볼 수 있다. 그러나 우상숭배가 있는 가나안이라는 새로운 상황에서 신명기는 예배 처소에 있어 오직 야웨 하나님께서 택하신 한 곳에서만 생축제물을 잡아 예배를 드릴 것을 새롭게 명시하고 생축을 단지 먹기 위해 잡을 때는 어디에서나 행하여 질 수 있다고 확대 설명하고 있다. 이러한 비교를 통해 강조된 것은 중앙예배처소에 관한 것이다. 예배의 중앙처소에 대한 규범은 제사로서의 생축(2-14)과 음식으로서의 생축(15-28) 서술 모두에서 각 3번씩 반복되어 강화되고 있다.

제사를 위해 잡는 생축(2-14)	먹기 위해 잡는 생축(15-28)
"오직 너희 하나님 야웨께서 자기 이름을 두시려고 너희 모든 지파 중에서 택하신 곳"(5절)	"오직 네 하나님 야웨께서 택하실 곳에서"(18절)
"너희는 너희 하나님 야웨께서 자기 이름을 두시려고 한 곳을 택하실 그곳으로"(11절)	"만일 네 하나님 야웨께서 자기 이름을 두시려고 택하신 곳이 네게서 멀거든"(21절)
"오직 너희의 한 지파 중에 야웨께서 택하실 그곳에서"(14절)	"오직 네 성물과 서원물을 야웨께서 택하신 곳으로 가지고 가라"(26절)

본 단락을 이어 "야웨께서 택하신 곳"은 십일조(14:23), 처음 난 생축(15:20), 유월절(16:2), 초막절(16:15) 제물을 드릴 때에도 다시 언급된다. 그러나 모세는 백성들에게 가나안에서 왜 오직 한 곳의 중앙예배처소를 가져야 하는지에 대한 핵심적 이유를 본 단락 서두에서 명백히 밝히고 있다(12:2-4). 이는 가나안에 널리 퍼져있는 단과 주상에 흡수되지 아니하고 그처럼 행하지 않기 위함이다. "너희 하나님 야웨께서는 너희가 그처럼 행하지 말고, 오직 너희 하나님 야웨께서 자기 이름을 두시려고 너희 모든 지파 중에서 택하신 곳인 그 거하실 곳으로 찾아 나아가라"(12:4-5).

따라서 이 단락은 총체적으로 후기 예루살렘을 염두에 두고(삼하 6-7장) 단순히 한 곳의 예배처소를 규정짓기 위해 기술되었다기보다는 우상숭배가 범람한 새로운 가나안 정착상황(12:8-10)에서의 올바른 예배에 대한 교훈임을 볼 수 있다.[57] 모세는 예배에 대한 규례에 이어서 곧 13장에서 우상숭배에 대한 경고를 재삼 강조함으로 본 단락의 의도를 재확인시켜준다. 모세의 복합담화 속에 포함된 모든 규범과 규례들은 이렇게 새로운 가나안의 상황을 염두에 두고 있다. 이는 대개 레위기에서 이미 언급된 것들이지만 신명기는 그러한 제사법, 식법, 민법, 행정사법의 실례와 확대해설을 통해 가나안과는 구별된 이스라엘 백성들의 거룩한 삶을 도모하고 있다.

예배처소에 관한 권면에 이어 또 하나의 큰 단락을 형성하고 있는 것은 지도자들(정치, 종교, 선지자)의 역량과 의무(16:18-18:22)에 관해서이다. 본 단락은 재판장과 유사(16:18-20), 레위제사장과 재판장(17:8-13), 왕(17:14-20), 레위인(18:1-8), 그리고 선지자(18:15-22)를 포함한 다양한 지도자들에 관한 규례와 관습에 대해 기술하고 있다. 이러한 직책들은 고대국가의 조직과 행정체계가 이미 형성된 상황을 반영하는 것 같다. 따라서 전반적으로 전통적인 비평학자들은 본 단락은 출애굽기-민수기에 비교해 레위인의 위상을 높이고 (다윗)왕권을 공인하고 있다는 점, 그리고 신명기에서 제시된 참된 선지자에 대한 묘사(13:1-5; 18:15-22)와 예레미야의 말(렘 14:13-16; 23:9-17)이 유사하다는 점을 들어 이를 제사장문서(P)의 삽입으로 간주한다.[58] 이는 제사장법과 그 외의 오경에서의 다양한 제도를 포로후기의 창작으로 보는 전통적인 문서가설의 영향을 반영한다. 그러나 우리는 고대근동의 자료들을 통해 신명기에 기록된 제의법들이 이미 구약성서가 등장하기 수세기 전에 존재했음을 알 수 있다. 또한 신명기법전의 양식이 히타이트조약양식과 유사하다는 것과 오경의 제사장적 용어들이 제사장적 문헌(에스겔서, 역대기, 에스라-느헤미야서)에 비교해 포로기 이전의 히브리어를 따르고 있다는 연구결과들이 있다.[59]

신명기에서 레위인과 제사장의 구별이 약화된 것은 가나안 정착이라는 새로운 상황에서 민수기에서처럼 더 이상 성막을 중심으로 한 진군이 필요 없게 되었기 때문이다. 또한 선지자에 대한 개념은 백성을 대변하는 것으로서 이미 오경에서 아브라함과 모세와 관련되어 언급되었다(창 20:7; 출 7:1; 민 11:29; 신 13:2-3). 신명기는 다시 새로운 가나안 정착상황에서의 선지자에 대한 정의와 역할을 확대시킨다. 이에 관련해 신명기는 예언을 모세의 율법(신 18:16; 출 19:16-25)으로 암시하고 있음에 주목할 필요가 있다. 모세는 가나안에 입성하지 않을 것임으로 모세와 같은 선지자가 다시 오기까지(18:18) 이스라엘은 모세가 남긴 율법을 주시해야 된다. 세일해머는 신명기 18:18에서 언급된 미래의 선지자는 종말론적이며 메시아적인 인물로 읽어진다고 주장한다(신 34:10; 행 3:22-23).[60]

미래 이스라엘의 왕권에 대한 예고는 이미 족장들과의 언약에서 언급되었고(창 17:16) 다시금 신명기는 새로운 땅에서의 제사장 나라와 거룩한 백성의 이상적인 왕의 모습을 묘사하고 있다. 이는 이스라엘의 왕들을 포함한 고대근동과 가나안 왕들의 모습과는 근본적으로 상이한 것임을 볼 수 있다. 신명기의 왕에 관한 이 단락은 먼저 왕은 하나님께서 택하신 사람으로서 하나님의 말씀을 대변할 수 있는 자여야 한다(17:14-15).[61]

여기서 유일한 점은 왕에 대한 자격이나 모습이 보편적인 고대근동 왕의 특징과는 너무 대조적이라는 것이다. 야웨 하나님이 선정하는(15절) 이 왕은 첫째 말을 번식시키지 말아야 한다(16절). 이는 군사력이 없는 왕을 의미한다. 둘째로 이 왕은 아내를 많이 두지 말아야한다(17절), 이는 외국과의 조약이 약화되어 왕권이 약해질 수 있다. 셋째로 이 왕은 은과 금도 늘려서는 아니 된다(17절), 이는 재정적으로 빈약함을 의미한다. 이러한 왕은 왕에 대한 보편적 상식을 초래케 한다. 한 왕국의 왕으로써 군사력과 탁월한 외교와 튼튼한 재정에 대한 정책을 포기하라면 왕이라는 의미가 무의미해질 것이다. 이러한 유일한 왕에게 요구된 것은 율법서를 베껴 자기와 함께 두고 평생토록 읽으며 그 말씀을 지키는 일이다(18-19절).

이러한 신명기의 이상적인 왕은 하나님의 주권적 왕권을 대표하고 율법을 철저히 준수하는 언약적 왕의 모습을 그린 것이다. 사무엘서(1-7)는 사울과 다윗 왕을 선택하는데 있어 신명기적 왕권을 기준으로 이스라엘에 과연 왕을 세워야 하는 가에 대한 논쟁보다는 그 왕권이 하나님의 왕권을 대표하며 언약을 준수하고 있는가 하는 문제를 제기한 것으로 보인다. 결론적으로 다윗은 신명기적 왕권에 부합한 사람으로 인정되고 하나님께서는 나단 선지자를 통해 다윗의 집을 영원히 보존하실 것이라는 언약을 세우신다. "네 집과 네 나라가 내 앞에서 영원히 보전되고 네 위가 영원히 견고하리라"(삼하 7:16).

이는 다윗의 계통에서 참된 왕의 실체로 오실 메시아적인 한 인물이 그의 백성을 구원하고 영원히 보존할 것을 예고한 것이다. 이사야는 그 분을 평강의 왕(사 9:6)이라 했으며 예레미야는 이에 대해 다음과 같이 증언하였다, "나 야웨가 말하노라 보라 때가 이르리니 내가 다윗에게 한 의로운 가지를 일으킬 것이라 그가 왕이 되어 지혜롭게 행사하며 세상에서 공평과 정의를 행할 것이며, 그의 날에 유다는 구원을 얻겠고 이스라엘은 평안히 거할 것이며 그 이름은 여호와 우리의 의라 일컬음을 받으리라"(렘 23:5-6). 이렇게 신명기적 왕은 "대저 야웨는 크신 하나님이시요 모든 신위에 크신 왕"(시 95:3)이시오 열방의 존귀와 영광을 받으시기에 합당하신 만왕의 왕을 대표할 뿐만 아니라 미래 선지자에 대한 묘사와 함께 가나안의 경계를 넘어 종말론적이며 메시아적인 영원하신 한 왕(계 17:18)을 예고하고 있는 것이다.

2.4 축복과 저주(27:1-28:68)

고대근동의 종주권 조약은 형식상 1) 전문, 2) 역사적 서언, 3) 언약조항(규정)들, 4) 상벌규정, 5) 증인과 보증, 그리고 6) 언약서 보전과 정기적 낭독의 양식으로 구성되어 있다. 신명기는 이와 구조적 유사성을 지니고 있고 본 섹션은 레위기 26장과 함께 오경서술에서 가장 광범위한 상벌을 규정하고 있다.[62] 모세는 이스라엘이 요단을 건넌 후에 세겜에 있는 그리심 산과 에발 산에서 각각 축복과 저주를 낭송하라고 명한다(27:2-3). 그러나 이 단락에는 오직 에발 산에서의 12개의 저주들만이 기록되어있다(27:14-26). 일부학자들은 이를 세겜에서의 제의와 관련된 독립적인 전승(Dodecalogue of Shechem)으로 추측하기도 한다.[63]

또한 일부 학자들은 28:68에 "너를 배에 실으시고…애굽으로 끌어가실 것이라"는 구절을 앗시리아 유수와 연관시키기도 한다.[64] 그러나 본문의 현 상태에서 28:1-14의 축복들은 그리심 산에서 낭독된 것으로 간주될 수 있다(수 8:34 참고). 총괄적인 면에서 본 단락은 축복보다는 저주에 초점을 두고 있다(27:14-26; 28:20-68). 세일해머는 이는 결국 이스라엘이 언약에 순종치 않고 축복을 향유하지 못했음을 입증하는 것이라고 말한다.[65] 또한 이러한 저주들은 선지서의 심판선포에 있어 밀접한 관계를 가지고 있는 것으로도 보인다. 월프는 포로전후기 선지서의 전반적인 지면에서 반영된 신명기 27-28장의 저주를 다음과 같이 연관하여 정리했다.[66]

저주의 종류	신명기	선지서
가뭄과 기근	28:23, 38-42	렘 14:4; 호8:7; 욜1:4; 학1:11
질병과 문맹	28:27-28	사:29:9; 42:19; 43:8; 59:10; 렘8:22; 24:10; 겔 12:2; 4:10
침략과 유수	28:25, 37, 51-57, 63-68	암5:27; 6:7; 사5:26-30; 7:20-25; 렘39, 52
치욕	28:37	사43:28; 렘15:4; 24:9; 25:9; 26:6; 29:18; 42:18; 44:12; 겔5:14-15

그러나 이러한 심각한 저주부문은 궁극적으로는 언약준수와 언약갱신에 따른 축복의 길을 제시하기 위한 전주곡임을 우리는 모세의 세 번째 담화를 통해 볼 수 있게 될 것이다.

3. 모세의 세 번째 담화(29:1-30:20)

모세는 그의 마지막 담화에서 다시 한 번 광야에서의 과거를 회상한다. 이는 그들의 조상의 불순종으로 인한 실패에 대한 마지막 경고이다(29:2-9). 모세는 그럼에도 불구하고 하나님께서는 그들의 열조 아브라함과 이삭과 야곱에게 맹세하신 대로 "오늘날" 이스라엘을 세워 자기 백성을 삼으시고 자기는 친히 그들의 하나님이 되시려고(29:13) 새로운 언약을 세우신다(29:1)고 말한다. 본 담화에서 모세는 먼 훗날 이스라엘의 불순종으로 인한 타국에서의 유수와 디아스포라를 미리 내다본다(30:1-5). 그리고 새로운 언약을 통해 그들의 회복을 희망적으로 선포한다. 이는 바벨론 포로 이후의 귀국을 암시하는 것이라고 볼 수 있다(30:4-5).[67]

이 새언약의 대상은 "오늘날 우리 하나님 야웨 앞에서 우리와 함께 여기 선 자와 오늘날 우리와 함께 여기 있지 아니한 자들"(29:15)이라는 미래의 백성들을 포함하며, 돌에 세긴 옛 언약에 비해 하나님께서 "마음에 할례를 베풀어 너로 마음을 다하며 성품을 다하여 네 하나님 야웨를 사랑하게 하사 너로 생명을 얻게 하실"(30:6; 렘 31:31; 겔 36:22-28) 특별한 언약이다. 이제 하나님의 말씀은 이스라엘의 마음에 있어 그들이 행할 수 있게 될 것이다(30:14). 이는 이스라엘의 민족과 율법의 지평을 넘어 열방과 마음을 강조한 하나님의 전적인 은혜와 이스라엘의 실패에도 불구하고 열조들과의 약속이 궁극적으로 성취될 것임을 확신케 해준다. 그러므로 이스라엘은 쉐마(6:4-5)의 원리를 따라 마음을 다하며 성품을 다하여 하나님을 사랑해야 되며 그것은 "그 모든 길로 행하며 그 명량과 규례와 법도를 지키는 것"(30:6, 16)이다. 모세는 그의 이 마지막 담화에서 앞으로 이스라엘이 살고 회복될 수 있는 길이 무엇인지를 명확히 재확인시킨다. 하나님을 사랑하고 순종하면 그들에게는 생명을 얻고 약속의 땅을 얻을 것이다. 그렇지 아니하면 망할 것이고 요단을 건너가서 얻을 땅에서 장구치 못할 것이다(30:15-18). 이스라엘의 유일한 희망은 생사화복을 주관하시는 야웨 하나님께 있는 것이다(30:20).

이제 이스라엘은 택해야 한다. 그들 앞에는 생명과 사망과 복과 저주가 놓인 것이다(30:19). 신명기는 광야와 같은 파란만장한 나그네인생의 갈림 길에서 불순종으로 인해 좌절하고 실패하고 지쳐있는 오늘날 우리 모두에게도 다시 한 번 마음을 다하며 성품을 다하여 하나님을 사랑하고 그 말씀에 순종함으로 생명을 선택하라고 외치고 있다.

4. 모세의 고별(31:1-34:10)

모세의 마지막 고별사라 할 수 있는 이 섹션은 여호수아의 리더십 계승(31:1-8), 율법을 매칠년에 한 번씩 백성에게 낭독하라는 명령(31:9-13), 이스라엘이 가나안에서 하나님을 반역할 것이라는 예고(31:14-29), 이스라엘의 배역과 하나님의 심판을 시로 묘사한 "모세의 노래"(31:30-32:43), 각 지파에 대한 모세의 축복(33:1-29), 그리고 모세의 죽음(34:1-10)으로 구성되어있다. 모세는 약속의 땅이 보이는 가나안 접경까지 그의 백성들을 인도하였다. 그러나 이제 그는 이스라엘과 이별을 나누어야한다(민 27:12-14; 32:48-52). 이는 이미 광야에서 예고된 것이었다(민 20:12). 가나안 접경에서 그동안 모세와 제사장을 중심으로 이루어졌던 리더십은 여호수아와 레위인 체제로 계승된다. 그러나 중요한 것은 이러한 인사의 변화가 아니다. 새로운 시대가 오고 사람과 상황이 바뀔지라도 하나님의 말씀의 보존을 통해 하나님의 원래 약속은 계속 성취되어 가는 것이다. 그러므로 모세는 율법을 기록하여 레위 자손 제사장들과 이스라엘 장로들에게 주어 매칠년 초막절에 온 이스라엘에게 뿐만 아니라 약속의 땅에 우거하는 모든 타국인들에게도 낭독할 것을 마지막으로 권고한다(31:9-13).

또한 이 율법책(הַתּוֹרָה סֵפֶר)을 언약궤 곁에 두어 잘 보존할 것을 명한다(31:26). 광야에서 소멸한 구세대와 함께 민수기 후반부부터 계속 기대가 되었던 신세대도 끝내는 하나님을 배역하게 될 것이며 소멸될 것이라는 예고가 신명기 마지막 부분에서 시적인 노래(31:30-32:43)로 묘사되고 있는 점은 돌연에 가깝고 마치 비극으로서 하나의 슬픈 레퀴엠을 그 마지막 장에 삽입한 느낌을 준다. 더 나아가 신명기를 맺는 장면에 오경을 총괄해 그렇게도 약속의 땅을 바라며 전진했던 절대적인 가격의 주인공 모세가 가나안을 바라보며 죽어가는 모습은 아이러니가 아닐 수 없다. 그러나 신명기 화자는 이를 통해 분명한 하나의 일관된 메시지를 우리 모두에게 전하고 있다. 세대가 변하고 상황이 바뀔지라도 하나님의 언약은 신실하시고 영원하시다는 것이다. 모세가 떠남으로 인해 오히려 백성들은 이제 모세의 권위가 아닌 그가 남긴 생명의 말씀(토라)에 의해 인도될 것이다. 더 나아가 그의 떠남은 종말론적인 새로운 모세의 도래를 예고한다. 신명기의 화자는 "그 후에는 이스라엘에 모세와 같은 선지자가 일어나지 못하였나니 모세는 야웨께서 대면하여 아시던 자였다"(34:10)라고 말문을 맺는다.

모세의 선지자적 속성은 이미 그의 소명서술(출 3-4)에서 암시되었고, 모세의 두 번째 담화는 하나님께서 앞으로 모세와 같은(18:15, 18 "내[모세]와 같은 선지자") 선지자를 일으키실 것이라는 약속을 언급하고 있다. 예레미야와 호세아와 아모스는 신명기에서 묘사되고 있는 모세의 선지자적 속성을 가장 잘 반영하는 것으로 논의되고 있다.[68] 그들은 모두 "모세와 같은"("like Moses"), 혹은 모세와 비슷한 선지자들이었다. 그러나 모세의 마지막 담화는 이스라엘에 야웨 하나님과 직접 대면하던 그러한 특별한 모세를 대체할 만한 선지자는 아직 일어나지 못했다라고 결론짓는다(34:10). 이러한 미래적 선지자에 대한 여운은 로마제국 아래 있는 유대인들에게 지속되었다. 그들은 그가 부활한 엘리야일 것이라고 생각했다(요 1:21). 신약은 하나님이 세우실 그 선지자는 "모세보다 더욱 영광을 받을" 생명의 말씀(요 1:1; 14:16)되신 예수 그리스도이심을 밝히고 있다(행 3:22-26; 히 3:1-6). 그러므로 모세의 고별은 가나안을 눈 앞에 두고 있는 광야신세대와 오늘날을 살아가는 우리 모두에게 영원한 희망을 남긴다. 이를 시편기자와 베드로는 이렇게 피력한다.

"인생은 그 날이 풀과 같으며 그 영화가 들의 꽃과 같다, 그것은 바람이 지나면 없어지고 그곳은 다시 알 수 없다, 그러나 야웨의 인자하심은 자기를 경외하는 자에게 영원부터 영원까지 이르며 그의 의는 자손의 자손에게 미치리니 곧 그 언약을 지키고 그 법도를 기억하여 행하는 자에게로다"(시 103:15-18).

"그러므로 모든 육체는 풀과 같고 그 모든 영광이 풀의 꽃과 같으니 풀은 마르고 꽃은 떨어지되 오직 주의 말씀은 세세토록 있도다 하였으니 너희에게 전한 복음이 곧 이 말씀이니라"(벧전 1:24-25).

주(註)

1) W. M. L. de Wette, 1806.

2) Martin Noth, "The Deuteronomistic History," *JSOT* Supplement 15 (Sheffield: JSOT Press, 1981).

3) Herbert Wolf, 212; Eugene H. Merrill, 36.

4) R. N. Whybray, 141.

5) 월튼(J. H. Walton)은 십계명의 양식이 기원전 14세기 히타이트 제국의 종주봉신종약과 유사하다고 평가했다. 기원전 8-6세기 아시리아 조약의 양식은 보다 더 간략함으로 전문(Preamble), 약정과 저주문(Stipulations and Curses), 그리고 신적증언(Divine witness)으로 되어있다. 결론적으로 신명기와 십계명은 힛타이트 양식을 가지고 있음으로 그 기원을 15-14세기로 측정할 수 있다. J. H. Walton, *Ancient Israelite Literature in its Cultural Context* (Grand Rapids, Mich.: Zondervan, 1989), 106.

6) 힛타이트 양식에 의한 구조: Herbert Wolf; 모세의 담화구조: Jeffrey H. Tigay, *Deuteronomy*, The JPS Torah Commentary.

7) Assnat Bartor, *JBL* 126:2 (2007), 231-249.

8) 장막절(הַסֻּכּוֹת 레 23:33-36)은 광야생활에서의 고난과 하나님의 은혜를 7일 동안(Tishri월 15-21일: 양력 9-10월) 기념한다. 유대인들의 4대 절기는 장막절 외에 출애굽을 기념하는 유월절(פֶּסַח 레 23:4-8), 추수감사절인 오순절(שָׁבֻעוֹת הַשָּׁבֻעַ 신 16:9-12; 레 23:9-14), 속제일 (יוֹם הַכִּפֻּרִים 레 23:26-32)이 있다.

9) "모세의 말씀이 이스라엘에게 선포되었다"는 어법은 신명기를 통해 총 12번 반복되고 있다. 신명기 기자는 독자로 하여금 언약갱신의 권위를 모세의 설교라는 장르를 통해 확인시키고 있다. Eugene H. Merrill, *Numbers, Deuteronomy*, The Bible Knowledge Commentary (Wheaton, IL: Victor Books, 1983)에서 신 1:1주해를 참고하라.

10) 본서의 신명기 2-3장 해설은 이미 저자의 "구약 어떻게 읽을 것인가?"에 출판된 것을 재정리한 것임을 알린다.

11) 세일해머(하), 377.

12) 호렙과 시내산의 연관성에 대한 다양한 논쟁이 있으나 필자는 호렙이 시내산의 별칭이라는 주장을 따른다(출 34:2, 27; 신 5:2).

13) C.H. 매킨토쉬, 권혁봉 번역, 「신명기 강해(상)」 (서울: 생명의 말씀사, 1978), 131.

14) 이는 임의대로 먹을 수 있는 에덴동산의 과일들과 그 중앙에 먹을 수 없는 생명나무와 선악과(창2:9; 3:3)가 예표하고 있는 하나님의 영역과 비교될 수 있다. 이한영, 「구약 어떻게 읽을 것인가?」(서울: 성서유니온, 2004), 55-60 참고.

15) 창 32:3; 신2:4-5; 8:12; 22:29.

16) 민수기(20:14-21)에서 모세는 에돔 땅을 지나가기를 청하나 거절당한다. 이스라엘은 에돔을 피해 에시온게벨 곁으로 지나 돌이켜 모압 광야 길로 진행하게 된다(신 2:8).

17) Ian Cairns, *Word and Presence, Deuteronomy*. ITC (Grand Rapids, Mich.: Eerdmans, 1992), 39.

18) 예로 시 1:6에서 "대저 의인의 길은 여호와께서 인정하시나"에서 "인정하다"로 번역된 히브리어는 יָדַע이다. NIV는 watch over (보살피다)로 번역했다.

19) 아낙 족속은 고대 트랜스 요르단 지방에 살았던 거인족속으로 본문에서는 르바임으로 알려진 듯 하다. 호리 사람도 이들과 같이 강한 족속으로 그돌라오멜과 전쟁을 치루기도 했다(창 14:6). 참고 S. R. Driver, *Deuteronomy* (Edinburgh: T. & T. Clark, 1973), 37.

20) Ian Cairns, *op. cit.*, 42.

21) 갑돌은 고대어 Caphtor에서 유래된 것이며 이는 지중해의 Crete(크레타 섬)를 의미한다. LXX은 갑돌사람(Caphtorites)를 Kerethites(Crete)로 번역했다. 그곳에서 내륙으로 건너온 자들을 필리스틴(Philistine)이라 하고 이들은 곧 블레셋 사람들이다. 참고 암 9:7; 겔 25:16; 습 2:5. J. D. Douglas and Merrill C. Tenney, *The New International Dictionary of the Bible*, 193.

22) 가나안 땅을 약속 받은 것은(창 12:7) 땅 부자가 되기 위한 것이 아니라 땅의 모든 족속이 아브라함의 믿음을 통하여 복을 얻게 하기 위함이었다(창12:3). 아브라함의 믿음은 땅을 얻는 것(가나안)에 있지 아니했고 오히려 땅을 과감하게 버리는데(우르와 하란) 있었던 것이다. 후에 여호수아의 가나안 정복 역시 궁극적으로는 그 목적이 땅을 소유하는데 있지 아니했음을 알 수 있다.A) 구약은 안식년(???????) 제도를 통하여 박애와 종교적 모티프에 의한 노예해방(출21:2-6), 농경지 휴경(출 23:10-11), 채무자의 면제(신 15:1-6) 그리고 땅의 안식(레 25:1-7, 18-22)을 규정하고 더 나아가 가나안에 들어간 때를 기점으로 일곱 번째 맞는 안식년이 지난 그 다음 해인 제 오십년째의 해를 희년(레 25장; 27:18, 23-24, הַיּוֹבֵל ????־)B) 대사면(大赦免)의 해로 선포하여 토지 문제(레 25:23-28), 주택 문제(레 25:29-34), 이자 문제(레 25:35-38) 그리고 노예해방

문제(레 25:39-55)를 다루고 있다. 이러한 구약의 희년제도는 토지의 봉주는 하나님이시며 이스라엘은 야훼의 땅에 사는 나그네에 불과함을 분명히 밝히고 있다. 토지는 다 하나님의 것(כִּי־לִי הָאָרֶץ)이며 이스라엘은 잠시 우거하는 나그네(כִּי־גֵרִים וְתוֹשָׁבִים)인 것이다(레 25:23). 이러한 희년을 구약언약의 총체적인 맥락에서 이해해 볼 필요가 있다. Cf. Henry T. C. Sun, *Land Tenure and the Biblical Jubilee: Uncovering Hebrew Ethics through the Sociology of Knowledge* (Sheffield: JSOT Pr., 1993).

A) 하나님께서 이스라엘에게 정복할 땅과 정복하지 말아야 할 땅을 말씀하셨다. 아담은 에덴동산의 청지기였지 소유자가 아니었다. 모세의 사역은 이스라엘 백성들을 가나안으로 인도하는 것이었지 가나안을 소유하는 것이 아니었다. 가나안에서도 하나님은 이스라엘에게만 땅을 주신 것이 아니라 에돔과 모압과 암몬에게도 주셨다(신 2:1-8; 민 20:14-21; 신 2:9-15; 민 21:24). 창조주 하나님은 인류의 모든 족속을 한 혈통으로 만드시고 온 땅에 거하게 하시며 저희의 년대를 정하시며 거주의 경계를 한하셨다(행 17:26). 이한영, 『구약 어떻게 읽을 것인가?』 155-166 참고.

B) A. Alt는 희년은 50년째가 아닌 49년째 안식년으로 지켜졌다고 주장한다. 그러나 그것은 농경지 휴지가 2년 연속되면 경제적 어려움에 처하게 된다는 논리적 사고에 의한 가설이다. Kawashima는 50년 주기의 희년은 50주 주기의 칠칠절(Feast of Weeks, 레 23:15-16, 25:8-10)과 평행을 이루고 있으며 이는 히브리인들의 계산법상 제50년째를 의미한다고 논증한다. Cf. A. Alt, (New York: Doubleday and Comp., 1968), 165; Roberts S. Kawashima, "The Jubilee, Every 49 or 50 Years?" *Vetus Testamentum* 53:01 (2003), 117-120.

23) G. von Rad, Deuteronomy, *Old Testament Library* (London: SCM Press, 1966), 43.

24) Peter C. Craigie, *The Book of Deuteronomy*, NICOT (Grand Rapids, Mich.: Eerdmans, 1976), 117.

25) ANET, 320.

26) R. P. Carroll, "Myth, Methodology and Transformation in the Old Testament," *Studies in Religion*, 12(3):301-312 참고.

27) Eugene H. Merrill, *op. cit.*, 158-159.

28) R. N. Whybray, 149.

29) 창15:16 "네 자손은 사 대 만에 이 땅으로 돌아오리니 이는 아모리 족속의 죄악이 아직 관영치 아니함이니라 하시더니." 하나님께서는 아모리 족속의 죄악이 관영치 아니함을 보시고 그들을 계속 기다리셨다. 오히려 이스라엘이 400년동안 애굽에서 종 노릇을 하더라도 아모리의 회개를 기다리신 것이다.

30) 이에 대한 자세한 논의는 저자의 "구약 어떻게 읽을 것인가?" 73-81을 참고하라.

31) Moshe Weinfeld, *Deuteronomy and the Deuteronomic School* (Oxford: Clarendon Press, 1972).

32) Jeffrey H. Tigay, *Numbers*, 58.

33) G. von Rad, *Deuteronomy,* OTL, 51.

34) Ibid., 52.

35) 세일해머(하), 397.

36) James W. Watts, *Reading the Law: The Rhetorical Shaping of the Pentateuch* (Sheffield: Sheffield Academic, 1999), 112-121.

37) G. von Rad, *Deuteronomy*, OTL, 23-27.

38) Stephen A. Kaufman, "The Structure of the Deuteronomic Law," *MAARAV* (1978-79): 107.

39) D. J. A. Clines, "Theme in Genesis 1-11" *Catholic Biblical Quarterly* 38.04 (October 1976), 487. G. von Rad, Mark Strom, D. J. A. Clines 모두 창세기의 주요 주제를 인간의 죄에서 하나님의 심판 그리고 용서나 형벌의 완화의 흐름으로 보았다 (a movement from human sin to divine punishment to divine forgiveness or mitigation). 저자는 『구약 어떻게 읽을 것인가?』(서울: 성서 유니온, 2004)에서 구약의 주요 신학적 메시지가 죄, 심판, 은혜의 3부적 구조로 구성되어 있음을 설명했다.

40) James W. Heisig, "The Recovery of the Senses: Against the Asceticisms of the Age," *Journal of Ecumenical Studies* 33:2 (Spring 1996), 219.

41) E. P. Sanders, *Judaism: Practice and Belief*, 63 BCE - 66 CE (London: SCM Press, 1998).

42) 이한영, 『구약 어떻게 읽을 것인가? 107.

43) Cf. Moshe Weinfeld, *Deuteronomy and The Deuteronomistic School* (Indiana: Eisenbrauns, 1992). Weinfeld는 율법의 중심(*Mitte*)은 מוטיב חיים에 있음을 주장한다(신 16:20; 30:15-16; 레 18:5). 구약에서 율법준수의 삶은 번성, 소유,

번영. 기쁨, 장수, 생명, 등등으로 나타나는데 그중에서도 생명(חיים)은 가장 중심적 모티프로 소개된다. 하나님은 생명의 근원이시며 생명을 부여하시는 분이시다(창 2:7 חיים נפש; 시 36:9, 렘 2:13 מקור חיים).

44) Ellen T. Charry, "The Grace of God and the Law of Christ," *Interpretation* 57.01 (2003). 34.

45 Dietrich Bonhoeffer, *The cost of discipleship* (London: SCM Press, 1959) 참고.

46) 새언약 (렘 31:31; 겔 37:26; 눅 22:20; 고후 3:6; 히 8:8; 9:15; 10:15-18) 체결에 있어 성령의 증거와 역할의 영역은 내적인 것임을 알 수 있다.

47) Cf. Adrian Schenker, "The Biblical Legislation on the Release of Slaves: The Road from Exodus to Leviticus," *JSOT* 78(1988), 23-41. 또한 이스라엘의 시민법전 안에서 노예제도에 대해 존 빔슨, 『구약의 배경』유종석 역 (서울: 성서유니온, 1993), 167-188을 참고하라.

48) Zipporah G. Glass, "Land, Slave Labor and Law: Engaging Ancient Israel's Economy," *JSOT* 91 (2000), 27-39는 고대이스라엘의 희년과 노예해방(신15)은 인도주의적인 것이 아니며 순수한 경제적 상황에서 채택된 것이라고 주장한다. 소농에 의한 생계중심의 경제(subsistence-based economy)에서 대농에 의한 물자중심의 경제(commodity-based economy)체제로의 전환에서 노예의 유지는 비경제적이었다고 설명한다. 그러나 이러한 사회학적 접근은 현대경제 모델에 의한 해석으로서 구약본문의 문맥배경과 내용을 배제한데 문제가 있다. 신명기 15장은 13장에 우상숭배, 14장에 구별된 식물에 이어 가난한 자들의 빚을 청산하는 신학-윤리적 문맥에서 이해되어야 한다.

49) 이한영, 『구약 어떻게 읽을 것인가?』120-122 참고.

50) 이는 아브라함의 순종이 할례를 선행한 것에서 볼 수 있다(창 12-25). 신명기는 생명을 얻게 하는 것이 마음의 할례라고 진술한다(신 30:6). 하나님과의 내적관계는 율법의 외적준행을 선행하는 것이다. Cf. T. Desmond Alexander, "Genesis 22 and the covenant of circumcision," *JSOT* 25 (1983), 17-22.

51) 이한영, *op. cit.*, 103-134 참고.

52) 구약에서 율법의 가식적 수행을 책망하는 도덕성(morality)에 대한 암시는 선지서와 지혜서뿐만 아니라 구약을 총괄하는 일반적인 태도(attitude)라고 말할 수 있다. Cf. John Barton, "Understanding Old Testament Ethics," *JSOT* 9 (1978).

53) Kaiser, *op. cit.*, 2.

54) Calvin, Institutes, VII.4. 칼빈은 성령의 내적증거를 성경해석학의 주요요소로 지적한다.

55) Jeffrey H. Tigay, *Numbers*, JPS, 438-440.

56) G. von Rad, *Numbers*, 65.

57) 예루살렘을 염두에 둔 후기편집에 관한 논의에 대하여 G. von Rad, *Deuteronomy*, 89-92를 참고하라.

58) Samuel R. Driver, *A Critical and Exegetical Commentary on Deuteronomy*, 2nd ed. ICC (Edinburgh: T&T Clark: 1902) 참고.

59) Avi Hurvitz, "The Evidence of Language in Dating the Priestly Code," *RB* 81 (1974), 24-56.

60) 세일해머(하), 437.

61) 이어지는 신명기 왕에 대한 논의는 저자의 "구약 어떻게 읽을 것인가?" 174-182를 재편집한 것임을 밝힌다.

62) Cf. G. E. Mendenhall, "Law and Covenant in Israel and in the Ancient Near East," *BA* 17 (1954), 26-46).

63) G. von Rad, *Deuteronomy*, 164.

64) 일부학자들은 이 구절을 출애굽 전 상태로 돌아가게 된다는 하나의 수사학적인 표현으로 간주하는 반면 역사적으로 접근하는 학자들은 앗수르바니팔의 이집트 원정과 관련된 비문에 "22명의 해변국가 왕들과 함께...그들의 군대와 배들...모두 애굽으로 갔다" 라는 기록을 근거로 본문이 7세기 아시리아 유수를 암시하는 것이라고 주장한다. Donald G. Schley, "Yahweh will cause you to return to Egypt in ships" (Deuteronomy 28:68), *Vetus Testamentum*, 35:3 (1985), 369-372 참고.

65) 세일해머(하), 463.

66) Herbert Wolf, *Deuteronomy*, 218-220.

67) 비평학자들은 이 단락이 유다말기를 기점으로 포로전후기의 사상을 모두 담고 있는 것으로 주장한다. Bruce Wells, "Deuteronomy 30:6-14," *Interpretation*, 61:2 (April, 2007), 198-200.

68) Patrick D. Miller, Jr., "Moses My Servant, The Deuteronomic Portrait of Moses," *Interpretation,* 41:3 (Jul, 1987), 245-255.

역사서를 어떻게 해석할 것인가

로버트 치솜 & 데이빗 하워드 지음/ 류근상 & 한정건 옮김/
신국판 272면/ 10,000원/크리스챤출판사

　본서는 주제에 대해 방법론적, 문학적, 고고학적, 역사적, 신학적인 측면에서 폭넓게 다루고 있으며, 역사서 각권의 목적 및 해석학적 방법에 대한 저자의 논리는 매우 치밀하고 균형이 잡혀 있다. 이 책은 역사서 주해를 위한 지침이 되는 책으로서 특히 역사서를 본문으로 설교하는 방법에 관한 내용은 매우 훌륭하다. 목회자와 신학생들에게 유익한 자료가 될 것으로 확신하다.

웨스트민스터 소요리문답 강해

G.I. 윌리암슨 지음/ 유태화 옮김/ 신국판/ 600면/ 15,000원/

"인간의 최고의 목적이 무엇인가?"라는 실존을 향한 궁극적인 물음으로 시작되는 이 책의 독특성은, 주제의 핵심을 정확하게 드러내며, 그것을 성경적인 맥락에서 유연하게 입증하여, 질문과 답을 통하여 제시된 신앙세계의 신앙적이고 신학적인 진정성을 잘 드러내어, 현대인의 신앙세계와 대화를 시도하여, 예리한 영적인 감성을 통하여 정오를 가려내고, 시간의 흐름이 무색하게 느껴질 정도의 현실 적합성을 형성해낸다는 점이다.

웨스트민스터 대요리문답(신앙교육서)

J.G. 보스 & G.I. 윌리암슨 지음/ 류근상 & 신호섭 옮김
/ 신국판/ 744면/ 18,000원/ 크리스챤출판사

역사적으로 교회는 성경이 가르치고 믿는 바를 신조를 통해 요약해왔다. 그 유명한 웨스트민스터 표준문서들(신앙고백서, 대요리문답, 소요리문답)이 바로 그것이다. 대요리문답은 성경의 중요한 교리들을 요약해서 신자의 믿음을 증진시킬 뿐만 아니라 오류를 바로잡고 이단의 공격에 맞서 진리를 수호하는 중대한 역할을 해 왔다. 본서는 우리가 믿는 신앙의 여러 항목(articles)들에 관한 성경적 진리의 조직적 진술을 묻고 답함으로 이루어지는 교리교육이라 할 수 있다. 성경의 교훈들을 요약해 주고, 성경의 올바른 이해에 도움을 주며, 거짓된 교훈과 생활을 막아주는데 있어서 공적 표준으로서의 방패가 된다.

역사와 서술에서의 오경메시지

2008년 3월 20일 1판 1쇄 발행
지은이: 이 한 영
발행인: 류 근 상
발행처: 크리스챤출판사
주 소: 경기도 고양시 덕양구 토당동 364
　　　　현대 107-1701호
전 화: 031) 978-9789
핸드폰: 011) 9782-9789, 011) 9960-9789
팩 스: 031) 978-9779
등　록: 2000년 3월 15일
등록번호: 제 79 호
판　권: ⓒ 크리스챤출판사 2008

I S B N: 978-89-89249-44-3